2017 中国新闻出版研究院 优秀科研成果汇编

中国新闻出版研究院 编

中国书籍出版社
China Book Press

本书编委会

主　任：魏玉山

编　委：黄晓新　范　军　张　立　董毅敏

统　稿：黄逸秋　遆　薇

前　言

中国新闻出版研究院（以下简称"研究院"）隶属于中共中央宣传部，是我国唯一的国家级新闻出版专业研究机构。研究院（前身为中国出版发行研究所、中国出版科学研究所）成立于1985年，当时建立出版发行研究所的目的是要解决我国没有出版发行的专业科研机构，没有公开发行的出版发行学术杂志，没有社会公认的出版发行专家、学者的现状。30多年来研究院不忘初心，牢记使命，锐意进取，开创了国内出版理论研究的先河，现已发展成为具有中国特色、中国气质的新闻出版智库。科学研究已经覆盖基础理论、应用理论、国际出版、出版经济、数字出版、国民阅读、民营经济等领域，形成了学科体系健全、布局合理的科研格局；培养了一批新闻出版科研事业的领军人才，收获了一批具有重大学术价值和重要实践意义的研究成果。研究院今天的发展没有辜负党的委托，没有辜负几代先辈的倾情奉献。

研究院作为新闻出版科学研究的国家队，在为上级主管部门提供政策咨询、完成科研任务的同时，还承担着来自国家社科基金、科技部等部委的大量课题，以及地方政府和企业的委托项目。新闻出版科研是新闻出版工作前进道路上的一盏明灯，这些课题、项目的开展为政府的宏观决策和企事业单位的战略发展提供了重要支持，为行业的改革发展提供了重要参考。

近几年来，研究院取得了一些较有代表性的科研成果，如连续多年推出的《中国出版业发展报告》《中国数字出版产业年度报告》《中国动漫游戏产业年度报告》《国际出版业发展报告》等年度报告（蓝皮书系列），还有每年持续发布的《全国国民阅读状况调查报告》《中国版权产业的经济贡献调研报告》等。

此外，研究院还有大量的科研成果没有公开发表或出版，课题在完成结项评审后就束之高阁。科研成果无法充分共享和转化，一方面使得研究领域相近的部门无法"互通有无、知己知彼"，由此造成科研资源的重复投入，多年累积的科研成果也在无形中被以时间、部门为界限割裂成了条块状，研究院科学研究的合力没有很好地体现出来；另一方面，也使得行业内外对研究院的了解局限于已发表或出版的少量成果，对研究院的研究领域、研究能力无法形成全面、整体的认识。此外，研究院的科研工作是否真正与行业发展需求同步？科研人员辛苦完成的科研成果对行业的发展到底能发挥多少作用？我们也急于知道答案。基于以上原因，我们决定将不涉密的科研报告汇编成书，使优秀科研成果在更大范围、更多层次得到分享、利用和转化。

本册收录的是获得我院2017年度优秀科研成果奖但没有公开出版的9项优秀科研报告（其他已发表的著作、论文不再辑入），除了对个别文字和数据的编校之外，我们将当年科研成果的原貌呈现给大家。从现在的角度来审视，读者对当时的一些研究观点也许会有不同的认识和看法。对于批评和意见，我们将虚心接受并积极改正；对于肯定与表扬，我们会心存感激并再接再厉。希望本册科研成果的出版能对行业发展真正有所裨益。

社会科学成果的转化利用，是社会科学研究的最终归宿，也是社会科学研究发挥作用最直接、最有效、最有说服力的方式。本册科研成果的出版是个开端，今后我们仍将陆续整理、出版之前一些有分量、经得起时间检验的科研成果。由于时间有限，本书难免有不当之处，恳请广大读者见谅，并予以批评指正。

本书编委会
2019年10月21日

目录 CONTENTS

一等奖

003　基于投入产出分析的中国出版业的经济影响与关联产业研究
051　书香社会指标体系研究

二等奖

167　我国移动出版发展状况及分类研究
212　媒体指纹技术在图形商标数字版权保护中的应用研究

三等奖

281　ISO 8 新标准与 GB/T 3179—2009 的比较研究
330　VR/AR 在我国图书出版中应用的现状分析
348　十八大以来党的新闻出版理论创新成果研究
377　品牌、特色实体书店转型升级模式与效果研究
419　十八大以来新闻出版业创新成果研究

附录

505　2017 年度优秀科研成果名录

一等奖

2017

中国新闻出版研究院
CHINESE ACADEMY OF PRESS AND PUBLICATION

- 基于投入产出分析的中国出版业的经济影响与关联产业研究
- 书香社会指标体系研究

基于投入产出分析的中国出版业的经济影响与关联产业研究

第一章 绪论

第一节 研究背景与意义

出版业一直是文化事业中的重要组成部分，更是国民经济的重要部门，对社会文化宣传、教育、文化传承起着不可替代的作用，是双效统一最为明显的重要产业。出版业积极响应并推动供给侧改革，深化落实精品出版、精品传承，改革收效颇丰，其产业功能越发明显。出版业囊括范围广泛，新闻出版业、印刷和记录媒介复制业均涵盖在内。此外，出版业和批发零售业也有很大程度的交叉（体现在发行业务）。出版业和道路运输业、仓储业、金融服务业等诸多产业均有很强的关联性。

"十九大"期间习近平总书记站在党和国家事业全局战略高度，对宣传思想文化工作提出一系列新思想新观点新论断新要求，为新闻出版广播影视改革发展指明了方向，提供了重要遵循，提出了更高要求。国家新闻出版广电总局发布的《新闻出版广播影视"十三五"发展规划》明确指出在产业发展方面，出版业成熟的市场主体、完善的现代企业制度、健全的现代市场体系还处于建设之中。完善出版业产业发展建设需关联产业带动出版业的发展，出版业的发展二次带动关联产业发展，如此实现循环发展，必须通过对出版业和其关联产业进行研究分析。因此，研究出版业的经济影响与其关联产业研究格外重要。但是目前对出版业及其关联产业的相关研究极为薄弱，导致其前后关联产业划分混乱，得到的经济规律也不尽相同，其经济特征体现略显单薄。

本文将从产业经济学角度对《2012年中国投入产出表》中出版业与其他关联产业的投入和产出数据进行分析，计算出版业的直接消耗系数的完全消耗系数，研究出版业的前向关联产业关系；同时通过出版业对各产业提供的中间产品的部门流量计算研究出版业的后向关联产业关系。力图为出版业产业发展献言建策。

第二节　出版业产业界定

出版业是文化产业中的重要组成部分。在国内许多论著中将出版行业界定为出版业或者出版事业，就是生产传播出版物的出版单位及其设施和活动的总称。《中国大百科全书·新闻出版》一书提出：出版事业有广义和狭义之分，广义的出版业指出版企业单位（包括出版、印刷、发行）、出版事业单位（包括出版教育、研究部门）和出版行政管理机关，即包括了出版企业和管理部门；狭义的出版业指的是出版企业。

按照广义的出版业定义可以将其划分为新闻出版业、出版物发行业、印刷和记录媒介复制业三个细分行业。根据国家统计局发布的《国民经济行业分类》可以将三个细分行业继续细分。

一、新闻和出版业分类

新闻和出版业分为两大类，即新闻业和出版业。新闻业泛指新闻采集、编辑、制作、传播新闻信息及其相关活动业务。出版业细分为图书出版、报纸出版、期刊出版、音像制品出版、电子出版物出版、数字出版以及其他出版业。数字出版指利用数字技术进行内容编辑加工，并通过网络传播数字内容产品的出版服务。

二、发行业分类

发行业细分为图书、报刊、音像制品、电子和数字出版物批发以及零售。

三、印刷和记录媒介复制业

印刷和记录媒介复制业细分为印刷、装订及印刷相关服务和记录媒介复制。

1. 印刷

印刷包含书、报刊印刷，本册印制和包装装潢及其他印刷。书、报刊印刷特指书、报刊印刷；本册印制指由各种纸及纸板制作的，用于书写和其他用途的本册生产活动；包装装潢及其他印刷指根据一定的商品属性、形态，采用一定的包装材料，经过对商品包装的造型结构艺术和图案文字的设计与安排来装饰美化商品的印刷，以及其他印刷活动。

2. 装订及印刷相关服务

装订及印刷相关服务指专门企业从事的装订、压印媒介制造等与印刷有关的服务。

3. 记录媒介复制

记录媒介复制指将母带、母盘上的信息进行批量翻录的生产活动。

第三节 研究现状

一、出版业发展现状

通过对新闻出版广电总局发布的《2016年新闻出版产业分析报告》与《全国新闻出版业基本情况》的分析来看，2012年到2016年，全国新闻出版业主要经济指标呈平稳增长趋势，产业规模仍在不断扩大。

2016年新闻出版产业营业收入超过2.3万亿。全国出版、印刷和发行服务实现营业收入23595.8亿元，较2015年增加1939.9亿元，增长9.0%。主题出版、主流媒体传播力影响力进一步彰显，服务大局能力持续提升。图书出版结构进一步优化，2016年，出版重印图书23.8万种，增加2.2万种，增长10.3%；重印图书51.2亿册（张），增加5.0亿册（张），增长10.9%；

值得关注的是数字出版继续保持高速增长，对全行业营业收入增长贡献超三分之二。数字出版实现营业收入5720.9亿元，较2015年增加1317.0亿元，增长29.9%，占全行业营业收入的24.2%，提高3.9个百分点；对全行业营业收入增长贡献率达 67.9%，提高 7.7 个百分点，增长速度与增长贡献在新闻出版各产业类别中继续位居第一，已成为拉动产业增长"三驾马车"[①]之首。

出版传媒上市公司主业挺拔，产出利润快速增长。2016 年，33 家在中国内地上市的出版传媒公司共实现营业收入 1368.9 亿元，增加 235.1 亿元，增长 20.7%；实现利润总额 170.6 亿元，增加 36.7 亿元，增长 27.4%；拥有资产总额 2489.4 亿元，增加 520.8 亿元，增长 26.5%。

二、出版业研究概况

关于出版产业发展的研究，绝大多数研究者涉及的研究层面和研究角度多种多样。从研究层面上来看，目前的研究主要集中在政府管理层面、出版单位层面、出版物印制层面、出版物发行层面；从研究角度来看，目前的研究主要集中在出版业的发展战略、结构调整、制度安排、核心竞争力等。目前的研究成果及观点主要如下：

刘建华（2016）从出版业发展战略角度去研究出版业发展现状以及发展趋势，认为目前出版业发展依然依靠内容拉动需求，传统出版业和新兴出版业融合发展，平台化已成为出版业新的商业模式，手机出版成为新的出版主体。

王关义、谢巍（2017）从政策方面研究出版业发展，认为政府应制定相应的政策，进一步推动出版业供给侧改革，同时出版业自身也要自主改革。

梁桂秋（2015）运用核心竞争力理论对我国出版业核心竞争力进行了分析，研究认为出版业的发展需从行业外部和行业内部两个方面培育、提升我国出版业核心竞争力。一方面政府要强化政府职能，为出版业的发展提供行业发展环境；另一方面，出版业自身要创新机制、积累出版人才、塑造企业文化、扩大品牌、整合营销体系。

戚名侠、窦可惠（2017）认为中国出版业规模增速逐渐放缓，市场逐渐成熟；图书出版企业实力不断壮大，品牌化经营与跨界合作成为发展的新趋势。随着互联网的不断深入，传统出版与新兴出版整体实现融合发展，图书出版向数字化方向转型升级发展态势良好。

赵红艳（2016）认为我国出版产品内容结构正在合理化调整，总体上来

---

① 另两个为印刷复制与出版物发行。

看中国出版物内容对于中国文化传播有着重要意义，但中国成为出版强国还有很长的路要走。目前，中国出版市场上教育出版物占比较高，随着国内大众出版物需求明显增长，出版物内容结构正在进一步调整，一方面是市场需求导致，出版业正在积极落实供给侧改革；另一方面，从出版物质量来看，我国出版业摒弃原来的注重"量"，而不重视"质"的发展模式，图书内容质量有了质的提升。

刘捷（2016）认为数字出版、多元阅读时代的到来使传统的出版工艺、出版介质以及流通方式等受到了数字出版空前的挑战，报社、杂志社、出版社等传统出版单位在机制观念、出版模式、营销模式、从业人员、国际竞争等方面需要进行提升。同时，新兴出版产业的发展有赖于传统出版业各种要素的介入，以提升内容、优化流程、建立品牌、壮大队伍，形成成熟的新型出版业态。

以上是国内学者对出版业的宏观发展研究，主要包括出版业的外部发展环境、政策层面以及出版业升级转型和发展趋势。以下是两位学者利用投入产出分析模型做的出版业和其他产业的关联关系，分析出版业微观层面的经济影响。

韩跃杰、孙守增（2013）利用投入产出模型对全国出版业做了产业关联度分析，认为新闻出版业对国民经济的推动作用明显大于受到国民经济发展后的拉动作用，也就是说出版业呈现较强的后向关联特征。

甄梦（2015）利用投入产出模型对上海市出版业与其他产业的关联度进行分析，分析发现出版业严重依赖上游产业，前向关联特征尤为明显。

目前的关于中国出版业的微观行业研究还比较匮乏，研究领域局限于地区出版业研究或者为数不多的几个行业之间的关联关系研究，不能够反映整体的中国出版业与其他产业之间的关联度。

第二章　相关理论分析

第一节　投入产出法

投入产出法，就是把所有部门在一定时期内投入（购买）来源与产出（销售）去向排成一张纵横交叉的投入产出表格，投入产出表的横向和纵向表头为投入或产出部门名称，中间的交叉数字代表纵向部门对横向部门的投入（购买），根据投入产出建立数学模型，计算直接消耗系数和完全消耗系数，根据直接消耗系数和完全消耗系数进行经济分析和产业发展预测的方法。投入产出法是一种特殊的经济计量学模型，它广泛应用于研究国民经济两大部类间、积累与消费间的比例关系，预测各部门的投入量和产出量。从应用范围上看，可分为全国性、地方性、专业性、大型企业、一般企业等形式。当预测中分析研究国民经济各部门之间、各部门内部或企业内部组织之间产出和投入关系，根据投入产出综合平衡关系，来推测预测目标的变动趋势和变动程度，常用投入产出关系建立计量模型。

第二节 投入产出技术研究现状

一、国外投入产出技术研究现状

投入产出法产生于20世纪30年代，由美国著名经济学家里昂惕夫创立。1931年，里昂惕夫开始研究产出模型的构建，1932年，里昂惕夫成功编制了美国1919年和1929年的投入产出表，并分析美国产业经济结构的比重，从宏观上研究美国产业结构均衡问题，从量化角度探索了美国各产业部门投入与产出的关联关系，为制定当时的美国产业政策提供了理论依据。里昂惕夫于1936年发表了第一篇关于投入产出分析的论文——《美国经济制度中投入产出数量关系》；1941年，里昂惕夫又编写并出版了《美国经济结构，1919—1929》，详细地介绍、阐述了投入产出分析方法，提出了直接消耗系数、完全消耗系数、里昂惕夫逆矩阵等概念和计算方法，1953年，里昂惕夫与其他人合作写成了《美国经济结构研究》。里昂惕夫成功地创造了投入产出分析的理论和方法，其著作《投入产出经济学》成为这一领域的经典之作，系统地提出了分析方法与建立分析模型，他因所作出的杰出贡献而荣获1973年诺贝尔经济学奖。投入产出分析方法的出现，为经济学提供了一种有力的分析工具，并在世界各国得到广泛推广和应用，在经济分析和经济政策制定中起到了重要作用。

1. 动态投入产出模型

里昂惕夫最初的投入产出分析法侧重于静态分析，而实际经济生活中，经济不断发展变化着的过程，里面的某些环节也是不尽相同的，经济分子中变量多，相通变量之间也是不尽相同。一般情况下，静态分析法是抓住主要变量，假设其他变量不变，是固定的，这种分析方法可以简化某些变量变化带来的影响，但是静态分析法忽略了诸多变量对结果的影响，所得结果和实际结果存在很大的偏差，严重削弱了模型的解释力。静态投入产出一般多用于短期分析，但对具有预测目的的长期分析效果欠佳，因此有经济学家优化了静态分析法，提出了动态化的投入产出模型，在动态投入产出分析中加入了价格因素的变化影响、时间因素的变化影响。如 David Hackings 等人于 1948 年以微分方程的形式构建模型，考虑价格变化的因素；里昂惕夫于 1953 年和 1970 年也先后在 Hackings 等人研究成果的基础上开创了差分方程的形式表示的"动态求逆模型"，并考虑了时间因素的影响。此后，投入产出模型与计量经济学、运筹学、控制论等学科结合提出了诸多新的投入产出模型，虽然动态投入产出分析模型能够考虑到变化因素对结果的影响，克服了静态模型不足，但是动态投入产出模型只反映一个时间序列上的变化，受制于当时数据处理方法的落后与滞后，导致动态投入产出分析模型在实用情况中的应用并不多见。

2. 弹性化投入产出系数

由于里昂惕夫开创的投入产出模型是静态投入产出模型，假设前提是投入产出系数是固定不变的，但是这种假设基础上得到的分析结果与现实具有一定的差距。因此，德国学者 Prter Kalmbach 和奥地利学者 Heins D. Kurs 提出了投入产出系数弹性化的思想。弹性化投入产出系数将原有技术与新技术加权得到现在的技术系数模型，并用加权平均方法修订了资本系数矩阵，但是弹性化投入产出系数也存在着很大的缺陷，忽略经济分析显示依据较少，只是强调纯数学逻辑的推导，导致弹性化投入产出系数应用不甚普遍。

3. 最优化的思想引入投入产出模型

投入产出模型只能计算当前的投入系数，分析目前产业关联关系，并不能解决什么样的投入产出系数才是最好的问题，即最优化的问题，它与线性规划、非线性规划、动态规划模型等结合，可建立投入产出最优规划模型，从而解决这个问题。国外有些专家、学者进行了这方面的研究，随着苏联经济学家康托罗维奇和美国经济学家丹捷、柯普曼，创造性地提出了线性规划和单纯形法的解法，再加上电子计算机的发展及相关数学软件的开发，使得求解几十个变量甚至上千变量成为可能。美国经济学家Dorfman、Samuelson、Solow等学者将线性规划思想引入投入产出模型，结合起来进行经济分析，在有条件约束的、逼近真实的产业环境中，对投入产出模型求解。有学者甚至试图将瓦尔拉的全部均衡模型变为可计算的市场均衡模型，在市场价格当中，探求各产业的生产平衡点，即简称CGE模型，所用方法就是将投入产出模型与线性规划模型综合起来考虑，用供给函数表达生产者利润最大化的市场规律，价格变化时，生产者为追求利润最大化也不断调整产出，直至实现利润最大化；用需求函数表达消费者在收入预算约束下追求效用最大化的思想，价格变化，消费者对不同商品的选择不同，对不同商品的需求量也不同。CGE模型在解出最优规划比例的同时，会解出一组最优价格序列，线性规划的运用大大扩展了投入产出分析的应用范围。

4. 投入产出定性化分析

美国麻省理工学院学者Banko bon提出定性投入产出分析的概念，在定性分析中，X_{ij} false 可能为3种值，等于"+"时表示 j false 部门消耗 i false 部门产品，等于"0"时表示不消耗产品，等于"？"时表示不确定，经过这一系列简单数据处理，再进行运算分析，这种分析方法简单易用，效果也不错。

5. 投入产出方法应用的多元化

传统的用法是把投入产出表应用于国民经济领域，随着研究领域的深入，也应用于区域经济的分析，把编制投入产出表的对象变为局部地区进行分析；另外一个是应用于国际经济关系领域，如把西欧的国家作为一个经济体，编制综合性的投入产出表；也可以把这种研究对象放在一个国家的东、西部，世界经济体的南、北部等类似问题中进行拓展研究。

6. 投入产出表的编制技术不断进步

综观目前的投入产出表编制方法，主要有两种，就是调查法、非调查法。调查法编制的投入产出的精确度高，数据可靠性强，但是耗时耗力。非调查法恰好与调查法相反，结合了前种的优点与缺点，是一种局部调查的比较好用的方法。随着表格建立、数据定义、资料加工等标准化及计算机技术的发展，利用计算机自动编制表格是新的发展方向。

二、国内投入产出技术研究现状

我国 20 世纪 50 年代末到 60 年代初开始投入产出研究分析，著名经济学家孙冶方和科学家钱学森在投入产出分析方面是先驱者。如今，我国投入产出技术已有了较快的发展，在某些领域有很多创新，应用范围也不断扩大，取得了一系列成绩，在现代化建设中发挥了巨大的、不可替代的作用。这里就我国投入产出理论的发展做个简要的述评。

1. 对称模型

刘起运的《投入产出对称数学模型》是目前国内外第一篇系统研究投入产出对称数学模型的论文（刘起运，2005）。该研究第一个系统地建立了产品的需求结构系数模型，提出了"直接分配系数"和"完全分配系数"概念，研究了需求结构系数模型与传统的投入结构系数模型之间的各种对应关系，并给出了需求结构系数模型的应用范围，从而克服了传统投入产出分析的某些局限性，拓宽了投入产出分析应用的范围，丰富了投入产出分析的手段。

2. 投入——占用——产出表

这是陈锡康提出的（陈锡康，1988），新疆统计局编制了这种投入产出表。20 世纪 60 年代苏联涅姆钦诺夫院士提出了镶边向量方法，陈锡康将它们扩大为生产要素矩阵，放在第三象限的下面。这种表包含更多的信息，可以分析、预测更多的经济问题。

3. 分离式投入产出模型及其优化

一个部门或行业孤立地编制年度计划和制订中长期规划是很困难的，张守一提出的这种模型将投入产出表中一个部门划分为许多行业。嵌入全局的投入产出表，不仅能反映各行业内部的投入与产出关系，而且能反映各行业与其他部门的经济联系，能较好地解决部门编制计划与规划的问题（张守一，1990）。

4. 投入产出扩展模型

国内刘树成首先研究了这个问题。后来张守一（1990）又研究了这个问题，提出了另一种模型。原来的投入产出表只能反映产品的运动，不能反映资金的运动，不能研究实物运动与价值运动之间的联系，扩展模型能把两者有机地结合起来，对研究总需求与总供给以及价格等问题有较大的实用价值。

第二节　产业关联分析

一、产业关联的定义

产业关联，是指各产业间以多种投入品与产出品为纽带组成的技术经济联系的统称，联系的方式通常表现为实物形态或价值形态。在产业经济联系中，各个产业既需要其他产业产品的投入，又同时为其他产业产品的生产提供自己的产品，相互间构成供给与需求的依存关系，各产业间谁也离不开谁，一方的发展要以另一方的发展为前提，一方的落后会制约另一方的发展。价值形态的产业关联统一以货币计量，易于量化，所以在产业关联分析应用中使用广泛，把产品价值化，编制多种投入产出表用于特定问题的研究，如地区投入产出表、公司投入产出表、动态化的投入产出表。产业关联理论它依据投入产出表及投入产出模型，把一个国家在一定时期的社会再生产环节各个部门发生的联系数量化，分析它们的比例关系，为制定科学合理的产业政策提供理论支持。

二、产业关联方式

产业关联的方式是指各产业部门相互间发生联系的方向、内容及依存的关系，以及产业间相互依托的不同类型，依据各产业间不同的维持关系及依托的方式，依照产业间的供给与需求联系的方向，可将产业间的关系方式分为以下3类。

1. 前向关联关系。前向关联关系，是某个产业提供产品给其他部门，双方之间是供给与需求的关系，但是该产业是供给方，另一个产业是需求方，此时，两者之间的关系就是前向关联关系。如钢铁业提供产品给汽车制造业，则钢铁业与汽车制造业的关联就是前向的关联关系。

2. 后向关联关系。基于前向关联容易推出，后向关联是指通过自身的需求与其他产业部门发生的关联，根据此定义，当甲产业在经济过程中向乙提供了产品，则对于乙来说，它与甲就是后向关联的关系，如钢铁业需要煤炭作为燃料，则钢铁业与煤炭采掘业的关系就是后向关系。

3. 环向关联关系。顾名思义，环向关联关系是指某产业对另外一产业的需求与供给构成了循环，如煤炭采掘业—钢铁冶炼业—采矿设备制造业—煤炭采掘业。

以上的分类方法是按照产业之间的供给和需求联系进行的，另外，产业关联还可以按照产业之间的相互依托的方式分为产品、劳务联系，生产技术联系，价格联系，劳动就业联系和投资联系；按照产业之间技术的特点也可分为单身联系，双向联系和多向联系等。

三、产业关联分析的工具及内容

产业关联分析是以投入产出表为基本载体，投入产出模型为重要方法对产业间投入与产出的数量比例关系及相互依赖程度进行分析，在投入产出消耗关系、投入产出结构、价格变动影响、产业波及效果等多角度分析各产业间的联系。

表 1　投入产出表结构

投入 \ 产出		中间需求				最终需求				总需求
		部门1	部门2	....	小计	投资	消费	净出口	小计	
中间投入	部门1	x_{11}	x_{12}	....	$\sum x_{1j}$				F_1	Q_1
	部门2	x_{21}	x_{22}	....	$\sum x_{2j}$				F_2	Q_2
	....	....	....	....	....					
	小计	$\sum x_{1j}$	$\sum x_{2j}$	....	$\sum x_{ij}$				$\sum F_j$	$\sum Q_j$
附加价值	折旧	D_1	D_2	....						
	劳动报酬	V_1	V_2	....						
	社会纯收入	N_1	N_2	....						
	小计	$D_1+V_1+N_1$	$D_2+V_2+N_2$	....						
	总供给	Q_1	Q_2	....	$\sum Q_j$					

投入产出表是一张矩阵平衡表，由三大象限组成，直接反映了各产业间

投入与产出的各产业产品。

第一象限，反映各部门相互供给与需求的状况，所以也称为中间产品象限。它是投入产出表的基本部分，从水平方向看，各个产业把自身的产品一部分给本产业使用，另一部分提供给其他产业使用，体现出本产业产品的投入情况；从垂直方向看，说明某一特定产业为了生产出本产业的产品而需要消耗其他产业产品的数量。本象限除了能反映中间产品的分配和消耗情况外，更重要的是能够反映国民经济各部门间的生产技术联系，借助象限有关资料，通过计算各部门的直接消耗系数、完全消耗系数，来反映部门之间的直接和完全的生产技术联系，反映一定时期内某一个国家或区域经济体社会再生产过程中各产业之间的相互提供产品与自身对其他产业产品的需求情况。

第二象限，又称最终使用象限积累，如最终使用、资本投资，产品或者用于出口。从水平方向看，表明各产业最终产品的使用情况，即产业的最终产品用到哪里去了。从垂直方向看，表明不同类型产业的最终使用规模或者实物构成状况如何，它除了取决于社会产品总规模及其构成，在一定程度上与国家经济政策联系在一起，与第一象限所要说明的内容不同，该矩阵反映的不是部门间的生产技术联系，而是部门间的社会联系。

第三象限，为增加值象限或初次投入象限。这一象限反映了国民收入的初次分配，也反映了各部门的固定资产的价值补偿。包括产业部门内部的折旧、产业内劳动报酬、社会纯收入。

表中各元素包含的经济含义：x_{ij} 表示第 j 产业部门在生产中消耗第 i 部门产品用货币表示的价值，两个产业部门构成直接消耗的关系；Q_i 表示第 i 产业部门全年生产的产品用货币表示的总价值；Q_j 表示第 j 产业部门在增加值部分全年提取的折旧额；D_j 表示第 j 产业部门劳动者因为提供劳动力，参与产品的生产过程，在一年内初次分配的劳动报酬；N_j 表示第 j 产业部门劳动者在一年内创造的真正收入，这种收入不包括折旧与劳动者的报酬，只是产品价值的纯增加；$\sum(D_j+Q_j+N_j)$ 表示第 j 产业部门在一年内创造的增加值。

投入产出表中的均衡关系主要表现有8个：

1. 各产业的总需求 = 各产业的中间需求 + 各产业的最终需求，用公式表达为：$\sum_{j=1}^{n} X_{ij} + F_i = Q_i (i=1,2,...,n)$

2. 社会总需求 = 各产业的中间需求合计 + 各产业的最终需求合计，用公式表达为：$\sum_{i=1}^{n}\sum_{j=1}^{n}X_{ij}+\sum_{1}^{n}F_i=\sum_{1}^{n}Q_i$

3. 各产业的总供给 = 各产业的中间投入 + 各产业的要素投入，用公式表达为：$\sum_{i=1}^{n}X_{ij}+D_j+V_j+N_j=Q_j(j=1,2,3...n)$

4. 社会总供给 = 各产业中间投入合计 + 各产业的附加价值合计，用公式表示为：$\sum_{i=1}^{n}\sum_{j=1}^{n}X_{ij}+\sum_{1}^{n}(D_j+V_j+N_j)=\sum_{1}^{n}Q_j$

5. 各产业的中间需求合计各产业的中间投入，用公式表示为：
$\sum_{i=1}^{n}\sum_{j=1}^{n}X_{ij}=\sum_{i=1}^{n}\sum_{j=1}^{n}X_{ij}(i=1,2,3...n;j=1,2,3...n)$

6. 各产业的总需求 = 各产业的总投入，用公式表示为：
$\sum_{j=1}^{n}X_{ij}+F_i=\sum_{i=1}^{n}Xi_j+D_j+V_j+N_j$

7. 社会总需求 = 社会总供给，用公式表示为：
$\sum_{i=1}^{n}X_i=\sum_{j=1}^{n}X_j$

8. 各产业的最终需求合计各产业附加价值合计，用公式表示为：
$\sum_{i=1}^{n}F_i=\sum_{j=1}^{n}(D_j+V_j+N_j)$

四、投入产出模型分析

投入产出模型是由系数、变量的产品消耗或产品价值的等量关系组成的方程式，它是依据各个产业生产过程中产品或价值的转换恒定不变的规律构建的，它首先依据投入产出表的数据计算各产业间的直接消耗与间接消耗的关系，然后利用相关的等式关系建立方程。

1. 各类系数的确定

（1）直接消耗系数

直接消耗是指产业部门中，一部门的生产对其他部门的直接的、第一轮的消耗数量，与同时期该产业的总产量的比例为直接消耗系数或者投入系数或者叫技术经济系数，表示每生产一单位 j 产品要消耗多少个 i 单位的产品。其计算方法是依据投入产出表，各产业部门的总产品与它所消耗的、各种投入要素分量之比：

$a_{ij}=\dfrac{X_{ij}}{Q_j}(i,j=1,2,3...n)$

用矩阵表示则为 $A=X*Q^{-1}$

其中：

$$A = \begin{bmatrix} a_{11} & a_{12} & \dots & a_{1n} \\ a_{21} & a_{22} & \dots & a_{2n} \\ \dots & \dots & \dots & \dots \\ a_{n1} & a_{n2} & \dots & a_{nn} \end{bmatrix}; \quad X = \begin{bmatrix} x_1 & x_2 & \dots & x_{1n} \\ x_2 & x_2 & \dots & x_{2n} \\ \dots & \dots & \dots & \dots \\ x_{n1} & x_{n2} & \dots & x_n \end{bmatrix}; \quad Q^{-1} = \begin{bmatrix} \frac{1}{Q_1} & 0 & \dots & 0 \\ 0 & \frac{1}{Q_2} & \dots & 0 \\ \dots & \dots & \dots & \dots \\ 0 & 0 & \dots & \frac{1}{Q_n} \end{bmatrix}$$

A 矩阵是直接消耗系数矩阵，X 是中间产品消耗矩阵，Q^{-1} 是总产品对角矩阵的逆阵。直接消耗系数是建立模型的最基本的系数，通过它可以反映各产业间的相互供给、需求关系，也为以后计算完全消耗系数作铺垫。在产业关联分析中，有时还需要运用直接折旧系数、国民收入系数、劳动报酬系数、社会纯收入系数等经济变量。

（2）完全消耗系数

如果从投入产出表的整体考查，一种产品对另一种产品的消耗除了直接消耗外，还有间接消耗，所谓间接消耗是指一种产品通过中间产品对有关产品的消耗，而消耗的这种产品又会衍生对其他产品的消耗，这样如此循环下去，会产生多次对中间产品的消耗。如生产重工机械除了消耗电力之处，还消耗钢铁、其他配件等，而这些产品的生产同样需要消耗电力，我们把这种消耗称为中间产品对电力的第二轮消耗，同样道理还会产生第三轮消耗，第四轮消耗……，至于间接消耗需要经过多少层次和多少产品，随着产品的不同而有差异，也与传导的路径有关系，间接消耗比直接消耗复杂得多。

在投入产出分析中，完全消耗系数比直接消耗系数具有更重要的作用。完全消耗系数一般用符号 b_{ij} 表示，说明 j 部门生产单位最终产品对 i 部门的全部消耗数量。直接消耗系数与完全消耗系数的含义有很大区别，前者相对于总产品而言，说明中间产品与总产品的数量关系；后者相对于最终产品而说明中间产品和最终产品的数量关系。

从计算方法上看，完全消耗系数要比直接消耗系数复杂得多，虽然从理论上讲，完全消耗系数可以根据定义，用产品完全消耗量与其对应的最终产品加以对比求得，然而在现实中，社会产品成千上万，而且每一种产品消耗层次难以确定，要想直接获得产品的完全消耗量是极其困难的，因而，需要通过其他途径以解决完全消耗系数的计算问题。

如果我们欲求第 j 部门对第 i 部门的完全消耗指数，其基本思路如下：

第一，求出 j 部门对 i 部门的直接消耗系数，设为 a_{ij}。

第二，求出汽车生产通过各种媒介产品对电力的间接消耗系数。

那么 j 部门对 i 部门的完全消耗系数公式可以写为：

$$b_{ij} = a_{ij} + \sum_{k=1} b_{ij} a_{ij}$$

写成矩阵形式为：$B=A+BA$

移项得：$B-BA=A$

左边提出 B 矩阵然后两边右乘 $(I-A)^{-1}$ 即得到完全系数最后的公式：$B=(I-A)^{-1}-I$

2.投入产出的基本模型

投入产出的基本模型的建立，从不同的角度分析有产品模型与价值模型两种，按产品平衡方程建立的模型，为产品模型；按价值平衡方程建立的为价值模型，两种模型性质不同，却有着内在的密切联系。

(1) 产品模型

该模型主要反映总产品与最终产品之间的数量平衡关系，即：

$$\sum_{j=1}^{n} X_{ij} + F_i = Q_i (i=1,2,...,n)$$

又由直接消耗系数有：$X_{ij} = a_{ij} * Q_j$，带入整理得：

$$\begin{bmatrix} 1-a_1 & -a_2 & ... & -a_{1n} \\ -a_1 & 1-a_2 & ... & -a_{2n} \\ ... & ... & ... & ... \\ -a_{n1} & -a_{n2} & ... & 1-a_n \end{bmatrix} * \begin{bmatrix} Q_1 \\ Q_2 \\ ... \\ Q_n \end{bmatrix} = \begin{bmatrix} F_1 \\ F_2 \\ ... \\ F_n \end{bmatrix}$$

上述投入产出模型可转换为：$Q=(I-A)^{-1}*F$

其中：$(I-A)^{-1}$ 为里昂惕夫逆阵，Q、F 分别为总产品与最终产品的列向量，这样，当我们确定了各部门最终产品的数值后，就可以利用这些公式来推算各部门总产品的数值。

（2）价值模型

该模型从产品总产出与产品增加值寻找两者的关系，从产品价值的流向把握两者内在的联系。即：

$$\sum_{i=1}^{n} X_{ij} + Y_j = Q_j$$

其中，$Y_j = D_j + V_j + N_j$，带入 $X_{ij} = ai_j * Q_j$ 得

$$\begin{cases} (1-\sum_{i=1}^{n} a_{n1})Q_1 = Y_1 \\ (1-\sum_{i=1}^{n} a_{n2})Q_2 = Y_2 \\ \cdots\cdots \\ (1-\sum_{i=1}^{n} a_n)Q_n = Y_n \end{cases}$$

可知，$Q = (I-\hat{A})^{-1}Y$，其中，

$$(I-\hat{A})^{-1} = \begin{bmatrix} 1-\sum_{i=1}^{n}a_{i1} & 0 & \cdots & 0 \\ 0 & 1-\sum_{i=1}^{n}a_{i2} & \cdots & 0 \\ \cdots & \cdots & \cdots & \cdots \\ 0 & 0 & 0 & 1-\sum_{i=1}^{n}a_{in} \end{bmatrix}$$

由以上公式也可在已知各部门增加值的情况下，来推算各部门的产出。

第三章 新闻出版业与印刷业经济影响与关联产业分析

本文以2012年139部门与42部门投入产出表中的数据为依据，构造新闻出版业、印刷业和记录媒介复制业的48部门投入产出表，依据前文构建的理论基础进行数量的计算与探索其中所包含的经济含义，包括直接消耗系数、完全消耗系数等具体内容，由于出版物发行业归属于零售和批发业，数据无法进行分离，因此本章只对新闻出版业、印刷和记录媒介复制业进行分析，具体数据运算过程与结果及结果的经济意义说明在以下各个部分详细展开。

第一节 新闻出版业经济影响与关联产业分析

一、新闻出版业直接消耗系数

表2 新闻出版业直接消耗系数前10位

排名	部门	直接消耗系数
1	印刷和记录媒介复制	0.147227479
2	造纸和纸制品	0.114284737

（续表）

排名	部门	直接消耗系数
3	交通运输、仓储和邮政	0.080943749
4	批发和零售	0.061597885
5	化学产品	0.042897112
6	住宿和餐饮	0.027836639
7	信息传输、软件和信息技术服务	0.017265442
8	金融	0.016008427
9	租赁和商务服务	0.014013066
10	居民服务、修理和其他服务	0.012127811

从直接消耗系数表来看，排名前10的依次是印刷和记录媒介复制业，造纸和纸制品，交通运输、仓储和邮政，批发和零售，化学产品，住宿和餐饮，信息传输、软件和信息技术服务，金融，租赁和商务服务，居民服务、修理和其他服务。印刷和记录媒介复制业直接消耗系数为0.15，说明新闻出版业每生产一个单位产品需要消耗0.15个印刷和记录媒介复制业产品；造纸和纸制品直接消耗系数为0.11，说明新闻出版业每生产一个单位产品需要消耗0.11个造纸和纸制品产品；交通运输、仓储和邮政直接消耗系数为0.08，说明新闻出版业每生产一个单位产品需要消耗0.08个交通运输、仓储和邮政产品；批发和零售直接消耗系数为0.06，说明新闻出版业每生产一个单位产品需要消耗0.08个批发和零售产品；化学产品直接消耗系数为0.04，说明新闻出版业每生产一个单位产品需要消耗0.04个化学产品；住宿和餐饮直接消耗系数为0.03，说明新闻出版业每生产一个单位产品需要消耗0.03个住宿和餐饮产品；信息传输、软件和信息技术服务直接消耗系数为0.02，说明新闻出版业每生产一个单位产品需要消耗0.02个信息传输、软件和信息技术服务产品；金融直接消耗系数为0.02，说明新闻出版业每生产一个单位产品需要消耗0.02个金融产品；租赁和商务服务直接消耗系数为0.01，说明新闻出版业每生产一个单位产品需要消耗0.01个租赁和商务服务产品；居民服务、修理和其他服务直接消耗系数为0.01，说明新闻出版业每生产一个单位产品需要消耗0.01个居民服务、修理和其他服务产品。

二、新闻出版业完全消耗系数

表 3　新闻出版业完全消耗系数前 10 位

排　名	部　门	完全消耗系数
1	造纸和纸制品	0.254800775
2	化学产品	0.240941761
3	印刷和记录媒介复制业	0.159690448
4	交通运输、仓储和邮政	0.146805796
5	批发和零售	0.108767181
6	电力、热力的生产和供应	0.076722477
7	金融	0.074904537
8	农林牧渔产品和服务	0.067263549
9	石油、炼焦产品和核燃料加工品	0.060994913
10	金属冶炼和压延加工品	0.055030357

从完全消耗系数表来看，排名前 10 的依次是造纸和纸制品，化学产品，印刷和记录媒介复制业，交通运输、仓储和邮政，批发和零售，电力、热力的生产和供应，金融，农林牧渔产品和服务，石油、炼焦产品和核燃料加工品，金属冶炼和压延加工品。造纸和纸制品完全消耗系数为 0.25，说明新闻出版业每生产一个单位产品需要直接消耗和间接消耗 0.25 个造纸和纸制品产品；化学产品完全消耗系数为 0.24，说明新闻出版业每生产一个单位产品需要直接消耗和间接消耗 0.24 个化学产品；印刷和记录媒介复制业完全消耗系数为 0.16，说明新闻出版业每生产一个单位产品需要直接消耗和间接消耗 0.16 个印刷和记录媒介复制业产品；交通运输、仓储和邮政完全消耗系数为 0.15，说明新闻出版业每生产一个单位产品需要直接消耗和间接消耗 0.15 个交通运输、仓储和邮政产品；批发和零售完全消耗系数为 0.11，说明新闻出版业每生产一个单位产品需要直接消耗和间接消耗 0.11 个批发和零售产品；电力、热力的生产和供应完全消耗系数为 0.08，说明新闻出版业每生产一个单位产品需要直接消耗和间接消耗 0.08 个电力、热力的生产和供应产品；金融完全消耗系数为 0.07，说明新闻出版业每生产一个单位产品需要直接消耗和间接消耗 0.07 个金融产品；农林牧渔产品和服务完全消耗系数为 0.07，说明新闻出版业每生产一个单位产品需要直接消耗和间接消耗 0.07 个农林牧渔产品和

服务产品；石油、炼焦产品和核燃料加工品完全消耗系数为 0.06，说明新闻出版业每生产一个单位产品需要直接消耗和间接消耗 0.06 个石油、炼焦产品和核燃料加工品产品；金属冶炼和压延加工品完全消耗系数为 0.06，说明新闻出版业每生产一个单位产品需要直接消耗和间接消耗 0.06 个金属冶炼和压延加工品产品。

三、新闻出版业对各部门投入流量

表 4　新闻出版业对各部门投入流量表前 10 位

单位：万元，%

排　名	部　门	流　量	比　重
1	公共管理、社会保障和社会组织	2008435.85	23.90
2	教育	658787.47	7.84
3	建筑	616841.10	7.34
4	交通运输、仓储和邮政	565334.36	6.73
5	信息传输、软件和信息技术服务	478628.25	5.70
6	金融	464845.05	5.53
7	化学产品	342719.86	4.08
8	科学研究和技术服务	288709.54	3.44
9	居民服务、修理和其他服务	236275.83	2.81
10	卫生和社会工作	227179.63	2.70

从新闻出版业对各部门投入流量表可以看出，新闻出版业对各部门投入前 10 位依次为公共管理、社会保障和社会组织，教育，建筑，交通运输、仓储和邮政，信息传输、软件和信息技术服务，金融，化学产品，科学研究和技术服务，居民服务、修理和其他服务，卫生和社会工作。新闻出版业对公共管理、社会保障和社会组织投入 2008435.85 万元，占新闻出版业对所有部门投入的 23.90%；新闻出版业对教育投入 658787.47 万元，占新闻出版业对所有部门投入的 7.84%；新闻出版业对交通运输、仓储和邮政投入 565334.36 万元，占新闻出版业对所有部门投入的 6.73%；新闻出版业对建筑

投入616841.106万元，占新闻出版业对所有部门投入的7.34%；新闻出版业对信息传输、软件和信息技术服务投入478628.26万元，占新闻出版业对所有部门投入的5.70%；新闻出版业对金融投入464845.056万元，占新闻出版业对所有部门投入的5.53%；新闻出版业对化学产品投入342719.86万元，占新闻出版业对所有部门投入的4.08%；新闻出版业对科学研究和技术服务投入288709.54万元，占新闻出版业对所有部门投入的3.44%；新闻出版业对居民服务、修理和其他服务投入236275.83万元，占新闻出版业对所有部门投入的2.81%；新闻出版业对卫生和社会工作投入为227179.66万元，占新闻出版业对所有部门投入的2.70%。

第二节 印刷和记录媒介复制业经济影响与关联产业分析

一、印刷和记录媒介复制业直接消耗系数

表5 印刷和记录媒介复制业直接消耗系数前10位

排 名	部 门	直接消耗系数
1	造纸和纸制品	0.358816293
2	化学产品	0.124806312
3	批发和零售	0.033370951
4	印刷和记录媒介复制业	0.028310997
5	交通运输、仓储和邮政	0.027404836
6	金融	0.01975902
7	专用设备	0.012802643
8	金属冶炼和压延加工品	0.012735704
9	租赁和商务服务	0.010432573
10	电力、热力的生产和供应	0.007825382

从直接消耗系数表来看，排名前10的依次是造纸和纸制品，化学产品，批发和零售，印刷和记录媒介复制业，交通运输、仓储和邮政，金融，专用设备，金属冶炼和压延加工品，租赁和商务服务，电力、热力的生产和供应。

造纸和纸制品直接消耗系数为 0.36，说明印刷和记录媒介复制业每生产一个单位产品需要消耗 0.36 个造纸和纸制品产品；化学产品直接消耗系数为 0.12，说明印刷和记录媒介复制业每生产一个单位产品需要消耗 0.12 个化学产品；批发和零售直接消耗系数为 0.03，说明印刷和记录媒介复制业每生产一个单位产品需要消耗 0.03 个批发和零售产品；印刷和记录媒介复制业直接消耗系数为 0.03，说明印刷和记录媒介复制业每生产一个单位产品需要消耗 0.03 个印刷和记录媒介复制业产品；交通运输、仓储和邮政直接消耗系数为 0.03，说明印刷和记录媒介复制业每生产一个单位产品需要消耗 0.03 个交通运输、仓储和邮政产品；金融直接消耗系数为 0.02，说明印刷和记录媒介复制业每生产一个单位产品需要消耗 0.02 个金融产品；专用设备直接消耗系数为 0.01，说明印刷和记录媒介复制业每生产一个单位产品需要消耗 0.01 个专用设备产品；金属冶炼和压延加工品直接消耗系数为 0.01，说明印刷和记录媒介复制业每生产一个单位产品需要消耗 0.01 个金属冶炼和压延加工品产品；租赁和商务服务直接消耗系数为 0.01，说明印刷和记录媒介复制业每生产一个单位产品需要消耗 0.01 个租赁和商务服务产品；电力、热力的生产和供应直接消耗系数为 0.01，说明印刷和记录媒介复制业每生产一个单位产品需要消耗 0.01 个电力、热力的生产和供应产品。

二、印刷和记录媒介复制业业完全消耗系数

表6 印刷和记录媒介复制业业完全消耗系数前 10 位

排 名	部 门	完全消耗系数
1	造纸和纸制品	0.539999932
2	化学产品	0.446655308
3	电力、热力的生产和供应	0.104939352
4	交通运输、仓储和邮政	0.099655544
5	金属冶炼和压延加工品	0.089946571
6	农林牧渔产品和服务	0.086128742
7	金融	0.085776061
8	批发和零售	0.084968753

（续表）

排　名	部　门	完全消耗系数
9	石油、炼焦产品和核燃料加工品	0.07660412
10	煤炭采选产品	0.055677991

从完全消耗系数表来看，排名前10的依次是造纸和纸制品，化学产品，电力、热力的生产和供应，交通运输、仓储和邮政，金属冶炼和压延加工品，金融，农林牧渔产品和服务，金融，批发和零售，石油、炼焦产品和核燃料加工品，煤炭采选产品。造纸和纸制品完全消耗系数为0.54，说明印刷和记录媒介复制业每生产一个单位产品需要直接消耗和间接消耗0.54个造纸和纸制品产品；化学产品完全消耗系数为0.45，说明印刷和记录媒介复制业每生产一个单位产品需要直接消耗和间接消耗0.45个化学产品；电力、热力的生产和供应完全消耗系数为0.10，说明印刷和记录媒介复制业每生产一个单位产品需要直接消耗和间接消耗0.10个电力、热力的生产和供应产品；交通运输、仓储和邮政完全消耗系数为0.10，说明印刷和记录媒介复制业每生产一个单位产品需要直接消耗和间接消耗0.10个交通运输、仓储和邮政产品；金属冶炼和压延加工品完全消耗系数为0.09，说明印刷和记录媒介复制业每生产一个单位产品需要直接消耗和间接消耗0.09个金属冶炼和压延加工品产品；农林牧渔产品和服务完全消耗系数为0.09，说明印刷和记录媒介复制业每生产一个单位产品需要直接消耗和间接消耗0.09个农林牧渔产品和服务产品；金融完全消耗系数为0.09，说明印刷和记录媒介复制业每生产一个单位产品需要直接消耗和间接消耗0.09个金融产品；批发和零售完全消耗系数为0.08，说明印刷和记录媒介复制业每生产一个单位产品需要直接消耗和间接消耗0.08个批发和零售产品；石油、炼焦产品和核燃料加工品完全消耗系数为0.08，说明印刷和记录媒介复制业每生产一个单位产品需要直接消耗和间接消耗0.08个石油、炼焦产品和核燃料加工品产品；煤炭采选产品完全消耗系数为0.06，说明印刷和记录媒介复制业每生产一个单位产品需要直接消耗和间接消耗0.06个煤炭采选产品。

三、印刷和记录媒介复制业对各部门投入流量

表7　印刷和记录媒介复制业对各部门投入流量前10位

排名	部门	流量	比重
1	租赁和商务服务	12624572.89	22.53
2	金融	9226233.95	16.47
3	信息传输、软件和信息技术服务	6269710.93	11.19
4	批发和零售	6046598.11	10.79
5	公共管理、社会保障和社会组织	3896852.84	6.96
6	新闻和出版	2479644.67	4.43
7	通信设备、计算机和其他电子设备	1832120.14	3.27
8	印刷和记录媒介复制业	1638836.98	2.92
9	科学研究和技术服务	1478326.84	2.64
10	化学产品	1465690.33	2.62

从印刷和记录媒介复制业对各部门投入流量表可以看出，印刷和记录媒介复制业对各部门投入前10位依次为租赁和商务服务，金融，信息传输、软件和信息技术服务，批发和零售，公共管理、社会保障和社会组织，新闻和出版，通信设备、计算机和其他电子设备，印刷和记录媒介复制业，科学研究和技术服务，化学产品。

第四章　出版业经济影响与关联产业分析

本文以2012年139部门与42部门投入产出表中的数据为依据，构造我国出版业的47部门投入产出表，依据前文构建的理论基础进行数量的计算与探索其中所包含的经济含义，包括直接消耗系数、完全消耗系数等具体内容，具体数据运算过程与结果及结果的经济意义说明在以下各个部分详细展开。

第一节　出版业直接消耗系数

表8　出版业直接消耗系数前10位

排名	部门	直接消耗系数
1	造纸和纸制品	0.269916385
2	化学产品	0.094514538
3	出版业	0.050784541
4	批发和零售	0.035312282
5	交通运输、仓储和邮政	0.035079991
6	金融	0.016809512
7	住宿和餐饮	0.010398458
8	租赁和商务服务	0.009989102
9	专用设备	0.008864853
10	金属冶炼和压延加工品	0.008767813

从直接消耗系数表来看，排名前10的依次是造纸和纸制品，交通运输、仓储和邮政，化学产品，出版业，批发和零售，交通运输、仓储和邮政，金融，住宿和餐饮，租赁和商务服务，专用设备，金属冶炼和压延加工品。造纸和纸制品直接消耗系数为0.27，说明出版业每生产一个单位产品需要消耗0.27个造纸和纸制品产品；化学产品直接消耗系数为0.09，说明出版业每生产一个单位产品需要消耗0.09个化学产品；出版业直接消耗系数为0.05，说明出版业每生产一个单位产品需要消耗0.55个自身产品；批发和零售直接消耗系数为0.04，说明出版业每生产一个单位产品需要消耗0.04个批发和零售产品；交通运输、仓储和邮政直接消耗系数为0.04，说明出版业每生产一个单位产品需要消耗0.04个交通运输、仓储和邮政产品；金融直接消耗系数为0.02，说明出版业每生产一个单位产品需要消耗0.02个金融产品；住宿和餐饮直接消耗系数为0.01，说明出版业每生产一个单位产品需要消耗0.01个住宿和餐饮产品；租赁和商务服务直接消耗系数为0.01，说明出版业每生产一个单位产品需要消耗0.01个租赁和商务服务产品；专用设备直接消耗系数为0.01，说明出版业每生产一个单位产品需要消耗0.01个专用设备产品；金属冶炼和压延加工品直接消耗系数为0.01，说明出版业每生产一个单位产品需要消耗

0.01 个金属冶炼和压延加工品产品。

第二节 出版业完全消耗系数

表9 新闻出版业对各部门的完全消耗系数前10位

排名	部门	新闻出版直接完全系数
1	造纸和纸制品	0.414092393
2	化学产品	0.305349107
3	交通运输、仓储和邮政	0.088208605
4	批发和零售	0.072803695
5	电力、热力的生产和供应	0.069695158
6	农林牧渔产品和服务	0.069139941
7	金融	0.063946692
8	出版业	0.059223663
9	金属冶炼和压延加工品	0.058627501
10	石油、炼焦产品和核燃料加工品	0.049283165

从完全消耗系数表来看，排名前10的依次是造纸和纸制品，化学产品，交通运输、仓储和邮政，批发和零售，电力、热力的生产和供应，农林牧渔产品和服务，金融，出版业，金属冶炼和压延加工品，石油、炼焦产品和核燃料加工品。造纸和纸制品完全消耗系数为0.41，说明出版业每生产一个单位产品需要直接消耗和间接消耗0.41个造纸和纸制品产品；化学产品完全消耗系数为0.31，说明出版业每生产一个单位产品需要直接消耗和间接消耗0.31个化学产品；交通运输、仓储和邮政完全消耗系数为0.09，说明出版业每生产一个单位产品需要直接消耗和间接消耗0.09个交通运输、仓储和邮政产品；批发和零售完全消耗系数为0.07，说明出版业每生产一个单位产品需要直接消耗和间接消耗0.07个批发和零售产品；电力、热力的生产和供应完全消耗

系数为0.07，说明出版业每生产一个单位产品需要直接消耗和间接消耗0.07个电力、热力的生产和供应产品；农林牧渔产品和服务完全消耗系数为0.07，说明出版业每生产一个单位产品需要直接消耗和间接消耗0.07个农林牧渔产品和服务产品；金融完全消耗系数为0.06，说明出版业每生产一个单位产品需要直接消耗和间接消耗0.06个金融产品；出版业完全消耗系数为0.06，说明出版业每生产一个单位产品需要直接消耗和间接消耗0.06个自身产品；金属冶炼和压延加工品完全消耗系数为0.06，说明出版业每生产一个单位产品需要直接消耗和间接消耗0.06个金属冶炼和压延加工品产品；石油、炼焦产品和核燃料加工品完全消耗系数为0.05，说明出版业每生产一个单位产品需要直接消耗和间接消耗0.05个石油、炼焦产品和核燃料加工品产品。

第三节 出版业对各部门投入流量

表10 出版业对各部门投入流量表前10位

单位：万元，%

排名	部门	流量	比重
1	租赁和商务服务	12826614.24	19.90
2	金融	9691079.00	15.03
3	信息传输、软件和信息技术服务	6748339.17	10.47
4	批发和零售	6140885.56	9.53
5	公共管理、社会保障和社会组织	5905288.69	9.16
6	出版业	4270156.39	6.62
7	交通运输、仓储和邮政	2005284.99	3.11
8	教育	1850873.71	2.87
9	化学产品	1808410.18	2.81
10	科学研究和技术服务	1767036.37	2.74

从出版业对各部门投入流量表可以看出，出版业对各部门投入前10位依次为租赁和商务服务，金融，信息传输、软件和信息技术服务，批发和零售，公共管理、社会保障和社会组织，出版业，交通运输、仓储和邮

政、教育、化学产品、科学研究和技术服务。出版业对租赁和商务服务投入12826614.24万元，占出版业对所有部门投入的19.90%；出版业业对金融投入9691079.00万元，占出版业对所有部门投入的15.03%；出版业对信息传输、软件和信息技术服务投入6748339.18万元，占出版业对所有部门投入的10.47%；出版业对批发和零售投入6140885.56万元，占出版业对所有部门投入的9.53%；出版业对公共管理、社会保障和社会组织投入5905288.69万元，占出版业对所有部门投入的9.16%；出版业对出版业投入4270156.39万元，占出版业对所有部门投入的6.62%；出版业对交通运输、仓储和邮政投入2005284.99万元，占出版业对所有部门投入的3.11%；出版业对教育投入1850873.71万元，占出版业对所有部门投入的2.87%；出版业对化学产品投入1808410.19万元，占出版业对所有部门投入的2.81%；出版业对科学研究和技术服务投入1767036.37万元，占出版业对所有部门投入的2.74%。

第五章 结论及建议

依据前文所做的模型与数据分析，为以下的结论提供理论支持，并力求利用产业的相互关系联系，提出相关的产业发展政策，以期更好、更快地促进我国出版业发展。

新闻出版业的经济影响较弱，整体表现为前向集中，后向分散的特点。新闻出版业前向关联产业数量有限，但相对集中，核心关联产业集中在印刷及相关产业较大的物流与销售行业。完全消耗系数超过0.1的有5个产业。其中，3个集中在造纸和印刷行业，印刷和记录媒介复制业的完全消耗系数为0.24，造纸和纸制品的完全消耗系数为0.25，化学工业的完全消耗系数为0.16；2个集中在物流和销售行业，交通运输、仓储和邮政业的完全消耗系数为0.15，批发和零售的直接消耗系数为0.11。直接消耗系数较大的仍为以上5个产业，印刷和记录媒介复制业直接消耗系数为0.14；造纸和纸制品直接消耗系数为0.11；交通运输、仓储和邮政的直接消耗系数为0.08；批发和零售的直接消耗系数为0.06；化学产品的直接消耗下次数为0.04。新闻出版业后向关联部门广泛，但单个投入比重不高，主要集中在社会公共部门和教育。其中新闻出版业对公共管理、社会保障和社会组织的直接投入占新闻出版业对所有部门直接投入的23.9%，教育占7.8%。新闻出版业对国民经济的重要性不完全体现在投入成本上，更多的体现在非经济影响。

印刷和记录媒介复制业经济影响较强，前向关联较为集中，后向关联较为平均，单个投入比重较高。从直接消耗系数上看印刷和记录媒介复制业前向关联高度集中在印刷及相关产业，造纸和纸制品直接消耗系数为0.36，化学产品直接消耗系数为0.12，交通运输、仓储和邮政直接消耗系数为0.03，批发和零售直接消耗系数为0.03，印刷和记录媒介复制业直接消耗系数为0.03，印刷和记录媒介复制业对自身行业消耗也较大；从完全消耗系数上来看，印刷和记录媒介复制业完全消耗系数超过0.01的有30个部门，前向关联高度集中在造纸及相关行业、电力能源行业和物流行业，造纸和纸制品完全消耗系数为0.54，化学产品完全消耗系数为0.45，电力、热力的生产和供应完全消耗系数为0.10，交通运输、仓储和邮政完全消耗系数为0.10。印刷和记录媒介复制业后向关联产业集中在服务业和社会公共部门，印刷和记录媒介复制业对租赁和商务服务的投入占印刷和记录媒介复制业对所有部门投入的22.53%，金融业占16.47%，批发和零售占10.79%，公共管理、社会保障和社会组织占6.96%，新闻和出版占4.43%，以上五个部门的消耗占印刷和记录媒介复制业总投入比重超过60%。

出版业对国民经济影响较弱，前向关联产业较为密集，后向关联产业较为平均，且投入比重不高。出版业前向产业集中在印刷及相关产业和物流销售产业。造纸和纸制品的直接消耗系数和完全消耗系数分别为0.27和0.41；化学产品的直接消耗系数和完全消耗系数分别为0.09和0.31；交通运输、仓储和邮政的直接消耗系数和完全消耗系数分别为0.03和0.09；批发和零售的直接消耗系数和完全消耗系数分别为0.04和0.07；此外出版业对自身的直接消耗系数为0.05。出版业的后向关联产业集中在服务业和社会公共部门，出版业对租赁和商务服务的投入占出版业对所有部门投入的19.90%，金融业占15.03%，批发和零售占9.53%，公共管理、社会保障和社会组织占9.16%，出版业占6.62%，交通运输、仓储和邮政占3.11%，其余各部门占比均不足3.00%。

综上所述，出版业以及各细分产业对中国国民经济影响有限，业界和有关部门应该客观、科学地看待出版业的经济影响。从产业经济层面来看，结合目前出版用纸价格提升的现状，我国应合理规划造纸和纸制品业、印刷及相关产业，同时大力发展教育业、金融业、批发和零售业以及交通运输、仓储和邮政业，为出版业的发展构建良好的外部市场环境及条件。出版业后关联产业众多，对国民经济更多体现在非经济影响，在社会文化宣传、教育、文化传承中具有不可替代的地位，出版业自身也需加强产业结构优化，提供更好的产品，服务更多的行业部门。

第六章 不足和展望

第一节 本课题的不足之处

1. 由于时间和人力的限制，本研究在计算过程中只计算了部门间的直接和完全消耗系数，未将社会消费计算在内；

2. 由于投入产出表编制过程中将出版业发行数据列入批发和零售，出版物发行数据无法得到，因此本研究未研究出版物发行业的经济影响和产业关联关系；

3. 该研究基于《2012年中国投入产出表》数据进行研究，缺乏相应的比较和对比。

第二节 进一步研究方向

在目前的研究基础上，本课题进一步研究方向如下：

1. 将社会消费考虑在内，构建动态模型进一步计算出版业及其细分产业的消耗系数、感应度系数和影响力系数；

2. 根据《2012年中国投入产出表》数据，运用RAS方法对投入产出表进行推算，构造新的投入产出表，分析出版业的经济影响和产业关联关系；

3. 对美国出版业及细分产业做投入产出分析，和中国出版业进行对比分析。

参考文献

[1] 国家统计局国民经济核算司.中国投入产出表[M].北京：中国统计出版社，2015.

[2] 刘建华.我国出版业的发展现状、趋势与投资界域[J].出版发行研究，2015，（10）：29-33

[3] 王关义，谢巍.我国出版业供给侧改革思路[J].中国出版，2017，（01）：11-14.

[4] 梁桂秋.我国出版业核心竞争力研究[D].吉林大学，2005.

[5] 戚名侠，窦可惠.中国图书出版业未来发展趋势研究[J].内蒙古民族大学学报（社会科学版），2017，43（04）：87-91

[6] 赵红艳.我国出版业现状与发展思路探索[J].新闻传播，2016，（05）：50-51

[7] 刘捷.网络时代传统出版业的生存困境与发展出路[J].河南大学学报（社会科学版），2016，50（06）：150-156

[8] 韩跃杰，孙守增，袁华智.基于投入产出模型的出版产业关联分析[J].科技与出版，2013，（09）：107-110

[9] 甄梦.基于投入产出分析的上海市新闻出版产业链研究[J].新闻传播，2015，（03）：37-38

[10] 刘起运.投入产出对称数学模型的建立和应用[J].数量经济技术经济研究，1986，（04）：34-41

[11] 陈锡康，王戈丰，张启江.偏差法——投入产出表平衡调整的新方法[J].统计研究，1988，（02）：41-43

[12]-[13] 张守一，葛新权.中美两国产业结构的比较分析[J].河南财经学院学报，1990，（04）：39-47+55

（课题组成员：王曦、李薇、戴思晶；执笔人：康继、张晓斌）

附录

表1 新闻出版业直接消耗系数表

排名	部门	直接消耗系数
1	印刷和记录媒介复制业	0.147227479
2	造纸和纸制品	0.114284737
3	交通运输、仓储和邮政	0.080943749
4	批发和零售	0.061597885
5	化学产品	0.042897112
6	住宿和餐饮	0.027836639
7	信息传输、软件和信息技术服务	0.017265442
8	金融	0.016008427
9	租赁和商务服务	0.014013066
10	居民服务、修理和其他服务	0.012127811
11	电力、热力的生产和供应	0.010986835
12	其他制造产品	0.010155531
13	建筑	0.010149366
14	食品和烟草	0.008261126
15	新闻和出版	0.00809123
16	房地产	0.007238395
17	娱乐	0.00616703
18	文教、工美、体育和娱乐用品	0.005511783
19	石油、炼焦产品和核燃料加工品	0.00398861
20	纺织品	0.002750089
21	纺织服装鞋帽皮革羽绒及其制品	0.002024522
22	煤炭采选产品	0.001888108
23	教育	0.001654928
24	通信设备、计算机和其他电子设备	0.001391428
25	公共管理、社会保障和社会组织	0.000973077

（续表）

排名	部门	直接消耗系数
26	非金属矿物制品	0.000690972
27	燃气生产和供应	0.000654296
28	金属制品	0.000630578
29	通用设备	0.000502167
30	农林牧渔产品和服务	0.000453674
31	水利、环境和公共设施管理	0.000393243
32	木材加工品和家具	0.000379647
33	水的生产和供应	0.000341046
34	仪器仪表	0.000322799
35	交通运输设备	0.000310489
36	专用设备	0.000254395
37	广播、电视、电影和影视录音制作	0.000109829
38	卫生和社会工作	9.17253E-05
39	金属制品、机械和设备修理服务	6.44586E-05
40	科学研究和技术服务	4.85479E-05
41	文化艺术	4.6215E-05
42	电气机械和器材	9.88987E-06
43	金属冶炼和压延加工品	0
44	石油和天然气开采产品	0
45	废品废料	0
46	金属矿采选产品	0
47	非金属矿和其他矿采选产品	0
48	体育	0

表2　新闻出版业完全消耗系数表

排　名	部　门	完全消耗系数
1	造纸和纸制品	0.254800775
2	化学产品	0.240941761
3	印刷和记录媒介复制业	0.159690448
4	交通运输、仓储和邮政	0.146805796
5	批发和零售	0.108767181
6	电力、热力的生产和供应	0.076722477
7	金融	0.074904537
8	农林牧渔产品和服务	0.067263549
9	石油、炼焦产品和核燃料加工品	0.060994913
10	金属冶炼和压延加工品	0.055030357
11	食品和烟草	0.053312262
12	租赁和商务服务	0.052592629
13	石油和天然气开采产品	0.042631137
14	通信设备、计算机和其他电子设备	0.041678772
15	住宿和餐饮	0.041202351
16	煤炭采选产品	0.037911214
17	信息传输、软件和信息技术服务	0.027843249
18	纺织品	0.02274995
19	房地产	0.022221777
20	居民服务、修理和其他服务	0.020923092
21	交通运输设备	0.020781032
22	废品废料	0.018384007
23	金属制品	0.016592352
24	建筑	0.01647085
25	通用设备	0.015147789

（续表）

排 名	部 门	完全消耗系数
26	木材加工品和家具	0.015047424
27	其他制造产品	0.012321174
28	科学研究和技术服务	0.012102877
29	金属矿采选产品	0.01205929
30	专用设备	0.011915102
31	文教、工美、体育和娱乐用品	0.010682797
32	新闻和出版	0.008880882
33	非金属矿物制品	0.008468225
34	非金属矿和其他矿采选产品	0.008087301
35	娱乐	0.00785254
36	纺织服装鞋帽皮革羽绒及其制品	0.00765445
37	电气机械和器材	0.007412194
38	仪器仪表	0.005007238
39	水利、环境和公共设施管理	0.003440402
40	燃气生产和供应	0.003189775
41	教育	0.002706698
42	公共管理、社会保障和社会组织	0.002196129
43	水的生产和供应	0.00168859
44	金属制品、机械和设备修理服务	0.001418181
45	广播、电视、电影和影视录音制作	0.000840289
46	卫生和社会工作	0.000378173
47	文化艺术	0.00011383
48	体育	0

表3 新闻出版业对各部门投入流量表

单位：万元，%

排名	部门	流量	比重
1	公共管理、社会保障和社会组织	2008435.85	23.90
2	教育	658787.4656	7.84
3	建筑	616841.1018	7.34
4	交通运输、仓储和邮政	565334.3559	6.73
5	信息传输、软件和信息技术服务	478628.2502	5.70
6	金融	464845.0541	5.53
7	化学产品	342719.859	4.08
8	科学研究和技术服务	288709.5353	3.44
9	居民服务、修理和其他服务	236275.8258	2.81
10	卫生和社会工作	227179.6552	2.70
11	房地产	218988.4619	2.61
12	电力、热力的生产和供应	215904.4615	2.57
13	租赁和商务服务	202041.3502	2.40
14	食品和烟草	173164.8474	2.06
15	通用设备	168145.3397	2.00
16	通信设备、计算机和其他电子设备	147867.5146	1.76
17	新闻和出版	136274.6708	1.62
18	金属矿采选产品	135117.736	1.61
19	金属制品	95757.27106	1.14
20	批发和零售	94287.45541	1.12
21	金属冶炼和压延加工品	87918.62283	1.05
22	煤炭采选产品	84562.96008	1.01
23	住宿和餐饮	83355.69285	0.99
24	水利、环境和公共设施管理	80473.21943	0.96
25	专用设备	57129.68749	0.68

（续表）

排 名	部 门	流 量	比 重
26	非金属矿物制品	53175.82943	0.63
27	文化艺术	51698.82293	0.62
28	交通运输设备	50886.11054	0.61
29	纺织品	47310.72795	0.56
30	纺织服装鞋帽皮革羽绒及其制品	44727.50264	0.53
31	木材加工品和家具	42686.29374	0.51
32	印刷和记录媒介复制业	33038.52609	0.39
33	电气机械和器材	30283.63736	0.36
34	娱乐	29568.02613	0.35
35	非金属矿和其他矿采选产品	19206.80368	0.23
36	文教、工美、体育和娱乐用品	17390.56488	0.21
37	造纸和纸制品	16513.07909	0.20
38	仪器仪表	16496.24736	0.20
39	废品废料	16282.98954	0.19
40	石油和天然气开采产品	15614.29852	0.19
41	水的生产和供应	14575.25569	0.17
42	石油、炼焦产品和核燃料加工品	9898.150454	0.12
43	广播、电视、电影和影视录音制作	5605.298838	0.07
44	其他制造产品	4749.175811	0.06
45	农林牧渔产品和服务	4562.727196	0.05
46	燃气生产和供应	4521.700475	0.05
47	金属制品、机械和设备修理服务	3235.588302	0.04
48	体育	1464.016916	0.02

表4　印刷和记录媒介复制品直接消耗系数

排名	部门	直接消耗系数
1	造纸和纸制品	0.358816293
2	化学产品	0.124806312
3	批发和零售	0.033370951
4	印刷和记录媒介复制业	0.028310997
5	交通运输、仓储和邮政	0.027404836
6	金融	0.01975902
7	专用设备	0.012802643
8	金属冶炼和压延加工品	0.012735704
9	租赁和商务服务	0.010432573
10	电力、热力的生产和供应	0.007825382
11	食品和烟草	0.007126353
12	住宿和餐饮	0.0070052
13	金属制品	0.005531554
14	木材加工品和家具	0.005371674
15	居民服务、修理和其他服务	0.003718673
16	科学研究和技术服务	0.003414327
17	文教、工美、体育和娱乐用品	0.003027905
18	信息传输、软件和信息技术服务	0.003023659
19	石油、炼焦产品和核燃料加工品	0.002658182
20	纺织品	0.002541301
21	通用设备	0.002515158
22	建筑	0.001856742
23	通信设备、计算机和其他电子设备	0.001743501
24	纺织服装鞋帽皮革羽绒及其制品	0.001611375
25	煤炭采选产品	0.001467567

（续表）

排名	部门	直接消耗系数
26	房地产	0.001261489
27	其他制造产品	0.001261207
28	广播、电视、电影和影视录音制作	0.000846562
29	娱乐	0.000825885
30	新闻和出版	0.000570742
31	公共管理、社会保障和社会组织	0.000520657
32	水利、环境和公共设施管理	0.000492039
33	电气机械和器材	0.000484461
34	水的生产和供应	0.000481025
35	金属制品、机械和设备修理服务	0.000417177
36	教育	0.000394488
37	非金属矿物制品	0.000330139
38	交通运输设备	0.000173059
39	仪器仪表	3.88696E−05
40	文化艺术	3.38183E−05
41	卫生和社会工作	1.97378E−05
42	废品废料	1.21082E−05
43	燃气生产和供应	1.02521E−05
44	非金属矿和其他矿采选产品	1.36465E−06
45	农林牧渔产品和服务	0
46	石油和天然气开采产品	0
47	金属矿采选产品	0
48	体育	0

表5 印刷和记录媒介复制品完全消耗系数

排名	部门	完全消耗系数
1	造纸和纸制品	0.539999932
2	化学产品	0.446655308
3	电力、热力的生产和供应	0.104939352
4	交通运输、仓储和邮政	0.099655544
5	金属冶炼和压延加工品	0.089946571
6	农林牧渔产品和服务	0.086128742
7	金融	0.085776061
8	批发和零售	0.084968753
9	石油、炼焦产品和核燃料加工品	0.07660412
10	煤炭采选产品	0.055677991
11	石油和天然气开采产品	0.054726313
12	租赁和商务服务	0.049568847
13	食品和烟草	0.044045216
14	通信设备、计算机和其他电子设备	0.04072345
15	废品废料	0.037357465
16	印刷和记录媒介复制业	0.03608572
17	专用设备	0.028274501
18	金属制品	0.026602985
19	纺织品	0.02636039
20	木材加工品和家具	0.025906388
21	通用设备	0.022571195
22	住宿和餐饮	0.020654909
23	科学研究和技术服务	0.020088564
24	金属矿采选产品	0.019097208
25	交通运输设备	0.017470584

（续表）

排　名	部　门	完全消耗系数
26	房地产	0.013987379
27	居民服务、修理和其他服务	0.013312854
28	非金属矿和其他矿采选产品	0.011513726
29	信息传输、软件和信息技术服务	0.010975418
30	电气机械和器材	0.010473873
31	非金属矿物制品	0.0097776
32	纺织服装鞋帽皮革羽绒及其制品	0.007830776
33	文教、工美、体育和娱乐用品	0.007825442
34	建筑	0.007705843
35	仪器仪表	0.006237798
36	水利、环境和公共设施管理	0.004930151
37	其他制造产品	0.002969792
38	燃气生产和供应	0.002543935
39	娱乐	0.00252008
40	水的生产和供应	0.002110041
41	金属制品、机械和设备修理服务	0.002051798
42	公共管理、社会保障和社会组织	0.001756882
43	广播、电视、电影和影视录音制作	0.001606555
44	教育	0.001496622
45	新闻和出版	0.001233425
46	卫生和社会工作	0.000421924
47	文化艺术	0.000110471
48	体育	0

表6 印刷和记录媒介复制品对各部门的投入流量表

单位：万元，%

排名	部门	流量	比重
1	租赁和商务服务	12624572.89	22.53%
2	金融	9226233.953	16.47%
3	信息传输、软件和信息技术服务	6269710.926	11.19%
4	批发和零售	6046598.106	10.79%
5	公共管理、社会保障和社会组织	3896852.841	6.96%
6	新闻和出版	2479644.666	4.43%
7	通信设备、计算机和其他电子设备	1832120.142	3.27%
8	印刷和记录媒介复制业	1638836.982	2.92%
9	科学研究和技术服务	1478326.838	2.64%
10	化学产品	1465690.328	2.62%
11	食品和烟草	1241306.892	2.22%
12	教育	1192086.24	2.13%
13	房地产	755720.0729	1.35%
14	交通运输、仓储和邮政	748995.4298	1.34%
15	广播、电视、电影和影视录音制作	460841.9611	0.82%
16	建筑	383997.0847	0.69%
17	卫生和社会工作	381229.6531	0.68%
18	居民服务、修理和其他服务	361495.4148	0.65%
19	交通运输设备	327001.8039	0.58%
20	造纸和纸制品	323947.8337	0.58%
21	通用设备	289025.6734	0.52%
22	纺织服装鞋帽皮革羽绒及其制品	275679.5096	0.49%
23	文教、工美、体育和娱乐用品	240141.3298	0.43%
24	专用设备	239315.207	0.43%
25	金属矿采选产品	221316.9697	0.40%

（续表）

排名	部门	流量	比重
26	水利、环境和公共设施管理	219820.955	0.39%
27	金属制品	210618.6883	0.38%
28	木材加工品和家具	123850.1416	0.22%
29	非金属矿物制品	121390.5612	0.22%
30	住宿和餐饮	119564.177	0.21%
31	纺织品	115318.5864	0.21%
32	金属冶炼和压延加工品	115224.782	0.21%
33	农林牧渔产品和服务	101695.4966	0.18%
34	电力、热力的生产和供应	98853.97349	0.18%
35	电气机械和器材	87778.52423	0.16%
36	仪器仪表	70529.89358	0.13%
37	煤炭采选产品	51747.82366	0.09%
38	文化艺术	51188.99171	0.09%
39	石油、炼焦产品和核燃料加工品	38591.47169	0.07%
40	其他制造产品	19320.87482	0.03%
41	石油和天然气开采产品	17319.72528	0.03%
42	娱乐	15950.08069	0.03%
43	体育	14486.79186	0.03%
44	非金属矿和其他矿采选产品	13382.62186	0.02%
45	燃气生产和供应	9013.098057	0.02%
46	水的生产和供应	7476.702804	0.01%
47	金属制品、机械和设备修理服务	4007.344261	0.01%
48	废品废料	878.5908394	0.00%

(续表)

表7 出版业直接消耗系数

排名	部门	直接消耗系数
1	造纸和纸制品	0.269916385
2	化学产品	0.094514538
3	出版业	0.050784541
4	批发和零售	0.035312282
5	交通运输、仓储和邮政	0.035079991
6	金融	0.016809512
7	住宿和餐饮	0.010398458
8	租赁和商务服务	0.009989102
9	专用设备	0.008864853
10	金属冶炼和压延加工品	0.008767813
11	电力、热力的生产和供应	0.007588034
12	食品和烟草	0.006560823
13	信息传输、软件和信息技术服务	0.005539945
14	居民服务、修理和其他服务	0.004989339
15	金属制品	0.00393447
16	木材加工品和家具	0.003774139
17	建筑	0.003311214
18	文教体育用品	0.003188571
19	其他制造产品	0.002902457
20	石油、炼焦产品和核燃料加工品	0.002628941
21	科学研究和技术服务	0.002360296
22	房地产	0.002318339
23	纺织品	0.002300395
24	广播、电视、电影和影视录音制作	0.002013625

排名	部门	直接消耗系数
25	通用设备	0.00183213
26	纺织服装鞋帽皮革羽绒及其制品	0.001514859
27	通信设备、计算机和其他电子设备	0.00147901
28	煤炭采选产品	0.001388532
29	文化艺术	0.000604809
30	教育	0.00060307
31	公共管理、社会保障和社会组织	0.000553354
32	水利、环境和公共设施管理	0.000417509
33	水的生产和供应	0.000399471
34	非金属矿物制品	0.000365686
35	电气机械和器材	0.000335505
36	金属制品、机械和设备修理服务	0.000300114
37	交通运输设备	0.000181334
38	燃气生产和供应	0.000138116
39	仪器仪表	9.14173E-05
40	农林牧渔产品和服务	9.08725E-05
41	体育	3.2539E-05
42	卫生和社会工作	3.19613E-05
43	废品废料	8.33582E-06
44	非金属矿和其他矿采选产品	9.39485E-07
45	石油和天然气开采产品	0
46	金属矿采选产品	0
47	娱乐	0

表8 出版业完全消耗系数

排名	部门	完全消耗系数
1	造纸和纸制品	0.414092393
2	化学产品	0.305349107
3	交通运输、仓储和邮政	0.088208605
4	批发和零售	0.072803695
5	电力、热力的生产和供应	0.069695158
6	农林牧渔产品和服务	0.069139941
7	金融	0.063946692
8	出版业	0.059223663
9	金属冶炼和压延加工品	0.058627501
10	石油、炼焦产品和核燃料加工品	0.049283165
11	租赁和商务服务	0.038928974
12	煤炭采选产品	0.038605807
13	食品和烟草	0.035928483
14	石油和天然气开采产品	0.031031832
15	废品废料	0.027139627
16	住宿和餐饮	0.020550454
17	通信设备、计算机和其他电子设备	0.019630962
18	专用设备	0.019496063
19	纺织品	0.019061564
20	金属制品	0.018188599
21	通用设备	0.017317355
22	木材加工品和家具	0.017160894
23	电气机械和器材	0.014903695
24	科学研究和技术服务	0.013478444
25	交通运输设备	0.013109547

（续表）

排名	部门	完全消耗系数
26	金属矿采选产品	0.012919068
27	居民服务、修理和其他服务	0.011990266
28	信息传输、软件和信息技术服务	0.011630781
29	房地产	0.010889656
30	非金属矿物制品	0.009586523
31	建筑	0.007390896
32	文教体育用品	0.006796267
33	非金属矿和其他矿采选产品	0.006490113
34	纺织服装鞋帽皮革羽绒及其制品	0.006026807
35	其他制造产品	0.004260813
36	仪器仪表	0.003941436
37	水利、环境和公共设施管理	0.003351745
38	广播、电视、电影和影视录音制作	0.002643304
39	燃气生产和供应	0.001788612
40	水的生产和供应	0.00148415
41	公共管理、社会保障和社会组织	0.001447427
42	金属制品、机械和设备修理服务	0.001406053
43	教育	0.001332532
44	娱乐	0.000996479
45	文化艺术	0.000785675
46	卫生和社会工作	0.000324206
47	体育	8.7692E−05

表9 出版业对各部门投入流量表

单位：万元，%

排名	部门	流量	比重
1	租赁和商务服务	12826614.24	19.90
2	金融	9691079.007	15.03
3	信息传输、软件和信息技术服务	6748339.176	10.47
4	批发和零售	6140885.562	9.53
5	公共管理、社会保障和社会组织	5905288.692	9.16
6	出版业	4270156.389	6.62
7	交通运输、仓储和邮政	2005284.989	3.11
8	教育	1850873.706	2.87
9	化学产品	1808410.187	2.81
10	科学研究和技术服务	1767036.373	2.74
11	通信设备、计算机和其他电子设备	1389174.407	2.16
12	食品和烟草	1314329.786	2.04
13	建筑	1000838.187	1.55
14	房地产	974708.5349	1.51
15	卫生和社会工作	608409.3082	0.94
16	居民服务、修理和其他服务	597771.2406	0.93
17	广播、电视、电影和影视录音制作	486344.7767	0.75
18	通用设备	457171.0132	0.71
19	交通运输设备	377900.9145	0.59
20	造纸和纸制品	368607.5089	0.57
21	金属矿采选产品	356434.7057	0.55
22	纺织服装鞋帽皮革羽绒及其制品	320407.0123	0.50
23	电力、热力的生产和供应	314758.435	0.49
24	金属制品	306375.9594	0.48

（续表）

排名	部门	流量	比重
25	水利、环境和公共设施管理	300294.1745	0.47
26	专用设备	296444.8944	0.46
27	文教体育用品	273056.4455	0.42
28	金属冶炼和压延加工品	203143.4048	0.32
29	住宿和餐饮	202919.8699	0.31
30	非金属矿物制品	174566.3907	0.27
31	木材加工品和家具	166536.4354	0.26
32	纺织品	162629.3143	0.25
33	煤炭采选产品	136310.7837	0.21
34	电气机械和器材	118062.1616	0.18
35	农林牧渔产品和服务	106258.2238	0.16
36	仪器仪表	87026.14095	0.14
37	文化艺术	64465.78773	0.10
38	娱乐	62385.10298	0.10
39	石油、炼焦产品和核燃料加工品	48489.62215	0.08
40	石油和天然气开采产品	32934.0238	0.05
41	非金属矿和其他矿采选产品	32589.42553	0.05
42	其他制造产品	24070.05063	0.04
43	水的生产和供应	22051.9585	0.03
44	体育	20858.41012	0.03
45	废品废料	17161.58038	0.03
46	燃气生产和供应	13534.79853	0.02
47	金属制品、机械和设备修理服务	7242.932563	0.01

书香社会指标体系研究

第一章 书香社会的内涵和社会意义

党的十八大和 2014 年政府工作报告提出"倡导全民阅读",2015 年的政府工作报告提出"提供更多优秀文艺作品,倡导全民阅读,建设书香社会",2016 年政府报告中延续提出"倡导全民阅读"。全民阅读和书香社会在政府工作报告中共同出现,二者之间存在着密切联系。

书香社会特别强调了读书的价值,中国的阅读史是一部读书的历史,书籍是最重要的知识载体。"书香"充溢社会,读书风气盛行,读书是全民阅读发展中最关键的内容。同时,随着信息技术的发展,书籍呈现的形式也趋于多样,数字阅读、视听阅读、网络阅读成为人们读书的新形式,电子书、听书、可视化图书等多样的书籍阅读形式涌现,"读书"的内涵和外延越来越广泛。可见,书香社会的建设很大程度上覆盖了全民阅读的主要内容。

第一节 书香社会的内涵

一、阅读文化的发展史

自古以来,中国发达的出版技术滋养了发达的读书文化,阅读历来受到中国人民的重视。但是,传统的阅读文化也滋生出缺陷与畸变,例如以经为主、重道轻技等等,在一定程度上制约了多元思想的迸发和科学技术的传承。同时,我国古代阅读文化还有一个前提——那就是,读书只是少数人的权利。囿于活字印刷技术的长久蛰伏，以及封建王朝在阅读公共文化资源管理与建设方面的长期缺失，阅读成为占社会人口少数的读书人的特权，到封建社会晚期，阅读越来越成为男子的专权。作为纸张与印刷术的发源地，我国古代的阅读文化戴上了一层又一层的枷锁，知识的流动速度越来越缓慢，少数精英知识分子的博古通今无法改变绝大多数国民蒙昧的状态，国民创造力落后于西方。这一趋势在清末民初开始有所改变，知识分子以推动大众阅读作为思想启蒙、唤醒民众的武器，新型印刷技术的发展，以及商务、中华等现代出版巨子的出现，无一不推动了阅读的大众化发展态势。

新中国成立后，中国国民阅读状况正在发生前所未有的改变。

首先，全国性扫盲运动为公民平等享受阅读权利奠定了重要基础。2011年第六次人口普查的数据表明，我国文盲率下降至4.08%，绝大多数国民都拥有了基本的阅读能力。其次，阅读资源极大丰富，截至2014年底，全国出版图书448431种，图书、期刊、报纸总印张为2810.13亿印张，出版电子出版物11823种、印张共35048.82万张。第三，阅读公共服务体系建设进步显著。2014年，全国公共图书馆共建成3117家，全国所有公共图书馆实现无障碍、零门槛进入，所提供的基本服务项目全部免费，并开始向全国推行公共图书馆标准化服务。2012年，共建成农家书屋60万家，覆盖了全国有基本条件的行政村，并推动10亿册图书进农村、进社区，实现"村村有书屋"，方便了农民阅读。2008年，全国总工会在全国开展"职工书屋"建设工作，到2014年，总工会以配送图书等方式在全国扶持建设了6000家职工书屋示范点，带动全国各地工会和基层企事业单位建成职工书屋逾6万家，藏书总量约3亿册。社区阅览室、寺庙书屋、连队书屋、校园及科研机构图书馆及其他各类阅读场所也在不断提升服务能力和覆盖范围，流动型、自助型借阅设施也逐步投入使用。第四，阅读服务走向产业化、公益化。出版社、书店、报刊、网络书店等文化企业，已经开始从出售产品向出售服务及开展公益性服务转化。各地各类出版社从最初的捐书助读活动，开始走进社区、学校、企业、部队等基层区域，发展为读书讲座、征文竞赛、阅读志愿服务等与图书推广相结合的多元阅读服务。

全民阅读工作所取得的成就，为"书香社会"理念在中国的推广奠定了基础。2015年政府工作报告中首次提出"建设书香社会"，这一提法不仅把

"倡导全民阅读"提上了一个新高度,更为全面深化改革时期的政治、经济、社会发展增添了文化底蕴。

二、书香社会理念的形成

1. 书香社会理念的缘起

"书香社会"近年来频频出现于报刊媒体间,成为新闻出版、图书馆、公共文化服务等领域的常用名词。书香社会和全民阅读的关系密不可分,联合国教科文最早将阅读作为一项世界性事业在全球推广,组织了一系列阅读推广活动。自1946年成立伊始,联合国教科文组织就将阅读推广工作视为促进人类文化传承、传播与创新的重要基础性工作,不遗余力地向全球推广,并阶段性地开发推广全球性大型项目。1972年,联合国教科文组织在对多国尤其是亚非拉地区的阅读和出版情况进行大量调查研究的基础之上,提出"全民读书"(Books for All)口号,并把1972年定为"国际图书年",开展了大量促进阅读的活动。在此基础上,于1982年又提出"走向阅读社会——八十年代的目标"(Towards a Reading Society: Targets for the 1980s)项目,帮助各国制定图书发展战略规划。在这一阶段,联合国教科文组织将出版和识字教育视为阅读推广的基础而优先推动。

与此同时,联合国教科文组织也一直将公共图书馆视为全民阅读尤其是贫困人口、特殊群体能够平等实现阅读权利的重要平台而加以推进,1994年发布的《公共图书馆宣言》(Public Library Manifesto)中提到:"每一个人都有平等享受公共图书馆服务的权利,而不受年龄、种族、性别、宗教信仰、国籍、语言或社会地位的限制。对因故不能享用常规服务和资料的用户,例如少数民族用户、残疾用户、医院病人或监狱囚犯,必须向其提供特殊服务和资料。"1997年,联合国教科文组织正式发起"全民阅读"(Reading for all)项目并在世界范围内持续推广。此后数年间,全民阅读的理念传播范围不断扩大,许多国家越来越意识到国民阅读的文化战略作用,以全民阅读为旗帜,制定各种政策、推进各种项目,动员全社会之力加以促进。

在世界范围内的阅读发展基础上,我国提出了书香社会的理念。书香社会是将促进读书、养成读书习惯作为全民阅读推广的重点。读书文化是中国阅读文化的代表,"万般皆下品,唯有读书高""书中自有黄金屋,书中自有颜如玉",都体现出读书在中华文明中的重要地位。21世纪的今天,各种阅读形式广泛出现,网站文章、电视节目、微信交流都成为人们获取知识、开阔眼界的阅读手段,但书籍仍然是积累文明、传递知识最为优秀的方法。与此同时,读书活动本身的形式也有所延伸,电子书、互动式图书、休闲类图书等形式极大丰富,这也使书香社会涵盖的基本面越来越广泛,最终书香社会建设成为全民阅读中最为重要的方面。

2. 书香社会理念的构成要素

在世界范围内,书香社会的理念包含着以下几个共同的构成要素。

政策法规保障。对众多文化发达国家而言,"全民阅读"的理念早已蕴含在文化发展和国民教育等政策的要旨之中了。韩国早在第二次世界大战结束之始,就将促进国民阅读视为从废墟中重建国家与民族文化的重要基础,"修复产业设施固然重要,但更为重要的是通过教育与阅读,培养具备实力的国家未来栋梁";日本亦采取了同样的措施,二战后很快就恢复了"读书周"等阅读推广项目,并不断深入、扩大。这两个国家也是对国民阅读进行专门立法的代表性国家。英、美、德及北欧诸国等西方发达国家,对国民阅读的重视与其步入现代化的步伐紧密相随,无论是平装书、口袋书的盛行,还是公共图书馆的建立与普及,都为大众建造了读书求知的基础,在政府和各种社会组织的观念之中,努力推进国民平等享有阅读的权利早已深深植入。20世纪90年代后期,这些国家更是联合国教科文组织推广全民阅读概念的支持者与履行者,形成了促进全民阅读的稳定机制、专门组织,制定法律法规,成立全民阅读推广基金,开展常规性全民阅读活动和国家战略型全民阅读促进项目。

阅读社会化发展。社会组织和社会力量参与阅读推广,既减轻了政府公共服务提供中的压力,也能够弥补政府管理中的不足。民间精英和社会组织与政府联合,政府、市场、社会谋求协调和共同发展,是全民阅读发展的必然选择。例如近年来,书店行业一直普遍面临着经营困境,但在阅读社会化的趋势下,该行业积极探索新的模式,出现了如"三联24小时书店""字里行间""雨枫书房""轩客会""方所""物外APM"及各类绘本馆等重视阅读体验、阅读服务的"悦读"空间。报刊网络等媒体,以及网上书店,开展了各种类型的好书推荐活动。第二书坊、吉林省全民阅读协会、蒲公英公益阅读计划……各种公益组织聚合了政府、慈善机构、社会热心人士等多方力量，将阅读推广活动延伸至贫困地区、偏远山村。阅读服务的产业化和公益化发展，为全民阅读注入了更多活力，滋生出更多触角，其不断蓬勃壮大，证明了全民阅读对社会有志有才之士的吸引力，更证明了国民阅读存在广阔需求空间，大有可为。

儿童优先原则和特殊人群重点保障。无论是联合国的"全民阅读"推广项目，还是文化发达国家的阅读促进政策，都有一个共性，那就是对未成年人阅读的特别关注、特殊保障，这些关注和保障是建立在脑科学、儿童心理学等科学研究基础之上的。人类的童年是求知和性格塑造的关键时期，多项研究结果指明，童年也是养成阅读习惯的关键时期，虽然有的学者主张婴儿时期的阅读最关键；有的学者主张在识字阶段推广阅读最重要；有的学者则认为是9—13周岁，在其他媒介分散孩子注意力的阶段，加强阅读习惯的培养至关重要，但几乎所有研究者都肯定未成年人的阅读培养具有无可替代的重要意义。由此，我们也最容易在多国未成人教育政策中发现保障阅读的法律规定，最具代表意义的有美国教育部颁布的《不让一个孩子落后法案》《卓越阅读法》以及日本的《少年儿童阅读促进法》。各国大规模的阅读促进活动往往以未成年人为主要目标群体，如澳大利亚的"阅读闪电战"、日本和英国举办的"儿童阅读年"等。

对有特殊阅读需求的群体进行特殊阅读保障和帮扶，则展现了一个国家阅读推广机制的成熟程度，甚至是这个国家的文明发展程度和宽容程度，特殊群体主要有老年人，残疾人尤其是视障人士、听障人士，多语言文字的少数民族、移民，穷人，甚至还包括犯人、戒毒所人员等。为满足这些群体的阅读需求，往往需要在阅读内容、设施、服务、活动方面有特殊的设计。

阅读新形式不断涌现。随着现代科技的日新月异，数字化阅读也已经纳入到世界全民阅读的范围之内，电子视听产品、网络互动阅读等已经成为全民阅读服务的有机组成部分，但该领域的研究远不如纸质载体阅读研究成熟，究其原因，是数字化阅读带来了更多的娱乐性、碎片化、社交功能等众多不同于传统阅读的新鲜元素，快速变化，形式繁多，将传统阅读的优越性和现代技术的便利性相结合，是全民阅读发展的契机。

三、书香社会的概念

纵观书香社会理念的形成与发展，我们可以看到，阅读是人类发展的重要战略组成部分，书香社会与实现民族文化的传承和现代化、人的现代化发展不可分割。新华社指出，书香社会是指优质出版物供给更加丰富，社会基础阅读设施更加完善，特殊群体基本阅读需求得到更好满足，社会主义核心价值观深入人心，在全社会形成爱读书、读好书、善读书的良好风尚。

从其中可以看到，公共服务的供给水平和居民个人阅读水平两方面的结合，成为书香社会的构建内容。书香社会指标体系的构建，可以用于测度一定范围内全民阅读的整体发展水平，包括全民阅读公共服务的供给水平和居民个人阅读发展水平，同时还可以用于指导全民阅读建设工作，即如何更好地提供全民阅读公共服务及促进居民个人的阅读水平发展。书香社会是一个多维度的立体化概念，沿着纵向行政结构的思路，可以将书香社会划分为书香之国、书香之省、书香之市、书香之县、书香之镇、书香之村；从横向视角来看，书香社会又涵盖了书香家庭、书香社区、书香校园、书香企业、书香机关、书香军营，当然也包括书香个人。测量书香社会这样一个多层次且复杂的概念，其指标体系应当具有标准化、易获取、简洁化等特点。

书香社会是以政府为主导，凝聚全社会参与之力，通过不断推动阅读内容资源、阅读设施、阅读服务的建设发展和全面覆盖，保障公民平等享有阅读的权利。推动公民建立阅读兴趣，培养阅读习惯，提高阅读能力，通过阅读古今中外一切优秀内容，提高文化道德水平与科学素养，实现人的现代化。进而推动文化的传承、融合、创新与发展，推动文化发展与经济发展相适应，推动中国文化不断创新、传承光大。书香社会使更广泛的群体和个人进行阅读或参与阅读活动，享受阅读权利和福利，推动阅读产业发展和阅读社会化发展，最终达到教育、文化、经济、社会可持续发展，促进社会进步。

书香社会的建设主体则可以是国家、政府、社会组织、社会力量和个人，尤国家和政府在推动全民阅读中起主导作用，其中国家和政府的主导作用表现在，推动书香社会的工作已经纳入政府文化发展工作的重要内容，政府承担相应的管理责任，并在阅读服务提供中处于主导。书香社会是公共文化服务的基础性工程，政府试图建立一套科学的、完备的、客观的、不断发展更新的政府管理和服务机制，并充分发挥政府主导作用，调动各方力量，实现最佳资源配置，从内容、设施、服务等多角度改善社会阅读环境，给全体公民创造一个稳定、持久、不断发展的良好阅读环境，为我国的文化传承与发展创造一个良好的生长环境。而广泛活跃的社会力量，日益成为全民阅读发展的中坚力量。

第二节　书香社会建设现状

书香社会的发展力图形成全社会范围的影响力，产生可持续的社会效应。倡导全民阅读、建设书香社会是关乎国民素质，是关乎综合国力、关乎民族未来的大事。党的十八大把"开展全民阅读活动"写入报告。2014、2015年国务院《政府工作报告》连续两年提出"倡导全民阅读"，2015年又提出了"建设书香社会"。习近平总书记向全党全社会发出了"中国要永远做一个学习大国"、"依靠学习走向未来"的号召，强调"学习是文明传承之途，人生成长之梯，政党巩固之基，国家兴盛之要"，"读书可以让人保持思想活力，让人得到智慧启发，让人滋养浩然之气"。李克强指出："我们国家全民的阅读量能够逐年增加，这也是我们社会进步、文明程度提高的十分重要的标志。"以下从书香社会的立法和制度建设、基础设施建设和阅读活动建设三方面来介绍书香社会的发展现状。

一、书香社会的立法和制度建设

近年来，书香社会的立法和制度建设呈现蓬勃发展的趋势。2014年11月27日，《江苏省人民代表大会常务委员会关于促进全民阅读的决定》通过，并于2015年1月1日开始实施。2014年12月6日，《湖北省全民阅读促进办法》正式公布，并于2015年3月1日开始实施。2015年3月31日，《辽宁省人民代表大会常务委员会关于促进全民阅读的决定》通过。《深圳经济特区全民阅读促进条例》已由市人大常委会通过。这些地方的创新型立法，总结了多年来开展全民阅读的实践经验，把促进全民阅读的成熟做法上升为法律和法规，具有较强的针对性和可操作性，对于加快全民阅读法治建设、建立巩固全民阅读工作长效机制具有示范意义，也为国家《全民阅读促进条例》的制定提供了有益经验。2016年3月，国家新闻出版广电总局关于《全民阅读促进条例》开始公开征求意见。全国和深圳、重庆、浙江、江苏等地的阅读立法工作，标志着我国全民阅读立法进入了一个新的阶段。2016年发布的"十三五"规划纲要中，"全民阅读"与"文化精品建设""中华典籍整理"和"传播能力建设"成为国家文化重大工程。2016年12月，《中华人民共和国公共文化服务保障法》正式通过，对加强阅读文化服务提供了重要的法律支持。

二、书香社会的基础设施建设

2010年以来，我国的公共图书馆、社区阅读中心、公共阅读终端等基础设施快速发展，2010—2014年间，我国公共图书馆机构从2884家增长至3117家，其中县市级公共图书馆机构数达2716家，公共图书馆公用房屋建筑面积达12316千平方米。社区阅读中心、实体书店销售额有所增长，根据开卷发布的全国图书零售市场报告，全国实体书店零售市场2014年同比增长3.26%，2015年增长0.3%，北京等一线城市大型书店的零售增幅超过了8%。同时，社会阅读空间和阅读新空间建设也获得空前发展，书吧、阅读空间、银行/邮局图书角、图书驿站以及其他具有特色的公共阅读空间建设模式不断生成，品牌书店、特色书店、专业书店、体验书店、文化mall等新型书店模式不断涌现。

农家书屋在书香社会的农村基础设施建设中是非常突出的项目，农家书屋工程是五大文化惠民工程之一，于2005年试点，2007年全面推开。建设农家书屋主要为满足农民文化需求，建在行政村且具有一定数量的图书、报刊、电子音像制品和相应阅读、播放条件，由农民自主管理、自我服务的公益性文化场所。农家书屋按照每家2万元标准建设，配备图书不少于1500册，品种不少于1200种，报刊不少于20种，电子音像制品不少于100种（张）。至2012年，共建成农家书屋60.0449万家，覆盖了全国具有基本条件的行政村。截至2012年底，中央和地方财政共计投入资金120多亿元，其中，中央财政下拨资金58.56亿元，地方财政投入资金61.68亿元。全国共计配送图书9.4亿册、报刊5.4亿份、音像制品和电子出版物1.2亿张。农民人均图书拥有量达到1.13册。在农家书屋工程补充更新阶段，财政按照每个书屋2000元标准安排农家书屋补充资金，各地农家书屋每年补充图书不少于60种。并且，中央补助地方农村文化建设专项资金中每年有6亿元用于农家书屋补充更新。农家书屋工程极大丰富了农村的阅读资源，成为减少城乡不平等、促进城乡一体化的重要手段。

此外，数字阅读的发展势头十分迅速，数字图书馆建设、公共电子阅览室建设、文化信息共享工程是我国全民阅读工程中重点推行的数字阅读工程，在2010年至2015年的"十二五"期间已经获得了较大程度的发展。

三、书香社会阅读活动建设

1982年4月，上海市成立振兴中华读书指导委员会，主要任务是组织开展读书活动，提升上海市民素质，创建学习型社会；1993年，中宣部、教育部、国家新闻出版总署和全国妇联联合发起"全国青少年爱国主义教育读书活动"；从1996年"世界读书日"开始，南京市连续举办了21届读书节；1997年，九个部委联合发出《关于在全国实施"知识工程"的通知》，启动实施了"倡导全民读书，建设阅读社会"的"知识工程"，每年12月在全国举办"全民读书月"活动；2006年，中宣部、中央文明办、中国科学技术协会等11个部门联合发出《关于开展全民阅读活动的倡议书》；2008年，在国家新闻出版总署设立了全民阅读活动组织协调办公室，"全民阅读活动"被列为新闻出版总署的"五大工程"之一。

从中央到地方，推进全民阅读、建设书香中国的热潮蓬勃兴起，开展书香社会"七进"工作，推动阅读深入基层、深入群众。大力推进书香社会进农村、进社区、进家庭、进学校、进机关、进企业、进军营，使阅读活动真正普及到基层。近年来的"书香中国·北京阅读季""书香中国·上海周""江苏读书节""书香荆楚""书香八闽""三湘读书月""南国书香节"和"深圳读书月"等各省市的阅读品牌活动，积累了宝贵的阅读活动推广经验；国家新闻出版广电总局联合通讯运营商共同开展"书香中国e阅读"，提供数字阅读服务，也展现出数字阅读的活力。目前可以看到，书香社会的阅读活动建设得到了社会各界的响应。

第三节 书香社会建设的社会意义

一、阅读发展是教育发展的核心

阅读是教育的基石，阅读能力是基础教育的重要内容，也是终身教育的保障。美国通过阅读研究形成了儿童阅读教学法，并将其作为美国教育政策的指引，在基础教育当中培养儿童的阅读能力。个人的阅读能力和阅读方法对于终身教育起着重要作用。2015年联合国教科文组织（UNESCO）的数据表明中国识字率达到99.7%，居世界第34位，可以看到，中国在教育方面已经取得一定成绩；但是，2015年的国民阅读调查数据表明，我国当前国民图书阅读率为58.4%，通过发展全民阅读提升教育水平仍有较大空间。在我国进一步的教育发展中，提升国民阅读能力和阅读水平将成为有力抓手。

目前国际性的教育测评中涉及阅读的有"全球学生阅读能力进展研究"（PIRLS），该测评是由国际教育成绩评估学会（IEA）每隔五年实施一次的国际性调查研究，对象针对就读小学四年级的学生。研究目的是调查9岁左右学生的母语阅读能力和水平，以及影响他们阅读能力的因素，包括学生的阅读态度和习惯、学校的阅读环境、家庭的阅读学习环境等。学生的阅读能力最为显著地反映学校的教育水平，当然社区和家庭的作用也非常重要。又如，联合国经合组织（OECD）发起的国际学生评估项目，测评在即将完成义务教育时，学生在多大程度上掌握了全面参与社会所需要的终身学习能力，聚焦在阅读素养上，例如学生能不能有效地分析、推理并交流自己的想法。2009年，共有47万名学生参加测试，每个国家（地区）至少有150所学校、4500名学生参加测试。此外，美国的国家教育进展评估（NAEP），英国的标准考试评价（SATS），澳大利亚的国家教育进展评估（NAP）也都将阅读作为国家教育评估的主要科目。

二、书香社会建设是文化繁荣发展的重要内容

信息时代到来之前，文化的传播途径主要依赖书籍等文字性读物，全民的阅读水平是文化发展的重要方式和通道，这很大程度上推动了世界不同地区文化和文明的形成和发展。进入新世纪以来，尽管文化传播的途径有了很大扩展，但是阅读仍旧是具有思想深度和系统性的最主要文化传播途径。全

民阅读表征着文化发展程度，并在传统文化传承和现代文化发展方面有重要作用。

阅读文化是地区文化的重要组成部分和重要反映，阅读文化发展将带来文明和文化的进步。例如德国就将出版业作为文化产业结构中的重点，德国出版业每年出品新书8万种以上，图书销售额达80多亿欧元。一些地方将阅读文化作为地区文化的代表，将阅读作为彰显地方文化、传承传统文化和开启现代文化的钥匙。中国宁波市利用拥有天一阁这种历时久远的私家藏书楼的特点，凭借自身文化遗产与阅读与文化丰富的优势，将"南国书城""耕读之乡""浙东邹鲁""文献名邦"作为其城市人文精神的源泉和基因之所在，将阅读文化视为城市名片推广。

三、书香社会建设是经济可持续发展的必由之路

全民阅读在促进经济发展方面的直接意义表现在：第一，阅读产业发展是新的经济增长点。在经济转型的中国，在传统产业面临增长力量不足之际，数字阅读产业、游戏业等阅读产业发展迅速，阅读产业在与互联网、信息技术、云技术结合，应用先进技术方面具有优势，因而将成为新的经济增长点。第二，阅读经济能够产生整体经济发展的带动效应，拉动经济结构调整。与阅读相关的产业如出版业、作家行业、教育培训行业都能够随着阅读群体的扩大而发展，阅读经济能够产生较强的"涡旋效应"。而在中国面临经济结构调整转型之时，国家和地方将文化产业和阅读经济的发展作为经济结构调整的一个着眼点和发力点。书香社会建设涉及政府、市场、社会组织、个人等多个主体，它极有可能成为大众消费的快速增长点，对经济发展的综合带动作用十分巨大。

除了具有促进经济发展的直接意义外，书香社会建设也具有对经济可持续发展的间接意义。经济发展本身是一个内涵丰富的过程，包含着社会不同生产要素的有效组合以实现不同领域的效率突破，而能够影响这一过程的是全体劳动者的基本素质和认知水平。全民阅读对于提高劳动者基本素质和认知水平的作用毋庸置疑，而通常情况下，在书香社会的建设过程中，劳动者素质和认知能力的提高往往可以激发更多的社会生产力，为经济的长期发展提供更为持久和稳定的动力。

四、书香城市建设是城市竞争力的重要体现

一段时间以来，我国城市发展战略基本上以 GDP 作为测度城市发展的指标。20 世纪 60 年代以来，随着全球性的资源短缺、生态环境恶化等问题给人类带来的空前挑战，继续单纯使用 GDP 来表达国家或地区城市发展已经存在明显的现实矛盾。习近平总书记提出经济结构调整优化转型以来，越来越促使文化成为城市发展的表征，成为城市的重要核心竞争力之一。以文化为中轴的城市发展战略也因此逐步成为城市管理决策者的自觉选择。从历史角度看，以文化为依归的价值眼光，也是人类城市文明发展到一定程度的必然反映。

正是由于文化在城市发展中具有日趋重要的作用，因此阅读作为最为普遍、最为持久的文化需求，其重要性将不断凸显。一方面，城市居民的精神文化需求、阅读权利需求、阅读公共服务需求不断增长；另一方面，阅读可以成为城市文化名片，增强城市的文化软实力和核心竞争力。

文化是城市竞争力的重要体现，阅读决定城市居民的整体素质，并影响到城市的发展能力。事实证明，不少城市在创建国家和地区的卫生城市、文明城市的时候，已经从单纯的卫生整洁和举止文明上转向从根本上提升文明素质。他们从建立学习型城市入手，通过构建全民阅读环境，从而形成长久的、稳定的城市文明建设的有效机制和牢固根基。阅读活动的广泛开展，在提升市民文化品位、陶冶市民文化情操、推动城市发展上起着非常重要的作用。

第二章　书香社会指标体系构建的目标和意义

随着书香社会的蓬勃发展，相应产生的是如何评价和创建书香社会的问题。2012 年两会期间，政协委员等 13 人提出《关于将城市阅读指数纳入文明城市指标体系的建议》，建议通过建立科学、可量化的阅读评价指标，反映地区的公共阅读环境的建设情况，进一步改善城市全民阅读状况，提升城市文明水平。国家新闻出版广电总局在 2016 年出台的全民阅读"十三五"规划中明确指出，应建立书香社会指标体系，定期开展全国国民阅读调查，建设全民阅读监测体系，监测全民阅读发展水平、阅读服务公众满意度、阅读服务标准实现程度；对全民阅读活动和工程效果进行第三方测评，收集群众

反馈意见，对活动进行科学评估。

通过书香社会指标体系，一方面，我们希望明晰书香社会发展中全国和各地区的优势劣势、成果缺点，另一方面，我们需要对工作发展处于何种水平、与其他地区的差距有所了解。最近几年，全国各地区涌现书香社会指标体系建设的热潮。2012年11月，张家港市发布了全国首个覆盖城乡的"书香城市"建设指标体系，力推全民阅读由模糊定性向科学考量转变。随后几年，张家港、苏州、深圳、湖南、江苏、武汉、镇江、北京等地也开展了地方书香社会的评价/建设指标体系的拟制和发布工作，表现书香社会指标体系创建的积极性。

建立一套科学的评价体系科学、合理、全面地反映和评价书香社会的发展情况，并且，通过评价体系进一步指导书香社会的创建，是构建书香社会指标体系的基本目的和意义。书香社会指标体系应当能够大体反映我国各地区、各类型的阅读发展概况，同时能够对各地阅读环境设施的建设和使用状况进行持续的跟踪分析，进行多地之间的比较甚至展开国际比较。在此基础上，寻找书香社会发展当中的劣势和问题，提出相应的政策建议和对策。评价和促进两方面的目的和意义，缺一不可。因而，我们考虑到，书香社会指标体系应当由两部分内容构成——评价和创建内容，既能够用于评价书香社会的发展状况，反映静态的结果，也能够指导书香社会的创建行动，反映动态的过程。具体来看，书香社会指标体系创建的意义如下。

第一节 评估政府阅读工作绩效的手段

书香社会指标体系能够成为政府绩效评估的手段，是各地组织领导机构更好地推动统筹规划和资源配置的有效方法，成为政府提高阅读管理和服务水平的抓手。评价结果的公布，则是大力推行政务公开，构建阳光透明政府的有效方法。

目前，我国已有25个省（直辖市、自治区）建立了全民阅读组织领导机构，这些组织机构大部分由省委省政府牵头，财政、文化、教育、新闻出版广电等相关行政部门任成员单位，办公室大多设立在新闻出版广电局，这些政府机构在推行全民阅读工作的同时，需要对其工作水平和管理绩效进行评价。我们试图创建的书香社会指标体系，经过适当调整，能够适应不同地域、不同类型、不同层级的政府绩效评估，因而其方向导引作用应当大于具体约束作用。同时，我们在现实中发现，县级政府甚至村级组织，对科学管理和绩效评估也产生了强烈的需求，而其面临的实际治理状况往往非常琐碎和复杂，如何通过这样一套体系满足基层治理绩效评估的需求，是指标体系建设的难点。

第二节 评价社会阅读服务水平的方式

书香社会指标体系最重要的意义在于它应当反映整体社会阅读服务供给水平。阅读服务供给的主体可能来自政府、市场、社会组织、公益组织和个人，一个国家、省市、地区的全民阅读水平，是多个供给主体多方力量共同作用的结果，因而，书香社会指标体系应当对政府阅读公共服务水平、市场阅读产业服务水平、公益阅读服务水平等阅读服务有一个综合和整体的反映。

评价阅读服务的水平，需要勾勒全民阅读作为政府、市场、社会和个人共同推进的一项工作的概貌，并且使阅读服务与个体感知和满意度之间的关系的建立成为可能，因为大众在评价阅读管理或服务水平时，很难单独抽离出政府的作用，而是需要对一个综合的阅读环境予以评价。全民阅读评价指标体系应当能够综合反映全民阅读环境，反映各供给主体的努力、成果和成效。

第三节 创建书香社会的具体指引

书香社会指标体系能够为全民阅读建设提供指导，首先表现在，标准化的测评使对阅读发展的跟踪分析、对不同地区进行综合比较和评价成为可能。例如，它形成一个统一的、同口径的、可比较的阅读指标，在国内和国际上具有广泛的可推行性。可以通过评价体系建立分省市的阅读指标，横向比较进行排序；可以获得面板数据，反映各省份、各城市阅读状况随时间变化而发展变化的趋势。在明晰现状和趋势的基础上，指引全民阅读建设的方向。

更重要的一点是，在科学评价书香社会发展状况的基础上，书香社会体系能够实际地指引全民阅读建设工作，根据评价结果应当能够提出具体的书香社会创建意见和建议，能够指导并提出创建书香城市的具体措施。书香社会指标体系在创建书香社会方面的价值尤其表现在，能够提高政府管理和公共服务水平。通过评估政府阅读工作的绩效，应能够帮助政府部门积累工作经验、改善工作不足，加快基础设施的建设和增强服务能力，有的放矢地开展阅读管理和服务工作。

第四节　推动阅读事业全面发展

以客观明了的数据反映我国国民的阅读状况和各地公共阅读文化的建设情况，不仅能够评价政府绩效和管理服务水平、评价社会阅读服务水平、指引书香社会的创建工作，而且能够推动阅读事业全面发展。

书香社会指标体系的发展，能够提高社会对全民阅读活动的重视程度，在社会中形成阅读文化氛围，能够吸引社会各界关注阅读，使阅读参与者积极关注阅读工作的成效，从而有利于促进各地居民的阅读积极性；能够提出具体的指导，使未来阅读服务的内容更加丰富、更具吸引力；在体系的测评过程中，能够促进各地阅读文化设施的建设力度；最终能够提高我国国民的阅读水平，为社会主义文化大发展大繁荣奠定坚实的基础，推动全民阅读事业全面发展。

第三章　书香社会指标体系研究现状

目前，全国范围内已经出现了多项创建书香社会指标体系的尝试。概览当前的书香社会指标体系，多数体系将阅读环境、阅读基本设施建设和阅读服务提供等作为评价的主要内容，代表性的如张家港市、苏州市、武汉市、江苏省以及南京大学创建的指标体系；其中大部分体系侧重评价由政府提供的阅读公共服务，例如武汉市和江苏省的评价体系。此外，还有一些指标体系将个人阅读状况的评价视为同等重要的评价维度，尝试综合反映个人阅读情况和公共阅读服务状况，代表性的如中国新闻出版研究院创立的书香社会指标体系，以及深圳市和湖南省永兴县创建的指标体系。

第一节　书香社会指标体系的现状

一些城市结合地区特点形成了城市阅读设施与服务评价指标体系（见表3.1）。2013年，张家港市首次发布"书香城市"建设评价指标体系，内容涵盖阅读设施、阅读资源、阅读组织、阅读活动、阅读环境、阅读成效及保障条件等7个维度87项指标，后续出版《张家港市"书香城市"建设指标体系（试行）解析》一书对指标体系进行详细论述。2014年，苏州市"书香苏州"建设指标体系开始试测，从阅读设施、阅读资源、阅读活动、阅读服务、阅读环境、阅读成效和保障条件等7个维度出发，测度了82项指标，在维度和指标设计上与张家港相似。

2015年，江苏省的"书香江苏"建设指标体系，通过阅读服务、阅读活动、阅读成效和阅读保障4个方面的97项指标评价全民阅读的政府工作开展情况。2015年，镇江市的书香建设标准指标体系包含了书香机关、书香校园、书香家庭、读书明星等9类示范点建设和评选标准，每项标准对阅读设施建设、阅读氛围营造、阅读活动开展、个体阅读量、阅读成效等方面进行了量化，属于综合性的评价体系。2015年，武汉市全民阅读综合评估指标体系，测度了阅读工作中的基础建设、服务系统、阅读活动、阅读绩效、保障措施的73项指标，与张家港和苏州市的评价体系类似。

南京大学的书香社会综合指标体系指标涉及体制机制、资金资源、组织人员、阅读行为表现、阅读资源绩效等5个维度132项指标，侧重从政府角度出发对阅读状况进行评价，指标较为详细。

表3.1　书香社会指标体系概览

年份	书香社会指标体系	来源	评价体系构成
1999年至今	全民阅读调查和全民阅读指数	中国新闻出版研究院	含公共阅读服务和个人阅读状况2个维度25个指标，并提炼全民阅读指数。
2012年11月	张家港市"书香城市"建设指标体系	张家港市	含阅读设施、阅读资源、阅读组织、阅读活动、阅读环境、阅读成效及保障条件7个维度测度87项指标

（续表）

年份	书香社会指标体系	来源	评价体系构成
2014年5月	"书香苏州"建设指标体系	苏州市	含阅读设施、阅读资源、阅读活动、阅读服务、阅读环境、阅读成效和保障条件等7个维度82项指标
2014年11月	深圳阅读指数	深圳市	从阅读基础建设和居民阅读行为2个维度测度阅读率、阅读量、阅读时长、家庭藏书量、阅读活动等指标
2014年12月	永兴县创建全国全民阅读示范县评价体系	永兴县	从居民阅读水平、公共服务水平2个维度测度25项指标
2015年4月	武汉市全民阅读综合评估指标体系	武汉市	含基础建设、服务系统、阅读活动、阅读绩效、保障措施5个维度73项指标
2015年7月	镇江市书香建设标准指标体系	镇江市	含阅读设施建设、阅读氛围营造、阅读活动开展、个体阅读量、阅读成效5个维度
2015年7月	"书香江苏"建设指标体系	江苏省	含阅读服务、阅读活动、阅读成效和阅读保障4个维度97项指标
2015年10月	北京市阅读指数评价体系	北京市	含阅读行为、阅读理念、对阅读服务的需求3个维度
2016年3月	书香社会综合指标体系	南京大学	含体制机制、资金资源、组织人员、阅读行为表现、阅读资源绩效5个维度132项指标

已有的书香社会指标体系具有不同的特色，部分指标体系侧重于"创建"指标，即关注"怎样去做"的创建问题，例如张家口市的指标体系；另一部分指标侧重于"评价"指标，即关注"现状如何"的评价问题，例如深圳市阅读指数指标体系。一部分体系采用了对阅读方和供给方综合测评的指标体系框架，即对阅读供给包括设施与服务水平以及个人的阅读状况进行评测，例如中国新闻出版研究院的指标体系，另一部体系则将阅读供给作为评测的主要内容，例如南京大学的指标体系。以下分别对深圳市、江苏省和南京大学的书香社会指标体系进行介绍，并进一步分析这些指标体系的差异，其余体系不作详细说明。

第二节　深圳市阅读指数测评体系

深圳市阅读指数测评体系借鉴了全民阅读活动规划的内容和标准，在与国家、省、市的相关规划建立一致性的基础上，将全民阅读测评体系作为深圳市政府开展阅读工作的导向，注重实际执行中可操作性。

一、指标遴选原则

测评指标的遴选遵循以下原则：第一，将保障"阅读"顺利进行、与阅读直接相关的客观指标纳入测评指标，以体现与国内外阅读研究和测评相一致的概念体系；第二，将反映深圳市民阅读的实际情况，直接影响其阅读行为发生和阅读效果的关键指标纳入测评体系以凸显深圳市为推进全民阅读而进行的文化建设和公共文化服务状况；第三，将阅读主体实际发生的阅读行为内容纳入测评指标，以反映深圳居民在阅读各个环节上的实际情况和需求。

二、指标体系构成

深圳市阅读指数指标体系由3个一级指标、23个二级指标和48项具体测评内容构成（见表3.2）。阅读指数指标体系的制定参照了国家、省、市有关文件和相关行业的推进全民阅读规划，同时也参考了深圳市正在推出的阅读立法的内容。其中，有的指标或测评内容是课题组根据网络新媒体时代阅读内容、载体和行为方式的变化而设计。

指标体系设置是由课题组根据前期研究和专家讨论会意见提出设计草案，分送由13名专家组成的专家组，最终有12位专家给出详细意见，课题组结合意见对必要性调查结果进行分值转换，选项为"必要"=100分，选项为"可有可无"=50分，选项为"不必要"=0分，对每一项测评内容的必要性调查结果计算其平均值，平均值超过50分的即纳入指标体系。

表3.2 深圳阅读指数指标体系

一级指标	二级指标	测评内容
1.阅读设施与资源	图书馆	1）公共图书馆数量
		2）千人阅览座位数
		3）有效读者证量
		4）人均拥有公共图书馆藏书册数
		5）馆藏电子图书（含有声图书）种类
	报刊亭	1）全市报刊亭数量
	实体书店	全市实体书店、书吧数量
		实体书店年购书人次
		实体书店年进出人数
	报纸销售量	深圳地区报纸销售量
		电子报纸年点击量
	期刊销售量	深圳地区期刊销售量
		本地主要期刊年点击量
	图书销售量	1）深圳图书销售量
2.阅读支持与保障	阅读活动组织	1）阅读活动组织数量
	阅读活动项目	1）阅读活动的项目种数
	阅读活动场次	1）阅读活动的场次数量
	资金保障	财政性资金投入额度
		社会资金投入额度
		投入社会资金的机构数量
	阅读推广人	1）阅读推广人数量
	媒体支持	报刊、互联网媒体年阅读报道的数量
		广播电视媒体年阅读报道时长
3.阅读行为与认知	图书馆阅读	1）公共图书馆进馆人次
		2）公共图书馆外借册次
		3）公共图书馆网站点击数
	数字阅读量	1）手机阅读年流量

（续表）

一级指标	二级指标	测评内容
3.阅读行为与认知	阅读时长	1）平均每天图书阅读时长
		2）平均每天报纸阅读时长
		3）平均每天期刊阅读时长
		4）平均每天数字化阅读时长
	阅读率	1）每周图书阅读率
		2）每周报纸阅读率
		3）每周期刊阅读率
		4）每周数字化阅读率
	阅读量	1）每年阅读报刊数
		2）每年阅读电子图书数量
		3）每年阅读纸质图书数量
	阅读内容广度	1）阅读内容广度：人文、科研、技能、教育等
	阅读活动参与度	1）阅读活动参与类别
		2）阅读活动参与的频率
	家庭藏书量	1）有藏书家庭百分比
		2）家庭平均藏书量
	阅读消费	1）平均每月的阅读消费为多少元
		2）年度图书购买量
	阅读条件满意度	1）阅读资源满意度
		2）阅读设施与环境满意度
	阅读认知	1）阅读重要性认知

第二节 江苏省"书香江苏"建设指标体系

江苏省全民阅读评价体系属于对阅读方和供给方进行综合测评的评价。该体系的四个维度中，①全民阅读设施与服务关注公共图书馆、基层阅读设施、出版发行的状况，②全民阅读活动关注重点阅读活动、阅读文化培育、书香系列建设和特殊群体阅读关爱的状况，③全民阅读保障包括组织领导、经费投入、人才队伍和社会参与等维度，④全民阅读成效则包括全民阅读状况调查中的阅读率、阅读量、阅读消费情况以及全民阅读先进典型、公众对书香城市建设的参与和评价情况。

一、指标遴选原则

指标的遴选遵循以下原则：第一，将保障"阅读"顺利进行、与阅读直接相关的客观指标纳入测评指标，以体现与国内外阅读研究和测评相一致的概念体系；第二，将反映市民阅读的实际情况，直接影响其阅读行为发生和阅读效果的关键指标纳入测评体系以凸显为推进全民阅读而进行的文化建设和公共文化服务状况；第三，将阅读主体实际发生的阅读行为纳入测评指标，以反映本地区居民在阅读各个环节上的实际情况和需求。

二、指标构成

该体系的具体构成包含4个一级指标、14个二级指标和44个具体的测评内容（见表3.3）。

4个一级指标是：全民阅读设施与服务、全民阅读活动、全民阅读保障和全民阅读成效。第一项一级指标，包括公共图书馆、基层阅读设施、出版发行情况，反映了城市居民阅读活动得以进行所依托的基本条件状况；第二项一级指标，包括阅读活动、阅读文化培育、书香系列建设和特殊群体阅读关爱；第三项一级指标，包括组织领导、经费投入、人才队伍和社会参与；第四项一级指标，包括全民阅读状况调查中的阅读率、阅读量、阅读消费情况，以及全民阅读先进典型和公众对书香城市建设的参与、评价。所有指标及测评内容，均以客观性统计数据为基础，结合抽样调查来综合呈现。44项具体测评内容是对二级指标的内涵进行逻辑分解而获得，要求其必须以可操作性作为选取条件。

表3.3　江苏省全民阅读评价体系

一级指标	二级指标	三级指标
1 全民阅读设施与服务	1.1 公共图书馆	1.1.1 市级公共图书馆建设
		1.1.2 县级公共图书馆建设
	1.2 基层阅读设施	1.2.1 乡镇（街道）与县级图书馆总分馆制建设
		1.2.2 农家（社区）书屋与县级图书馆通借通还、资源共享

（续表）

一级指标	二级指标	三级指标
1 全民阅读设施与服务	1.2 基层阅读设施	1.2.3 学校图书馆建设
		1.2.4 机关、事业、企业单位阅读设施与服务状况
		1.2.5 公共阅报栏（屏）建设
		1.2.6 阅读新空间建设
	1.3 出版发行	1.3.1 出版发行和推荐导读优秀读物
		1.3.2 发行体系健全，实体书店健康发展，书报亭满足需求
2 全民阅读活动	2.1 重点阅读活动	2.1.1 重大阅读活动与贡献
		2.1.2 品牌阅读活动
	2.2 阅读文化培育	2.2.1 阅读文化传承与交流
		2.2.2 全民阅读宣传引导
		2.2.3 全民阅读环境净化
	2.3 书香系列建设	2.3.1 书香乡镇（街道）建设
		2.3.2 书香乡村（社区）建设
		2.3.3 书香家庭建设
		2.3.4 书香校园建设
		2.3.5 书香机关（行业）建设
		2.3.6 书香企业（园区）建设
		2.3.7 书香军营（警营）建设
	2.4 特殊群体阅读关爱	2.4.1 学龄前儿童阅读促进工作
		2.4.2 农村"三留守"人员、进城务工人员及其子女阅读关爱
		2.4.3 残疾人和生活困难群众阅读关爱
		2.4.4 服刑、戒毒和社区矫正人员阅读援助
3 全民阅读保障	3.1 组织领导	3.1.1 市委市政府关心支持全民阅读工作
		3.1.2 全民阅读活动领导小组的作用发挥
		3.1.3 法规政策实施与制度创新
	3.2 经费投入	3.2.1 工作经费纳入本级财政预算
		3.2.2 政府购买公共阅读服务、落实村（社区）公益文化岗位政策
		3.2.3 设立全民阅读公益基金
	3.3 人才队伍	3.3.1 加强专兼职阅读推广队伍建设

（续表）

一级指标	二级指标	三级指标
3 全民阅读保障	3.3 人才队伍	3.3.2 全民阅读志愿服务队伍建设
	3.4 社会参与	3.4.1 全民阅读促进会和社会基层阅读组织建设
		3.4.2 社会力量参与阅读服务场所建设
4 全民阅读成效	4.1 全民阅读状况调查结果	4.1.1 综合阅读率
		4.1.2 阅读指数
		4.1.3 人均阅读消费支出
	4.2 全民阅读先进典型	4.2.1 市级先进典型培育及经验推广
		4.2.2 省级以上先进典型及经验推广
	4.3 公众对书香城市建设的参与和评价	4.3.1 公众对书香城市建设的知晓率
		4.3.2 公众对书香城市建设的参与率
		4.3.3 公众对书香城市建设的满意率

第三节 南京大学书香社会综合指标体系

一、指标遴选原则

整体上来看，南京大学书香社会评价体系的设计思路是试图达到统筹兼顾阅读多个方面的目的。一是体现主体多元协同共建，社会多方互补联合；二是试图配合政策推广的重点与难点，制定配套评价与评估标准；三是尊重阅读习惯变迁，国际国内横纵对比。

二、指标构成

南京大学全民阅读评价体系共包含5个一级指标、16个二级指标、39个三级指标、132个四级指标。下面就主要指标进行简要说明（见表3.4）。

体制机制维度分为立法保障和政策保障两个层面，每个层面又再分中央级和地方级。着重从三个方面做评估：一是颁布法案或法规的数量及完成率；二是关于书香社会或是书香城市的评估及绩效考核；三是适宜的监管机制的建立。制度保障是书香社会建设的重要基础。各级政府部门依据人大立法通过的系列法律制定相关规划和鼓励制度，用以保障和确保书香社会建设的具体落实工作。

在资金来源的匹配上，共分为两个部分，即资源投入和资金投入。资源投入方面又可分为阅读场所建设、文化资源投入、网络通信设施建设和出版物发行网点建设4个三级指标。这实际上是把资源投入划分成硬件设施与软件设施两大类来做区分。

在组织人员方面，组织人员指标下分既包括社会阅读指导机构、经营性社会阅读社、民间组织、虚拟阅读社群4种组织类型的二级指标，也包括专家指导和人员支持两种人员类型的二级指标，共计6个二级指标。

阅读行为表现维度包含4个二级指标：阅读时间、阅读意识、阅读需求和阅读活动。阅读行为表现是我国倡导全民阅读、构建书香社会结果呈现的重要方面，是政策及相关阅读推广工作效果绩效的最直接表现形式。

阅读资源绩效是指标体系的第五个维度，这个维度下包含国民阅读现状、国民阅读素养两个二级指标，每个二级指标分别又可再分成纵向同期对比和横向国际对比两个角度，共计4个三级指标和16个四级指标。

表3.4　南京大学全民阅读评价体系

一级指标	二级指标	三级指标	四级指标
体制机制	立法保障	中央级人大立法	实施法案所制定的各项政策及完成率
		地方级人大立法	实施法规的各项举措及完成率
	政策保障	中央级政策制定	制定推动构建书香社会大政方针举措及完成率
			书香社会进程评估及绩效考核
			持续长效的监管机制建立
		各地级政策落实	地方级鼓励政策的实施及完成率
			书香城市中长期规划的实施及完成率
			书香城市（地区）评估及绩效考核
资金来源	资源投入	阅读场所建设	各类实体书店设置率
			（公立/民营）公共图书馆设置率
			高校及科研机构图书馆设置率
			中小学图书馆设置率
			机关部门/事业单位书屋（图书馆）设置率
			农家书屋设置率
			职工/企业书屋（图书馆）设置率

（续表）

一级指标	二级指标	三级指标	四级指标
资金来源	资源投入	阅读场所建设	工地/民工书屋（图书馆）设置率
			社区/街道书屋（图书馆）设置率
			医院图书馆设置率
			军警营图书馆（旅团/连队/警察书屋）设置率
			寺庙书屋设置率
			城乡户外媒体阅读栏（屏）设置率
			流动借书车（站）/自助借书机设置率
		文化资源投入	万人年均纸质/数字读物拥有数及人均拥有率
			阅读文化活动/展览数量及覆盖率
			阅读类广播电视节目播出时长及人口覆盖率
			基层服务点公共电子阅览室覆盖率
		网络通信设施建设	固定宽带的基础性投入情况及覆盖率
			无线宽带的基础性投入情况及覆盖率
		出版物发行网点建设	城乡人均新华书店/大中型书店（书城）数量及覆盖率
			城乡人均报刊亭/个体书店数量及覆盖率
			城乡人均网上书店数量及覆盖率
			城乡人均定期书展/书市数量及覆盖率
	资金投入	各级政府扶持资金	党政机关阅读工程经费总额及占比
			当年投入扶持资金总量的人均占有率
			社会捐资经费总额及占比
			专项农村投资金额及占比
			相关奖励补贴资金数额及占比
			公共文化机构从业人员业务培训专项拨款
		非个体社会阅读经费	各级社会团体/组织阅读活动经费金额及占比
			家庭阅读活动经费金额及占比
		个体阅读学习经费	城市居民年人均购买纸质/数字读物消费支出及占比
			农村居民年人均购买纸质/数字读物消费支出及占比
			青少年年人均购买纸质/数字读物消费支出及占比
			特殊困难人群年人均购买纸质/数字读物消费支出及占比

（续表）

一级指标	二级指标	三级指标	四级指标
组织人员	社会阅读指导机构	政府指导机构	各级党政机关阅读活动领导小组（办公室）数量及占比
			各类读书计划指导委员会/读者学会创建率及参与度
			各级阅读教育培训类组织数量及覆盖率
			各级企事业单位阅读小组创建率及参与度
			阅读家庭小组创建率及参与度
		专业学术指导机构	各类专业学术指导机构创建率及参与度
			各类阅读指导委员会/阅读学会创建率及参与度
	经营性社会阅读社	出版社型经营性社会阅读社团（机构）	本国出版社型的书友会（俱乐部）创建率及参与度
			国外出版集团进驻的书友会（俱乐部）创建率及参与度
		社会阅读社团	各级新华书店读者俱乐部创建率及参与度
			各类大型集团民营书店读者俱乐部创建率及参与度
			各类个体独立书店读者俱乐部创建率及参与度
	民间组织	民间书友会	民间性质的书友会数量及参与度
		民间俱乐部	民间俱乐部数量及参与度
	虚拟阅读社群	经营性虚拟阅读社群	经营性虚拟阅读社群数量及参与度
		公益性虚拟阅读社群	公益性虚拟阅读社群数量及参与度
	专家指导	阅读管理专家	阅读组织中专家人员数量及占比
			阅读推广活动中阅读管理专家人数参与度
			阅读管理专家地区分配量及占比
	人员支持	阅读推广人力支持	新闻出版广播电视机构从业人员数量及占比
			公共文化服务机构从业人员数量及占比
			阅读教育及培训机构从业人员数量及占比
		岗位津贴	新闻出版广播电视机构从业人员岗位津贴状况
			公共文化服务机构从业人员岗位津贴状况
			阅读教育及培训机构从业人员津贴状况

（续表）

一级指标	二级指标	三级指标	四级指标
阅读行为表现	阅读时间	城市居民阅读时间	城市居民纸质图书阅读时间
			城市居民纸质期刊阅读时间
			城市居民纸质报纸阅读时间
			城市居民音像电子出版物阅读时间
			城市居民数字出版物阅读时间
			城市居民从网上下载并打印下来阅读时间
		农村居民阅读时间	农村居民纸质图书阅读时间
			农村居民纸质期刊阅读时间
			农村居民纸质报纸阅读时间
			农村居民音像电子出版物阅读时间
			农村居民数字出版物阅读时间
			农村居民从网上下载并打印下来阅读时间
		特殊群体阅读时间	盲文纸质出版物阅读时间
		特殊群体阅读时间	视听读物阅读时间
			特殊群体专门支持性纸质读物阅读时间
	阅读意识	主动意识	阅读是兴趣爱好的因素占比
			阅读活动推广效应影响占比
		被动意识	开展品牌阅读活动需要占比
			压力因素占比
	阅读需求	阅读环境	所在城市公共图书馆阅读环境质量
			所在城市大中型门市书店阅读环境质量
			农家书屋的阅读环境质量
			职工书屋的阅读环境质量
			村（社区）阅读活动站环境质量
			各类阅读场所的基本安全保障设置率
		阅读宣传	政府部门方面宣传力度满意度
			纸质/数字载体类媒介方面宣传力度满意度
		阅读设施	各类公共设施建设的完善度
			各类公共设施建设的体验度
		阅读服务	公共阅读设施免费开放时间

（续表）

一级指标	二级指标	三级指标	四级指标
阅读行为表现	阅读需求	阅读服务	各类数字阅读服务满意度
			特殊人群阅读服务满意度
			各类导读性阅读品书目/品鉴资料发放周期
			相关人员服务质量满意度
			网上书店售前售后评价
			自助设施服务设施满意度
		阅读产品	国民对纸质读物品种、质量的满意度
			国民对数字读物品种、质量的满意度
		阅读状况	对自己阅读状况的满意度
			对周围人阅读状况的满意度
			对所在城市整体的阅读状况的满意度
	阅读活动	阅读推广活动	各类阅读推广活动持续性及增长量
			各类阅读推广活动参与人次增长率
			各类阅读推广活动效果及其价值评估满意度
		阅读品牌活动	各类阅读品牌活动的持续性及增长量
			各类阅读品牌活动的参与人次增长率
			各类阅读品牌活动效果及其价值评估满意度
阅读资源绩效	国民阅读现状	国民阅读现状纵向对比	成年国民综合阅读率同期对比
			未成年国民综合阅读率同期对比
			特殊群体综合阅读率同期对比
			成年人均纸质/数字读物阅读量同期对比
			未成年人均纸质/数字读物阅读量同期对比
			特殊困难群体纸质/数字读物阅读量同期对比
		国民阅读现状横向对比	与国际对比成年国民综合阅读率
			与国际对比未成年国民综合阅读率
			与国际对比特殊困难群体综合阅读率
			与国际对比成年人均纸质/数字读物阅读量
			与国际对比未成年人均纸质/数字读物阅读量
			与国际对比特殊困难群体人均纸质/数字读物阅读量

（续表）

一级指标	二级指标	三级指标	四级指标
阅读资源绩效	国民阅读素养	国民阅读素养纵向对比	青少年阅读素养评估研究同期对比
			少儿阅读素养评估研究同期对比
		国民阅读素养横向对比	与国际对比青少年阅读素养评估对比
			与国际对比少儿阅读素养评估对比

第五节　书香社会指标体系的比较

概览已有的书香社会指标体系，就出发点而言，第一，多数体系将阅读环境即阅读基本设施和服务的提供作为指标体系的主体内容，代表性的如张家港市、苏州市、武汉市、江苏省以及南京大学创建的评价体系，其中有些体系将政府提供的阅读公共服务作为测评重点，例如武汉市和江苏省的评价体系。另一部分体系则不仅限于此，而是将个人阅读状况的评价视为与阅读环境营造同等重要的评价维度，尝试综合反映个人阅读情况和公共阅读服务状况，以此作为全民阅读工作的反映，代表性的如中国新闻出版研究院、深圳市和湖南省永兴县创建的评价体系。第二，有些指标体系将"评价"作为指标体系建设的主要出发点，如深圳市指标体系，另一些则将"创建"作为指标体系的主要出发点，旨在细化创建书香社会的各项目标。

就测评方法而言，可以将书香社会指标体系分为两类，第一类从阅读服务和设施供给方以及阅读方两方面采集数据，反映全民阅读的社会环境和发展水平，重点内容在于测评政府对公共阅读设施和服务的供给水平。第二类则从阅读供给方的数据采集出发，通过居民个人阅读设施与服务的使用与满足情况，以及个体的阅读行为和阅读习惯，反映社会对阅读公共服务的供给水平。从数据采集方式的比较来看，单纯从居民端采集数据的好处是数据采集口径统一、标准、简单、易于操作，缺点是对全民阅读公共服务水平的反映是间接而非直接的，反映的是公共服务的效果而非过程。从公共服务供应和居民阅读水平两个角度采集数据的方式好处是能直接反映全民阅读公共服务的过程、规模、结果，但缺点是数据采集口径多样、更多依赖对不同口径下全民阅读公共服务机构的统计数据，数据标准度和可检验性相对较差、采集工程量大、操作复杂。

通过对书香社会指标体系已有成果的梳理，我们形成了三方面的思考：第一，许多城市关注书香社会的"建设"指标体系，即在"评价"基础上如何开展实际的建设工作，可见评估体系特别应当关注实用性。第二，评价体系中较多从政府的阅读管理和服务工作评价的角度出发，评价维度和指标侧重考察阅读公共设施的建设情况，反映居民个人阅读水平的评估体系相对较少。第三，大部分评价体系涉及的评价指标数量较多，其中如南京大学设置的指标体系测评指标达到了132项，这在实际执行的过程中可能带来繁重的统计工作。在这种思考的基础上，我们希望对以上分类的评价体系进一步进行测试和比较，来探索如何建立一个体系相对科学、数据采集简易可行、结果对现实反映相对真实可靠的一套书香社会指标体系。

第四章　书香社会指标体系的构建

各地为积极推进全民阅读工作而不断进行的书香社会指标体系的创新性探索，为课题组创建全国引导性的或全国适用的书香社会指标体系奠定了基础。中国新闻出版研究院研究创建的书香社会指标体系，通过对居民的阅读率、阅读量、阅读观念、阅读公共服务普及度、利用度和满意度的考察，形成书香社会总指标以反映书香社会的发展状况。

这套指标体系的创立，首先建立在对已有体系的综合考察和比较的基础上，其次建立在书香社会应涵盖居民阅读水平和阅读公共服务两个维度的理解上，再次是考虑到选取指标应具有简洁性、实用性、标准化和可通约性等特点，最后是基于课题组长期的阅读理论研究、阅读调查经验以及遵循科学的研究方法。

第一节　书香社会评价的主要指标

在书香社会评价中，有两项最为重要的指标应予以考察，即居民阅读水平和阅读公共服务水平。其中居民阅读水平是书香社会评价的核心指标，阅读公共服务水平是书香社会评价的重要指标，以下对这两项书香社会评价的主要指标进行阐释。

一、居民阅读水平是书香社会评价的核心指标

评价书香社会，应当将居民阅读水平作为必备的核心指标。首先，居民阅读水平的提高是书香社会建设的终极目标。无论阅读基础设施的建设、阅读资源的集聚、阅读公共服务水平的提高，还是阅读产业的发展、阅读社会组织的涌现、政府全民阅读工作的推进，其终极目标和长远价值都在于提高居民的阅读水平，居民阅读水平体现着书香社会发展的核心价值观。其次，居民阅读水平是书香社会创建的真实反映。一些地区存在着大规模兴建基础设施、举办阅读活动，但阅读设施使用者、阅读活动参与者却寥寥无几的现象，根本原因在于阅读公共服务的质量、精准化程度、个性化程度较低，类似问题唯有从工作成效，即居民阅读水平的层面去测量才能够显现。书香社会的创建工作只有在工作成效和阅读者反馈层面得到切实反映，才能形成可持续的工作链条。

居民阅读水平作为书香社会评价的核心指标，特别会反映在阅读率、阅读量两项指标上，在世界范围内阅读率、阅读量也是反映居民阅读水平的通用指标和关键指标。与此同时，居民阅读水平的考察需要有广阔的思路和视角。例如，对居民阅读量的考察，既包括图书、报纸、杂志的阅读量，也包括数字阅读包括电子书、网络在线阅读、手机阅读等的数量；考察的方式既可以从居民自身报告的阅读量情况体现，也可以从居民的购书量、居民的阅读消费等方面侧面体现。这在内容和形式上具有灵活性。对居民的阅读质量，可以从阅读内容去评价，也可以从居民自身对阅读的重要性认知去反映。特别是，一些特殊指标，如儿童阅读率、3周岁以前阅读率对于反映阅读习惯、阅读兴趣、早期阅读教育等有重要的指示作用，可以根据研究者的研究旨趣和理论建构纳入指标体系。

二、阅读公共服务水平是书香社会评价的重要指标

阅读公共服务水平是评价书香社会中的重要指标，反映书香社会建设的客观状况和建设路径。阅读公共服务水平主要印证着阅读基础设施建设、资

金支持和人力资源集聚状况，因为人力、物力和财力都是书香社会创建的基础条件。从阅读公共服务评价的内容看，评价公共服务可以包括三个方面：

第一个方面是公共服务的普及度，即公共服务设施和活动等的覆盖面，包括公共图书馆建设情况、学校图书馆普及情况，社区书屋和农家书屋建设情况，实体书店的建设情况，全民阅读活动开展情况等。公共服务普及度考核的是公共服务设施建设情况及阅读活动的数量及规模等，体现了阅读公共服务的覆盖范围及其背后的财政投入情况。

从公共服务基础设施建设角度看，公共服务设施建设包括图书馆、阅览室、文化馆、农家书屋、书店等基础设施是阅读氛围形成的主要载体，电子阅览室、数字图书馆、新阅读空间也属于重要的阅读设施，这些共同构成书香社会创建的基本条件。农家书屋是农村文化基础设施建设内容之一，通过具体、直接的形式，为农村地区人民提供了重要的信息资源和精神食粮。

从资金支持来看，资金支持一般包括来源于政府的财政资金和社会的民间资金。政府的财政资金支出在书香社会创建中可以发挥引导和调节作用，针对构建书香社会的具体目标，通过合理匹配资金进入不同渠道，实现对很多具有基础性作用资源和要素的购买。财政资金除了能够为书香社会铺设很好的发展条件之外，也可以引导创建方向，动员对于书香社会构建有很强作用的各种社会支出，产生较好的聚集效应，获得更好的社会效益。一般来说，在市场经济条件下，财政资金可以覆盖社会投资的三大主要类别，从竞争性项目、基础性项目和公益性项目中发现政策着力点，实现对书香社会构建的支持和引导。

阅读产业资金作为社会资金，在合理的激励引导机制下可以发挥出财政资金不可比拟的巨大优势。民营经济参与阅读产业的广度和深度是书香社会构建能否取得全局性成果的基本因素，可以说，民营经济中阅读产业资金的大量投入，是调动社会力量实现书香社会构建的最重要力量。一般来讲，社会上参与阅读产业的民间资金有两类，一类是阅读产业企业的投资，另一类是社会金融资本对阅读产业的投资，两者通过不同的驱动机制对于书香社会的构建产生影响。

从人力资源来看，阅读业的劳动力包括阅读业从业人员、阅读业专业人士、阅读推广人等。目前还未有对阅读业的从业人员进行统计，2013年《中国出版年鉴》的数据表明，出版业2013年单年获得高级职称的人数为346人，这个数字每年维持在 300 人左右；2014 年《中国图书馆年鉴》表明，全国公共图书馆在职高级职称人数为 5322 人，占总从业人员比例 9%，其中正高级职称人数仅占 1%，可见阅读领域的专家数量都有待提高；阅读推广人制度目前仍处于发展阶段，2012 年深圳进行了首批阅读推广人培训，并出台《阅读推广人管理办法》，预计将培训 500 名阅读推广人。阅读业从业人员呈现专业化趋势，但数量仍相对较少，劳动力素质需要不断向前发展和提高。并且，阅读业的专业机构和科研机构的数量也相对较少。

第二个方面是公共服务的利用度，即公共服务设施和阅读活动等的利用率，是否经常开放，是否有较多的人来使用，这是建设公共服务设施的目的所在，如果建设了设施而没有充分投入使用，则体现了设施的巨大浪费。公共服务的利用度反映了居民参与阅读活动、使用阅读设施、享用阅读服务的实际情况，体现了阅读公共服务的供给水平。

第三个方面是评价公共服务的满意度，是通过居民对公共阅读设施和阅读活动等公共服务的满意度评价，考察公共阅读服务的服务质量。具体包含 4 项单一指标：阅读设施服务满意度、农家书屋服务满意度、阅读活动服务满意度和学校图书馆服务满意度。阅读公共服务满意度，考察了居民对于阅读设施和阅读活动的满意情况，是阅读公共服务质量和效果的直观反映。

阅读公共服务水平的提高，首先依赖于阅读业劳动力素质的提高，也依赖于社会整体外部环境的发展，包括人文环境、文化氛围、阅读行业发展等，更依赖于管理科学的进步，这需要相对较长时间内的努力。

以上三个方面从阅读公共服务的建设情况、使用情况及服务质量三个环节进行了全面系统的考察，相对全面地反映了公共服务的整体水准。

第二节　书香社会指标体系的设计

在对影响书香社会评价的主要指标进行分析的基础上，我们创建了书香社会指标体系，该体系兼顾评价书香社会的发展现状和书香社会指标如何提升两个方面。通过考察居民的个人阅读状况和阅读公共服务的普及度、利用度和满意度，形成书香社会指标体系和书香社会总指标，以客观明了地表征全国和各地区书香社会的发展程度。

一、设计思路

书香社会指标体系在对个体阅读行为和观念、公共阅读服务的水平两方面测量的基础上，综合测算拟合出考察书香社会发展总指标，以此对全国范围内的书香社会状况进行评价。用书香社会总指标衡量国家和各省市阅读状况的绝对水平，用分项指标的评分衡量某一方面和某一单一指标的绝对水平；而根据评分做出的各省市排序，表示某一省份或城市的居民阅读状况相对于其他省份或城市所处的位置。

具体而言，该体系包含居民阅读水平和阅读公共服务水平两个维度（见图4.1），其中"阅读公共服务"是相对于"个人"层面的"公共"层面，测度的是城市中整体的阅读环境，以政府的阅读设施和服务供给为主，但并非局限于政府公共服务。这种阅读公共服务可能由政府或市场、社会，甚至是个人提供。其中，居民阅读水平的分项指标下设的每一单项指标是通过对当地居民对个人阅读状况的反馈信息中所得。阅读公共服务水平下设的每一单项指标也是通过对当地居民调查反馈中间接得出对政府阅读服务、阅读活动开展方面的组织实效。

这套指标体系能够基本反映我国各地区居民个人阅读的概况，同时也能够对各地阅读环境设施的建设和使用状况进行持续的跟踪分析，并且具有较好的可操作性和弹性。应用这套体系，我们在全国多地开展了书香城市与书香区县指标体系的测度与评价，形成了一套理论模型和实测结论。

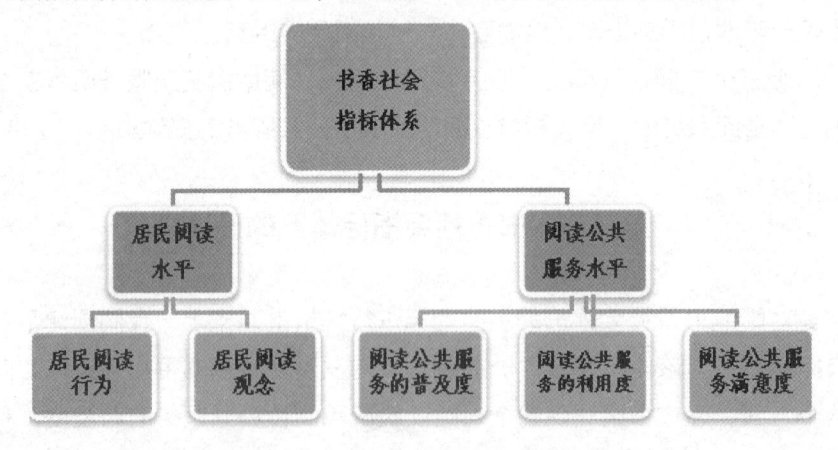

图4.1 书香社会指标体系框架

二、设计过程

课题组对构建书香社会指标体系专门进行立项研究,先后邀请几十位社会学、统计学相关专家、指标研究领域的商业机构、部分省或城市读书节组委会共同组成专家团队,共同研讨书香社会指标体系的理论构建、具体指标以及实测实施方法。并且,总结自 1999 年开始执行的国民阅读调查中的经验,遵循全面性、科学性、简洁性、可行性、可量化、可通约的原则,在上百个指标中遴选关键指标,最终选定 25 个指标构建书香社会指标体系。

在确定书香社会指标体系的具体指标后,进一步设计了书香社会总指标的拟合方法。书香社会总指标是考察社会阅读发展水平的科学的、可量化、可比较的具体数值。用书香社会总指标衡量国家和各省市阅读状况的绝对水平,用分项指标的评分衡量某一方面和某一单一指标的绝对水平;在建立中国分省市的书香城市总指标的基础上,对影响阅读状况的各方面因素进行评分,形成书香社会总指数排行榜,横向比较进行排序,同时也反映各省份、各城市阅读状况随时间变化而发展变化的趋势。

三、设计原则

1. 全面性原则

书香社会指标体系的各个统计指标对研究对象所反映的内容来讲应做到不重复,不遗漏。重复会模糊各个指标的独立意义,夸大部分指标的权重,因此各地具有很强同质性的指标没有包括在指标体系中;遗漏会导致所反映的内容不全面,造成认识上的偏差。因此指标体系的设计尽可能做到全面并且各个指标独立。

2. 科学性原则

书香社会指标体系的构建既能科学反映现阶段我国国民阅读的内涵,又要与构建指标体系的目标相一致,能借助于所选取指标的统计结果,反映存在的主要问题,为提升政府服务效能提供依据。

3. 简洁性原则

从研究的目的出发,把握问题的主要方面,在众多的指标中提炼出最具代表性的指标。指标选取紧扣目标,避繁就简,指标过多过繁不仅操作困难而且主次难分,掩盖主要矛盾。指标选取反映了课题组的价值和思路,尝试使用简洁的指标最大化的说明问题。

4. 可行性原则

指标设计中的每一单项指标应该是便于从调查中得出，能被被访者明确回答并得到有效反馈。对于有些维度虽然能够找到有代表性的衡量指标，但数据的可获得性较低，或地区间的可比性不足，这些都给实际工作带来困难和误差因此没有吸收到目前的指标体系中。

5. 可量化、可通约原则

书香社会指标体系所设置的指标能够量化的尽可能用数量来描述，一些具体指标可以采用统计学量化方法使其量化，便于开展分析比较。同类别指标采用同一量纲（或无量纲化）对数据进行整合，使最终的数据简单明了且科学全面地反映书香社会的发展水平。

第三节 书香社会指标体系的具体指标和总指标合成方法

一、指标维度和具体指标阐释

1. 指标维度

书香社会指标体系是以居民在阅读方面的感知和行为为出发点，旨在反映居民阅读水平和阅读公共服务水平的系列指标体系。我们认为，居民阅读水平是书香社会评价的核心指标，阅读公共服务水平是书香社会评价的重要指标，因而书香社会指标体系中应当涵盖个人与公共两个方面，这两个维度是指标体系设计的两条核心线索。根据工作组层面的专家研讨，最终确定了书香社会指标体系包括居民阅读水平和阅读公共服务水平两个基本维度。

2. 具体指标阐释

对于具体指标的选取思路，我们参考了企业经营环境指数、社会矛盾指数、居民幸福指数等构建方法，三级指标对第二级指标进行扩展。经过对100多个指标层层遴选，最终本着全面科学、简洁精炼、可行实用、可量化通约，同时兼顾易获取、代表性强的原则，书香社会指标体系共设计了25项分项具体指标（见表4.1）。

"居民阅读水平"中包含12项单一指标，其中：

（1）居民阅读行为，是指居民过去一年的阅读行为，包括图书阅读与拥有量和综合阅读率两个维度,涵盖了阅读量、阅读率、阅读消费等10个具体指标。

具体来看,图书阅读与拥有量中,图书阅读量是指居民过去一年阅读的纸质图书数量,是国际通用的阅读行为评测指标;人均购书量指居民过去一年购买图书的数量,反映了居民的阅读消费情况;家庭藏书量是以家庭为单位调查居民的藏书情况,藏书情况反映了居民的读书兴趣和读书习惯。

综合阅读率维度则涵盖了图书、报纸、期刊、网络在线、手机、电子阅读器阅读率,由于阅读的范围不断扩展,因此使用大阅读的概念测算阅读率对阅读情况反映的更加精确。本维度中也创新性地加入了3周岁之前的阅读率,因为3周岁之前的阅读情况能够较好地反映出一个国家未来的教育水平、阅读习惯养成和国民素质,是一个具有预测性的指标。

(2)居民阅读观念,是指居民对阅读行为的观念和态度,包括阅读重要性认知和阅读数量自我评价两个具体指标。阅读重要性认识直接反映着居民会出现何种的阅读行为,阅读数量自我评价则体现着居民阅读现状和阅读期望是否匹配。

"阅读公共服务水平"中包含13项单一指标,其中:

(1)阅读公共服务的普及度,是通过居民对公共阅读设施和阅读活动等公共服务知晓情况的调查,用以考察公共阅读服务的普及程度。具体包含5项单一指标:公共阅读设施普及度、农家书屋普及度、阅读活动普及度、学校图书馆普及度和购书点分布密度。最后一项购书点分布密度的设置是由于,购书点分布越密集,居民越有可能被满足购书需求和产生购书行为。阅读公共服务普及度,体现了阅读公共服务的覆盖范围及其背后的财政投入情况。

(2)阅读公共服务的利用度,是通过居民对公共阅读设施和阅读活动等公共服务的使用或参与情况,用以考察公共阅读服务的利用程度。具体包含4项单一指标:公共阅读设施利用度、农家书屋利用度、读书活动参与度和学校图书馆利用度。阅读公共服务利用度,反映了居民参与阅读活动、使用阅读设施、享用阅读服务的实际情况,贴切地评价阅读公共服务的供给水平。

(3)阅读公共服务满意度,是通过居民对公共阅读设施和阅读活动等公共服务的满意度评价,考察公共阅读服务的服务质量。具体包含4项单一指标:

阅读设施服务满意度、农家书屋服务满意度、阅读活动服务满意度和学校图书馆服务满意度。阅读公共服务满意度，考察了居民对于阅读设施和阅读活动的满意情况，是阅读公共服务质量和效果的直观反映。

针对每一项指标，我们进行了指标备注说明，在指标的提升路径上给出一些建议。例如，针对居民阅读水平的图书阅读与拥有量，开展城市读书节是有效的提升路径；再如，针对家庭藏书量的提高，开展家庭书架建设、书香家庭建设都是有效方法。针对3周岁以下儿童阅读率的提高，开展亲子阅读工程、设置母婴书包发放计划、扶持各类绘本馆与儿童图书馆发展等均为行之有效的做法。在居民阅读水平和公共服务水平评价后，为这些提升路径如何展开下一步创建行动提出了一些具体建议。

表 4.1 书香社会指标体系：维度、具体指标及提升路径

一级	二级	三级	四级指标	备注（提升路径）
书香社会指标体系	居民阅读水平	图书阅读与拥有量	1.图书阅读量	开展城市读书节活动/加强书香机关、书香企业、书香校园、书香社区、书香军营、书香乡镇建设/开展阅读推荐活动/发展各类阅读产业
			2.人均购书量	开展购书券发放计划/发展网络书店
			3.家庭藏书量	开展家庭书架/书香家庭建设
		综合阅读率	4.图书阅读率	加强各类阅读设施图书配置水平，提高更新率/加强特殊人群与困难人群阅读关爱
			5.报纸阅读率	加强城乡阅报栏/报刊亭建设
			6.期刊阅读率	提高各类阅读场所期刊订阅率
			7.网络在线阅读率	建设城市数字阅读公共服务平台/数字阅读内容平台/各类公共阅读设施数字阅读资源，提高服务水平与参与度
			8.手机阅读率	建设城市移动阅读平台（微信公号、APP等）/建设数字阅读触摸屏
			9.电子阅读器阅读率	加强公共阅读设施电子阅读器配置
			10.3周岁前阅读率	开展亲子阅读工程/母婴书包发放计划/扶持各类绘本馆与儿童图书馆发展

（续表）

一级	二级	三级	四级指标	备注（提升路径）
书香社会指标体系	居民阅读水平	阅读观念	11.阅读重要性认知	加强阅读观念教育和阅读知识培训／建立阅读推广人队伍／开展社区妈妈读书会／发展民间读书会／学校阅读课
			12.阅读数量自我评价	提高居民各类阅读服务水平，提高居民的自我满意度
	阅读公共服务水平	阅读公共服务普及度	13.公共阅读设施普及度	设立政府全民阅读促进机构／加强阅读公共服务的财政经费投入／加强公共图书馆建设／社区阅览室建设／自助图书馆建设／扶持民间阅读机构发展，提高覆盖率
			14.农家书屋普及度	普及农家书屋建设与运营，提高建设标准和管理水平
			15.阅读活动普及度	加强各类阅读促进机构建设／基层阅读推广组织建设／开展各种类型全民阅读活动，增加活动数量／加强阅读活动宣传推广
			16.学校图书馆普及度	全面普及校园图书馆建设和图书更新
			17.购书点分布密度	扶持实体书店、书吧发展
		阅读公共服务利用度	18.公共阅读设施利用度	提高图书馆等公共阅读设施服务标准，提高吸引力和参与度，提高办证率和借阅率
			19.农家书屋利用度	提高农家书屋服务吸引力和参与度
			20.读书活动参与度	提高读书活动吸引力和参与度，加强宣传推广
			21.学校图书馆利用度	提高学校图书馆服务水平，提高吸引力和参与度
		阅读公共服务满意度	22.阅读设施服务满意度	提高公共阅读设施开放时间和服务水平
			23.农家书屋服务满意度	提高农家书屋开放时间和服务水平
			24.阅读活动服务满意度	提高阅读活动服务水平
			25.学校图书馆服务满意度	提高学校图书馆开放时间和服务水平

二、书香社会总指标合成方法

1. 总指标权数设置

在相关文献中,对于分指标拟合权重的设置,有的直接采用均等化赋权,有的采用路径回归分析法获取指标的强度系数作为权数。书香社会指标体系在各级指标的权数确定中,采取均等化赋值。设计的共25项指标,二级指标中"居民阅读水平"的12项单一指标,占48%的权重;"阅读公共服务水平"的13项指标,占52%的权重。

2. 指标的量化和赋分

通过国民阅读调查获得的结果对指标值进行量化。对各项不同单位的指标值进行标准化分别赋分数,量化赋分拟合后形成了书香社会指标。

3. 书香社会总指标计算方法

指标值和权数确定后,再合成计算书香社会总指标。书香社会指标是考察国民阅读发展水平的科学、可量化、可比较的具体数值。用书香社会总指标衡量国家和各省市阅读状况的绝对水平,用分项指标的评分衡量某一方面和某一单一指标的绝对水平。在建立中国分省市的书香城市指标的基础上,对影响阅读状况的各方面因素进行评分,并通过横向比较进行排序;同时也反映各省份、各城市阅读状况随时间变化而发展变化的趋势,对其阅读环境与阅读水平做出评价。

第五章 书香社会指标体系的实测

书香社会指标体系和在此基础上形成的书香社会总指标,以及"书香城市排行榜"的同步推出,将在全国范围内形成一个统一的、同口径的、可比较的数值系统,以客观明了的数据反映我国国民的阅读状况和各地阅读公共文化服务情况,让社会各界关注全民阅读的同时,也积极关注阅读推广活动的成效,在全国范围内形成书香城市建设情况的综合比较。进而使城市阅读的活动内容更加丰富、更具吸引力,城市阅读促进活动的组织方面更加持续深入。书香社会指标体系的建立,有利于提高各地有关部门对全民阅读活动的重视程度,有利于促进各地公共阅读文化的建设力度,有利于促进各地居民的阅读积极性,进而从整体上提高我国国民的阅读水平,为社会主义文化大发展大繁荣奠定坚实的基础。

我们进一步应用书香社会指标体系在全国范围进行了实测。书香社会指标体系依托"全国国民阅读调查"项目在全国近50个城市的年度调研数据进行实测，国民阅读调查范围覆盖全国，调查内容全面、调查方法科学、调查数据真实可靠，使书香社会指标体系的建立有稳定可靠的数据来源。

第一节　实测方法

一、实施对象

书香社会指标体系的实测以全国范围内样本城市当地的常住人口为统计基础，严格遵循"同口径、可比性"原则，以"0—8岁儿童组""9—13岁少年儿童组""14—17岁青少年组"和"18岁及以上成年组"为年龄单位分别收集数据，针对未成年人的三个年龄段分别设计了不同问卷。自2010年起至2015年，每年在全国采集2万以上的样本，覆盖全国除新疆、西藏、海南以外的29个省市、自治区，成年人与未成年人的样本比例基本保持在2∶1，城乡样本比例基本保持在3∶1。经过人口普查数据加权后，均可推及全国12亿人左右。

以2015年为例，2015年实测行政市总数为81个，有效样本量为45911个，其中成年人样本为34344个，18周岁以下未成年人样本11567个，未成年样本占总样本量的25.2%；其中城镇样本34465个，农村样本11446个，城乡样本比例约为3∶1。样本回收后，我们根据第六次全国人口普查公报的数据对样本进行加权，可推及我国人口12.56亿。

二、调查方法

项目于每年的9月至11月开展样本城市抽样工作，每年的12月至次年1月在全国范围内开展入户问卷调查执行工作，次年的2—3月开展问卷复核、数据录入和数据处理工作。项目采取入户调查的方式，通过多阶段PPS随机抽样的方式对0—8周岁、9—13周岁、14—17周岁的未成年人和18周岁及以上成年人使用4套问卷进行数据采集。

调查覆盖除新疆、西藏之外的29个省、自治区和直辖市，针对城镇和农村地区采用不同的抽样方法。城镇样本抽样采取分层随机抽样，分四个层级进行抽样。

入户访问时访问员按照课题组提供的随机抽样地址登记表作为行走路线，并将相应的访问情况记录下来。选定访问家庭户后，在家庭户内采用 KISH 表抽样的方法选定访问对象。

第二节 实测结果

以 2012 年全国数据为例说明书香社会总指标的拟合方法。表 5.1 表明了各分项指标的原始值，首先对原始值进行指标赋分，赋分值见表 5.1 的第 6 列，之后将 25 个题项四层等权平均拟合之后，获得书香社会总指标为 63.72 点。相应地，个人阅读指标和公共阅读指标为 68.25 点和 59.54 点。

我们将回收的基础数据清洗、整理后，统一使用全国人口普查的人口基数对数据进行加权。计算出构成指标的 25 项四级指标后，对 25 项指标进行逐项赋分，最终通过 4 级逐层等权拟合，得出书香社会指标。对于四级指标中 25 项指标存在异常值的情况，统一按照缺失值处理，不计入指标拟合的计算范围内。

表 5.1　以 2012 年全国数据为例的书香社会总指标计算方法

一级	二级	三级	四级指标	最终得分
书香社会总指标	居民阅读水平	图书阅读与拥有量	1. 图书阅读量	63.72
			2. 人均购书量	
			3. 家庭藏书量	
		综合阅读率	4. 图书阅读率	
			5. 报纸阅读率	
			6. 期刊阅读率	
			7. 网络在线阅读率	63.72
			8. 手机阅读率	
			9. 电子阅读器阅读率	
			10.3 周岁前阅读率	

（续表）

一级	二级	三级	四级指标	最终得分
书香社会总指标	居民阅读水平	阅读观念	11. 阅读重要性观念	
			12. 阅读数量自我评价	
	阅读公共服务水平	阅读公共服务普及度	13. 阅读设施普及度	
			14. 农家书屋普及度	
			15. 阅读活动普及度	
			16. 学校图书馆普及度	
			17. 购书点分布密度	
		阅读公共服务利用度	18. 公共阅读设施利用度	
			19. 农家书屋利用度	
			20. 读书活动参与度	
			21. 学校图书馆利用度	
		阅读公共服务满意度	22. 阅读设施满意度	
			23. 农家书屋服务满意度	
			24. 阅读活动服务满意度	
			25. 学校图书馆服务满意度	

根据第四章设计的书香社会总指标拟合方法，我们对各城市2010年—2015年这六年间的总指标使用三年移动平均法进行计算，每隔三年计算一次书香社会总指标的平均值，因而这6年间的总指标分为2010—2012年、2011—2013年、2012—2014年、2013—2015年四个阶段的移动平均值。这种方法可以有效减弱单年数据不规则波动的影响，并保留了各城市从2010年至2015年这六年间的书香社会总指标发展趋势。

我们进一步对2010—2015年全国除新疆、西藏、海南以外的省会城市、直辖市及阅读活动持续开展的苏州、深圳等个城市的书香社会指标详细阐释。表5.2对全国主要城市的书香社会总指标的三年移动平均值结果进行了排名。需要说明的是，个别省会城市由于调查数据稳定性较差，存在较大波动，经仔细研究，决定不纳入城市阅读总指标排行，如兰州、银川等。另外，由于部分非省会城市在个别年份未被抽中作为样本城市，如苏州、青岛，因此以上两个城市在测算中缺失2010—2012年的移动平均值数据。

书香城市总指标排在前列的城市大多属于经济较发达的东部地区，拥有较好的基础设施，如深圳、北京、苏州、上海等，其中深圳的书香总指标连续5年位居第一（见表5.2）。

虽然考察的城市大多是省会城市，但我们明显可以看到，东部城市的书香社会总指标高于中西部地区。在2010—2012年的移动平均值排名中，有16座城市排在全国平均水平之上，其中东部城市有9个，占比近六成；中部城市有4个，占四分之一；而西部城市的数量不足两成。在2011—2013年的书香社会总指标平均值排名中，有18个城市排在全国平均水平之上，其中，有12个东部城市，占六成以上；中部城市有2个，约占五分之一；西部城市仅有2个，占一成左右。在2012—2014年的移动平均值排名中，排在全国平均水平之上的18个城市中，有11个东部城市，占60%以上；有4个中部城市，约占五分之一；而西部地区则有3个城市上榜，占比不足两成。在2013—2015年的移动平均值排名中，排在全国平均水平之上的17个城市中，有11个东部城市，占六成以上；有5个中部城市，约占三成；仅有1个西部城市，占比不足一成（见图5.1）。

从排名在全国平均水平之上的城市数量来看，东部地区不但在数量上具有显著优势，并且在发展趋势上呈平稳增长之势；中部地区排在全国平均水平之上的城市的比例在2013—2015年有显著提升；西部地区排在全国平均水平之上的城市的比例呈现出波动下降的态势（见图5.1）。通过以上数据对比可见，东部地区城市的书香社会建设水平高于中西部地区；中部地区虽然较东部地区差距较大，但近年来的发展呈上升趋势；而西部地区则呈现出波动下降的态势，西部地区的书香社会建设水平亟需通过各种路径进行有效提升。

表5.2 2010—2015年全国主要城市书香社会总指标排行榜

排名	城市	2010—2012年平均值	城市	2011—2013年平均值	城市	2012—2014年平均值	城市	2013—2015年平均值
1	深圳	74.92	深圳	78.07	深圳	79.24	苏州	78.17
2	上海	67.99	苏州	68.36	苏州	72.34	深圳	78.16
3	广州	67.02	青岛	67.44	青岛	70.00	武汉	74.26

（续表）

排名	城市	2010-2012年平均值	城市	2011-2013年平均值	城市	2012-2014年平均值	城市	2013-2015年平均值
4	石家庄	64.59	北京	67.11	北京	68.84	北京	73.76
5	南宁	64.37	天津	66.59	武汉	67.75	南京	71.31
6	厦门	63.45	广州	65.75	杭州	67.75	杭州	71.07
7	北京	63.08	石家庄	65.30	南京	67.04	青岛	70.38
8	郑州	62.91	上海	65.03	太原	66.53	长沙	69.66
9	天津	62.78	太原	64.75	天津	65.57	厦门	68.91
10	成都	61.79	南京	63.37	上海	65.41	太原	68.59
11	昆明	61.64	武汉	63.18	长沙	64.76	上海	68.33
12	太原	61.58	杭州	63.17	广州	64.65	合肥	66.97
13	杭州	61.48	南宁	62.95	石家庄	64.58	天津	65.42
14	武汉	61.24	昆明	61.66	福州	64.10	南宁	63.55
15	济南	60.93	济南	61.50	合肥	63.65	成都	63.34
16	西宁	60.58	郑州	61.20	南宁	62.95	广州	63.09
17	全国	60.53	福州	60.66	贵阳	62.88	福州	62.79
18	贵阳	60.51	贵阳	60.53	西宁	61.74	全国	62.58
19	南京	60.23	全国	60.14	全国	61.54	贵阳	62.33
20	合肥	60.03	合肥	60.02	成都	60.26	重庆	61.40
21	呼和浩特	59.75	成都	59.71	昆明	59.40	西宁	61.12
22	西安	59.36	西安	59.43	济南	58.97	石家庄	60.90
23	福州	58.83	西宁	59.37	西安	58.30	济南	60.76
24	重庆	57.19	长沙	58.08	重庆	57.22	郑州	59.21
25	南昌	56.02	重庆	57.65	郑州	57.05	昆明	58.69
26	长沙	54.95	呼和浩特	57.09	南昌	56.50	南昌	57.70
27	哈尔滨	54.82	南昌	55.77	呼和浩特	55.48	呼和浩特	57.26

（续表）

排名	城市	2010—2012年平均值	城市	2011—2013年平均值	城市	2012—2014年平均值	城市	2013—2015年平均值
28	沈阳	52.01	哈尔滨	55.71	哈尔滨	54.71	西安	56.56
29	长春	50.13	沈阳	49.82	沈阳	51.76	哈尔滨	53.51
30			长春	48.92	长春	48.91	沈阳	51.80
31							长春	51.79

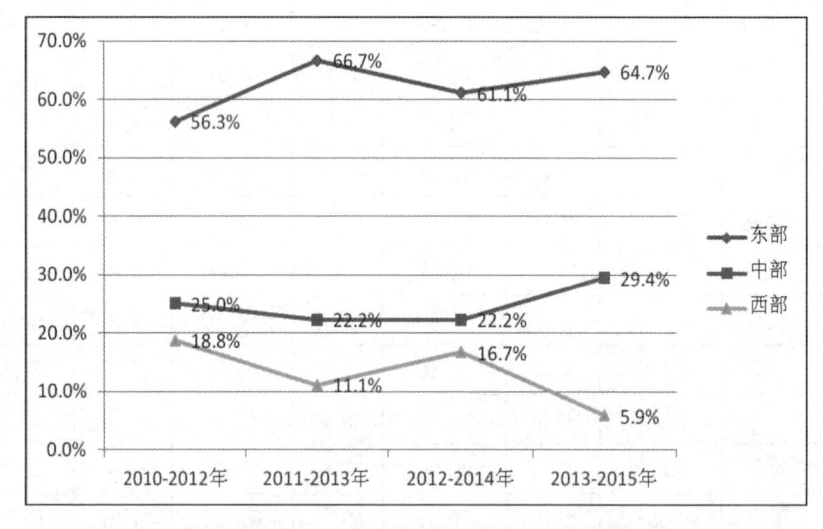

图 5.1 东、中、西部书香社会指标高于全国平均水平的城市数量占比

构成书香社会指标的两个主要指标分别为个人阅读指标和阅读公共服务指标，我们对以上 31 个城市 2010—2015 年间的个人阅读指标和公共服务指标进行了测算和排行，具体如表 5.3 和表 5.4 所示。表 5.3 为全国主要城市的个人阅读指标排行榜，可以看到，深圳市的个人阅读指标名列前茅，而北京、上海等大城市的个人阅读指标并未居于前三，而青岛在全国的排名中成绩较为靠前。可见，良好的阅读基础设施与个人阅读水平并不一定产生直接关联，居民阅读水平的提升，依赖于阅读基础设施，更依赖于多样化的阅读模式、良好的阅读公共服务等其他条件。

从个人阅读指标排名来看，在全国平均水平之上的城市中，东部地区依然占据了显著的优势地位，与中西部地区的差距更显悬殊。从发展趋势图可以看出，东中西部地区在2010—2012年的差幅最小，随着时间的推移，东部地区表现出直线攀升的态势，中部地区则稳中略降，西部地区呈下降的趋势。2010—2012年，东部地区的个人阅读指标在全国平均水平之上的城市有9个，较西部地区多出2倍；此后也保持了较大的悬殊，2013—2015年，东部地区书香社会指标在全国平均水平之上的城市有11个，较西部地区多出10倍。从以上数据可以看出，东部地区样本城市居民个人阅读水平整体优于中西部地区，中部地区样本城市居民的个人阅读水平基本保持在较为固定的位置，而令人担忧的是，西部地区近年来呈现出下降的趋势。具体如图5.2所示。

表5.3 2010—2015年全国主要城市居民个人阅读指标排行榜

排名	城市	2010-2012年均值	城市	2011-2013年均值	城市	2012-2014年平均值	城市	2013-2015年均值
1	深圳	86.06	深圳	87.36	深圳	86.82	武汉	83.02
2	郑州	70.13	青岛	72.98	青岛	78.98	深圳	82.91
3	石家庄	68.86	太原	69.49	苏州	74.39	北京	81.65
4	太原	68.35	北京	69.22	长沙	74.24	苏州	81.03
5	济南	68.26	苏州	68.73	武汉	74.11	青岛	78.64
6	上海	67.91	广州	68.45	北京	73.84	长沙	76.76
7	北京	67.29	石家庄	68.41	太原	72.07	南京	75.84
8	南宁	66.46	武汉	68.17	南京	70.91	杭州	74.58
9	广州	66.03	天津	67.12	杭州	70.57	太原	74.03
10	厦门	65.40	济南	66.71	合肥	69.47	厦门	72.74
11	合肥	65.34	南京	66.67	天津	69.00	合肥	72.35
12	西宁	65.14	郑州	66.58	福州	68.49	天津	68.35
13	武汉	63.70	合肥	65.69	广州	67.10	福州	66.97
14	贵阳	63.12	南宁	64.55	南宁	66.04	广州	66.44
15	昆明	62.73	长沙	63.52	石家庄	66.03	全国	66.39
16	南京	62.61	西宁	62.90	西宁	65.30	南宁	65.94
17	全国	62.02	杭州	62.55	全国	64.09	西宁	65.90
18	天津	61.32	全国	61.93	济南	63.98	济南	63.91
19	西安	60.97	福州	61.54	贵阳	62.37	郑州	63.50

（续表）

排名	城市	2010–2012年均值	城市	2011–2013年均值	城市	2012–2014年平均值	城市	2013–2015年均值
20	哈尔滨	58.98	上海	61.26	郑州	61.53	上海	61.82
21	成都	58.43	西安	60.72	上海	60.15	贵阳	61.54
22	杭州	58.01	贵阳	60.58	南昌	59.00	南昌	61.50
23	南昌	57.66	昆明	60.37	哈尔滨	58.61	石家庄	60.77
24	重庆	57.41	哈尔滨	59.52	重庆	58.38	呼和浩特	60.29
25	呼和浩特	57.41	重庆	58.93	西安	58.21	重庆	60.19
26	长沙	56.18	南昌	57.75	昆明	56.35	西安	59.27
27	福州	55.73	呼和浩特	55.61	成都	55.58	成都	57.45
28	沈阳	52.08	成都	54.85	呼和浩特	55.34	昆明	56.42
29	长春	49.71	沈阳	51.27	沈阳	54.27	哈尔滨	56.08
30			长春	49.34	长春	51.19	沈阳	53.49
31							长春	53.05

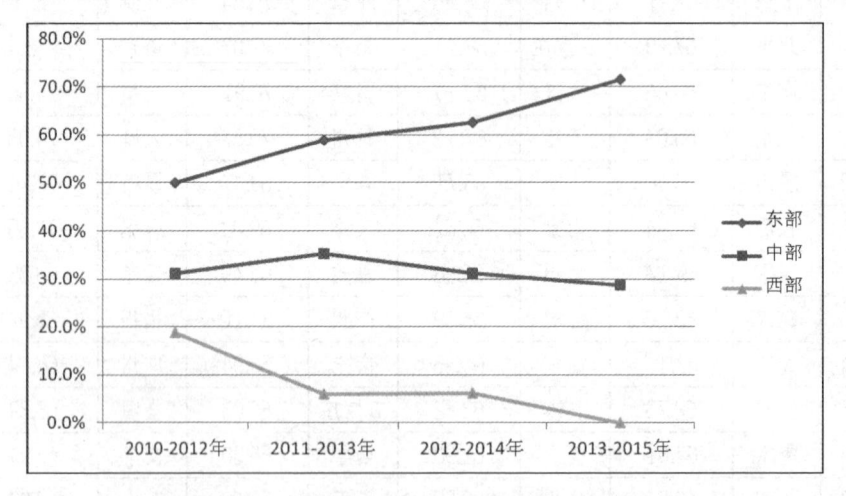

图 5.2 东中西部地区个人阅读指标排名在全国平均水平之上的城市数量占比

与此同时，我们对以上 31 个样本城市 2010—2015 年间的阅读公共服务指标进行了测算，表 5.4 为全国主要城市的阅读公共服务指标排行榜，呈现了近6年全国主要城市的4次三年移动平均值情况。

公共阅读服务指标中，北、上、广、深等超大型城市以及苏州、杭州、成都等大型城市占据绝对优势。上海市的公共阅读指标排名连续六年持续居于前三位。在资金投入、劳动力资源等方面，大城市具有先天的发展优势，如何在这种优势基础上，吸引更多的居民进行阅读公共服务的利用、参与，是这些城市应当持续思考的问题。

从阅读公共服务阅读指标排名在全国平均水平之上的城市数量来看，东部地区城市的比例显著高于中西部地区；中部地区城市的比例则在波动中上升，虽然与东部地区的差距较大，但整体情况优于西部地区；西部地区城市的比例自2010年以来，呈下降的趋势。从测算结果来看，2010—2012年，东部地区阅读公共服务指标在全国平均水平之上的城市有8个，较西部地区多出约1.6倍；此后几年二者之间也保持了较大的悬殊，到2013—2015年时，东部地区书香社会指标在全国平均水平之上的城市有10个，西部地区则无一城市高于全国平均水平。从实际情况来看，无论是阅读公共服务设施建设基础还是后续建设情况，东部地区均较中西部地区展现出显著优势；中西部地区的阅读公共服务发展水平基本相当，但中部地区已先于西部地区有所改善；而西部地区的阅读公共服务设施发展处于下降状态（见图5.3）。

表5.4 2010—2015年全国主要城市阅读公共服务指标排行榜

排名	城市	2010-2012年均值	城市	2011-2013年均值	城市	2012-2014年均值	城市	2013-2015年均值
1	广州	68.30	上海	68.59	苏州	70.48	苏州	75.60
2	上海	68.15	深圳	68.19	上海	70.31	上海	74.64
3	杭州	65.47	苏州	68.05	深圳	70.14	深圳	72.46
4	成都	65.06	天津	66.10	杭州	65.23	成都	68.78
5	天津	64.54	北京	65.16	成都	64.76	杭州	67.78
6	深圳	62.82	成都	64.37	北京	64.21	南京	67.13
7	南宁	62.44	杭州	63.83	贵阳	63.75	武汉	66.18
8	福州	62.03	昆明	62.79	南京	63.54	北京	65.98
9	呼和浩特	61.97	广州	62.59	石家庄	63.07	厦门	65.10

（续表）

排名	城市	2010–2012年均值	城市	2011–2013年均值	城市	2012–2014年均值	城市	2013–2015年均值
10	厦门	61.51	青岛	62.52	天津	62.33	长沙	64.97
11	昆明	60.57	石家庄	62.21	昆明	62.25	贵阳	63.29
12	石家庄	60.10	南宁	61.47	广州	61.84	太原	63.18
13	北京	58.96	贵阳	60.66	武汉	61.82	青岛	62.75
14	武汉	58.92	南京	60.20	青岛	61.71	重庆	62.51
15	贵阳	58.49	太原	60.13	太原	61.27	天津	62.45
16	西安	57.86	福州	59.79	南宁	60.11	合肥	62.00
17	南京	57.49	武汉	58.51	福州	59.98	南宁	61.20
18	重庆	57.04	呼和浩特	58.41	长沙	58.91	石家庄	60.83
19	郑州	56.25	西安	58.00	西安	58.40	昆明	60.72
20	全国	55.62	重庆	56.51	全国	58.32	广州	59.44
21	西宁	55.48	郑州	56.24	合肥	58.27	全国	59.07
22	合肥	55.14	全国	56.07	西宁	58.25	福州	58.93
23	长沙	55.07	西宁	56.01	重庆	56.15	济南	57.21
24	太原	54.92	济南	55.80	呼和浩特	55.66	西宁	56.37
25	南昌	54.57	长沙	55.67	南昌	53.76	郑州	54.96
26	济南	53.47	合肥	54.78	济南	53.46	呼和浩特	54.28
27	沈阳	51.67	南昌	53.78	郑州	52.85	南昌	53.42
28	哈尔滨	50.79	哈尔滨	51.80	哈尔滨	50.66	西安	53.31
29	长春	50.51	长春	48.21	沈阳	48.91	哈尔滨	50.52
30			沈阳	48.03	长春	46.54	长春	50.41
31							沈阳	49.94

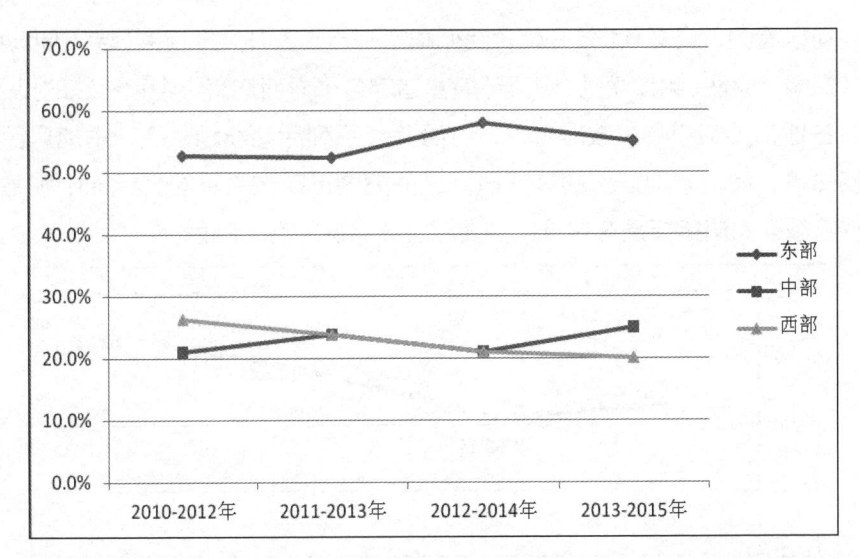

图 5.3　东中西部地区阅读公共服务指标排名在全国平均水平之上的城市数量占比

进一步，我们对全国和部分城市进行了细致分析，通过描绘全国总体情况和样本城市三年移动平均值的发展趋势，检验和反映书香社会指标对样本城市书香社会发展的映射灵敏度。

从全国的三年移动平均值的发展趋势来看，2010 年至 2015 年间，全国一直处于平稳上升的态势（见图 5.4）。全国个人阅读指标的发展和公共服务指标的发展也呈现出逐年递增的趋势，这正印证了全民阅读和书香社会在近几年的发展。全民阅读工程于 2011 年 4 月被列入《新闻出版业"十二五"时期发展规划》和原新闻出版总署的重点工程。2011 年 10 月，"深入开展全民阅读活动"被写入《中共中央关于深化文化体制改革、推动社会主义文化大发展大繁荣若干重大问题的决定》，中央文件中首次出现"全民阅读"的提法。2012 年 11 月，"开展全民阅读活动"被写入党的十八大报告。2013 年 3 月，"倡导全民阅读"被首次写入国务院政府工作报告。2013 年 3 月，全民阅读立法工作正式启动，列入国务院法制办立法规划项目。2016 年 2 月，《全民阅读促进条例》（征求意见稿）正式发布。2016 年 3 月，全民阅读工作被纳入《国民经济和社会发展第十三个五年规划纲要》，位列国家八大文化重点工程之一。2016 年 6 月，由中宣部、国家新闻出版广电总局等 11 个部门联合印发的《关于支持实体书店发展的指导意见》发布，这些政策、立法和举措对推动全民阅读工作具有重要意义。

可以看到，自 2011 年开始，我们国家开始大力开展全民阅读系列活动，国家在阅读立法、阅读激励、阅读环境营造等各个方面均有集中和迅速的投入；同时各地相关部门响应政府号召，纷纷开展系列活动鼓励、提升本地居民的阅读热情，完善本地居民阅读环境。这些措施反映在书香社会指标中则是数值持续攀升，该指标是对书香社会实际发展状况的有力映射。

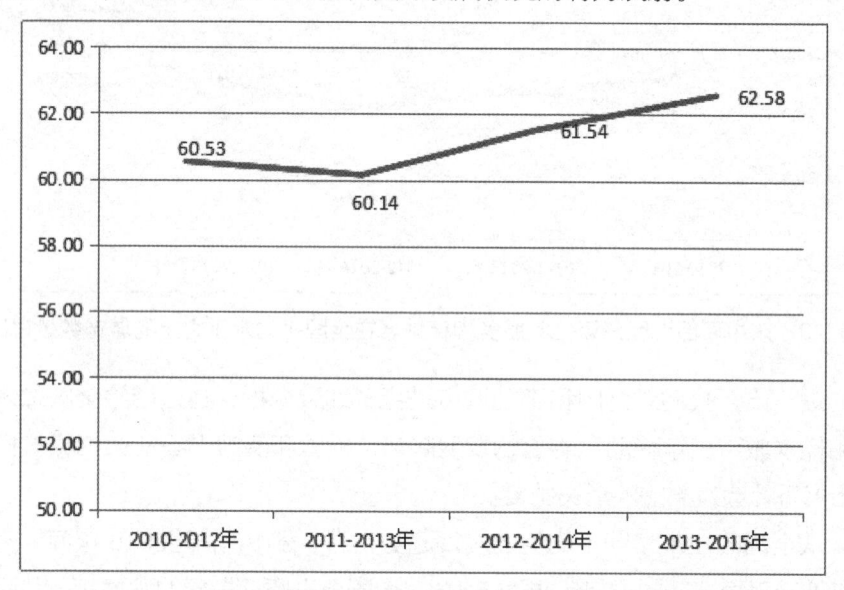

图 5.4　2010—2015 年全国书香社会指标移动平均值趋势图

我们进一步对个别有代表性的城市的书香社会指标进行了分析。深圳市的书香城市指标连续五年位居第一。2010—2015 年深圳市的书香社会指标几乎全部处于榜首位置，且处于绝对领先地位，其个人阅读指标几乎每年在 31 个省会及主要城市的排名中位列第一，阅读公共服务指标近年来也基本保持在前三名（见图 5.5）。

结合深圳实际情况来看，首先，深圳市居民个人阅读基础较好，居民的阅读积极性较高；其次，近年来深圳市政府全力打造"深圳读书月"系列品牌活动，每年举办数百项读书文化活动，创出了深圳读书论坛、经典诗文朗诵会、年度十大好书、领导荐书、诗歌人间、中小学生现场作文大赛、书香家庭、赠书献爱心、绘本剧大赛、青工阳光阅读、手机阅读季、海洋文化论坛、温馨阅读夜等许多知名品牌活动，年度参与人次由首届的 170 多万上升至 1000 多万。作为由政府推动的一项公众文化节庆，"深圳读书月"已经融入市民生活，成为深圳市的文化名片和满足市民阅读权利的重要载体，影响遍及全国。其阅读公共服务设施方面的持续增强，间接推动了居民个人阅读状况的提升，深圳市书香社会指标数据符合该市全民阅读方面的真实水平与发展情况。

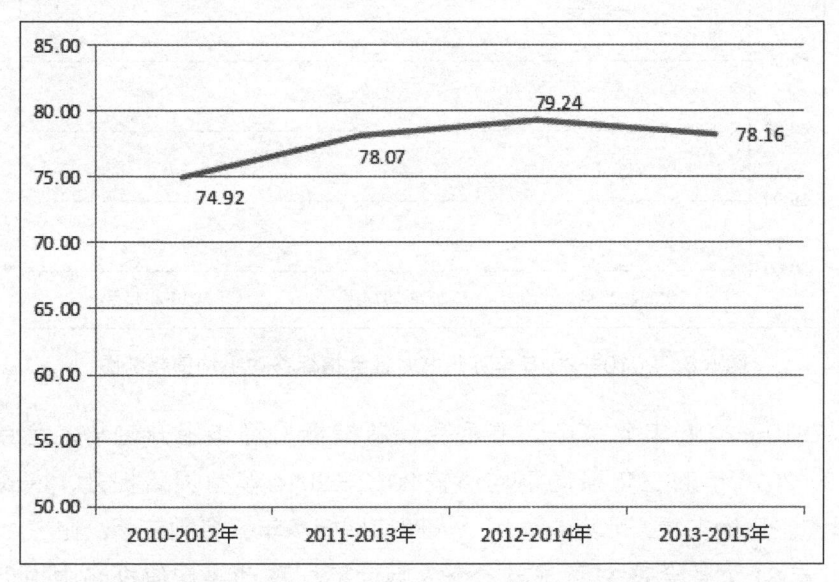

图5.5　2010—2015年深圳书香社会指标移动平均值趋势图

苏州市的书香城市指标在全国也处于较好水平。由于2010年苏州并未作为样本城市进行样本采集工作，故缺失苏州市2010年的数据，三年移动平均值的测算从2011年开始。从苏州市的书香社会指标测算结果来看，苏州市2011—2015年这五年间的三年移动平均值增长了近10点。具体来看，苏州居民个人阅读指标多年来位居前五名，阅读公共服务指标除2011—2013年的移动平均值位列第三以外，2012—2014年和2013—2015年的移动平均值在全国31个省会及主要城市中排名第一（见图5.6）。

结合苏州实际情况来看，一方面苏州市具有良好的居民个人阅读基础，另一方面苏州市政府近年来持续开展"书香苏州"、苏州阅读节等一系列旨在提升居民阅读积极性的阅读推广活动，针对社会各阶层开展不同形式的阅读推广活动，如书香校园、书香机关、书香警营等系列活动，均对居民个人阅读水平的提升产生了推动作用。

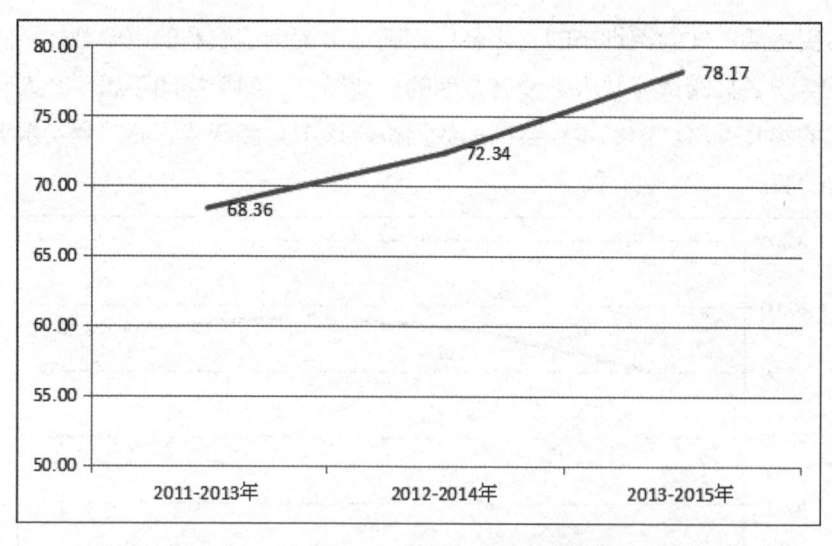

图 5.6　2010—2015 年苏州书香社会指标移动平均值趋势图

2010—2015 年北京市的书香社会总指标呈稳步上升趋势，尤其是 2013—2015 年的三年移动平均值较 2012—2014 年有显著提升，增长了 4.93 点。具体来看，北京市居民个人阅读指标多年来名列前茅，在 2013—2015 年 31 个省会及主要城市的个人阅读指标移动平均值排名中由最初的第七名上升至第三名，较上年移动平均值增长了 7.81 点；阅读公共服务指标的发展趋势为波动中上升，三年移动平均值排名从一开始的十名开外，跃升至第八名，2011—2013 年的移动平均值较上年增长了 6.21 点（见图 5.7）。

结合北京的实际情况来看，一方面，北京居民的阅读基础较好，虽然城市规模庞大，但阅读氛围较浓厚，居民个人阅读和参与阅读活动的积极性较高；另一方面，自 2011 年以来，已成功举办了五届北京阅读季系列品牌活动，该活动成为推动北京全民阅读的重要抓手和载体，是北京的文化新名片。北京市整合各方资源、创新推广模式，针对不同群体，广泛开展形式多样、层次分明的阅读活动，在全社会培养阅读风气、引领阅读时尚。为探索发动大众阅读习惯的有效手段，第六届书香中国·北京阅读季发起"阅读加我一个"行动计划，探索多元力量推动全民阅读的参与者向推动者转变。从总指标测算结果来看，这一系列政府主导的阅读推广活动的成效不仅体现在活动开展之初，阅读公共服务指标的显著提升，更体现在居民个人阅读指标多年来名

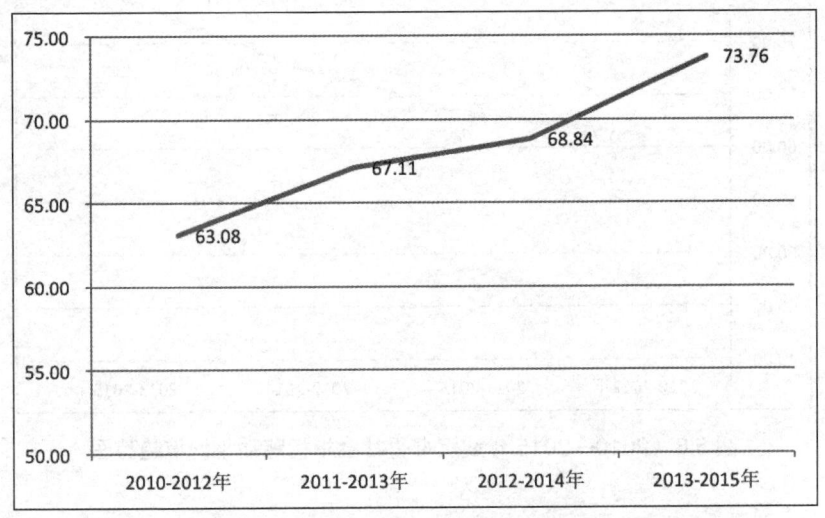

列前茅上，尤其对 2013 年—2015 年的居民个人阅读指标的显著提升起到了重要作用。

图 5.7　2010—2015 年北京书香社会指标移动平均值趋势图

2010—2015 年武汉市的书香社会总指标呈稳步上升趋势，在 2010—2015 年 31 个省会及主要城市的书香社会指标三年移动平均值的排名中，从 2010—2012 年位居第 14 名的中游位置，一路攀升至 2013—2015 年的第三名，增长了 13.02 点，增幅较大。具体来看，武汉市居民个人阅读指标从 2010—2012 年的中游位置，跃至 2013—2015 年的第二名，增长了 19.32 点，涨幅在 30% 以上。与此相对的是，武汉市阅读公共服务指标排名近年来一直在中游徘徊，直到 2013—2015 年才在 31 个城市的移动均值排名中进入前十名（见图 5.8）。

从实际情况来看，武汉作为中部地区的核心城市，高校林立，教育资源丰富，居民个人阅读基础较其他中部城市具有较大优势，从 2010 年到 2014 年，武汉阅读公共服务指标的三年移动平均值增速相对较慢，但其 2013—2015 年的移动平均值有了显著提升，这与该市近年来持续开展"书香江城""全民读书月"等系列阅读推广活动的成效是密切相关的，对个人阅读指标的显著提升也发挥了重要作用。由此可见，书香社会指标的测算结果客观反映出武汉全民阅读发展的真实情况。

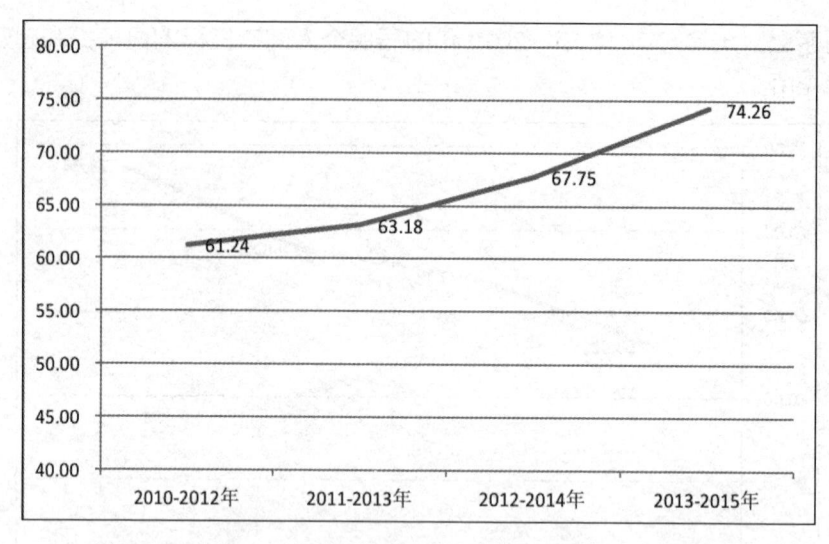

图 5.8　2010—2015 年武汉书香社会指标移动平均值趋势图

第三节　讨论

可以看到，书香社会总指标从个人阅读和阅读公共服务两大方面对各城市的整体阅读情况得出的测算结果基本符合当地的实际情况，可以真实反映当地全民阅读工作取得的成绩与不足之处。

我国东中西部地区全民阅读的发展情况不均衡，从个人阅读指标测算结果来看，东部地区居民的个人阅读指标呈稳步上升的态势，与中西部地区悬殊较大，从阅读公共服务指标测算结果来看，东部地区依然具备显著优势，中部地区近年来的发展有上升之势，而西部地区则一路下滑，甚至没有一个城市排在全国平均水平之上。可见，西部地区的阅读公共服务状况亟需得到改善，中部地区的全民阅读促进工作已初见成效，而东部地区则一直保持良好的发展态势。

从书香社会总指标排名可以看出，阅读基础设施和经费投入在书香社会建设中发挥了重要作用，一方面，我们欣喜地看到北京、上海、深圳、广州等大城市的阅读指标处于前列，另一方面，一些相对落后城市如何开拓资源，在有限的资源前提下创建书香城市，使更多的人参与到阅读中来，提升这些城市市民的阅读发展水平，是我们后续希望重点解答的问题。

第六章　书香社会分类指标体系

国家新闻出版广电总局提出推进全民阅读走进家庭、社区、学校、军营、机关、企业、农村的"七进"活动，在社会各领域发展阅读，创建书香社会。书香社会指标体系面临着在不同领域的适用性问题。经过调整，我们希望创建的书香社会指标体系能够在书香家庭、书香社区、书香校园、书香机关、书香之县、书香之村等分类领域的评价和创建中得以应用。以下以书香之省、书香之县、书香社区和书香校园的分类指标体系为例，说明书香系列指标体系如何调整和应用；并且，在湖南省、江苏省对书香之省指标体系、在湖南省永兴县对书香之县指标体系进行实测，根据实测结果对这些地区提出了对策建议。书香社会指标体系展现出较好的适用性和延伸性。

第一节　书香之省指标体系

从全国来看，省级范围的阅读活动推广和书香社会建设，以江苏省和湖南省工作较为突出，积累了丰富经验。江苏省 2013 年即发布了《省全民阅读活动领导小组印发关于加快推进书香江苏建设的意见的通知》，提出加快推进书香江苏建设，实施阅读文化培育、阅读精品引领、阅读阵地提升、阅读活动示范和阅读推广参与工程，这些工作使江苏省的全民阅读工作开展居于全国领先，这些也体现在书香社会指标的排名当中。

湖南省 2016 年印发《"书香湖南"全民阅读活动方案》，以系列活动包括"经典阅读 书香湖南"、"你的 book 我买单"之"给最爱的人送一本书"免费赠书活动、"书香湖南·一起阅读吧"摄影作品特色活动，以及"书香湖南·数字阅读"的公益移动数字阅读平台建设等，促进湖南的书香湖南建设。

两省在书香之省创建的共同点在于，都注重多角度、立体化的推进阅读公共服务，注重开展多种阅读活动的集聚效应和阅读服务的品质升级，注重媒体宣传和最大程度地吸引公民参与到阅读活动中来。

我们希望利用书香之省指标体系，评价各省的阅读工作和阅读成效，并指导它们如何在书香之省建设中进行提升。

一、指标体系框架

书香之省指标体系用于测度各省的书香社会发展，反映各省范围内阅读公共服务发展以及个人阅读情况的现状。书香之省的指标构成与书香社会指标体系类似（参见表4.1的书香社会指标体系），具体来看也包含居民阅读水平和阅读公共服务水平两个维度，共包含25项分项指标，形成的书香之省总指标以直观地反映各省所处的横向水平和纵向位置（见表6.1）。相应的提升路径则是从省一级的角度出发，在全省层面上进行全盘布局和考虑。

针对书香之省指标体系，我们也将提升路径进行了备注，具体见表6.1所示。例如针对阅读重要性认知的提高，可以采取阅读观念教育和阅读知识培训、建立阅读推广人队伍、开展社区妈妈读书会、发展民间读书会、增加学校阅读课等措施；针对阅读量自我评价的提高，可以提高居民各类阅读服务水平，提高居民对阅读自我满意度等。针对家庭藏书量的提高，可以开展亲子阅读工程/母婴书包发放计划、扶持各类绘本馆与儿童图书馆发展等。

表6.1 书香之省指标体系

一级指标	二级指标	三级指标	四级指标	备注（提升路径）
书香之省指标体系	居民阅读水平	图书阅读与拥有量	1.图书阅读量	开展城市读书节活动/加强书香机关、书香企业、书香校园、书香社区、书香军营、书香乡镇建设/开展阅读推荐活动/发展各类阅读产业
			2.人均购书量	开展购书券发放计划/发展网络书店
			3.家庭藏书量	开展家庭书架/书香家庭建设
		综合阅读率	4.图书阅读率	加强各类阅读设施图书配置水平，提高更新率/加强特殊人群与困难人群阅读关爱
			5.报纸阅读率	加强城乡阅报栏/报刊亭建设
			6.期刊阅读率	提高各类阅读场所期刊订阅率
			7.网络在线阅读率	建设城市数字阅读公共服务平台/数字阅读内容平台/各类公共阅读设施数字阅读资源，提高服务水平与参与度
			8.手机阅读率	建设城市移动阅读平台（微信公号、APP等）/建设数字阅读触摸屏
			9.电子阅读器阅读率	加强公共阅读设施电子阅读器配置

（续表）

一级指标	二级指标	三级指标	四级指标	备注（提升路径）
书香之省指标体系	居民阅读水平	儿童早期阅读率	10.3周岁前阅读率	开展亲子阅读工程/母婴书包发放计划/扶持各类绘本馆与儿童图书馆发展
		阅读观念	11.阅读重要性观念	加强阅读观念教育和阅读知识培训/建立阅读推广人队伍/开展社区妈妈读书会/发展民间读书会/学校阅读课
			12.阅读数量自我评价	提高居民各类阅读服务水平，提高居民对提升阅读自我满意度
	阅读公共服务水平	阅读公共服务普及度	13.阅读设施普及度	设立政府全民阅读促进机构/加强阅读公共服务财政经费投入/加强公共图书馆建设/社区阅览室建设/自助图书馆建设/扶持民间阅读机构发展，提高覆盖率
			14.农家书屋普及度	普及农家书屋建设与运营，提高建设标准和管理水平
			15.阅读活动普及度	加强各类阅读促进机构建设/基层阅读推广组织建设/开展各种类型全民阅读活动，增加活动数量/加强阅读活动宣传推广
			16.学校图书馆普及度	全面普及校园图书馆建设和图书更新
			17.购书点分布密度	扶持实体书店、书吧发展
		阅读公共服务利用度	18.公共阅读设施利用度	提高图书馆等公共阅读设施服务标准，提高吸引力和参与度，提高办证率和借阅率
			19.农家书屋利用度	提高农家书屋服务吸引力和参与度
			20.读书活动参与度	提高读书活动吸引力和参与度，加强宣传推广
			21.学校图书馆利用度	提高学校图书馆服务水平，提高吸引力和参与度
			22.阅读设施满意度	提高公共阅读设施开放时间和服务水平
			23.农家书屋服务满意度	提高农家书屋开放时间和服务水平
			24.阅读活动服务满意度	提高阅读活动服务水平
			25.学校图书馆服务满意度	提高学校图书馆开放时间和服务水平

二、指标体系实测

应用书香之省指标体系，我们在湖北和江苏两省进行了2013年至2015年连续三年的实测，反映湖北省和江苏省居民的阅读现状、阅读需求、阅读行为和阅读趋势，以及两省管理部门举办阅读活动的效果，为书香之省的发展提供决策依据和理论参考。

课题组与湖北省、江苏省新闻出版广电局合作在两省全省范围内开展调查。调查从2013年11月开始全面启动，到2016年3月至4月已经进行了三次，包含调查策划、调查实施以及问卷复核、数据录入和数据处理、数据加权、数据分析等工作。调查严格遵循国际通行的PPS多层不等概率抽样方法，采用电话调查和入户问卷调查方式，抽取家庭户进行采集数据。调查采用四套问卷，对四个年龄段（分别为0—8周岁、9—13周岁、14—17周岁和18周岁及以上）人群进行访问。

1. 样本描述

湖北省2013年、2014年、2015年最终回收有效样本分别为4583份、5424份和5527份。样本的具体情况如表6.2，以2015年为例，回收的有效样本中成年人样本为4602份，18周岁以下未成年人样本为925份，未成年人样本占到总样本量的16.7%；有效采集城镇样本4019份，农村样本1508份，农村样本占到总样本量的27.3%。样本回收后，根据第六次全国人口普查公报的数据对样本进行加权，经过加权可推及湖北省全体居民5350.56万人（见表6.2）。其他两年的样本构成情况如表6.2中的详细描述。

在江苏省的实测中，2013年共回收有效样本20113个，2014年19998个，2105年22947个。以2015年的实测为例，有效样本中成年人样本为17173份，18周岁以下未成年人样本为5774份，未成年人样本占到总样本量的25.2%；有效采集城镇样本17304份，农村样本5643份，农村样本占到总样本量的24.6%。样本回收后，根据第六次全国人口普查公报的数据对样本进行加权，经过加权可推及江苏省全体居民7182.97万人，其中农村居民2639.76万，占总推及人口的36.8%，未成年人推及1175.37万，占总推及人口的16.4%。

2013年至2015年执行地市的范围，湖北省为17个地市州，江苏省为13个地市。其中湖北省包括襄阳、黄石、武汉、随州、十堰、孝感、神农架、鄂州、荆州、仙桃、潜江、咸宁、宜昌、黄冈、天门、荆门和恩施，江苏省包括南京、苏州、常州、无锡、镇江、盐城、泰州、扬州、宿迁、南通、淮安、徐州和连云港市。

表 6.2 书香之省指标体系实测样本构成（湖北省、江苏省）

省份	年份	有效样本量（个）	成年人样本（个）	未成年人样本（个）	城镇样本（个）	可推及总体（万人）	调查范围（地/市/州）
湖北省	2013	4583	3808	775	——	5391.65	武汉、黄石、鄂州、仙桃、孝感、黄冈、潜江、宜昌、十堰、随州、荆门、天门、襄阳、荆州、咸宁、恩施、神农架等17个地市州
	2014	5424	4428	996	3949	5340.59	
	2015	5527	4602	925	4019	5350.56	
江苏省	2013	20113	14421	5692	14648	7193.49	南京、苏州、无锡、徐州、常州、盐城、镇江、扬州、淮安、泰州、南通、宿迁、连云港等13个地市
	2014	19998	14200	5798	14849	7069.14	
	2015	22947	17173	5774	17304	7182.97	

2. 实测结果

综合两省的实测结果，2015年湖北省居民书香之省总指标为66.17点，较2014年的65.05点和2013年的62.72点有所上升，并且，湖北省书香之省总指标高于全国平均水平，体现出湖北省的全民阅读工作成效。

2015年湖北省个人阅读指标为74.21点，公共阅读服务指标为58.75点，三年结果中居民阅读指标均比公共阅读服务指标对总指标贡献度高，这与全国的趋势一致（见表6.3）。

三年结果表明，湖北省的书香之省总指标呈现上升趋势，其中个人指标的上升幅度较大。湖北省书香之省总指标的三年移动平均值为64.65点，其中个人指标为71.60点，公共指标为58.22点，这个数字也高于全国的三年移动平均水平，并表现出不断上升的趋势（见表6.3）。

总体而言，湖北省的书香之省指标结果反映该省的阅读公共服务和个人阅读状况处于全国平均水平之上，并有明显的增长趋势，这种增长主要来源于个人阅读指标的显著增长。

表 6.3　湖北省书香之省指标测算结果（2013—2015 年）

	书香之省指标	2015 年	2014 年	2013 年	2013-2015 年三年移动平均值
湖北省	个人指标	74.21	70.08	70.51	71.60
	公共指标	58.75	60.40	55.52	58.22
	总指标	66.17	65.05	62.72	64.65
全国	总指标	63.72	64.56	59.46	62.58

　　江苏省的实测结果表明，2015 年江苏省书香之省指标为 77.51 点，比 2014 年的 73.19 点提高了 4.32 点。在二级指标中，江苏省居民"个人阅读指标"为 79.94 点，比 2014 年的 77.86 点提高了 2.08 点；"公共阅读服务指标"为 75.26 点，比 2014 年的 68.87 点提高了 6.39 点（见表 6.4）。

　　从三年结果来看，个人阅读指标两年来均比公共阅读服务指标对总指标贡献度高，与全国相比，江苏省的书香之省指标连续三年均高于全国平均水平，三年移动平均值（64.65 点）也高于全国水平（62.85 点）（见表 6.4）。

表 6.4　江苏省书香之省指标测算结果（2013—2015 年）

	书香指标	2015 年	2014 年	2013 年	2013—2015 年三年移动平均值
江苏省	个人指标	79.94	77.86	73.29	71.60
	公共指标	75.26	68.87	64.04	58.22
	总指标	77.51	73.19	68.48	64.65
全国	总指标	63.72	64.56	59.46	62.58

第二节　书香之县指标体系

　　从全国来看，书香之县建设已经有一些成功经验，例如，湖南省永兴县创建书香之县建设全县范围的免费休闲读书吧，江苏省吴江县实行企业、机关图书馆与县图书馆通借通还，江苏省泗阳县打造 15 分钟阅读圈等，这些先进经验既包含形式的创新，也有发展模式的创新，具有在全国推广的可能性。县级城市居民在阅读文化素养和教育水平上较一线城市可能有所差距，生活节奏慢于大型城市，在休闲时间上较大城市居民可能更加灵活，书香之县的创建，应当结合地县当地的条件和特点，因地制宜地推进阅读发展。

一、指标体系框架

从指标体系框架来看，书香之县与书香社会类似，但评价的地域范围有所减小，从县级层面出发进行评价。书香之县从县城居民的阅读水平和阅读公共服务水平两方面来评价县城的发展情况，居民阅读水平包含图书阅读与拥有量、综合阅读率、儿童早期阅读率以及阅读观念；阅读公共服务水平包含阅读公共服务普及度、阅读公共服务利用度和阅读公共服务满意度三个维度，共包含25项指标（见表6.5）。

表6.5 书香之县指标体系

一级指标	二级指标	三级指标	四级指标	备注（提升路径）
书香之县指标体系	居民阅读水平	图书阅读与拥有量	1. 图书阅读量	开展城市读书节活动/加强书香机关、书香企业、书香校园、书香社区、书香军营、书香乡镇建设/开展阅读推荐活动/发展各类阅读产业
			2. 人均购书量	开展购书券发放计划/发展网络书店
			3. 家庭藏书量	开展家庭书架/书香家庭建设
		综合阅读率	4. 图书阅读率	加强各类阅读设施图书配置水平，提高更新率/加强特殊人群与困难人群阅读关爱
			5. 报纸阅读率	加强城乡阅报栏/报刊亭建设
			6. 期刊阅读率	提高各类阅读场所期刊订阅率
			7. 网络在线阅读率	建设城市数字阅读公共服务平台/数字阅读内容平台/各类公共阅读设施数字阅读资源，提高服务水平与参与度
			8. 手机阅读率	建设城市移动阅读平台（微信公号、APP等）/建设数字阅读触摸屏
			9. 电子阅读器阅读率	加强公共阅读设施电子阅读器配置

（续表）

一级指标	二级指标	三级指标	四级指标	备注（提升路径）
书香之县指标体系	居民阅读水平	儿童早期阅读率	10.3周岁前儿童阅读率	开展亲子阅读工程/母婴书包发放计划/扶持各类绘本馆与儿童图书馆发展
		阅读观念	11.阅读重要性观念	加强阅读观念教育和阅读知识培训/建立阅读推广人队伍/开展社区妈妈读书会/发展民间读书会/学校阅读课
			12.阅读量自我评价	提高居民各类阅读服务水平，提高居民对阅读自我满意度
	阅读公共服务水平	阅读公共服务普及度	13.城区公共阅读服务普及度	设立政府全民阅读促进机构/加强阅读公共服务财政经费投入/加强公共图书馆建设/社区阅览室建设/自助图书馆建设/扶持民间阅读机构发展，提高覆盖率
			14.农家书屋普及度	普及农家书屋建设与运营，提高建设标准和管理水平
			15.读书活动普及度	加强各类阅读促进机构建设/基层阅读推广组织建设/开展各种类型全民阅读活动，增加活动数量/加强阅读活动宣传推广
			16.学校图书馆普及度	全面普及校园图书馆建设和图书更新
			17.购书点分布密度	扶持实体书店、书吧发展
		阅读公共服务利用度	18.城区公共阅读设施利用度	提高图书馆等公共阅读设施服务标准，提高吸引力和参与度，提高办证率和借阅率
			19.农家书屋利用度	提高农家书屋服务吸引力和参与度
			20.阅读活动参与度	提高读书活动吸引力和参与度，加强宣传推广
			21.学校图书馆利用度	提高学校图书馆服务水平，提高吸引力和参与度

（续表）

一级指标	二级指标	三级指标	四级指标	备注（提升路径）
书香之县指标体系	阅读公共服务水平	阅读公共服务满意度	22. 城区公共设施满意度	提高公共阅读设施开放时间和服务水平
			23. 农家书屋的满意度	提高农家书屋开放时间和服务水平
			24. 阅读活动满意度	提高阅读活动服务水平
			25. 学校图书馆的满意度	提高学校图书馆开放时间和服务水平

二、指标体系实测

根据书香之县的指标体系框架，课题组与湖南省永兴县合作进行了指标体系的创建和实测。永兴县以"全民阅读让永兴县更文明"为主题，在全县范围打造"免费休闲读书吧"模式，取得了一定成效。永兴县在全县分公众读书吧、县直单位读书吧、学校读书吧、乡镇机关读书吧、农村读书吧等五类，共建设了免费休闲读书吧500家，其中县城150家，乡村350家，实现了读书吧的全面覆盖。2014年10月4日，《人民日报》以"500多家免费书吧悄然涌现——书香永兴"为题，对永兴县以免费休闲读书吧为核心的全民阅读推广模式进行了头版头条的专题报道，免费休闲读书吧成为永兴城市文化名片，成为永兴在全国的一个重要阅读品牌。

在永兴县探索"书香之县"建设模式的基础上，课题组与永兴县合作应用书香之县指标体系进行实测。于2014年12月开始，课题组在永兴开展了首次永兴县居民阅读状况专项调查，通过数据测算，掌握永兴县居民阅读目前的总体水平，建立永兴县全民阅读综合指标及各分项指标，并将永兴全民阅读综合指标与全国阅读指标进行横向比较，形成永兴全民阅读指标在全国坐标系中所处的位置。在此基础上，课题组围绕永兴县如何充分利用和发挥免费休闲读书吧的作用，对创建全国全民阅读示范县提供全面的对策建议。

1. 样本描述

课题组与永兴县新闻出版广电局合作在全县范围内开展调查。调查从2013年11月开始全面启动，到2014年4月结束。调查严格遵循国际通行的 PPS 多层不等概率抽样方法，采用电话调查和入户问卷调查方式，抽取家庭户进行采集数据。调查采用四套问卷，对四个年龄段（分别为 0—8 周岁、9—13 周岁、14—17 周岁和 18 周岁及以上）人群进行访问。

永兴县 2014 年最终回收有效样本 350 份。其中成年人样本为 257 份，18 周岁以下未成年人样本为 93 份，未成年人样本占到总样本量的 27.6%；有效采集城镇样本 170 份，农村样本 180 份，农村样本占到总样本量的 51.4%。

2. 实测结果

书香之县指标体系的测评结果显示，2014 年，永兴县居民的居民阅读水平各项指标均高于 2014 年全体国民的平均水平。其中，四个年龄群体整体的纸质图书阅读量为 6.30 本，高于 2014 年全体国民的平均水平 5.38 本；14 周岁及以上群体的纸质图书阅读率为 60.1%，与全体国民的 60.0% 基本持平；14 周岁及以上群体的报纸阅读率为 55.6%，高于全体国民的 54.6%；14 周岁及以上群体的期刊阅读率和电子阅读器阅读率均较全体国民的平均水平高 10 个百分点以上；网络在线阅读率和手机阅读率较全体国民的平均水平高 20 个百分点以上。由此可见，在传统纸质出版物的阅读方面，永兴县居民的各项指标数值略高于全体国民平均水平，传统出版物的阅读普及度处于平稳上升的态势；在数字化阅读方面，各项指标的数值与全体国民的平均水平均拉开较大差距，说明数字化阅读方式在永兴县居民中具有较高的普及度（见表 6.6）。

表 6.6　2014 年永兴县书香之县指标体系测评结果

书香之县指标	2014 年全国	2014 年永兴县
1. 图书阅读量	5.38	6.30
2. 人均购书量	3.86	5.59
3. 家庭藏书量	42.68	81.91
4. 图书阅读率	60.0%	60.1%
5. 报纸阅读率	54.6%	55.6%
6. 期刊阅读率	40.9%	52.0%
7. 网络在线阅读率	50.8%	73.9%
8. 手机阅读率	52.9%	74.8%
9. 电子阅读器阅读率	5.6%	15.6%
10. 3 周岁前儿童阅读率	60.1%	28.7%

（续表）

书香之县指标	2014年全国	2014年永兴县
11.阅读重要性观念	79.70	82.51
12.阅读量自我评价	44.81	48.29
13.城区公共阅读服务普及度	46.2%	60.9%
14.农家书屋普及度	17.8%	48.9%
15.读书活动普及度	7.1%	12.2%
16.学校图书馆普及度	75.8%	87.8%
17.购书点分布密度	2.78	3.77
18.城区公共服务利用度	47.3%	19.0%
19.农家书屋利用度	8.4%	32.0%
20.阅读活动参与度	10.8%	17.7%
21.学校图书馆利用度	60.2%	75.8%
22.城区公共服务满意度	49.4%	83.4%
23.农家书屋的满意度	54.9%	72.4%
24.阅读活动满意度	65.5%	79.0%
25.学校图书馆的满意度	50.3%	65.1%

在此基础上，我们根据全民阅读示范县评估标准指标体系对永兴县的书香之县指标体系的各项指标通过无量纲化进行分析，形成书香之县总指标。2014年，永兴县书香之县总指标为68.79点，居民阅读水平指标为67.35点，公共阅读服务水平指标为70.12点。书香之县总指标与全国平均水平相比，高于2014年全国水平64.56点4.23点，其中个人阅读水平低于全国水平1.37点，阅读公共服务水平高于全国9.39点。

表6.7 永兴县与全国部分省市阅读指标对比

	一级指标	二级指标	
		个人阅读水平	阅读公共服务水平
2014年永兴县	68.79	67.35	70.12
2014年全国	64.56	68.72	60.73

永兴县以休闲书吧为载体的公共阅读服务设施普及度较高，因而在公共

阅读指标中取得了较好的成绩，但与此同时，永兴县在公共阅读服务方面下一步的工作重点应转移到提高阅读服务质量与居民的阅读效果上来，进一步加强对阅读内容的引导。在提高阅读服务质量方面，书吧在图书陈列方面要及时更新，还要根据不同书吧面向的不同人群提供个性化服务，在幼儿读者居多的书吧集中提供绘本等类型的读物，在女性读者居多的书吧集中提供服饰、养生等方面的出版物，让居民在随处有书可读的同时，也可根据不同书吧的特色满足其个性化的阅读需求，以提升居民的阅读效果。

第三节 书香校园指标体系

阅读能力被认为是教育最重要的组成部分，因而学校发展阅读，建设书香校园，在一定程度上是责任和义务。作为校园文化的组成部分，阅读发展应作为理念贯彻在学校教育之中。学校教育特别是义务教育阶段，通过最有效率的课堂教育方式，能够将知识在有效时间内高度集约化、效率化和组织化的灌输给学生，但教科书并非原生态的思想，一个人的精神发展如果离开了自主阅读，就不可能走得很远。

书香校园的发展目标一方面是促进学生阅读行为，鼓励学生养成阅读习惯，另一方面是提升学生的阅读能力，引导学生阅读能力的自我提升，这包含着学生的阅读习惯、兴趣和能力的培养，因而书香校园指标体系应当能够反映和促进书香校园的发展目标。目前书香校园建设还未发现一些特色模式，一般而言，书香校园的发展以学校、教师为主体，以教育方式提升学生的阅读水平。

书香校园指标体系反映学校的阅读基础设施和服务以及学生的阅读发展情况。其中学生阅读水平中包含学生的图书阅读与拥有量、学生的综合阅读率以及学生的阅读观念；校园阅读服务水平包含校园阅读服务普及度、校园阅读服务利用度和校园阅读服务满意度三个维度。并且，书香校园指标体系中纳入了阅读能力测试，这与受众是相对单一和整合的学生群体有关。阅读能力测试能够更为直观地反映学生的阅读问题和阅读障碍，便于针对性地提出对策和建议。我国目前对于学生阅读发展和阅读能力的测试还比较少，仅上海市的"国际学生评估项目"中涉及学生阅读能力测试的内容。在调查中加入阅读能力测试的内容，有助于更为精确的反映学生的阅读状况。

同时，在阅读公共服务的普及度、利用度和满意度方面，减少了农家书屋一项指标，并将公共阅读服务设施和阅读活动限定为校园内的阅读设施、阅读服务和阅读活动，最终，书香校园指标体系纳入了15项评价指标（见表6.8）。

表6.8 书香校园指标体系

一级评价指标	二级评价指标	三级评价指标	四级评价指标	备注（提升路径）
书香校园指标体系	学生阅读水平	图书阅读与拥有量	1.图书阅读量	开展校园读书节活动/加强书香校园建设
			2.人均购书量	参与城市购书券发放计划
			3.人均藏书量	开展学生书包计划/学生推荐书目建设
		综合阅读率	4.图书阅读率	加强校园阅读设施图书配置水平，提高更新率
			5.报纸阅读率	加强校园阅报栏建设
			6.期刊阅读率	提高校园图书馆期刊订阅率
			7.数字阅读率	建设校园数字阅读平台/加强学校图书馆数字阅读资源，提高参与度
			8.手机阅读率	充分利用城市移动阅读平台（微信公号、APP等）/建设校园数字阅读触摸屏
		阅读观念	9.阅读重要性认知	开展校园阅读观念教育和阅读知识培训
			10.阅读数量自我评价	提高学生阅读兴趣和阅读能力培养
			11.学生阅读能力评价	建立校园阅读推广人队伍/建设校园读书会

（续表）

一级评价指标	二级评价指标	三级评价指标	四级评价指标	备注（提升路径）
书香校园指标体系	校园阅读服务水平	校园阅读服务普及度	12.学校阅读设施普及度	加强校园图书馆和阅览室建设/自助图书馆建设/教室阅读角建设
			13.学校阅读活动普及度	加强学校阅读推广组织建设/开展各种类型校园阅读活动，增加活动数量/加强阅读活动宣传推广
			14.学校图书馆普及度	扶持校园实体书店、书吧发展
		校园阅读服务利用度	15.学校阅读设施利用度	提高校园图书馆服务标准，提高学校阅读设施吸引力和参与度，提高办证率和借阅率
			16.学校读书活动参与度	提高校园读书活动吸引力和参与度，加强宣传推广
		校园阅读服务满意度	17.学校阅读设施服务满意度	提高校园阅读设施服务水平
			18.学校阅读活动服务满意度	提高校园阅读活动服务水平

第四节 书香社区评价指标体系

书香社区是指通过在社区中建设阅读空间，提供相应的阅读服务，举办社区系列阅读活动等多种形式，使社区中更多的家庭和居民参与到阅读中来。社区居民往往在相对接近的范围内共同居住，社区的阅读服务和阅读活动应当覆盖每位社区成员，尽可能达到惠及社区成员的效果；并且，在相对小范围和邻里文化盛行的社区当中，书香社区建设更应当从阅读者角度出发，满足阅读者和参与者的个性化需求。

目前，一些社区创立了多样化的阅读发展模式，例如社区书屋、社区书友会、社区读书会和社区读书沙龙等。社区中的家庭、儿童、邻里共同参与阅读，邻里文化扩大了阅读活动参与基础。深圳市的原观澜办事处与深圳出版发行集团合作，在观澜体育活动中心建设"简·阅书吧观澜中心店"，通过政府主导支持、企业市场化运营，充分展示了公益性与经营性的相互促进，降低了政府的投入成本，实现了公共文化设施良性的可持续发展，有利改善了辖区文化配套环境。北京的书香望京社区建设面向儿童和家长的阅读需求，满足大城市的儿童阅读设施相对不足的需求。

书香社区指标是从社区居民的阅读水平和社区阅读公共服务水平两方面出发，以社区为范围考察社区成员的阅读水平，以及社区提供的阅读公共服务。它与书香社会指标体系有相似之处，但范围缩小到社区，因而社区公共服务方面从社区的阅读服务、社区阅读点、社区阅读活动、社区图书馆等方面考察。在阅读公共服务部分，书香社区指标体系也调整了农家书屋一项指标，将其删除，将阅读公共服务和阅读活动限定在社区之中。最终，书香社区指标体系纳入了19项分项指标（见表6.9）。

表 6.9　书香社区指标体系

一级评价指标	二级评价指标	三级评价指标	四级评价指标	备注（提升路径）
书香社区指标体系	社区居民阅读水平	图书阅读与拥有量	1. 图书阅读量	开展社区读书节活动/加强书香社区建设
			2. 人均购书量	参与城市购书券发放计划
			3. 家庭藏书量	开展家庭书架/书香家庭建设
		综合阅读率	4. 图书阅读率	加强各类阅读设施图书配置水平，提高更新率/加强特殊人群与困难人群阅读关爱
			5. 报纸阅读率	加强社区阅报栏/报刊亭建设
			6. 期刊阅读率	提高社区阅读场所期刊订阅率
			7. 网络在线阅读率	充分利用城市数字阅读公共服务平台/数字阅读内容平台/各类公共阅读设施数字阅读资源，提高参与度
			8. 手机阅读率	充分利用城市移动阅读平台（微信公号、APP等）/建设社区数字阅读触摸屏
			9. 电子阅读器阅读率	加强社区公共阅读设施电子阅读器配置
			10. 3周岁前阅读率	开展社区亲子阅读工程/参与母婴书包发放计划/扶持社区绘本馆发展

（续表）

一级评价指标	二级评价指标	三级评价指标	四级评价指标	备注（提升路径）
书香社区指标体系	社区居民阅读水平	阅读观念	11.阅读重要性观念	加强阅读观念教育和阅读知识培训/建立社区阅读推广人队伍/开展社区读书会
			12.阅读数量自我评价	提高居民各类阅读服务水平，提高居民自我满意度
	公共社区阅读服务水平	社区阅读公共服务普及度	13.社区阅读设施普及度	加强社区阅览室建设/自助图书馆建设/扶持社区阅读机构发展
			14.社区阅读活动普及度	加强社区阅读推广组织建设/开展各种类型社区阅读活动，增加活动数量/加强阅读活动宣传推广
			15.社区购书点认知度	扶持实体书店、书吧发展
		社区阅读公共服务利用度	16.社区阅读设施利用度	提高社区书屋服务标准，提高吸引力和参与度，提高办证率和借阅率
			17.社区读书活动参与度	提高社区读书活动吸引力和参与度，加强宣传推广
		社区阅读公共服务满意度	18.社区阅读设施服务满意度	提高社区公共阅读设施开放时间和服务水平
			19.社区阅读活动服务满意度	提高社区阅读活动服务水平

第五节　讨论

书香社会是一个多维度的立体化概念，沿着纵向行政结构的思路可以划分为书香之国、书香之省、书香之市、书香之县、书香之镇、书香之村，从横向视角又涵盖了书香家庭、书香社区、书香校园、书香企业、书香机关、书香军营，当然也包括书香个人。由于书香社会是一个多层次且复杂的概念，因而书香社会指标体系具有标准化、易获取、简洁化、适应性强等特点，能够应用于延伸的书香之省、书香之县、书香社区和书香校园分类指标体系。

书香社会指标体系表现出较好的弹性和延展性，经过调整，能够适应不同领域。在对具体指标进行增减后，可以应用于书香之省、书香之市、书香之县的创建指导。目前在书香之省、书香之县的实测当中，我们既发现阅读发展的创新形式，也发现了创新模式，这些先进经验值得在全国推广。通过对湖北省、江苏省书香之省，湖南省永兴县书香之县的分类指标体系实测结果的分析，我们看到一方面，阅读公共服务的提升和个人阅读质量的提高的联系需要印证。值得注意的是，相较于阅读基础设施，软性阅读服务、阅读活动质量越来越在居民阅读水平的提升当中起到更为显著的作用。

第七章　书香社会指标的提升与书香社会创建

书香社会指标的应用逐渐引起全社会对阅读发展的关注，各地区在应用指标体系评价阅读工作发展中不断寻找问题和短板，并且，形成了书香社会指标在不同地区的标准化比较。指标提升逐渐成为这些地区共同关注的内容，在实际工作中，如何提升书香社会指标的数值，展开行动进行书香社会的创建，成为本章的研究重点。本章从书香社会的实践工作出发，研究如何提升书香社会指标，创建书香社会。

从书香社会指标体系的实测情况看，我国全民阅读活动通过近年来各方力量的合力推动，已经取得了良好的社会效果。但从相关数据分析中仍可以看到诸多不足之处。比如，成年居民的纸质图书阅读率低于不少发达国家阅读水平（58.4%）；又如，许多被访者表示对自身的阅读状况不满意，身边缺乏必要的公共阅读设施等。同时，相较于英国、日本、欧美、以色列等国家的政府推动力度和效果而言，我国政府相关机构在助推全民阅读方面还有较大的提升空间。面对不足，政府和社会如何发现和采取有效措施应对，完成创建书香社会的宏大构想，需要首先对创建书香社会的影响因素进行分析；并且，与书香社会指标体系的评价功能联结，我们尝试阐释书香社会指标提升和创建的具体路径，目的是为全国各地建设书香社会提供具体的指引，提升书香社会的发展水平。

第一节　书香社会创建的影响因素

作为公共文化体系建设的重要组成部分，书香社会的建设受到经济、政治和社会等多重因素的影响；形成书香社会创建的具体指标，需要考虑这些影响因素中较为重要的因素，并根据地区特色进行调整。

一、基础设施建设和资源合理配置是书香社会创建的基础条件

图书馆、阅览室、文化馆、阅读平台、农家书屋、书店等基础设施是阅读氛围形成的主要载体，也是书香社会创建的基本条件。近年来，我国的公共图书馆在增加购置图书投入、扩大接待读者空间、开拓数字阅读及网络阅读等方面，取得了一定成绩。从现实情况来看，2010—2014年间我国公共图书馆机构数量分别为2884、2952、3076、3112、3117个，公共图书馆从业人员分别有53564、54475、54997、56320、56071人，公共图书馆总藏量分别达到617261.2、697186.1、788518.1、748960.5、790916.4千册。可以看到，我国图书馆已发展到一定规模，但近年来的发展速度较为缓慢，并且尚未表现出与我国经济发展形成显著的协同效应。

农家书屋是农村文化基础设施建设内容之一，农家书屋通过具体、直接的形式，为农村地区居民提供了重要的信息资源和精神食粮，成为我国书香社会建设补足短板、夯实基础，实现书香社会面向社会所有阶层的重要途径。农家书屋是一项由政府统一规划和组织实施的大型工程，属于书香农村基层建设的重要方面。农家书屋建立在行政村建立，由农民自己管理，是提供农民实用的书报刊和音像电子产品阅读视听条件的公益性文化服务设施。农家书屋建设取得很大成绩，但总体而言，农村阅读基础设施建设相较于城市仍有较大距离，并且，农家书屋在后续可持续的运营当中，仍然面临着许多问题。

资金支持一般来源于政府的财政资金和社会的民间资金。政府的财政资金支出在书香社会创建中可以发挥引导和调节作用，针对构建书香社会的具体目标，通过合理匹配资金进入不同渠道，实现对具有基础性作用资源和要素的购买。财政资金除了能够为书香社会铺设很好的发展条件之外，也可以引导创建方向，动员对于书香社会构建有很强作用的各种社会支出，产生较好的汇聚效应，获得更好的社会效益。一般来说，在市场经济条件下，财政资金可以覆盖社会投资的三大主要类别，从竞争性项目、基础性项目和公益性项目中发现政策着力点，实现对书香社会构建的支持和引导。

阅读产业资金作为社会资金，在合理的激励引导机制下可以发挥出财政资金不可比拟的巨大优势。民营经济参与阅读产业的广度和深度是书香社会构建

能否取得全局性成果的基本因素，可以说，民营经济中阅读产业资金的大量投入，是调动社会力量实现书香社会构建的最重要力量。一般来讲，社会上参与阅读产业的民间资金有两类，一类是阅读产业企业的投资，另一类是社会金融资本对阅读产业的投资，两者通过不同的驱动机制对书香社会的构建产生影响。

二、阅读文化发展是书香社会创建的内驱力

文化环境对于书香社会建设具有隐性的内驱力，既是推动书香社会建设不可或缺的重要动力，也是书香社会建设的基本目标和成果。构建书香社会的过程也是积淀阅读文化氛围的同一过程，两者是互相影响、互相作用的一体两面。对于一个地区，浓厚的阅读文化意味着该地域书香社会的强大软实力，同时，打造好的阅读文化氛围也能够为提高本地书香社会发展水平起到推动作用。事实上，阅读文化具有明显的层次性和群体性，一个地区的阅读文化建设包括从幼儿园、小学、中学、大学乃至社会整体不同层面、不同人群的软环境建设，是一个复杂多元的系统工程，可以对书香社会的构建产生不同的影响。

相比阅读文化建设，社会文化建设是在更大范围内塑造书香社会的文化软环境。随着社会发展，文化的、信息的、知识的乃至心理的因素越来越重要，甚至起着决定性作用，文化开始进入市场，进入产业，文化中渗透着经济的和商品的因素，使文化具有经济力，从而成为国民经济的重要因素，其对书香社会的影响也是非常明显的。社会文化包括学习文化、休闲文化、诚信文化、民主文化等方面，这些不同的文化共同构成了一个地区的整体文化环境，在良好的文化环境中，好的事物往往可以获得更好的发展，不好的事物则会受到文化环境的遏制，打造良好的社会文化环境是书香社会构建的重要基础条件。

三、阅读立法是书香社会创建的有力保障

政策和立法是书香社会创建的有效推动力，阅读立法和法规对于引起政府和全社会对于阅读的重视有重要作用，把促进书香社会发展的成熟做法上升为法规和制度，对于加快书香社会法治建设、建立巩固书香社会发展的长效机制具有示范意义，也有助于在书香社会的发展过程中积累制度经验。

为促进全民阅读的发展实施立法和制定政策是众多文化发达国家将阅读提升为国家意志的重要措施。例如，韩国自1963年即颁布了《图书馆法》，

1991年颁布《图书馆振兴法》，1994年颁布《图书馆及读书振兴法》，后经1999、2003年两次修订成为《阅读文化振兴法》，这些法律法规促进了韩国阅读文化的持续发展。日本2001年制定了《少年儿童读书活动推进法》，2005年通过了《文字及印刷品文化振兴法》，促进了文字书写和印刷出版物的发展。1998年美国制定了《卓越阅读法案》，2002年制定了《不让一个孩子掉队法案》。1992年法国制定了《有关地方政府促进公众阅读和为电影院提供优惠的法律》，将阅读作为教育和文化发展的主轴。通过立法，能够为阅读事业发展在经费、管理方面提供保障和支持。

目前，我国阅读立法的基础环境正在建立。2013年3月，我国全民阅读立法工作正式启动，列入国务院法制办立法规划项目。2016年2月，《全民阅读促进条例》（征求意见稿）（下文简称《条例》）向社会公布。另外两部与全民阅读紧密相关的法律文本于2015年公开征求意见，分别是《公共文化服务保障法草案》和《中华人民共和国公共图书馆法》（征求意见稿），这两部法律在立法过程中都反复征求了众多相关部门的意见，与《全民阅读条例》共同构成书香社会发展的法律环境。

近年来，地方阅读政策也实现了突破，《江苏省人民代表大会常务委员会关于促进全民阅读的决定》（2014）、《湖北省全民阅读促进办法》（2014）、《辽宁省人民代表大会常务委员会关于促进全民阅读的决定》（2015）、《深圳经济特区全民阅读促进条例》（2015）是地方阅读立法的有益尝试。这四部政策法规各具特色，与《条例》一脉相承，思路一致：坚持均等普惠、儿童优先、重点群体保障、政府主导、社会参与的原则，从阅读内容、设施建设、服务推广等方面全方位保障公民阅读权利。

四、阅读多样化发展是书香社会创建的必然选择

在书香社会创建中探索多样化的阅读发展模式，有助于发动社会力量，吸引更多人参与到阅读中来。目前多种阅读发展模式已经出现，例如张家港市广泛推行的自助图书馆驿站，具有易于建设、成本低廉、方便设点、全天候开放等传统图书馆不具备的优势，实现了公共服务的社区覆盖性和便利性。书籍由图书馆统一配送，每月在不同驿站之间轮换，既保证了图书的定期更新，又节省了资金。常州市银行在营业大厅新设图书角，号召支行全体员工捐赠

图书,联系市图书馆配送部分图书,银行客户在等待时能够免费借阅图书,并鼓励客户捐赠图书,图书在客户群中不断流转,大大提高了银行客户的阅读参与和体验感受。北京市在地铁中展开的图书漂流活动,读书者将读完的书放在公共场所,捡获这本书的人可取走阅读,读完后再将其放回公共场所,继续漂流,供下一位爱书人阅读。这种方式既没有借书证,又不需付押金,也没有借阅期限,方法简单却达到了较好的宣传效果。

类似或不同的阅读发展模式还有很多,总体而言,这些阅读发展模式有的是基于政府—私人伙伴式合作关系(Public-Private Partnership,PPP),有的是基于公益慈善组织运作模式,有的则是完全市场化的商业模式,随着时代发展,具有全新理念和运作方式的阅读推广模式,将更好地服务于我国不同领域和地区的书香社会建设。

五、社会化阅读和数字阅读是书香社会创建的发展趋势

社会化阅读的核心词是社会化。社会化一是指社会对个体教化的过程,二是与其他社会成员互动成为社会人的过程。简言之,即人通过与社会环境、社会成员的相互作用、相互影响而产生的互动来获取知识、自我认知和人格完善。社会化强调的核心是互动,因而社会化阅读也应围绕着互动而展开。内容由互动而来,传播因互动而行,在个体与个体、个体与群体、群体与群体之间形成多层次互动阅读,这就构成了社会化阅读的基本内涵。

社会化阅读模式是以读者为核心,强调分享、互动、传播的全新阅读模式,在传统以书为核心,强调内容本身的阅读模式背景下,社会化阅读模式更加注重人、注重基于阅读的社交,倡导共同创造 UGC、共同传播和共同盈利,在多方位的互动基础上(读者与读者、读者与作者等),实现阅读价值的扩大和阅读效果的提升。克莱·舍基(Clay Shirky)在此基础上提出了一个新概念:"认知盈余"(Cognitive Surplus),其核心主题是,随着在线工具促进了更多的协作,人们学会更加建设性地利用自由时间来从事创造性活动而不仅仅是消费。分享、对话、协作、人人参与,构成了认知盈余的基础,也构成了新的信息化生产与生活模式。舍基提出,人们正经历一个乐于创造和分享的年代,技术使创造和分享变成可能,我们将看到一个人人参与的新时代。

数字阅读也反映了书香社会的发展趋势,国人的数字阅读习惯正在养成。

互联网的诞生与发展对传统阅读与出版的冲击是显而易见的，数字出版的趋势已经非常清晰，数字阅读具有成本低、便捷、高效等特点。2012年至2013年，是数字阅读发生剧烈变化的一年，移动互联网出现井喷式爆发，传统PC电脑的销售开始在一些地区出现历史少见的下降，手机、平板电脑、数字电视等迅猛发展，云计算基础下的多屏共读成为现实，数字阅读呈现出全民化的趋势。近年来，移动互联网以及手机、pad等移动终端的发展与普及，满足了人们在移动环境中对内容的需求，随时随地生产与消费内容，也正在成为读者的一种阅读习惯。

以APP客户端、二维码等为代表的新型数字传媒入口发展迅猛，使门户、搜索引擎的作用在弱化。微博、微信异军突起，两者推动下的碎片化阅读、社交化阅读获得进一步大发展，微阅读进一步流行和泛滥。传统大众媒体进一步退位，阅读渠道和阅读内容继续被改写。例如，UGC即用户创造内容的维基模式进一步扩展，改写了传播阅读内容生产模式；以Self publish、自媒体为代表的新型媒体内容生产和传播模式正在成为新的主流。从2008年开始，美国自助出版的图书品种就超过了传统出版社出版的图书品种。可以看到，以往我们在讨论数字阅读与纸质阅读的时候，花了很大精力在讨论深阅读与浅阅读，经典阅读与娱乐化阅读，但是随着碎片化、微阅读的进一步扩散，这些讨论都越来越失去了基础。

第二节　书香社会创建的具体路径

在对书香社会评价体系及影响因素理解的基础上，我们提出了书香社会创建的具体路径。由于基于书香社会评价指标体系下的各项指标提升路径相对比较分散，有些指标的提升路径存在重复和交叉，有些提升路径又存在缺失。因此，我们对书香社会评价指标的提升路径进行了重新整合，提出了书香社会的创建路径体系，并根据相关政策法规，对各项有明确规定的创建指标和标准进行了系统整理。

书香社会创建的具体路径及标准由三大方面构成，包括阅读设施建设、阅读资源配置、阅读环境营造，遵照了建设阅读设施——配置阅读资源——营造阅读环境的逻辑思考步骤，从而对创建路径各细分环节有较好的划分度，避免了内容的重叠。其中建设阅读设施和配置阅读资源方面有很多具有较为明确的国家标准,而阅读环境营造方面,更多的是软性指标。

一、书香社会创建路径及创建标准

书香社会创建路径及创建标准既包含国家规定标准,例如阅读设施建设标准,多为约束公共阅读设施设置,因而国家有明确的规定;也包含一些软性内容,例如阅读环境营造,在创建书香社会过程中我们不建议进行硬性约束。同时,在4个一级体系下,也有可能衍生出更多的二级或三级环节,这表明本创建体系属于参考性而非规定性体系,有较好的弹性。以下分别对这些维度和具体内容进行了说明(见表7.1)。

表7.1 书香社会创建路径及建设标准

一级路径	二级路径	三级路径	说明
1 书香社会设施建设	1.1 图书馆建设标准	1.1.1 公共图书馆建设指针[①]	①千人面积:9.5—23m²/千人 ②建筑面积:800—38000m² ③千人阅览室座位:0.6—1.3座/千人 ④图书总藏量:4.5—600万册、件 ⑤人均藏书量:0.6—1.2册、件/人 ⑥是否免费开放:免费
		1.1.2 学校图书馆建设指针[②]	①小学图书馆藏书量15—30本/生,每年新增图书比例应不少于藏书标准的1%。 ②中学图书馆中,初中图书馆藏书量25—40本/生,高中图书馆人均藏书量35本—50本,完全高中藏书量30—45本/生。每年新增图书比例应不少于藏书标准的1%。 ③高等学校图书馆有独立馆舍,建筑面积合格为2.0平方米/生。本科学校图书馆藏书量70—100册/生,高职学校图书馆藏书量50—80册/生,年进书量2—3册/生为合格。高等学校图书馆在学校教学时间内开馆每周应不低于90小时,假期应有必要的开放时间,有条件的学校可以根据实际需要全天开放;网上资源的服务应做到全天24小时开放。

[①] 该指标设置参见文化部《公共图书馆评估指标》、《全国公共图书馆事业发展"十二五"规划》和《文化部 财政部关于推进全国美术馆、公共图书馆、文化馆(站)免费开放工作意见》。

[②] 该指标设置参见教育部《中小学图书馆(室)规程要求》、《普通高等学校图书馆规程》、《普通高等学校图书馆评估指标(征求意见稿)》和《普通高等学校基本办学条件指标》。

（续表）

一级路径	二级路径	三级路径	说明
1 书香社会设施建设	1.2 基层阅读设施建设标准①	1.2.1 农家（社区）书屋建设	每个农家书屋按照2万元标准建设，配备图书不少于1500册，品种不少于1200种，报刊不少于20种，电子音像制品不少于100种（张）。
		1.2.2 城乡阅报栏（屏）建设工程	在车站、商场、广场、小区、学校、医院等人流密集地点新增建设一批阅报栏（屏）和全民阅读数字触摸屏，完善数字阅读屏维护更新机制。
		1.2.3 机关、事业单位阅读活动室	机关、事业单位的图书室一般依托职工活动室建立，在规定上要涉及开放时间、开放对象、使用纪律、日常维护等基本内容。
	1.3 数字阅读设施建设标准②	1.3.1 公共电子阅览室建设指针	按照面积不少于40平方米、终端计算机不少于10台、局域网存储空间不少于1TB、互联网出口带宽不低于2M的标准，建设规范的乡镇、街道（小区）级公共电子阅览室。
		1.3.2 文化共享工程建设指针	文化共享工程乡镇、街道、小区基层点的计算机配置分别为4台、7台、3台。
		1.3.3 数字图书馆推广工程	①构建覆盖全国公共图书馆的数字图书馆虚拟网。②建设分级分布式数字资源库群，实现数字资源无障碍共建共享。
2 书香社会资源配置	2.1 公共图书馆资源配置标准③	2.1.1 全国公共图书馆覆盖率	地市、县级以上公共图书馆覆盖率达到100%。
		2.1.2 全国公共图书馆藏书量	①2015年全国人均藏书量达到0.7本/人，其中东部地区人均1.0本，中部地区人均0.5本，西部地区人均0.5本。②2015年全国人均新增藏书量达到0.05本/人。
		2.1.3 全国公共图书馆购书经费	2015年全国人均公共图书馆购书经费达到1.65元/人。
		2.1.4 全国图书馆免费开放率	全国公共图书馆免费开放率达100%。

① 该指标设置参见《文化部"十二五"时期公共文化服务体系建设实施纲要》。
② 该指标设置参见文化部《"十二五"时期公共文化服务体系建设实施纲要》以及文化部、财政部《公共电子阅览室建设计划实施方案》。
③ 该指标设置参见文化部《全国公共图书馆事业发展"十二五"规划》。

一等奖
书香社会指标体系研究

（续表）

一级路径	二级路径	三级路径	说明
2 书香社会资源配置	2.1 公共图书馆资源配置标准	2.1.5 文化部公共图书馆达标率	文化部公共图书馆评估定级达标率，县级以上达标率达到60%。
	2.2 基层阅读资源配置标准①	2.2.1 农家书屋资源配置	①行政村覆盖率达100% ②中央财政共安排专项资金58.56亿元，按照每个书屋2万元的标准，分别对中部地区补助50%，对西部地区补助80%，对东部地区按照10%给予资金奖励。
		2.2.2 城乡阅报栏（屏）建设工程	在车站、商场、广场、小区、学校、医院等人流密集地点新增建设一批阅报栏（屏）和全民阅读数字触摸屏。
	2.3 数字阅读资源配置标准②	2.3.1 文化信息资源共享工程	公共文化数字资源基础库群资源总量达到530TB，发展完善覆盖城乡的服务网络，到2015年末达到基层服务点100万个，入户覆盖全国50%以上的家庭；2010—2015年期间，培训农村实用人才和进城务工人员1000万人次。
		2.3.2 数字图书馆	①2015年末，100%覆盖全国文化信息资源共享工程各级中心和基层服务点。 ②2015年末，数字图书馆建设总量达10PB的数字资源（其中国家图书馆数字资源总量达到1000TB，每个省级数位图书馆数字资源量达100TB，每个市级数位图书馆数字资源量达30TB，每个县级数位图书馆数字资源量达4TB，服务覆盖3000万有线电视用户、7亿手机用户。
		2.3.3 公共电子阅览室	①2015年末，实现各级公共图书馆，文化共享工程乡镇、街道、小区基层服务点基本建有公共电子阅览室，覆盖率趋近100%。 ②中央财政对中、西部地区公共电子阅览室补充设备所需经费分别负担50%、80%，对东部地区给予适当奖励。

① 该指标设置参见农家书屋项目和新闻出版广电总局《全民阅读"十三五"时期发展规划》。
② 该指标设置参见文化部《全国公共图书馆事业发展"十二五"规划》。

（续表）

一级路径	二级路径	三级路径	说明
2 书香社会资源配置	2.4 其他阅读资源配置标准①	2.4.1 阅读活动	①到2020年，所有省（自治区、直辖市）、计划单列市、地级市都有品牌活动，80%以上的县（区）有品牌活动。
		2.4.2 重点群体阅读资源配置	对于残障人士、农村人口等重点阅读群体分配阅读资源，如重点群体阅读促进工程。
3 书香社会环境营造	3.1 多样化阅读发展模式标准	3.1.1 社会化阅读模式	社区自助图书馆、社区阅读活动场所设置、阅读新空间建设、提高阅读空间配置率。
		3.1.2 市场化阅读模式	①促进阅读产业，发展分众阅读市场 ②推进阅读产业模式的开发，如书香地产
		3.1.3 专业化阅读组织建设	阅读专家委员会、阅读研究机构和智库建设
	3.2 阅读活动建设标准	3.2.1 阅读活动"七进"	全民阅读进农村、进社区、进家庭、进学校、进机关、进企业、进军营
		3.2.2 品牌化/精品化阅读活动②	①开发精品阅读活动 ②开展主题读书活动 ③开展专业化阅读活动
		3.2.3 数字阅读活动	多种形式的数字阅读推广和体验活动，例如"书香中国e阅读"推广工程。
		3.2.4 行业展会	书博会、书展、书市
	3.3 阅读推广活动标准③	3.3.1 阅读推广师/阅读推广人	提高持证阅读推广师的比例，增加优秀阅读推广人的数量
		3.3.2 阅读推荐计划	"十三五"推荐3000家"书香之家"、500个"书香之村(小区)"、200个"书香之乡(镇、街道)"、1000个"书香企业"、500个"书香机关"。
		3.3.3 阅读推广机构和协会	建立阅读推广机构，成立全面阅读促进协会
		3.3.4 新媒体/数字媒体/社交方式阅读推广	发展数字阅读推广项目：以政府购买服务的方式，定期向全国进城务工人员、边疆民族地区手机用户推送推荐的阅读资源等。2016年覆盖人群1000万人，到2020年覆盖5000万人。

① 该指标设置参见《文化部"十二五"时期公共文化服务体系建设实施纲要》和新闻出版广电总局《全民阅读"十三五"时期发展规划》。
② 该指标设置参考国家新闻出版广电总局《全民阅读"十三五"时期发展规划》。
③ 该指标设置参考国家新闻出版广电总局《全民阅读"十三五"时期发展规划》。

（续表）

一级路径	二级路径	三级路径	说明
3 书香社会环境营造	3.4 媒介宣传标准[1]	3.4.1 大众传媒阅读信息覆盖率	提高电视、报纸等传统媒体和新媒体的阅读信息覆盖率
	3.4 媒介宣传标准	3.4.2 重点/精品阅读宣传项目	打造系列重点/精品阅读宣传项目 建立分众宣传机制，针对不同读者群体宣传
		3.4.3 新媒体阅读宣传	社交媒体中的阅读宣传
	3.5 阅读激励机制标准	3.5.1 阅读先进典型	对于阅读先进典型实施奖励，包括阅读优秀个人、优秀出版物等方面
		3.5.2 实体书店的税收优惠政策	对实体书店实施扶持

二、书香社会阅读基础设施建设内容及建设标准

一般来说，对于由财政支出建设的公共阅读设施，例如公共图书馆、农家书屋、公共电子阅览室等，在建设标准上有较为明确的规定。非政府出资的阅读设施，如来源于市场和社会的阅读设施则相对灵活，不必遵循统一的建设标准和规定。书香社会阅读基础设施建设内容包含了图书馆建设、基层阅读设施建设、数字阅读设施建设和其他阅读设施建设四个方面。以下对公共图书馆、农家书屋和公共电子阅览室的建设标准进行详细说明。

表 7.2　维度一：书香社会创建的设施建设标准

一级路径	二级路径	三级路径	说明
1 书香社会设施建设	1.1 图书馆建设标准	1.1.1 公共图书馆建设指针[2]	①千人面积：9.5—23m²/千人 ②建筑面积：800—38000m² ③千人阅览室座位：0.6—1.3座/千人 ④图书总藏量：4.5—600万册、件 ⑤人均藏书量：0.6—1.2册、件/人 ⑥是否免费开放：免费

---

[1] 该指标设置参考国家新闻出版广电总局《全民阅读"十三五"时期发展规划》。
[2] 该指标设置参见文化部《公共图书馆评估指标》、《全国公共图书馆事业发展"十二五"规划》和《文化部 财政部关于推进全国美术馆、公共图书馆、文化馆（站）免费开放工作意见》。

（续表）

一级路径	二级路径	三级路径	说明
1 书香社会设施建设	1.1 图书馆建设标准	1.1.2 学校图书馆建设指针①	①小学图书馆藏书量15—30本/生，每年新增图书比例应不少于藏书标准的1%。 ②中学图书馆中，初中图书馆藏书量25—40本/生，高中图书馆人均藏书量35本—50本，完全高中藏书量30—45本/生。每年新增图书比例应不少于藏书标准的1%。 ③高等学校图书馆有独立馆舍，建筑面积合格为2.0平方米/生。本科学校图书馆藏书量70—100册/生，高职学校图书馆藏书量50—80册/生，年进量2—3册/生为合格。 高等学校图书馆在学校教学时间内开馆每周应不低于90小时，假期应有必要的开放时间，有条件的学校可以根据实际需要全天开放；网上资源的服务应做到全天24小时开放。
	1.2 基层阅读设施建设标准②	1.2.1 农家（社区）书屋建设	每个农家书屋按照2万元标准建设，配备图书不少于1500册，品种不少于1200种，报刊不少于20种，电子音像制品不少于100种（张）。
		1.2.2 城乡阅报栏（屏）建设工程	在车站、商场、广场、小区、学校、医院等人流密集地点新增建设一批阅报栏（屏）和全民阅读数字触摸屏，完善数字阅读屏维护更新机制。
		1.2.3 机关、事业单位阅读活动室	机关、事业单位的图书室一般依托职工活动室建立，在规定上要涉及开放时间、开放对象、使用纪律、日常维护等基本内容。

① 该指标设置参见教育部《中小学图书馆（室）规程要求》、《普通高等学校图书馆规程》、《普通高等学校图书馆评估指标（征求意见稿）》和《普通高等学校基本办学条件指标》。
② 该指标设置参见《文化部"十二五"时期公共文化服务体系建设实施纲要》。

（续表）

一级路径	二级路径	三级路径	说明
1 书香社会设施建设	1.3 数字阅读设施建设标准[①]	1.3.1 公共电子阅览室建设指针	按照面积不少于40平方米、终端计算机不少于10台、局域网存储空间不少于1TB、互联网出口带宽不低于2M的标准，建设规范的乡镇、街道（小区）级公共电子阅览室。
		1.3.2 文化共享工程建设指针	文化共享工程乡镇、街道、小区基层点的计算机配置分别为4台、7台、3台。
		1.3.3 数字图书馆推广工程	①构建覆盖全国公共图书馆的数字图书馆虚拟网。②建设分级分布式数字资源库群，实现数字资源无障碍共建共享。

1. 公共图书馆

公共图书馆是由国家中央或地方政府管理、资助和支持，免费为社会公众服务的图书馆。我国的公共图书馆大部分是在省，市，县，乡等地域划分的基础上由政府投资建立的，有国家图书馆、省级图书馆、市级图书馆、县级图书馆、城市图书馆、教会图书馆、中小学图书馆、音乐图书馆、青年图书馆、医院图书馆、监狱图书馆、工具书图书馆、盲人图书馆、军队图书馆等。

公共图书馆的建设标准应参照2008年提出的《公共图书馆建设标准》执行，总建筑面积以及相应的总藏书量、总阅览座位数量见表7.2。对于服务人口数量在150—1000万人的大型图书馆，建筑面积应在2万至6万平方米，座位数在1200—3000个，藏书量在135—600万册。而对于服务人口数量在20—100万人的中型图书馆，建筑面积应当在4500—20000平方米，座位数在240—1200个，藏书量在24—135万册。

公共图书馆建筑面积首先应依据服务人口数量确定相应的藏书量、阅览座位和建筑面积指标，其次应综合考虑服务功能、文献资源的数量与品种和当地经济发展水平等因素，在一定的幅度内加以调整。例如，可以根据服务功能调整，是指省、地两级具有中心图书馆功能的公共图书馆增加满足功能需要的用房面积。主要包括增加配送中心、辅导、协调和信息处理、中心机

[①] 该指标设置参见《文化部"十二五"时期公共文化服务体系建设实施纲要》以及文化部、财政部《公共电子阅览室建设计划实施方案》。

房（主机房、服务器）、计算机网络管理与维护等用房的面积。也可以根据文献资源的数量与品种调整。具体而言面积调整的方法有三种，但总建筑面积调整幅度应控制在±20%以内。

（1）根据藏书量调整建筑面积=（设计藏书量－藏书量指标）÷每平方米藏书量标准÷使用面积系数。

（2）根据阅览座位数量调整建筑面积=（设计藏书量－藏书量指标）÷1000册/座位×每个阅览坐席所占面积指标÷使用面积系数

（3）根据当地经济发展水平调整总建筑面积，主要采取调整人均藏书量指标以及相应的千人阅览座位指标的方法。调整后的人均藏书量不应低于0.6册（5万人口以下的，人均藏书量不应少于1册）。

表7.3 公共图书馆总建筑面积以及相应的总藏书量、总阅览座位数量控制指标

规模	服务人口（万）	建筑面积 千人面积指标（m2/千人）	建筑面积控制指标（m2）	藏书量 人均藏书（册、件/人）	藏书量 总藏量（万册、件）	阅览室座位 千人阅览座位（座/千人）	阅览室座位 总阅览座位（座）
大型	400–1000	9.5–6	38000–60000	0.8–0.6	320–600	0.6–0.3	2400–3000
大型	150–400	13.3–9.5	20000–38000	0.9–0.8	135–320	0.8–0.6	1200–2400
中型	100–150	13.5–13.3	13500–20000	0.9	90–135	0.9–0.8	900–1200
中型	50–100	15–13.5	7500–13500	0.9	45–90	0.9	450–900
中型	20–50	22.5–15	4500–7500	1.2–0.9	24–45	1.2–0.9	240–450
小型	10–20	23–22.5	2300–4500	1.2	12–24	1.3–1.2	130–240
小型	3–10	27–23	800–2300	1.5–1.2	4.5–12	2.0–1.3	60–130

《公共图书馆建设标准》对藏书区设置、借阅区设置、咨询服务区设置、公共活动与辅助服务区设置等均有明确规定。对于少儿图书馆的建设也有所规定：少年儿童图书馆的建筑面积，包括在按服务人口确定的公共图书馆总建筑面积指标之内。符合建设大、中型公共图书馆的地区，可以分别建设独立的公共图书馆和专门的少年儿童图书馆，也可以二者合并建设。符合建设小型公共图书馆的地区，二者应合并建设，不宜建设独立的少年儿童图书馆。建设独立的少年儿童图书馆，其建设规模、项目构成、总建筑面积和分项面积等指标，需要执行公共图书馆建设标准的有关规定。

2. 农家书屋

农家书屋工程对农家书屋的建设标准规定如下：

（1）场地选择。在行政村村级组织办公活动场所内设立的农家书屋，有条件的应单设一间，面积不少于20平方米，用于存放、阅览。如村部用房紧张，亦可考虑建在村内企业、学校等。

（2）硬件配套。配齐书橱、报刊架、阅览桌椅等基本设施。其中配置的标准书柜不少于6个，报刊架2个，有条件的可配置电脑、电视机、影碟机等设备。

（3）出版物配置。可供借阅的实用图书不少于1500册（500种，其中科技类图书不少于30%）、报纸期刊不少于10种、电子音像制品不少于100种，有条件的可增配一定数量的网络出版物，书屋应配备消防器材或简易消防设施。

（4）书屋管理。建立完善相关管理制度，农家书屋应在书屋门口醒目位置悬挂农家书屋标牌。各村要统一制作四个公开标牌，即：开放时间公开、管理员姓名公开、管理员联系电话公开、监督电话公开，并悬挂在书屋门口醒目位置；书屋内必须统一悬挂农家书屋三项制度，即：《农家书屋管理员制度》《农家书屋图书借阅制度》和《农家书屋管理制度》，并张贴与读者有关的字、画和文化宣传品，营造读书氛围；图书要进行编目上架，做到分类明确，标识醒目。

3. 公共电子阅览室

公共电子阅览室计划是由文化部和财政部联合实行的一项惠民计划，通过实施"公共电子阅览室建设计划"，建设免费、绿色、安全的公益性上网场所，以优秀的文化信息资源吸引未成年人及广大社会公众参与积极、健康的网络文化活动。对于公共电子阅览室必备的设施条件，按照文化部制定印发的《公共电子阅览室设备配置标准(试行)》执行，配备统一标准的信息安全管理软件，以建设一批标准、规范的公共电子阅览室（见表7.4），选配项在此不作说明。

表 7.4　公共电子阅览室设备配置标准（必配项）

序号	用途	设备名称	配置及相关标准	单位	数量	推荐使用条件	备注
1	信号接入	网络	互联网络或专网，带宽不低于2M	条	1		
		电视信号	电视电缆接口入室	条	1	没有有线信号的地区可以使用卫星电视信号接入。	电视信号应能够接收到包括中央1台等的20套以上电视节目内容。
2	资源管理	PC服务器	1个Intel Xeon E3-1230或AMD Opteron 1389四核处理器，2G ECC DDR3内存，SATA硬盘1TB，支持RAID5，双千M网卡，支持远程管理，配操作系统及备份软件，原厂商3年以上免费现场质保。	台	1	如果采用NAS设备，则可以降低硬盘容量，或采用高端PC机。	
3	资源展示	大屏幕电视机	52英寸以上大屏幕电视，HDMI输入1组，可视比例16:9、4:3，制式PAL/NTSC/SECAM。	台	1	在不使用移动播放器的地区，建议使用可识别和播放移动硬盘的电视机。	
		投影机	DLP显示，标准显示分辨率1024×768，对比度2000:1，光亮度不低于3000流明，投影灯泡寿命不小于3000小时，配100英寸以上幕布。	台	1	可用于移动播放环境	
3	资源展示	终端计算机	Intel i5-2400 或 AMD X6 1100T处理器，内存2G，硬盘容量500GB，光驱类型：DVD-ROM，17英寸以上液晶显示器，配操作系统，具备系统还原功能，原厂商3年以上免费现场质保。	台	≥10	根据公共电子阅览室服务要求，PC机最低数量不应少于10台（在原有配置基础上增加6台）。建议具备主动管理或同等远程管理技术。	

（续表）

序号	用途	设备名称	配置及相关标准	单位	数量	推荐使用条件	备注
3	资源展示	音箱	2.0声道以上音箱，有源，输出功率：150W，信噪比：≥80dB	套	1		
		DVD	兼容可播放盘片DVD/DVD-R/DVD-RW/SVCD/VCD/CD/CD-R/CD-RW/DVD+R/DVD+RW/DVD-R DL，防尘、防震、纠错能力强。	套	1		
4	网络连接	网络设备	支持802.11 b/g，支持至少一个三层以太网接口，12个以上二层以太网接口。支持VPN，支持DHCP Server/client，支持NAT功能。支持内置防火墙。	台	1		端口数应根据设备具体数量确定。
5	办公设备	打印机	A4打印机；长寿命硒鼓。	台	1		
6	控制台	中央控制台	用于切换多路视频信号，可控制DVD、投影机、音响设备，可以切换AV信号和VGA信号等。	台	1	应至少提供4台PC和1-2个扩展输入端口，和同等数量音频接口。	具体接口数量根据实际使用环境调整。
7	软件	资源服务软件	能够应用和管理符合国家中心要求的资源数据。功能包括：资源分类浏览、检索、上传、下载、管理、播放、重点推荐及讨论区；用户日志；热点视频；系统设置；在线升级。	套	1		具体数量根据计算机数量决定，软件由各地根据需求自行采购
		信息浏览监控软件	能够屏蔽不良网站；具备防火墙功能，抵御网络攻击；能够制定访问策略，具备上网行为管理和访问控制功能；具备用户上网信息数据采集能力。	套	1	系统应具备数据上传功能，提供给国家中心统计。	
		杀毒软件	3年免费升级病毒库。	套	1		具体客户端数根据计算机数量决定。

（续表）

序号	用途	设备名称	配置及相关标准	单位	数量	推荐使用条件	备注
7	软件	设备远程管理软件	对服务点的主要设备进行桌面服务、网络管理和硬件诊断的远程管理和维护。	套	1		
8	光盘架	光盘架	宽度不小于1.2米，至少提供4层展架，其中至少有两层层高不低于0.4米	套	1	可用于摆放光盘、光盘套装及光盘箱等。	

三、书香社会资源配置内容及创建标准

创建书香社会对阅读资源配置的基本要求是形成多样化阅读资源体系，并且在阅读资源富集度、阅读资源覆盖度、阅读资源开放度和阅读活动密集度等方面合理配置，努力满足广大群众的需求。特别是，阅读资源配置应当关注城乡的协调配置，加强阅读资源向农村的倾斜。此外，应保障阅读资源合理地向重点群体和特殊群体倾斜。

表7.5 维度二：书香社会创建的资源配置标准

一级路径	二级路径	三级路径	说明
2 书香社会资源配置	2.1 公共图书馆资源配置标准	2.1.1 全国公共图书馆覆盖率	地市、县级以上公共图书馆覆盖率达到100%。
		2.1.2 全国公共图书馆藏书量	①2015年全国人均藏书量达到0.7本/人，其中东部地区人均1.0本，中部地区人均0.5本，西部地区人均0.5本。 ②2015年全国人均新增藏书量达到0.05本/人。
		2.1.3 全国公共图书馆购书经费	2015年全国人均公共图书馆购书经费达到1.65元/人。
		2.1.4 全国图书馆免费开放率	全国公共图书馆免费开放率达100%。
		2.1.5 文化部公共图书馆达标率	文化部公共图书馆评估定级达标率县级以上达到60%。

一等奖
书香社会指标体系研究

（续表）

一级路径	二级路径	三级路径	说明
2 书香社会资源配置	2.2 基层阅读资源配置标准①	2.2.1 农家书屋资源配置	①行政村覆盖率达100% ②中央财政共安排专项资金58.56亿元，按照每个书屋2万元的标准，分别对中部地区补助50%，对西部地区补助80%，对东部地区按照10%给予资金奖励。
		2.2.2 城乡阅报栏（屏）建设工程	在车站、商场、广场、小区、学校、医院等人流密集地点新增建设一批阅报栏（屏）和全民阅读数字触摸屏。
	2.3 数字阅读资源配置标准②	2.3.1 文化信息资源共享工程	公共文化数字资源基础库群资源总量达到530TB，发展完善覆盖城乡的服务网络，到2015年末达到基层服务点100万个，入户覆盖全国50%以上的家庭；2010—2015年期间，培训农村实用人才和进城务工人员1000万人次。
	2.3 数字阅读资源配置标准	2.3.2 数字图书馆	①2015年末，100%覆盖全国文化信息资源共享工程各级中心和基层服务点。 ②2015年末，数字图书建设总量达10PB的数字资源（其中国家图书馆数字资源总量达到1000TB，每个省级数位图书馆数字资源量达100TB，每个市级数位图书馆数字资源量达30TB，每个县级数位图书馆数字资源量达4TB，服务覆盖3000万有线电视用户、7亿手机用户。
		2.3.3 公共电子阅览室	①2015年末，实现各级公共图书馆，文化共享工程乡镇、街道、小区基层服务点基本建有公共电子阅览室，覆盖率趋近100%。 ②中央财政对中、西部地区公共电子阅览室补充设备所需经费分别负担50%、80%，对东部地区给予适当奖励。
	2.4 其他阅读资源配置标准③	2.4.1 阅读活动	①到2020年，所有省（自治区、直辖市）、计划单列市、地级市都有品牌活动，80%以上的县（区）有品牌活动。
		2.4.2 重点群体阅读资源配置	对于残障人士、农村人口等重点阅读群体分配阅读资源，如重点群体阅读促进工程。

① 该指标设置参见农家书屋项目和新闻出版广电总局《全民阅读"十三五"时期发展规划》。
② 该指标设置参见《全国公共图书馆事业发展"十二五"规划》。
③ 该指标设置参见《文化部"十二五"时期公共文化服务体系建设实施纲要》和新闻出版广电总局《全民阅读"十三五"时期发展规划》。

目前，对于创建书香社会合理的资源配置，以文化部的《文化部"十二五"时期公共文化服务体系建设实施纲要》的规划最为详细。公共文化服务体系较为广泛的涉及书香社会创建中的阅读资源配置，包括公共图书馆资源、文化共享工程资源、公共电子阅览室资源等，而相关的对博物馆、美术馆的标准规定，实际上也与阅读资源有密不可分的关联。对于2010—2015年公共文化服务的国家基本标准的规定见表7.6，具体来看，纲要指出到"十二五"期末，全国60%以上文化馆、公共图书馆达到部颁三级以上评估标准；基本实现全国所有地市级城市都建有设施达标、布局合理、功能完善的文化馆、公共图书馆；县乡两级公共文化设施规范化、标准化水平进一步提升；基本实现每个行政村和城市社区建有文化活动场所。到2015年，全国人均拥有公共图书馆藏书达到0.7册；各级文化馆（站、室）、公共图书馆和文化共享工程基层服务点基本建有公共电子阅览室；文化共享工程资源量争取达到530百万兆字节以上，服务网络实现从城市到农村的全面覆盖，公共电子阅览室基本覆盖全国所有乡镇和街道、社区，入户率达到50%左右；国家数字图书馆资源总量争取达到1000百万兆字节以上。全国博物馆总数达到3500个，国家一二三级博物馆总数达到800个；法人治理结构规范化、管理专业化的民办博物馆建设率达到10%；逐步实现全国地市级城市建有设施达标、布局合理、功能健全的国有美术馆。中西部地区争取每县配备2台流动文化车。并且，到"十二五"期末，文化馆（站）、博物馆、公共图书馆、美术馆等基本服务项目健全并向社会免费开放。

表7.6 "十二五"时期公共文化服务国家基本标准（2010—2015）

指　　标	单　位	2010年	2015年
文化馆（群艺馆）达标率（部颁三级以上）	%	50	60
博物馆达标率（部颁三级以上）	%	16	23
图书馆达标率（部颁三级以上）	%	55.8	60
每×万人拥有一座博物馆	万人/座	40	35
人均公共图书馆藏书量	册	0.46	0.7
文化馆（站）举办活动次数	万次	57	100
县级以上博物馆展览次数	万次	1	1.5
公共图书馆总流通人次	亿人次	3.28	4.5

（续表）

指　标	单　位	2010年	2015年
公共电子阅览室设置率	%	—	90
文化信息资源共享工程资源量	TB	108	530
国家数字图书馆资源总量	TB	480	1000
文化馆（站）、博物馆、公共图书馆、美术馆等公共文化设施免费开放率	%	—	90
行政村文化活动场所设置率	%	34	90
（城市）社区文化活动场所设置率	%	46	90

书香社会资源配置内容包含了公共图书馆资源配置、社区阅读资源配置、数字阅读资源配置和其他阅读资源配置四大方面标准。本部分对公共图书馆、文化信息资源共享工程、公共电子阅览室和数字图书馆的资源配置要求进行详细介绍。

1. 公共图书馆

具体而言，文化部对于公共图书馆的阅读资源配置在"十二五"期间的规划已经非常详细（见表7.7）。其中公共图书馆在各地市、县的覆盖率要求达到100%，部颁三级以上的图书馆在县级及以上的达标率达到60%，县以上的图书馆100%免费对外开放，人均藏书量从西部到东部为0.5—1本。公共图书馆有效覆盖5050万人，文献外借量达到4亿册次，总流通人数达到4.5亿人。

表7.7 "十二五"时期公共图书馆事业发展主要指标（2010—2015）

指　标	单　位	地　区	2010年	2015年
公共图书馆覆盖率	%	地市	81.98	100
		县	86.10	100
公共图书馆达标率（部颁三级以上）	%	县以上	55.8	60
公共图书馆免费开放率	%	县以上		100
人均公共图书藏书量	册	全国	0.46	0.7
		东部	0.65	1.0
		中部	0.33	0.5
		西部	0.36	0.5
人均公共图书馆年新增图书藏量	册	全国	0.02	0.05

（续表）

指　　标	单　位	地　区	2010年	2015年
人均公共图书馆购书经费	元	全国	0.83	1.65
国家数字图书馆资源总量	TB	全国	480	1000
有效读者总人数	万人	全国	2020	5050
文献外借册次	亿册次	全国	2.64	4
总流通人次	亿人次	全国	3.28	4.5
提供远程访问服务的公共图书馆比例	%	省	—	100
		地市	—	90
		县	—	50
图书馆专业技术人员比例　高级职称	%	全国	8.2	10.66
图书馆专业技术人员比例　中级职称	%	全国	32.4	36.29

2. 文化信息资源共享工程

全国文化信息资源共享工程（以下简称文化共享工程）是国家重大文化惠民工程，应用现代信息技术，将中华优秀文化信息资源进行数字化加工与整合，依托各级公共图书馆、文化馆（站）等公共文化设施，通过互联网、广播电视网、无线通信网等新型传播载体，在全国范围内实现中华优秀文化资源的共建共享。文化共享工程整合了公共图书馆、博物馆、美术馆、艺术院团及广电、教育、科技、农业等部门的数字资源，以数字阅读作为最核心的呈现方式。

文化部对于文化共享工程的具体标准为，到2015年，文化共享工程数字资源总量达到530百万兆字节；服务网络实现从城市到农村的全面覆盖，覆盖率达100%，公共电子阅览室基本覆盖全国所有乡镇和街道、社区，入户率达到50%。并且，发挥文化共享工程服务网络优势，开展农村实用人才培养和进城务工人员培训，在"十二五"期间，培训农村实用人才和进城务工人员1000万人次。文化共享工程对于乡镇、街道、社区基层点的计算机配置十分重视，分别为4台、7台、3台，"十二五"期间会有计划地增加至10台以上。

3. 公共电子阅览室

文化部、财政部印发的《"公共电子阅览室建设计划"实施方案》（文社文发〔2012〕5号）要求实施"公共电子阅览室建设计划"，为广大人民群众特别是未成年人提供免费、"绿色"、安全公益性上网场所，并且结合文化共享工程的数字资源，"十二五"期间，整合建设适合开展公共电子阅览室服务的优秀数字资源达到500TB。其中文化共享工程整合建设不少于30万小时的视频资源，国家数字图书馆整合建设不少于100万册中文电子图书。数字资源建设以农业技术、务工培训、少儿动漫、红色历史、经典影视、文化专题、舞台艺术、知识讲座、医疗卫生、电子书刊、益智游戏为主要内容，可以看到，数字阅读在公共电子阅览室中处于非常重要的角色。

公共电子阅览室的资源配置中对于乡镇、街道、社区十分重视：按照面积不少于40平方米、终端计算机不少于10台、局域网存储空间不少于1TB、互联网出口带宽不低于2M的标准，建设规范的乡镇、街道（社区）级公共电子阅览室，到2015年实现公共电子阅览室在全国所有乡镇和街道、社区的全面覆盖。

4. 数字图书馆

文化部制定了"数字图书馆推广工程"建设方案，该方案进一步将数字图书馆推广的建设纳入规范化体系。一是构建覆盖全国公共图书馆的数字图书馆虚拟网。将国家数字图书馆工程已建成的标准规范、软硬件系统和资源建设成果在全国各地公共图书馆推广使用，构建以国家数字图书馆为核心，以省级数字图书馆为主要节点，覆盖全国公共图书馆的数字图书馆虚拟网，支持全国各地区数字图书馆间资源与服务的全面共建共享。

二是建设分级分布式数字资源库群，实现数字资源无障碍共建共享。建设分级分布式数字资源库群，在全国范围内形成有效的数字资源保障体系。依托覆盖全国公共图书馆的数字图书馆虚拟网；建立数字资源共建共享机制，实现全国公共图书馆资源与服务的无缝集成。采取资源互换等方式实现各级公共图书馆自建数字资源为全国数字图书馆用户服务。通过集中采购、统一认证等方式，实现商业数据库资源的共享。本着分步实施的建设原则，依托全国各级公共图书馆，建立若干数字资源建设中心、数字资源保存中心以及数字资源服务中心，实现数字资源建设、保存、服务的统一规划、分布式建设和保存，集中调度和管理，避免重复建设，改善数字资源建设发展不均衡的状况。2015年，预计各级公共图书馆的数字资源量得到较大、均衡的增长，数字资源总量达到10000TB，每个省级数字图书馆数字资源量达100TB，每个市级数字图书馆数字资源量达 30TB，每个县级数字图书馆数字资源量达 4TB。

三是建设多层次、多样化、专业化、个性化的数字图书馆服务平台。"数字图书馆推广工程"将在构建海量分布式资源库群的基础上，对数字资源进行有效的组织、整合、知识挖掘，实现元数据集中与统一检索，依托互联网、移动通信网、广电网，建立满足不同需求的数字图书馆服务平台，为中央与地方各级政府的立法与决策工作提供信息服务；为科研院所、企事业单位及研究型用户提供深层次、专业化信息与知识服务；为广大社会公众以及未成年人、残疾人等特殊人群提供多样化、个性化的数字图书馆服务；通过新技术应用，提供基于移动通信网的移动数字图书馆服务、基于广播电视网的数字电视服务。

截至 2011 年底，国家数字图书馆数字资源总量已达 561.3TB，主要来源为外购数据库 71TB、馆藏特色资源数字化 466.8TB、网络导航和网络资源采集 19.2TB 五个部分（不含接受缴送的光盘）。其内容单元主要包含：电子图书 142.7 万种 /185.3 万册；电子期刊约 5.3 万种；电子报纸约 0.37 万种；学位论文约 353.7 万篇；会议论文约 308.1 万篇；音频资料约 101.6 万份；视频资料约 8.9 万小时。海量资源库群的建设成果将广泛应用于全国文化信息资源共享工程、公共电子阅览室建设等国家重点文化建设项目中，为各项文化工程提供优质数字资源服务。各级数字图书馆从分布存储的海量资源库群中获取数字资源对象数据，用于本级数字图书馆的综合服务，形成覆盖全国的、分级分布的数字图书馆服务体系。

第八章　主要结论与政策建议

第一节　主要结论

一、书香社会指标体系的建立

书香社会指标体系的建立能够反映书香社会的发展状况，便于寻找发展中的问题和劣势，在不同地区进行标准化比较，引起社会对阅读的关注，从而更好地促进我国全民阅读活动的开展。书香社会评价体系包括居民阅读水平和公共阅读服务水平两个方面，通过对居民个人阅读情况和公共服务提供情况的考察，测量阅读公共服务的普及度、利用度和满意度。书香社会指标体系能够向全国、省、市、县推广，测度指标具有较好的标准化程度和简洁性，指标易获取、易理解和易推行，因而对指标的信度、效度和可获取性都进行了反复测试。

书香社会指标体系拟合形成了书香社会总指标，书香社会总指标是考察阅读发展水平的科学、可量化、可比较的具体数值。使用评分衡量国家和各省市的书香社会建设水平。用分项指标的评分衡量某一方面和某一单一指标的绝对水平，根据评分做出的各省市排序，表示某一省份或城市的居民阅读状况相对于其他省份或城市所处的位置。并且，针对指标体系的分项指标，我们提出了相应的提升路径，指导如何提升指标得分。应用这套体系，我们在全国范围内进行了实测，形成了一套理论模型。

进一步，我们以全国书香社会体系为框架，经过调整形成了书香之省、书香之县、书香社区和书香校园的系列指标体系，书香社会指标体系具有较好的适用性，能够适应不同领域、不同层次的书香社会评价。

二、书香社会指标体系的实测

书香社会总指标从个人阅读和阅读公共服务两大方面对各城市的整体阅读情况得出的测算结果基本符合当地的实际情况，可以真实反映当地全民阅读工作取得的成绩与不足之处。在全国书香社会指标体系建立后，我们在全国范围内样本城市进行了实测。实测以当地的常住人口为统计基础，严格遵循"同口径、可比性"原则，以"0—8岁儿童组""9—13岁少年儿童组""14—17岁青少年组"和"18岁及以上成年组"为年龄单位分别收集数据，针对以上四个年龄段分别设计了四套问卷。自2010年起至2015年，每年在全国采集2万以上的样本，覆盖全国除新疆、西藏、海南以外的29个省市、自治区，成年人与未成年人的样本比例基本保持在2∶1，城乡样本比例基本保持在3∶1。经过人口普查数据加权后，可推及全国12亿人左右。

书香社会指标体系的实测结果表明，我国东中西部地区全民阅读的发展情况不均衡，以2013—2015年的移动均值排名为例，排在全国平均水平之上的17个城市中，有11个东部城市，占六成以上；有5个中部城市，约占三成；仅有1个西部城市，占比不足一成。这种东强西弱的趋势在其他年份亦有体现。从个人阅读指标测算结果来看，东部地区居民的个人阅读指标呈稳步上升的态势，与中西部地区悬殊较大；从阅读公共服务指标测算结果来看，东部地区依然具备显著优势，中部地区近年来的发展有上升之势，而西部地区则一路下滑至没有一个城市排在全国平均水平之上。可见，西部地区的阅读公共服务状况亟需得到改善，中部地区的全民阅读促进工作已初见成效，而东部地区则一直保持良好的发展态势。

从书香社会总指标排名可以看出，阅读基础设施和经费投入在书香社会建设中发挥了重要作用，一方面，我们欣喜地看到北京、上海、深圳、广州等大城市的阅读指标处于前列，另一方面，一些相对落后城市如何开拓资源，在有限的资源前提下创建书香城市，使更多的人参与到阅读中来，提升这些城市居民的阅读发展水平，是我们后续希望重点解答的问题。

三、书香社会指标提升的路径

作为公共文化体系建设的重要组成部分，书香社会的建设受到经济、政治和社会等多重因素的影响；书香社会的指标提升，需要考虑这些影响因素中的重要因素，并根据地区特色进行调整。概括而言，书香社会的创建受到基础设施建设、资源配置、阅读文化发展、阅读立法、阅读多样化发展、数字阅读发展等多方面因素的影响，书香社会指标的提升需要在这些方面做出努力。

在对书香社会指标体系及书香社会影响因素理解的基础上，我们提出了书香社会指标提升的具体路径。书香社会指标提升的具体路径及标准由三大方面构成，包括阅读设施建设、阅读资源配置、阅读环境营造，遵照了建设阅读设施——配置阅读资源——营造阅读环境的逻辑思考步骤，从而对创建路径各细分环节有较好的划分度，避免了内容的重叠。其中建设阅读设施和配置阅读资源方面有很多具有较为明确的国家标准，而阅读环境营造方面，更多的是软性指标。

概括而言，提升书香社会指标、创建书香社会需要汇聚人力、物力、财力等资源，并将阅读资源进行不同层次、不同地区、不同领域的合理分配，以国家法律政策为背景，以阅读文化为内驱力，营造良好的阅读氛围和阅读环境，才能够吸引更多的人参与到阅读中来。

第二节　政策建议

在对全文主要研究结果理解的基础上，本文提出了针对性对策建议，书香社会的创建很大程度上有赖于政策和措施的制定和落实，以及政策执行主体在实际工作中根据客观现实条件的把握和调整。

一、引导阅读方向，打造一批富有特色的阅读品牌

根据评价指标体系中对居民身边阅读活动知晓率的考察结果，我们看到，在全国和许多省市，只有不到两成的居民回答身边举办过阅读活动或阅读节。与此同时，调查显示有超过60%的居民希望当地有关部门举办读书活动或读书节。在未参加过阅读活动的成年居民中，表示"没见到相关活动"的比例超过一半。从中可以看出，广大居民并不能及时有效地获取身边读书活动的信息，更难以满足广大居民的阅读需求。

针对以上情况，在书香社会的建设中，首先各相关部门应该继续加大全民阅读活动的宣传力度。除了借势于各大主流媒体的宣传以外，还要做到走进基层，深入机关、企业、社区、学校，真正扩大全民阅读活动的知名度。可以借鉴美国、英国、法国、德国、新加坡、韩国等国家阅读推广的公益宣传方式，充分利用报刊、广播电视、车载传媒、户外广告等载体，尤其是微信、微博等新媒体，为了吸引更多青年人参加阅读活动还可采用网络直播、社交短视频等新媒体形式，从群众喜闻乐见的丰富多彩的宣传方式出发，深入开发居民对阅读的兴趣，从而避免说教灌输或流于形式的简单化阅读推广，使居民对阅读真正产生兴趣，对阅读有更深层的了解。

其次，引入专业研究团队设计打造专业管理制度，建立起全民阅读整体运营管理体系。全民阅读活动目前存在的一个主要问题是缺乏投入和统一规划，无法满足公民对公共文化服务的需求。我国近年来开展的阅读活动并不少，如"北京阅读季"、"书香江苏"、"书香荆楚"、"书香中国·上海周"、"南国书香节"、"书香湖南"、"书香八闽"、"书香辽沈"、"书香龙江"、"海南书香节"、"书香三晋"、"三秦书月"以及各种亲子阅读、阅读讲座等。

目前全民阅读活动的开展，往往是在图书馆、文广新局等不同部门、不同系统、不同组织的主导下分头开展，虽已取得一定成效，但由于缺乏科学统一的规划、组织、协调、指导、管理和监督机制，缺少专项资金的大力支持，整体活动没有重点、较为分散，使得一些颇具价值的项目没有形成品牌效应，也得不到足够的重视和支持。

再次，未来几年应着力打造一批富有地方特色的阅读品牌活动，推动全民阅读蓬勃开展。在建立全民阅读整体运营管理体系的同时，也要打造品牌阅读活动，可以尝试将全民阅读活动提升为一次居民文化节、艺术节、狂欢节、购物节、文化大集，成为本地居民的文化盛会，营造书香城市的社会氛围和文化环境。建议通过统一行动，以"4.23世界读书日"为契机，发动社会各界力量，集中开展系列活动，打造城乡联动、细分人群的一个或几个全民阅读品牌项目，如举行年度阅读盛典，开展"百姓图书大集"、"名家讲坛"、"年度十大好书推荐"、年度阅读明星评选颁奖，向居民赠送免费阅读卡、购书优惠券等活动，营造浓厚的节庆气氛。同时在整体活动框架下开展分类读书节活动，包括书香校园阅读节、书香农村阅读节、书香机关阅读节、书香社区阅读节等。

在书香校园阅读活动方面，可以以各学校为单位，分别开展阅读节活动，将校园各类文艺社团活动纳入节日，将校园阅读节营造成为校园游园会、狂欢节、艺术节、社团节。在书香农家阅读活动方面，力求在农村开展文化科技娱乐综艺下乡活动，办好农民大讲堂，加强农业实用技术、农民创业培训，办好农民心理咨询、农民健康咨询、农民普法讲座、亲子教育讲座等活动。在书香机关阅读活动方面，可以凭借机关读书交流会、专家报告会、机关读书明星颁奖会等形式在各机关开展读书节庆活动。在书香社区阅读活动方面，开展社区文艺展览、妈妈读书会、儿童亲子读书及文化娱乐体育竞赛等群众自发的社区文化交流集会。同时，还要广泛学习各省市的经验教训，如广东的"南国书香节"、湖南永兴县的免费阅读吧等知名品牌阅读活动。也要引入各类民间组织和商业机构参与打造阅读节，吸收各类商业机构参与冠名、促销，促进文化与商业的融合。

最后，要引入品牌策划概念，逐步打造全民阅读活动的优秀品牌。要将全民阅读活动打造的品牌活动进行整体包装，建立"书香城市"品牌整合传播体系，打造具有新闻效应的子品牌。比如，针对年度全民阅读各项活动和工作，开展优秀全民阅读项目评选评优工作，包括十大读书人物、十大书香家庭、十大书香校园、十大书香企业、十大书香社区、十大阅读使者、十大阅读导读员、十大书香活动等。可以将全民阅读活动分为四大门类：历史文化类、时尚生活类、青少儿童类和自然科学类。历史文化类可以建立一套挖掘整理（包括文物、古迹、典籍、名人等）、多元呈现（包括书籍编撰、阅读活动、宣讲传播等）、持续投入的工作体系。将全民阅读与加强文化遗产保护、振兴传统工艺、中华典籍整理工程等重要工作相结合，增强群众对于中国传统文化的认同感和亲近感。可推出文化老人话城市（名人后代或知名专家学者在全民阅读活动中讲述关于本城市的历史文化）、藏书文化系列活动等。时尚生活类则调动和整合本省市的优势艺术资源，实现阅读与文学、音乐、电影、绘画等各门类艺术的跨界互动，在内容上找准与时代的对接点，紧扣城市最新的发展动态、最热的百姓话题。青少儿童类依托城市优质的儿童阅读基础，形成类型丰富、具有创新性的活动矩阵。自然科学类依托于城市的各级各类科技馆、动植物园区、博物馆、研究院，策划组织实践性较强的阅读体验活动。

通过对阅读活动内容、渠道的整理，实现品牌的整合传播，将极大提升一个城市全民阅读活动的品牌效应，提升城市的知名度。包括：将分散的推广内容整体规划，打造热点，稳步提升品牌价值；将"被动宣传"理念转化为"主动整合营销"，扩展渠道价值；将"行政推动宣传的理念"转换为"行政＋市场带动宣传的理念"，引入社会力量；在品牌传播过程中，贯穿统一的理念体系：倡导爱读书、读好书、会读书、荐好书、用好书。除在本市营造良好的阅读氛围外，还需在全省乃至全国范围内产生广泛的传播影响力。要充分利用各类媒体，不断发布新闻话题，加强自媒体的构建，拓展信息发布渠道，保证持续不断的媒体关注，包括组织品牌阅读活动的新闻发布会、专家研讨会，打造国家全民阅读试点城市、建立研究应用基地，参与全民阅读示范城市评选等。

二、完善基础设施，提高阅读软硬件建设水平

全民阅读是开启民智、促进文化建设的基础性工程，需要从不同层面启

动一批重大阅读建设工程，从而全面提升居民阅读的软实力和硬设施。

居民阅读观念是开展全民阅读的前提，也是书香社会评价指标重要内容，提升居民阅读观念是提升阅读指标的一个重要方面。2015年的数据表明，我国仅有不到10%的成年居民明确表示阅读对个人的生活和发展并不重要（"比较不重要"和"非常不重要"）。大部分的居民愿意读书，认为读书对于一个人的生存发展至关重要，但与之相对的是，大多数居民找不到将读书的意愿付诸实践的途径，购书的不便利、没有阅读习惯、工作压力大没时间读书等阻碍了读书意愿的实现

由此可见，全民阅读公共服务设施的承载能力尚显不足，服务能力有待提升，一些闲散空间尚未利用开发，未来应着力提升全民阅读供给的数量和质量，以匹配城市经济文化发展的整体要求。相关部门在接下来组织实施读书活动时应进一步完善基础设施建设，包括完善社区及学校阅读设施、加强公立图书馆及其他阅读场所的建设与维护、增加购书、看书场所等。用便利的条件、丰富的内容、新颖的形式来吸引有读书意愿的居民，使其更便捷地获取图书，督促其养成阅读的习惯。

在公共图书馆建设中，重点加强社区图书馆（阅览室）建设、乡镇图书馆（阅览室）建设、电子阅览室建设；少儿图书馆建设以硬件建设为重点，突出服务性、便民性；全面提升图书馆服务意识、创新意识、阅读活动组织能力，及阅读研究能力；合理配置阅读资源，突出图书馆（阅览室）、书屋的特色以及提高图书馆（阅览室）、书屋的服务功能；鼓励推动各类公益性图书馆的建设，如农家书屋、校园图书馆、企业书屋和青工书屋等。

从具体实施层面来看，全民阅读的开展应借鉴国外促进阅读的方法措施，同时，在总结借鉴国内相关城市公共阅读场所建设、各地阅读活动开展的经验和基础之上，以切实为广大群众建设良好的基础阅读设施、提供科学的阅读指导为重点，切实改善广大群众的阅读环境，提供阅读便利条件，以及固定的场所和设施，实现推广阅读的长期性效应，与"读书日"、"读书节"等短期促进效应相配合，将全民阅读活动纳入较为完整、覆盖城乡、可持续的基本公共服务体系中来，提高政府的保障能力。例如北京市西城区就在该区的"十二五"规划中提出了"1121工程"，即每个街道有1个文化中心、1个电影放映室、2个图书馆、1个市民学校。按照服务半径合理规划布局，

深挖潜力，加强共享，用好存量资源，优化增量资源，做好整合与创新，构建"15分钟公共阅读网络"。也应不断推进全民阅读硬件设施建设，如社区图书室建设、农家书屋建设，将学校、单位图书室开放利用，充分发挥了各级图书馆、街道图书馆、社区图书馆的主阵地作用。特别是可以支持设立一批较有影响力的特色公共阅读空间，有效地补充公共阅读网络布局。

积极探索阅读空间的建设模式，继续坚持并完善已有的创新做法，包括探索利用区域内适宜的空间搭载公共阅读服务，在公共场所设置微型图书馆和阅读角，进一步合理规划区域公共文化空间和布局，尝试利用社会资源、腾退的文保单位等资源搭载公共文化服务；扶持社会力量参与阅读推广的工作机制，用购买服务、资源置换、共建共享等方式推动阅读设施的发展等。探索设立公共藏书楼，解决公众家庭藏书空间小，个人图书不能服务于公众的问题。新建的特色阅读体验中心可探索企业冠名、市民捐赠等经营管理方式。同时，可以营造一些具有特色的公共阅读空间的构建与运营，如书香驿站、书香酒店、书香银行等，凸显出"书香城市"的特色。

在充分利用现有设施基础上，统筹建设社区阅读中心、公共数字阅读终端等设施。探索微型阅读平台模式，增加社区居民的阅读空间，让更多的社区更多的居民获得免费的阅读书籍与阅读空间，提高社区居民的阅读活动数量与阅读质量。通过对这些微型阅读平台的明确定位，有效发挥平台作用，组织各类读书活动，实现对社区居民阅读爱好与习惯的积极指导，提升老百姓的整体阅读水平。

此外，相关部门应该进一步提升读书氛围。全民阅读经常缺乏相应的文化氛围，组织者应当加强氛围营造，尽量吸引读书人和学生作为核心人群，吸引退休老人作为潜在重点人群。同时全民阅读工作也需要突出重点，不过分追求数量、规模和覆盖面，通过打造重点活动、聚合重点人群，单点突破，逐步扩大影响面。

三、倡导多种阅读方式，建设全民阅读推广平台

充分利用数字网络技术，大力发展全民阅读，是数字化时代建设书香社会的必由之路。调查数据显示，我国城乡居民人均每天上网时长超过在传统纸质媒介上的总接触时长：市成年居民人均每天上网时长和手机阅读时长超

过一个小时，而人均每天花费在传统纸质媒介上的总接触时长仅不到半个小时。可见，在新媒体迅速发展的背景下，如何引导居民合理分配闲暇时间进行传统纸质阅读，吸引居民广泛开展数字阅读，已经成为摆在全国各相关部门面前的一道难题。

首先，相关部门应着力于举办更多、更符合居民需要的文化活动，丰富居民的精神文化生活；在报刊、网站、电视台等重点媒体开设阅读栏目或频道，为社会推荐优秀书目，实现媒体与图书的互动，激发群众的读书热情；同时加强线上线下活动的互动，进而强化居民的文化认同、凝聚民心、振奋民族精神，淳化社会风气，建构核心价值。

其次，打造"全民阅读公共服务数字平台"，形成一个综合性数字信息发布平台、阅读活动组织平台、海量优质内容在线阅读平台、阅读社交分享互动平台、阅读调查数据采集统计平台；在银行、车站、商场、写字楼、饭店等公共场所设置一批自助互动阅读书刊触摸屏（LED 屏）。尤其要高度重视和积极运用互联网、手机等新兴媒体，拓宽阅读渠道，提供多方位阅读体验。要根据新媒体特点，开发导向正确、内容健康的阅读内容，特别重视原创，创作更多有个性、有品位、有特色的作品。同时要坚决抵制和杜绝宣扬低俗、色情、暴力等不健康内容。

四、依托政府和民间组织力量培养阅读推广人和阅读推广志愿者

建立健全辐射全国的全民阅读组织机构，从各级政府层面设立具有编制的全民阅读活动组织协调部门，更需要着眼于基层，尽快建立一支高效、专业推广阅读的队伍。力争使机关、事业单位、学校和各类社会组织参与其中，同时邀请专家学者深入基层进行阅读讲座，邀请各类媒体对相关阅读活动进行报道，提升活动的品牌与知名度。

目前我国对于不同文化背景、不同年龄群体的阅读推广力度还不够均衡，缺乏对不同群体的阅读习惯的调研和分类推广的措施。因此，应该针对不同人群、不同机构进行更加科学、细致的区分书香型机关，是干部职工增强党性修养、提高思想觉悟的大熔炉，学习新知识、增长新本领的大学校；书香型企业，可以培育知识型员工，夯实企业发展基础；书香型校园不仅能让老师更新教育理念，提高教育能力，更可使广大学生从小接受文化的浸润，真正体会读书的价值和乐趣；书香型农村，可以让农民群众养成良好阅读习惯的同时提高整体文化素质；书香型社区，是群众生活的集中场所，是全民阅读活动的重要阵地。因此，我们要结合实际、精心安排，把"书香"机关、企业、学校、农村、社区作为开展全民阅读活动的重要载体，大力构建覆盖广泛、基础扎实的全民阅读网络。一是由城市带动农村。结合城市经济较农村发达、市民文化素质相对较高、读书意识较农村居民强等特点，重点先在城镇人口聚集的机关、企业、社区推进全民阅读活动，然后再逐渐向农村辐射。二是由学校带动家庭和社区。着力围绕学校营造书香校园，通过学生带动家庭特别是学生父母的读书热情，再通过学生的父母带动邻居、同事、朋友，从而带动更多社区的读书活动。此外，还要加强军队等特定组织人群的阅读工作力度。

另一方面，依托各地新闻出版局、图书馆及教育机构，培养阅读推广志愿者、阅读推广人。要制定阅读推广志愿者、阅读导读员培养方案、选拔规定及管理办法。在现有文化志愿者队伍及制度基础上，建立阅读推广志愿者制度，发挥调动现有文化工作者、离退休干部/教师、在校师生等群体的积极性，给予必要的鼓励表彰。并对阅读推广志愿者、阅读导读员进行科学管理，开展专业培训，对其进行资格认证、颁发证书等，对他们的阅读推广工作提供必要的引导与资助。

在全国或者全省范围内培养选拔专业阅读使者或者推广人。阅读推广人是全民阅读基层阅读活动组织者、阅读活动的发起者、阅读信息的传播者和阅读文化的倡导者，职责是发起组织阅读活动、分享传播阅读信息和宣传倡导阅读文化等，他不同于一般志愿者，而是阅读领域的带头人。阅读推广人具有策划能力和组织能力，以各地阅读活动办公室负责人、图书馆馆长、中小学校长为主，由推广人针对不同群体，以学校、图书馆等为场地，开展深入基层的读书会等日常性、长期性阅读推广活动。也应该制定或形成一套本地区阅读推广人的培养使用办法，用于指导培育、使用、激励阅读推广人工作。分阶段、有步骤地在本市组建一支专业的阅读推广人队伍，长期服务基层。立足现有的阅读志愿者群体选拔人才，着重培养和使用有见识、有思想、有创意的阅读推广人，充分发挥其主动性、专业性和科学性的优势。

同时，在政府投入之外，积极拓展更多渠道吸纳外界力量，支持民间阅读组织、NGO及民间图书馆，吸引民营企业、相关机构组织、具有影响力的阅读界人士等，尝试阅读空间公办民助、民办公助等新型阅读活动开展形式。

招募阅读推广志愿者，以教师、图书管理员、学生、退休知识分子等为主体，建立民间阅读组织、NGO及民间图书馆，培养和发展社区妈妈读书会、亲子读书会、校园读书会等各类民间公益阅读组织，提供公共空间给他们优惠或免费使用，为他们的注册登记、发展会员提供支持。而阅读推广志愿者也可以依托书店、公共阅览室、农家书屋等公共场所，深入到农村地区，倡导读书，开展读书活动，以促进学习型家庭、书香社会的构筑。

五、以未成年人阅读促进工程为书香社会创建的首要任务

未成年人的阅读状况直接关系到国家的未来、民族的发展与文化的延续，在对未成人的阅读现状展开大规模科学调查的基础上制定促进方案，从家庭、学校、社会等不同层面为青少年创造生动活泼、充满趣味、积极健康的阅读环境，借鉴引进国外阅读能力测试等科学方法，科学制定标准，争取在最短的时间提高未成年人的阅读水平。大力改善农村未成年人的阅读软硬件设施，同时，关注阅读能力障碍的儿童，通过科学实验探索解决途径。

青少年是民族的未来，只有在青少年时期形成良好的阅读习惯，才可能成为一批爱好读书的种子和中坚力量。青少年是图书的最主要消费群体，家长最关心的也是子女的读书问题，一个孩子良好读书习惯的养成，也可以有效带动整个家庭的读书行为。未成年人的阅读状况直接关系到国家的未来，民族的发展与文化的延续，对未成年人的阅读现状展开的大规模科学调查基础上制定促进方案，从家庭、学校、社会等不同层面为青少年创造生动活泼、充满趣味、积极健康的阅读环境，借鉴引进国外阅读能力测试等科学方法，科学制定标准，争取在最短的时间提高青少年阅读水平。大力改善农村青少年，尤其是农村留守儿童的阅读软硬件设施，使其在有条件满足基本读书需求的基础上，也可以更加广泛的选择符合个人兴趣的拓展性读物。此外，还要特别关注阅读能力障碍的儿童，通过科学实验探索解决途径，让一些新的读书方式，可行的读书能力培养方法得以在现实中实现，帮助有阅读障碍儿童更好体验读书过程，并从中受益。

同时，要重视自主研发和引进国际成熟的未成年人国民阅读促进项目。

近年来，一系列国际测试项目都把阅读能力作为其测试的主要内容之一，例如，国际教育成就评价协会（IEA）在开展其大型国际测试TIMSS的同时，组织开展了国际阅读素养进展研究项目（PIRLS），经济合作与发展组织（OECD）的国际学生评价项目（PISA）把阅读作为其测试的三大领域之一，美国的国家教育进展评估（NAEP）、英国的标准成绩考试评价项目（SATS）、澳大利亚的国家教育进展评估（NAP），也都将阅读作为国家教育评估的主要科目。

此外，还可以开展类似于"阅读起跑线"的母婴书包工程，发放购书代金券、数字阅读消费卡，打造全国阅读推广基地，组建不同群体的社会读书会等读书组织。

六、关注特殊人群阅读问题，重点向农村留守儿童提供阅读保障

联合政府和公益组织的力量，加强对弱势群体阅读的关注与促进，制定针对残障人士、农民工、监狱及劳改人员等特殊群体的阅读促进计划。开展一些如"共享阳光残障人读书会"、"外来务工子女读书会"等公益读书活动，加强政府、社会公益组织的投入，从图书馆建设、借阅制度、传播方式等方面帮助这些群体平等享受到阅读的权利，感受阅读的愉悦。

在农村实际和农民阅读需求之上，需要根据农民群众的阅读需求及时更新图书报刊。这需要本地政府部门持续投入资金，建立完善书报刊的更新流转机制，确保农家书屋生命力的持久。在农家书屋实现基本覆盖全国所有行政村的目标之后，要进一步推动农家书屋向自然村等其他偏远地区发展，真正保障广大农民平等共享读书的公共文化权利。

引进现代化科技手段，推动农家书屋的数字化建设，在充分调查农民手机、网络新媒体使用情况的基础上，开发农家书屋书目查询、出版内容阅读、读者建议等数字化服务功能，以增强农家书屋的吸引力、实用性和便利性。同时，科学调查研究农民工、农村留守妇女、儿童、老人等不同群体的阅读需求，针对不同人群的阅读特点进行细分，组织开展多姿多彩的农民读书活动，充分发挥农家书屋的文化影响力和吸引力。

在以上弱势群体中，农村留守儿童群体的阅读状况更为迫切地需要相关部门予以关注。农村留守儿童是我国传统的二元经济向现代市场经济转型过程中，所必然产生的特有社会现象，是弱势群体中的弱势群体。他们的家庭

相对不很富裕，且长期不能享受父母的关爱，阅读环境和条件落后，缺乏基本的阅读保障，严重制约他们未来的健康成长。未成年人阅读是国民阅读的起点，一个人能否养成良好的阅读习惯有赖于其十四岁之前受到的阅读培育。目前来看，各级职能部门对该群体严峻的阅读现状重视不够，亟需改善其落后的阅读条件，更需要提供全面的阅读保障。

因此，建议阅读推广主管机构与教育局、民政局等部门联合开展少儿阅读推广活动，探索实施农村儿童基础阅读工程。同时，组织阅读推广人队伍到农村，到学校，到各种亟需阅读推广的地方，着重保障未成年人和农村留守儿童的阅读。

七、以领导为龙头，引领和带动全民阅读

全民阅读活动是一项复杂而庞大的系统工程，需要全社会共同努力、广泛参与。领导干部在党内和社会上处于重要位置，具有强大的行为导向和风气引领作用。群众看党员，党员看干部，广大基层干部看中高级领导干部。各级领导干部带头读书、勤于读书，必然会激发干部、党员和群众读书学习的积极性和主动性。

要重点抓好领导干部群体，上下联动，带动全体成员好读书、读好书、善读书。一是建立健全符合实际、行之有效的学习制度，真正把对领导干部读书学习的要求落到实处；二是在机关单位集中开展读好书活动。例如开展公务员"读书大讲堂"等活动，推荐内容优质的书目，引导公务员培养良好的阅读习惯。

八、建立可持续发展机制，探索多元经费筹集渠道

书香社会建设是一项长期工作，需要建立可持续的发展机制。要整合机关、教育、企事业单位等重点职能部门，形成全民阅读领导组织机构，全面指导相关工作。该部门应下设全民阅读领导小组办公室，负责日常事务执行，该领导机构的主要职责是：对全民阅读工作的全盘统筹规划，条文规定的制定和监督实施，全民阅读各项具体工作的指导落实，建立和完善全民阅读状况监测评估机制等，确保不断完善全民阅读工作体制机制，充分发挥其组织领导、统筹协调、整合资源、资金保障等重要作用。

在建立相关机制过程中,关键是要解决可持续投入资金不足和专业人才储备缺乏的制度性问题。公共财政在阅读方面投入的缺乏,使阅读支持与阅读活动的再投入受到限制,使目前开展的全民阅读活动缺乏长效机制,普及性和深入程度难以迅速提高。一方面,建立全民阅读财政机制十分必要。首先,人员补贴、图书报刊更新、后续活动开展均缺乏经费,严重影响全民阅读活动的可持续发展,也导致全民阅读活动缺乏标杆性品牌活动,活动的延续性积累性不强,未能充分发挥社会力量,部分全民阅读活动群众参与度不高,还未在市民中形成广泛的影响力,需要进一步深入策划,协调调动多方力量,推动全民阅读工作全面升级。

另一方面,由于公共服务的不足,使一些商业企业以"促进阅读"为口号,开展以阅读为主题的商业活动。但其中一些商业活动缺乏科学性,存在误导大众等弊端,所以,要建立良好的市场化规范体系,探索开拓多元全民阅读经费筹集渠道,广泛利用面向公益慈善机构争取捐助,争取国内外慈善基金,探索通过冠名领养方式筹集资金等各种方式,既可以有效调动市场化资本参与阅读事业,又避免过度商业化带来的趋利主义弊病。

九、促进以阅读为主题的文化产业体系和市场体系发展

1. 深化阅读领域的供给侧改革

政府要明确自身的责任和义务,强化公共文化服务意识,鼓励和引导社会组织和企业更多地承担产品提供的职责。从供给、生产端入手,通过解放生产力,提升阅读企业的竞争力。鼓励出版机构、书店、阅读空间等积极创新,创造新的增长点。鼓励出版业内容优化,生产符合小康社会人民群众精神文明水平的阅读产品。打造以阅读为主题的文化创意产业集群,包括数字阅读企业园区、阅读文化地标群等。扶持若干阅读的优质企业、机构和组织,带动阅读企业的转型升级。

2. 建设阅读文化创意产业集聚区

推动阅读文化休闲产业的形成,倡导阅读文化生活方式,孵化各种以阅读为主的文化生态业态。主要是建设以阅读为主题的文化创意产业集聚区,将其打造成为文化产业对外展示、交流、合作的重要窗口。通过不断拓展窗口功能,在已经初具规模和影响力的产业集聚区内更多进驻和植入阅读,形成阅读的规模优势。

3. 积极使用新技术手段推广阅读，争取金融支持，鼓励文化创新

鼓励支持新技术、新媒体在全民阅读活动中的开发、应用，为居民提供方便快捷的阅读服务。未来，可以重点建设文化金融创新中心，实现文化与金融的融合发展。全民阅读作为一项公共文化建设事业，需要投入巨大的人力物力财力，才能达到较佳的效果。在争取加大财政投入的前提下，大力开拓各种经费筹集渠道，尤其是鼓励阅读行业与金融企业的对接，鼓励阅读文创与金融的融合发展，构建全民阅读和金融支持服务、商务配套支持为一体的产、融、商的品牌和平台。在保障阅读公益性的同时，鼓励正当的商业开发，发掘商家参与阅读开发时的授权价值，实现商家与公益服务的双赢。

4. 完善阅读行业布局

鼓励以战略合作、组建公司、跨界并购等为手段，增强全民阅读在内容资源、技术手段、市场渠道等方面的竞争力，实现阅读的行业布局。支持其他行业和领域的企业参与开发全民阅读项目，争取实现跨越式发展。按照优势互补、互利共赢、区域一体的文化建设原则，促进国有和非公经济文化资源的有机结合，通过资金补贴和共同建设等方式，积极鼓励、支持本市单位、企业参与全民阅读建设。

一是可以以政策优势孵化数字阅读公司、实体书店、绘本馆等以全民阅读为主业的文化公司，推动阅读企业结构优化升级，发展骨干企业。二是可以培育新型文化业态，扩大和引导阅读文化消费。三是关注数字阅读业，鼓励阅读产品和服务的生产、传播、消费的数字化、网络化，强化新技术对阅读产业内容生产、销售、传播等环节的作用，加快培育集传统阅读与数字阅读优势为一体的新型业态。

十、建设覆盖全国的全民阅读监测平台

建设覆盖全国的阅读监测平台意义重大，能够在保障全民阅读工程的科学、顺利开展，发挥阅读在引领社会思潮、促进文化创新，实现阅读规划的可持续发展，减少阅读推广中的盲目性，促进阅读产业取得经济效益和文化效益平衡等诸多方面通过监测评价发挥重要作用。

首先是建设城乡人口阅读监测体系，依托图书馆、农家书屋、职工书屋、

社区书屋，建设借阅信息管理系统，将图书馆系统建设成各地的阅读舆情观测站、群众阅读晴雨表；推动居民阅读调查的延伸开发，以调查数据为依据，建设各地阅读监测体系，检测全民阅读工程、图书馆及农家书屋等公益性建设项目的年度达标程度和项目绩效。

其次是建设城市阅读活动效果评估体系。阅读推广活动确实能够推动阅读观念的普及，但切实改变居民的阅读习惯，需要开展复核各地文化特色、更为深入细致的阅读推广活动，这些活动需要各地政府开拓创新，采用科学调查方法，对阅读推广活动的成效进行长期和短期评估，更好地为政府规划布局全民阅读推广工作提供科学依据。

最后是构建居民阅读效果评价指标体系，定期对城市居民的阅读状况和阅读需求进行抽样调查，为分析全民阅读活动开展成效以及分析各地居民阅读水平和发展困境等问题提供数据支持。通过全民阅读工作科学的量化统计，争取将优秀的城市打造成为全国全民阅读的示范区域。

组织专家设计论证全民阅读监测评价体系，对居民阅读情况开展定期调查工作，及时监测居民阅读数量及质量；依托各类阅读平台，建设阅读信息采集系统，升级为阅读舆情观测站；依托居民阅读调查，建设阅读监测体系，以调查数据为依据，监测全民阅读活动、工程项目、设施建设及重点项目开展的读者知晓度、使用度、满意度，建立重点全民阅读活动评价反馈机制，作为改进调整活动形式的科学依据。

参考文献

[1] 阿尔维托·曼古埃尔.阅读史.北京：商务印书馆.2002.

[2] 曾芹祥.阅读学原理.郑州：大象出版社，2001.

[3] 迪昂.脑的阅读.周加仙等译.北京：中信出版社，2011.

[4] 国家新闻出版广电总局.全民阅读"十三五"时期发展规划.2016. http://news.xinhuanet.com/politics/2016-12/27/c_129421928.htm.

[5] 郝振省，陈威.中国阅读：全民阅读蓝皮书.北京：中国书籍出版社，2009.

[6] 湖南省"三湘读书月"活动领导小组办公室、湖南省统计局. 2011、2012、2013、2014年湖南省城市阅读指数调研报告.2015.

[7] 黄葵，俞君立编著. 阅读学基础. 武汉：武汉大学出版社，1996.

[8] 教育部. 中小学图书馆（室）规程（修订）.2003.http://www.moe.edu.cn/publicfiles/business/htmlfiles/moe/moe_35/201006/xxgk_88596.html.

[9] 教育部. 普通高等学校基本办学条件指标（试行）.2004.http://www.moe.gov.cn/srcsite/A03/s7050/200402/t20040206_180515.html.

[10] 教育部. 普通高等学校图书馆规程.2015.http://www.moe.edu.cn/publicfiles/business/htmlfiles/moe/moe_23/200202/221.html.

[11] 李婷，杨海平. 书香社会综合指标体系构建. 中国出版.2016(6).

[12] 罗伯特·达恩顿. 阅读的未来. 熊祥译. 北京：中信出版社.2011.

[13] 玛丽安娜·沃尔夫. 普鲁斯特与乌贼：阅读如何改变我们的思维. 王惟芬，杨仕音译. 北京：中国人民大学出版社，2012.

[14] 孟凡. 2014～2015年度北京市全民阅读指数综合报告. 新华书目报.2015年11月9日.

[15] 聂震宁. 将阅读指数纳入文明城市指标体系. 光明日报.2014年3月12日.

[16] 清华大学新媒体指数平台，中山市网信办，广东全通教育公司. 中国城市阅读指数研究报告.2015.

[17] 全国人民代表大会常务委员会. 中华人民共和国公共文化服务保障法.2016.http://www.lsc.org.cn/c/cn/news/2016-12/28/news_9712.html.

[18] 吴娜. 全民阅读十年大事记. 光明日报.2016年12月28日.http://epaper.gmw.cn/gmrb/html/2016-12/28/nw.D110000gmrb_20161228_4-08.htm.

[19] 深圳市阅读联合会，深圳大学传媒与文化发展研究中心.2014、2015年深圳阅读指数研究报告.2015.

[20] 史蒂文·罗杰·费希尔. 阅读的历史. 北京：商务印书馆，2009.

[21] 数字图书馆推广工程. 关于开展数字图书馆推广工程2015年度数字资源联合建设工作的通知.2015.http://tg.nlc.gov.cn/zxgg/201509/

t20150918_105392.htm.

[22] 司法部. 中华人民共和国公共文化服务保障法.2016.

[23] 斯蒂芬·克拉生. 阅读的力量. 李玉梅译. 乌鲁木齐：新疆青少年出版社，2012.

[24] 文化部. 全国公共图书馆事业发展"十二五"规划2013.http://zwgk.mcprc.gov.cn/auto255/201302/t20130205_29554.html.

[25] 文化部. 全国文化信息资源共享工程"十二五"规划纲要.http://zwgk.mcprc.gov.cn/auto255/201302/t20130205_29553.html.

[26] 文化部. 文化部"十二五"时期公共文化服务体系建设实施纲要.2013. http://zwgk.mcprc.gov.cn/auto255/201301/t20130121_29512.html.

[27] 文化部，财政部. "公共电子阅览室建设计划"实施方案.2012. http://59.252.212.6/auto255/201202/t20120227_28188.html?keywords=公共电子阅览室.

[28] 夏立新, 李成龙, 孙晶琼. 全民阅读综合评价指标体系构建的探索——以《武汉市全民阅读综合评估指标体系(试行版)》为例. 图书馆情报知识.2015（4）.

[29] 杨芳，李国新. 张家港市"书香城市"建设指标体系（试行）解析. 南京：凤凰出版社,2013.

[30] 詹新惠. 社会化阅读的特点及其影响. 人民网.2013.http://media.people.com.cn/n/2013/0802/c213309-22422621.html.

[31] 中国新闻出版研究院，江苏省全民阅读办主编. 国外全民阅读法律政策译介. 南京：译林出版社,2015.

[32] 朱永新. 我的阅读观. 北京：中国人民大学出版社,2012.

[33] 朱永新. 书香，也醉人. 深圳：海天出版社,2013.

[34] 住房和城乡建设部，国家发展和改革委员会，文化部. 公共图书馆建设标准2008.http://wenku.baidu.com/link?url=lGgdUHp2LjCCztD2D_ZNC7_Se1RizmWrYkYWN_veX6V3pMQ9kkulNDLyzN2u6P-J5D43kzK9Bq1x986Z1qHzWWEdymxVALfF6SVl2fmzHpq.

（课题组成员及执笔人：徐升国、拜庆平、张文彦、田菲、高洁、张帆）

二等奖

2017
中国新闻出版研究院
CHINESE ACADEMY OF PRESS AND PUBLICATION

- 我国移动出版发展状况及分类研究
- 媒体指纹技术在图形商标数字版权保护中的应用研究

我国移动出版发展状况及分类研究

第一章 引 言

第一节 研究背景

移动出版作为数字出版产业的重要组成部分，业已成为新闻出版业的战略性新兴产业和未来发展的主要方向之一。努力推进移动出版产业的快速发展，是实现我国新闻出版业转型升级、融合发展的重要途径之一。近年来，国家新闻出版广电总局先后发布了《网络出版服务管理规定》《关于移动游戏出版服务管理的通知》《关于加强微博、微信等网络社交平台传播视听节目管理的通知》等法规文件，对移动出版产业加以政策规范引导，构建健康的发展秩序。经过多方共同努力，我国移动出版产业发展迅猛，规模不断扩大，产值不断攀升。但与此同时，其分类体系方面存在的问题也日益凸显出来。一是我国对移动出版的认识与理解尚未统一，虽然研究人员对移动出版的特点已做了较为详尽的说明，但是业界对移动出版的边界认识存在模糊性，争议较大，因此致使移动出版分类的研究滞后，且不能形成统一的分类体系；二是当前应用的移动出版统计方式存在一定问题，统计对象不是很明确、统计覆盖面较窄，还不足以反映整个移动出版业的发展情况，重复统计、遗漏统计的现象时有存在，在一定程度上影响了从业者对产业发展的认知；三是现有的国民经济统计指标体系尚未完全将"数字出版"纳入统计范围之内，作为数字出版重要组成部分的移动出版自然也处在国民经济统计范围之外，对移动出版产业进行统计缺乏权威机构的支持与认可；四是现有的移动出版产业的统计，缺乏系统设计、缺乏有效的制度保障，缺乏组织领导机构，致使移动出版的统计处于被忽视的状态。因此，开展移动出版产业分类体系研究，是对移动出版概念界定与边界划分进一步明晰、规范移动出版发展秩序的客观要求。

为了更加全面反映国民经济发展情况，适应新兴文化产业发展的需求；为了使新闻出版产业统计工作步入正轨，进入快车道，国家统计局和国家新闻出版广电总局已共同采取措施，开始着手加强对包括数字出版在内的新闻出版统计工作的管理。自2011年以来，国家统计局发布的国民经济统计分类体系表里没有数字出版的相关统计项，一直处于缺位状态，数字出版作为新兴业态急需纳入国家统计序列；2015年，国家新闻出版广电总局在广泛征集中国新闻出版研究院数字出版研究所和高校学者意见的基础上，向国家统计局提交了《关于在国民经济统计分类中增加"数字出版"的建议》，提出10项具体统计项；2017年，国家统计局在这个建议稿的基础上，形成了《国民经济分类（征求意见稿）》，并反馈给国家新闻出版广电总局。但是这个意见稿依然没有完全体现数字出版产业发展的实际情况，国家新闻出版广电总局经过征求总局各司局和中国新闻出版研究院的意见，综合形成相关意见稿反馈给国家统计局。以上这些工作主要是围绕"数字出版"能否被列为统计条目而展开的，至于将移动出版列入统计条目尚未列上日程。

因此，开展移动出版发展状况及分类体系研究，建立系统、科学的移动出版分类体系，是产业发展及统计工作的必然要求。

第二节 研究意义

首先，移动出版产业作为数字出版产业的重要组成部分，影响着数字出版未来的发展走向，《我国移动出版发展状况及分类研究》课题的研究意义在于为移动出版进行较为清晰的概念界定、边界确定，在此基础上，建立较为科学、系统的分类体系。该分类体系的制定，有助于从业者加深对移动出版的认识，便于发现我国移动出版的发展规律和未来走向；有助于正确认识我国移动出版产业的发展水平以及区域移动出版产业的发展水平与趋势。

其次，移动出版是内容与技术高度融合的产物，高新技术提升了内容的加工水平与呈现方式，影响着用户的阅读与使用体验和消费习惯。移动出版产业的飞速发展，不断催生出新的内容、新的形态、新的产品，产业规模不断扩大，从业人员队伍不断壮大，在这样的背景下，本课题的研究，有利于业界深化对移动出版的认识，有助于推进传统出版与新兴出版融合发展。

再次，中国新闻研究院数字出版研究所每年发布的《中国数字出版产业年度报告》（以下简称《报告》），经过十余年的积累，在数字出版分类的构建方面，进行了积极的探索，取得了一些经验。《报告》的架构搭建与模块设置就是对数字出版分类认识与研究的具体体现，由此得出的相关数据不仅得到了新闻出版行政主管部门的充分肯定与认可，也得到了业界的高度重视，为国内外数字出版科研人员频繁引用。但需要强调的是，《报告》中的数据多数属于调研数据、汇总数据，还不是严格意义上的统计数据。有些模块数据之间仍然存在交叉现象，其中就包括移动出版部分。产业的快速发展与新兴产业的不断涌现，使得移动出版相关数据的统计难度也在日益加大，需要我们加以重视。因此，本课题研究对于《中国数字出版产业年度报告》的研究与撰写也能起到完善和修正的重要作用。

因此，《我国移动出版发展现状及分类研究》这一课题具有非常重要的研究意义和实用价值。

第二章 我国移动出版发展现状分析

第一节 我国移动出版发展现状

移动出版是基于移动互联网的发展，在技术革新的新时代，演化出积累了人类的科学技术知识和先进的思想、凝结着人类智慧的新的传播方式。对社会的进步与发展起着极其重要的作用，是促进我国消费升级、经济社会转型、构建国家竞争新优势的重要推动力。

据中国新闻出版研究院数字出版研究所发布的《2016-2017中国数字出版产业年度报告》数据显示，2016年我国数字出版产业收入规模突破5700亿元，其中移动出版产业收入规模为1399.5亿元，在总收入规模中占比接近

25%。本课题组通过查阅《中国数字出版产业年度报告》系列报告，发现移动出版十余年来一直保持较快的发展势头，并在总的收入规模中占比一直处于 1/4 至 1/3 之间，据此可以判断，未来的移动出版在七亿多移动网民的消费带动下，仍将蓬勃发展，前景广阔。

我国移动出版产业发展迅猛，已备受各方瞩目，对于移动出版产业发展状况的研究也显得颇为重要，鉴于此，本课题组将从以下几个方面展开梳理与阐释，努力呈现移动出版产业发展的重点与热点，把握移动出版产业发展脉搏。

一、国家加大引导力度，助力移动出版发展

2016 年，"全民阅读"、"互联网+"继续写入政府工作报告，受到社会各界的广泛关注，这表明国家已将其发展提到国家层面的战略高度。为与之密切相关的移动出版提供了难得的发展机遇。

政府制定与颁布的一系列政策法规，为移动出版指明了发展方向。习近平总书记在十九大报告中提出，要"满足人民过上美好生活的新期待，提供丰富的精神食粮"，这就为包括移动出版产业在内的文化产业的发展指明了方向，提出了更高的要求与历史使命。国家新闻出版广电总局单独或联合其他部委于 2016 年陆续发布了《网络出版服务管理规定》《关于移动游戏出版服务管理的通知》《关于加强微博、微信等网络社交平台传播视听节目管理的通知》等法规文件，旨在加强移动游戏管理，提高审批效率；加强对以微信、微博为代表的网络社交平台传播内容的监测与管理；构建风清气正的网络出版服务秩序，实现对网络出版内容的有效监管。这些政策的落地实施，为移动出版的发展奠定了坚实的基石，使移动出版发展有法可依，有章可循。

二、移动出版与技术融合加速

技术是产业创新的助推器，也是移动出版业融合发展的重要支撑。目前，技术与移动出版的融合主要体现在通信技术与呈现技术两个方面。

通信技术提升移动出版传播力。近年来，移动互联网持续高速发展。由原来的 2G 到 3G，再到现在的 4G 已经普及且远超人们预期的同时，运营商们已经开始布局 5G 网络；加之 WIFI 热点的进一步覆盖，以及智能移动设备

的不断普及，都在加速促进中国移动互联网的快速发展和进步。以移动互联网为代表的通信技术在不断拓展移动出版的传播渠道与覆盖范围的同时，也推动了移动出版新产品、新形态不断涌现。

呈现技术激发移动出版新活力。2016 年被称为 VR、AR 元年，众多资本纷纷投入相关行业领域。2016 年以来，VR、AR 等新兴呈现技术更加成熟和完善，这些技术逐步应用到出版乃至移动出版行业，为行业注入新鲜血液和活力，促进了行业新的发展生机。主要表现为：传统出版企业积极布局，探寻新的业务增长点。如吉林出版集团积极应用 AR、VR、3D 技术进行尝试，推出"立体派"图书四大系列，与其他 8 个系列的 VR、AR 类产品一同构建起立体、智能终端互动产品群，形成了自己的产品特色与品牌。目前，VR、AR 图书以儿童图书为主，其互动性、可玩性强，大大增强了儿童的阅读体验。移动游戏行业重点关注，积极培育市场。VR、AR 等呈现技术的应用，丰富了移动游戏的表现形式，提升了用户的交互体验。VR、AR 技术助力移动视频，提升互动体验。VR、AR 技术有利于沉浸式场景的创造，视频 VR 能够通过全新的交互模式重塑用户视频观看体验。2016 年，湖南卫视推出的《歌手4》节目，就引入了 VR 版本，取得了不错的反响。

三、新热点、新形态不断涌现

近两年，人们对数字内容消费需求的日益旺盛和多元，催生移动出版的新热点、新形态。在移动阅读领域，近年来有声读物发展势头良好，实现了阅读从视觉到听觉的感官转移，有效满足了碎片化环境下人们多场景阅读与知识的精神层级的追求。据有关数据显示，2016 年我国有声读物市场规模达到 29.1 亿元[①]，近七成的数字阅读用户用过听书功能，且随着互联网知识付费浪潮的兴起，各大有声读物平台纷纷推出了付费精品有声内容，有声读物市场的付费意愿较高，达到 65.3%[②]，是移动阅读较快实现内容变现的领域。目前，有声读物平台的市场竞争格局已现雏形，酷听、懒人听书等都已

---

① 胡丰盛，许峻诚.2016 年中国数字阅读白皮书发布：市场规模达 120 亿元.[EB/OL]. http://it.people.com.cn/n1/2017/0415/c1009-29212913.html.

② 数字阅读助推全民阅读时代[EB/OL].http://media.people.com.cn/n1/2017/0424/c40606-29230126.html

成为行业的龙头品牌。有声读物也成为 IP 生态链中的一环，出版商加大了在有声读物领域的布局，经典作品和网络文学转化为有声读物已非常普遍。与此同时，有声读物为很多包括各领域专家等在内的内容创业者及团队提供了机遇，将有声读物作为其传递专业知识和价值观的重要方式，如由主持人转行做内容创业者的王凯、音乐人高晓松、马东及其《奇葩说》团队、财经自媒体人吴晓波、罗振宇的罗辑思维等都推出了各自的有声产品，获得良好市场反响。财经、科技等专业领域内容也满足了众多网民在碎片化的时间里知识获取、进行高效学习的需求，由此有声读物或将成为知识服务的新模式。

近年来，随着网络环境的进一步优化，移动端视频类内容需求日益旺盛，网络直播、短视频领域发展迅猛，成为互联网资本涌入的新风口。移动直播使得网络直播门槛迅速降低，在资本的助推下，移动直播平台便如雨后春笋般涌现。据相关数据统计，目前全国直播平台数量已超过 300 家[①]。用户在移动互联网端进行视频观看、制作，以及为视频直播打赏等习惯已经普遍养成，视频直播已成为营销和社交行为的常用方式。此外，直播正在向纵深领域进行业务拓展，除了游戏直播外，新闻、电商、教育等领域的直播也广为出现且日趋成熟，产业间融合程度日益加深。短视频是互联网视频领域的另一热点，内容生产平台、发布传播平台在近几年来形成了一定的规模，在一定程度上推动短视频行业实现迅猛发展，用户需求也日益旺盛。据艾媒咨询数据显示，2016 年中国移动短视频用户规模为 1.53 亿人，增长率达 58.2%[②]。诸多媒体和互联网创业团队均涉足短视频领域，诸多平台以及独立 APP 都非常重视短视频的社交功能，将其嵌入其中，设置短视频频道或模块，将其作为未来发展重点，如搜狐新闻、今日头条等。

四、移动媒体加大内容布局力度

近年来，移动互联网逐渐成为人们获取资讯的主要渠道。据艾媒咨询数

[①] 网络直播数据：300 家平台、超 3 亿用户，80% 流量靠网红主播 [EB/OL].http：//www.thebigdata.cn/YeJieDongTai/32243.html
[②] 艾媒报告.2016-2017 中国短视频市场研究报告.[EB/OL].http：//www.iimedia.cn/51028.html

据显示，2016年第四季度中国移动资讯用户达到6.0亿人①，日益旺盛且多元的用户需求加剧了移动资讯市场的竞争。而内容成为移动媒体竞争的核心，纷纷加大内容布局力度。如今日头条从2015年起提出"千人万元"补贴计划，后推出10亿元补贴扶持自媒体发展，截至2016年底，头条号的数量已经增长到30万个。2016年，今日头条宣布在短视频领域投资10亿元，进一步扩大内容布局。近年来，微博顺应移动互联网规律，不断实施自我转型，特别是垂直化战略的推进，不断加大对垂直领域自媒体的扶持力度。其中，在一些领域商业化垂直生态已经建立，内容的生产与消费产业链环节不断强化，如电商、娱乐等领域。截至2016年10月，微博上已有45个垂直领域月阅读量超过10亿，其中18个领域更是超过了100亿②。多媒体化战略使微博一跃成为综合内容平台。UC头条、合一集团与微博共同成立视频文娱大联盟，共同打造文娱内容生态，联盟将全面打通三个平台的账号、内容、算法、关系互动等，提升头部内容、自制合制内容、自频道、明星和企业机构在内容、发行和变现上的核心能力。此外，阿里UC推出"W+"量子计划，投入10亿元专项扶优基金，每月向当月持续产出优质内容的自媒体奖励1万元奖金，以鼓励原创作者，扶持、孵化优质内容生产。网易新闻则通过实施"自媒体奖励计划"，鼓励、扶持优质的自媒体内容创作，孵化优秀的自媒体个人与团队。2016年，网易新闻宣布实施"天网计划"直播战略，投入优质内容生产，形成全球化、全天候的直播相应机制，并以网易号为基础，打造直播PGC（专业制作）内容。Zaker则是通过加快实施"区域融媒体"战略，加强与地方主流媒体的深度合作，提升内容质量，推动媒体融合发展。

第二节 移动出版产业存在的问题与对策建议

尽管我国移动出版产业规模持续创出新高，保持较快发展，出版业融合发展态势初步形成，但仍有一些问题需要重点关注：一是面对移动出版高速

---

① 艾媒报告.2016-2017中国移动资讯市场研究报告.[EB/OL].http://www.iimedia.cn/48828.html

② 自媒体年入117亿微博"赋能"构建新媒体生态闭环[EB/OL].http://tech.sina.com.cn/i/2016-10-25/doc-ifxwztrt0377201.shtml

发展态势，行业管理细分相对滞后。移动出版内容的多元化，导致移动音乐、移动阅读、移动游戏、移动视听等内容产业以 IP 为纽带，不断交叉融合，行业边界不清晰，旧的管理机制不能满足行业的发展需求；二是旧的统计体系不能完全覆盖新业态包含的内容，亟待完善。

从移动出版发展的态势来看，未来移动出版在发展过程中可能遇到如下瓶颈及问题，可以尝试推出相应的措施促进移动出版产业健康发展。现分述如下：

一、用户数量趋于饱和，须深耕细分市场，创作精品内容

移动出版经过前几年的爆发式增长，经历了从 PC 端到移动端转移的迅猛发展，人口红利逐渐消退，用户规模的发展将遭遇瓶颈期，同时也不排除移动端用户可能回落的态势。市场的饱和、激烈的市场竞争，导致移动出版企业开拓市场和吸引有效用户会变得更为困难。这就需要各内容企业迅速做出反应，采取有效措施，深耕细分市场领域，找准竞争优势，用优质内容、精美产品和精准服务来稳定现有用户，以此应对人口红利消退所带来的用户减少。

二、IP 估值难，亟待建立评估体系

在移动出版发展的大背景之下，各方都在加快泛娱乐化建设布局，涉及游戏、文学、影视、动漫等众多行业领域。要想得到真正的发展，IP 是核心关键，而"精品 IP"则是发展的重中之重。但是，令我们担忧的是，各方企业为迅速实现利益最大化，是真正地去挖掘 IP 还是为迎合受众的一时之需？这种情势需要看清并且明朗化。一些公司缺乏对 IP 运营实质的把握与理解，在选择 IP 作品时，仅依靠名气、数据这两个判断指标，过分强调这两个指标的权重，而忽略了内容价值的重要性。因此，建立有效的 IP 评估体系成为产业发展的当务之急。

三、统计问题凸显，分类体系有待重新设计

面对开拓转型升级思路，创新融合发展手段和业务模式，新的概念不断应运而生，旧的分类体系已经不能满足新业态的规范化管理，要切实推进移

动出版产业提质增效、扩容提速，需要重新界定行业的结构体系及分类统计方法。需要对概念进行重新界定探讨，这样有利于术语规范的确定、有利于标准体系的建设、有利于降低市场交易成本。建议重新研讨并尽快设计建立移动出版领域的分类标准和统计体系。

四、产业边界不清晰，应明确主管部门职责

随着泛娱乐产业的加快布局，移动出版产业领域的新内容、新形态、新产品不断增加，这也使得移动出版面临的问题更为复杂，规模庞大、运营主体分散，都在考验政府主管部门的监管能力。侵权盗版、维权难度大、权责划分模糊、侵权方式的隐蔽性等问题都向主管部门提出了更高的审查要求。应从政府层面尽快明确部门职责，明晰管理范围，尽力避免内容审查漏洞的出现。

五、高端复合人才匮乏，应建立多样化的培养体系

移动出版是融合的新兴发展产业，人才是移动出版实现发展的关键所在。根据移动出版产业发展的自身特点来看，需要既懂出版又懂技术的高端复合型人才，目前这方面的人才极度缺乏、极为抢手，因此必须加快建立产学研用联合的多样化培养体系，创新培养方式，加快培养产业发展急需的人才。

第三章 移动出版分类体系的研究基础

数字出版自上世纪90年代起步以来，以年平均增长30%的速度迅速发展，引起了政府主管部门、科研院所和业界的高度重视。大家不仅高度关注数字出版产业的发展现状、存在的问题，更重点关注产业每年收入规模的增长情况。由于数字出版产业是技术与出版业融合发展的产业，因此各行业之间交叉性很强，清晰、客观对各行业的边界进行准确划分是比较困难的。但是，为了更好地推动产业发展，掌握产业发展的真实情况，更加准确地对数字出版产业进行有效、权威的统计，政府主管部门、科研院所、高等院校都在这一领域进行了可贵的探索。这些探索为我们现今开展的移动出版分类研究奠定了坚实的基础，也提供了可供参考的研究方法与研究路径。数字出版研究所在

这个领域多次积极参与研究，推出课题成果，可以说在数字出版行业分类体系研究方面积累了丰富的经验，这些研究成果对本课题的研究将提供有力支持。具体内容将在本章加以呈现。

第一节　数字出版产业分类体系与指标研究概述

为了进一步推动与加强对数字出版产业的管理，深化对数字出版产业的理解与认识，国家新闻出版广电总局于 2013 年面向全国各高校、科研院所以及业界从业者进行开展年度重点软课题的申报工作，《数字出版产业分类体系及指标研究》就是课题之一。中国新闻出版研究院数字出版研究所多年来一直在进行《中国数字出版产业年度报告》的撰写工作，对我国数字出版产业分类体系及指标建设方面有一定的理解与认识深度，经过认真撰写申报书、制定详细周密的研究计划，并详细阐述了研究思路与研究框架，最终国家新闻出版广电总局数字出版司将该课题委托数字出版研究所承担。经过一年多的充分调研与深入研究，数字出版研究所于 2014 年 9 月完成了该课题的研究任务，并将课题成果上交总局数字出版司，获得总局领导认可，并于 2014 年、2015 年在江苏、重庆两个试点省（市）进行试点应用，收到了良好的效果，同时从应用中发现问题、解决问题，进一步完善课题成果。下面将对该课题研究成果加以概括性介绍，以便读者更好地了解该课题的研究情况。

一、关于数字出版产业分类的研究

当时，国家新闻出版广电总局将互联网出版业务分为 11 个类别，分别是："互联网图书、互联网报纸、互联网杂志、互联网音像出版物、互联网电子出版物、手机出版物、互联网学术出版物、互联网文学出版物、互联网教育出版物、互联网地图、互联网游戏出版物"[①]。《中国数字出版产业年度报告》中的统计行业分类为：互联网期刊、电子书、数字报纸、博客、在线音乐、手机出版（包括手机阅读、手机游戏、无线音乐，后升级为移动出版）、网络游戏、网络动漫、互联网广告。这些数字出版产业分类都有其相应依据，

---

① 尹琨.2014 出版职考：首纳互联网出版从业者 [N]. 中国新闻出版报 .http://data.chinaxwcb.com/epaper2014/epaper/d5799/d1b/201406/46089.html.

但仍需进一步完善，才能更加符合数字出版迅速发展的需要。

当时，《国民经济行业分类》中没有"数字出版"类别，但有"其他出版业"这一类别，其行业代码为8529。包括互联网出版服务和其他出版服务。所以当时课题组认为，数字出版产业可纳入其他出版业（8529）的行业类别下。同时，《国民经济行业分类》中，还有数字内容服务（其行业代码为6591）、互联网信息服务（其行业代码为6420）等与数字出版生产、传播、服务相关的行业类别，课题组认为，这些行业均可列入数字出版行业范畴中。

为了力争在未来将数字出版产业统计纳入国家统计局的统计体系中，课题组当时对数字出版产业分类的划定，是以《国民经济行业分类》（GB/T4754—2011）为基础的，兼顾统计的可操作性和非重叠性，根据产业相关性，以数字出版产品生产和数字出版产品生产相关活动为顺序，以数字内容为核心，按照数字出版产业核心层、关联层、延伸层的层次关系，同时结合国家新闻出版广电总局的互联网出版业务分类方法和《中国数字出版产业年度报告》的产业分类经验，对数字出版产业的行业类别进行细分。具体分类参见表1。

需要说明的是，由于数字出版业在当时尚未纳入国民经济行业分类体系中，因此还没有数字出版业的专有行业代码。因此，课题组决定依然沿用国民经济行业中已有代码，以便于体现数字出版产业分类与当前国民经济行业分类的关联程度。

表1 数字出版及相关行业分类目录（以《国民经济行业分类》（GB/T4754—2011）为基础）

类别名称	产业关联度	国民经济代码
出版业*		852
其他出版业*（数字出版业）		8529
（一）互联网出版服务		
1.互联网出版		
互联网电子图书出版	核心层	
互联网数字报纸出版	核心层	
互联网期刊出版	核心层	
互联网音像出版	核心层	
互联网电子出版	核心层	
互联网地图	关联层	

（续表）

类别名称	产业关联度	国民经济代码
互联网游戏出版	核心层	
互联网动漫出版	核心层	
互联网教育出版	核心层	
互联网学术出版	核心层	
互联网文学出版	核心层	
其他互联网出版服务		
2.互联网信息服务*		6420
（二）其他出版服务		
1.移动互联网出版服务		
移动互联网电子图书出版	核心层	
移动报纸出版	核心层	
移动期刊出版	核心层	
移动互联网音乐出版	核心层	
移动互联网动漫出版	核心层	
移动教育出版	核心层	
移动游戏出版	核心层	
移动互联网音视频（音像出版物）出版	核心层	
移动地图出版（LBS服务）	核心层	
移动资讯出版	核心层	
其他移动互联网出版服务	核心层	
2.其他电信服务*		6319
手机阅读增值服务	核心层	
手机报	核心层	
彩铃	核心层	
（三）数字出版相关服务		
1.数字内容服务*	关联层	6591
数字动漫制作		
游戏设计制作		
地理信息加工处理		
其他数字内容服务		
2.广告业*		7240
互联网广告	核心层	
移动互联网广告	核心层	

（续表）

类别名称	产业关联度	国民经济代码
3.软件开发*		6510
App 开发	关联层	
4.信息系统集成服务*	延伸层	6520
软件（App）运行维护		
数字资源平台运行维护		
5.信息技术咨询服务*	延伸层	6530
信息化规划咨询服务		
信息资源开发利用咨询服务		
数字内容资源平台技术支撑咨询服务		
6.数据处理和存储服务*	关联层	6540
数据库服务		
数据处理服务（数据加工服务、网站内容更新服务）		
7.知识产权服务*	延伸层	7250
数字版权服务		

本表分类以业务和产品形态为维度，而不以企业性质类别为维度。即无论是传统出版单位，还是互联网企业，是否有无互联网资质，只要从事相关业务、产品生产，以及提供相关服务，就应纳入这一行业类别中。以互联网电子图书为例，无论是传统出版单位自己自行进行电子图书的出版、制作与销售，还是电子图书在第三方平台上销售，都属于电子图书这一行业类别。

二、关于数字出版产业统计指标体系的研究

加强数字出版分类研究、构建统计指标体系，主要是实现两个重要目的：一是为摸清数字出版业发展规模，以及其对国民经济生产总值的贡献值；二是为把握数字出版产业的本质、内涵与外延，界定数字出版业边界，实现对数字出版行业的有效分类。因此，制定数字出版统计体系不仅要考虑到数字出版的收入指标，也要考虑到从事业务和产品种类。同时，数字出版从业人员数也可以体现数字出版产业的发展情况，故也应纳入统计范畴。

数字出版产业统计指标体系的设计不仅要体现数字出版产业发展的实际

情况，反映与新闻出版业、文化产业以及国民经济的层级关系，而且也要考虑到现有的统计能力与现有的研究成果，分阶段、分时期构建，逐步规范与完善，努力实现与产业发展同步。

统计指标主要包括三个构成要素：指标名称，计量单位，计算方法。数字出版产业统计属于一个崭新课题，本课题设计的统计指标体系以直观、可操作性为原则，力求通过统计全面了解当前我国数字出版产业的整体发展情况。本课题将数字出版产业统计指标体系划分为四大类，包括数字出版产业规模性指标、数字出版产业结构指标、数字出版产业效益指标和数字出版产业潜力指标。四大类指标细分为20项指标，并与统计表中各统计项相对应。具体参见下表。

表2 数字出版产业主要统计指标表

总指标	分项指标	统计指标（项目）名称	计量单位
数字出版产业规模指标	①数字出版产业总产出	①营业收入	千元
	②数字出版产业主营业务收入	②主营业务收入 ③数字出版业务收入	千元
	③数字出版产业增加值	④生产投资成本 ⑤利润	千元
	④数字出版产业税收总额	⑥应交所得税	千元
	⑤数字出版产业从业人员数	⑦从业人员数 ⑧数字出版从业人员数	人
	⑥数字出版产业单位数	——	
数字出版产业结构指标	①数字出版产业集中度	①数字出版业务类型 ②数字出版产品数量	—— 个
数字出版产业结构指标	②数字出版业资本结构	③企业投资结构（企业登记注册类型）	——
	③数字出版专业化程度	④数字出版收入占比	%
	④数字出版业生产结构	——	
数字出版产业效益指标（派生指标）	①数字出版产业劳动生产率	数字出版产业增加值/数字出版从业人员	%
	②数字出版产业资金利税率	数字出版利润/所缴税	%

（续表）

总指标	分项指标	统计指标（项目）名称	计量单位
数字出版产业效益指标（派生指标）	③数字出版产业对国民经济的贡献率	数字出版产业增加值/地区生产总值	%
	④数字产业就业贡献率	数字出版从业人员/国民经济从业人员数	%
数字出版产业潜力指标（派生指标）	①数字出版产业产值增幅	数字出版收入增长率	%
	②数字出版产业税收增幅	数字出版业务税收增长率	%
	③数字出版产业就业人员增幅	数字出版从业人员数增长率	%
	④数字出版产业固定资产投资增幅	数字出版投资生产成本增长率	%
数字出版产业潜力指标（派生指标）	⑤国民数字出版产品消费增幅	数字出版产品数量增长率	%
	⑥数字出版产业利润总额增幅	数字出版利润增长率	%

第二节 《国民经济行业分类关于增加"数字出版及其他出版业"分类的建议》概述

国家统计局近几年来比较关注数字出版产业的统计工作。数字出版作为新兴出版业，有其自身的复杂性与交叉性，所以按照原有的国民经济产业分类统计体系，无法完成其统计工作，国家统计局曾几次与国家新闻出版广电总局进行沟通，并前往总局进行实地调研。中国新闻出版研究院数字出版研究所多次配合总局工作，向国家统计局提交关于数字出版分类的相关材料。2015年1月，数字出版研究所为总局数字出版司起草了准备向国家统计局提交的建议稿——《国民经济行业分类关于增加"数字出版及其他出版业"分类的建议》（以下简称《建议》）。

《建议》针对当时国家统计局和国家新闻出版广电总局的要求，以及我国数字出版产业发展的实际情况，认为将数字出版纳入国民经济行业分类是十分必要的，也是十分可行的，建议单独设置分类。其意义在于：第一，摸清数字出版业发展规模，以及其对国民经济生产总值的贡献值；第二，把握数字出版产业的本质、内涵与外延，界定数字出版业边界，实现对数字出版行业的有效分类；第三，有利于行政管理部门明确管理范畴和职能；最后，也是非常重要的一点，有助于行业相关数据的统计，科学评估我国数字出版产业发展水平。

《建议》认为在国民经济行业分类中，出版业（编码852）下设的小类编码为8529注释为"其他出版业"，其中包括互联网出版服务和其他出版服务。同时数字内容服务（行业编码6591）和互联网信息服务（行业编码6420）也与数字出版产业密切相关，在这里我们认为，由于数字出版这一概念已得到广泛认可，同时体现新兴业态和融合发展的方向，建议把8529"其他出版业"调整为"数字出版及其他出版业"，同时对其进行细分，并将数字内容服务和互联网信息服务等与数字出版密切相关的其他类别涵盖其中。

《建议》参考当时即将出台的《网络出版服务管理规定》，对网络出版物范围进行了界定，主要包括：文学、艺术、科学等领域内具有知识性、思想性的文字、图片、地图、游戏、动漫、音视频读物等原创数字化作品；与已出版的图书、报纸、期刊、音像制品、电子出版物等内容相一致的数字化作品；将上述作品通过选择、编排、汇集等方式形成的网络文献数据库等数字化作品；国家新闻出版广电总局认定的其他类型数字化作品[①]。建议将"数字出版及其他出版业"划分为网络音乐、网络游戏、网络动漫、网络文学、网络地图、网络数据库、网络音视频、数字阅读、网络教育出版服务、网络出版增值服务等十项细分类别。

第三节 《关于修改国民经济行业分类注释意见的建议》概述

2017年10月，国家统计局向国家新闻出版广电总局、中国新闻出版研究院发来新修订的《国民经济行业分类》（征求意见稿），将新闻出版序列的统计体系进行了修改与调整，将原有的8529"其他出版业"，修改成代码为8626"数字出版"，下设12大类，主要是依据互联网出版许可资质允许的业务范围来设定的，其中也包括数字出版研究所在2015年1月在建议稿中

---

① 国家新闻出版广电总局、工业和信息化部《网络出版服务管理规定》（第5号令）

提到的网络游戏、网络动漫、网络文学等。由此可见，国家统计局对于建议稿中的内容还是有一定认可度的，对我们的研究成果也是颇为重视的。

但是在这个征求意见稿中，仍然存在统计条目与数字出版产业发展实际相脱节的地方，有些条目已不足以反映数字出版行业的现有状况，甚至有些文字表述已经不再经常使用，因此数字出版研究所针对征求意见稿中存在的问题，再次提交新版建议稿——《关于修改国民经济行业分类注释意见的建议》（以下简称新《建议》）。

新《建议》共包括四个问题，一是建议将8626"数字出版"中的"互联网音像出版服务"改为"互联网音视频出版服务"这是因为随着数字出版的发展，互联网音像出版这一概念已不足以反映像有声读物等新的产品种类，未来可能会有更多的关于视频、音频等数字出版产品出现，为了契合数字出版产业发展实际，所以建议将"互联网音像出版服务"修改为"互联网音视频出版服务"。二是建议在8626"数字出版"中增加"互联网音乐出版服务"。互联网音乐出版服务既包括传统音乐出版单位出版的歌曲和乐曲在网络上的数字化传播，也包括音乐爱好者自行上传网络的歌曲和乐曲作品。前者肯定要经过具有音乐出版资质的专业机构进行内容审查、编辑、加工和制作，后者虽然没有经过专业机构进行加工制作，仍然要接受取得互联网出版资质的播放与经营平台进行内容审查。而且，互联网音乐产品一般都会以音乐数据库的形式存在，这正是数字出版所关注的范围。同时在互联网上传播的音乐作品依然享有版权，需要进行版权保护。所以应该将"互联网音乐出版服务"列入数字出版的统计范围。三是建议在8626"数字出版"中增加"互联网地图出版服务"。互联网地图出版服务是指以互联网或移动通信网为传输媒介，利用计算机技术，以数字方式利用地理信息系统提供存储和查阅的网络地图。网络地图基于位置服务技术，能够获取终端用户的位置信息并提供与位置相关的各类增值服务。同纸质地图出版一样，提供网络地图服务的机构也需要取得测绘资质和出版资质。因此，建议将"互联网地图出版服务"纳入数字出版统计范围。四是建议在8626"数字出版"中增加"互联网广告出版服务"。互联网广告出版服务是指通过互联网为个人出版或机构出版在内容上提供可扩展性的定制化服务，也包括更深层次的延伸服务。包括网络广告、网站链接推广等服务。其中，网络广告与传统的几大广告传播媒体（报纸、杂志、电视、广播）相比优势巨大，对用户注意力资源的合理利用使其做到了覆盖面甚广、投放精准等特点，是网络出版增值服务中最有价值的领域。互联网广告不仅比传统广告传播媒体延伸更广，而且与目前网络出版关联度也是最为紧密的。而且互联网广告出版服务业务也在网络出版许可的监管范畴内，因此建议将"互联网广告出版服务"纳入数字出版统计范围。

在国家统计局发放征集意见稿即将结束的一周里，国家新闻出版广电总局规划发展司召开了包括总局计财司、数字出版司、中国新闻出版研究院数字出版研究所在内的征求意见会，在会上，朱伟峰司长对数字出版所提出的修改建议进行了肯定，并决定将修改意见汇总、凝练，反馈给国家统计局。

第四章　我国移动出版分类体系研究

第一节　移动出版的产业内涵与边界

移动出版是伴随着移动通信技术的发展，用户媒体接触点增多，出版业界适应信息传播新环境而诞生的新兴出版形态。同时，也是出版业界从以编辑为中心向以用户为中心的观念转变的结果。移动出版不是手机出版的升级，而是与手机出版并存，包括但不限于手机出版的一种出版形态。

一、移动出版的定义

从出版的基本概念来看，必须具备信息（知识）、复制和（向公众）传播三个基本要素，承载信息、知识的符号是文字、图画、声音、图像、数字或特定的符号，师曾志将出版定义为：将文字、图画、声音、图像、数字或符号等信息知识记录在一定的介质上，进行复制，向公众传播的行为。这个定义圈定了出版的三个基本要素，但对传播行为是否获得相应许可和手段没有明确表述。结合我国具体实际，出版应该有前置条件，即经过国家审批许可；考虑现代传播的条件，应该界定使用现代传播技术。也就是说，出版的概念可以这样确定：利用特定的手段将图、文、声、像、影等信息、知识记录在某种介质上，进行复制，并向公众传播的行为。

基于对出版的理解和要素分析，移动出版的概念就更加明晰，移动出版更加明确的是传播介质和传播手段。从应用反推到概念，移动出版传播介质必须具备可移动、可即时交互的特征；传播手段，也就是复制的模式，应该具备绿色化、数字化、智能化，绿色化就是其复制过程不应产生更多的物质产品，或者消耗更多的物质介质；数字化就是复制的过程是利用数字技术完成，智能化就是可满足与用户交互的需求；传播渠道应该利用现代通信网络，向特定的终端传输，具备网络化特征。

由此，可以将移动出版概括为利用数字技术对文字、图像、声音、数字和符号等信息、知识进行编辑、加工制作，通过网络向用户的移动终端传输的一种传播行为。有两点值得注意，一是根据我国《网络出版服务管理规定》的界定，这里的内容可以是原创的，也可以将已经出版的内容进行数字化加工，与原文意思一致。二是移动出版内容与知识服务之间的关系，知识服务是一种服务理念，是对原有内容的深度挖掘、加工形成的新内容，符合前述的已经出版内容数字化加工的界定。

二、移动出版的产业边界

从产业经济学的角度看，产业指具有某种同类属性的经济活动的集合或系统。以此为出发点考察移动出版产业，是一个利用移动终端传输信息、知识的经济活动的集合，从形式上看，这些经济活动有原创、有对已经出版的内容进行数字化加工；从内容类型上看，这些活动有新闻、游戏作品、文学作品、社会科学作品、科学技术作品、音乐作品、视频作品、动漫作品、数据库等；从使用目的上看，有单纯信息传播，也有教育传播，还有专业成果传播。

基于对产业活动的理解，站在移动出版某一具体的产品形态，上溯其形成的过程，下延至传播的终点，不难发现，这里又形成了一个经济活动的集合。因此，在界定移动出版的产业边界时，要充分考虑其产业活动的集合性，沿着不同的产品形态去追溯其活动的共性和差异性，穷尽其对产业发展的影响，按其影响强度进行分类。如内容创意对移动出版的影响强度明显高于冶金对移动出版业的影响强度，因为内容创意距离内容传播更近，内容创意完成通过加工、制作就可以直接向用户传播，而冶金业冶炼的金属必须通过再加工制作成相应的部件或者相应的材料，应用智能设备制造业，成为移动终端的部件或者材料，虽然是产业活动的集合，但对移动出版业的影响几乎没有，因此不应将其圈在移动出版产业的生产传播活动集合中。如是，对各个产业活动进行分析，归类，相同活动进行合并，不能合并的按其影响强度进行归类，确立其是否属于移动出版产业活动，决定是否圈入其中。

三、移动出版产业与数字出版产业的关系

从产业关系视角审视移动出版的产业方位，可以看出，移动出版虽然具有较强的产业融合性，但其根本属性仍然是信息传播和服务。现有的基于移动终端传播的数字内容产品形态相当丰富，包括了移动文学、移动报纸、移动期刊、移动地图、移动音乐、移动视频、移动动漫、移动游戏、移动数据库、移动教育，以及通过专用平台，如微信公众号、专业客户端等进行移动终端专用软件集成系统等传播模式。从而回应了原国家新闻出版总署《关于加快我国数字出版产业发展的若干意见》中对数字出版的产业门类的列举，经过7年多的发展，移动出版不仅包容了以上《意见》中列举的产业形态，并作了较好的延伸，使移动出版业成为数字出版业的一个子集，丰富和完善了数字出版业的内涵，使数字出版产业形态更加丰富，更能适应不同偏好、不同条件用户的需求，从而对传统媒体和新兴媒体融合发展起到促进作用，也使文化产业的业态得到有效延伸，形成了新的文化产业层级关系（见图1）。

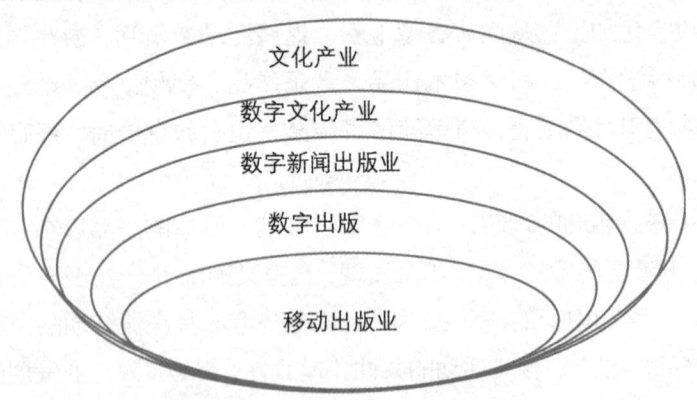

图1　移动出版与数字出版关系图

不同之处在于，《意见》中的手机出版，作为一个独立的门类，在移动出版产业视角下，成为移动出版产业的子集。

第二节 移动出版的产业特征

作为数字出版业的子集,移动出版具有数字出版典型特征和行业的独特特征,这些特征一定程度上将移动出版业与数字出版业和数据库出版形态区分开来。

一、产业融合

所谓融合,从学理的角度解释,就是将不同的物质放在同一空间,通过外力打破其原有的结构,使其重新组合成新的物质。从媒体发展的视角,移动出版业是传统出版与新兴技术和新兴媒体融合发展的结果。从出版视角反解移动出版,至少是五个产业门类融合发展的结果。

一是文化产业。毋庸置疑,移动出版业是新闻出版业的一种业态,按照我国产业分类方法以新闻出版业位列文化产业之中,故移动出版业应隶属于文化产业范畴。二是高新技术产业。移动出版业是高新技术与内容充分融合的产物,故具有高新技术产业特征。三是信息产业,移动出版传播的内容主体是信息与知识,存在信息消费行为,因此与信息产业有范围交叉。四是软件产业。移动出版从内容制作到消费,都有软件的支持,因此与软件产业也存在范围交叉。五是智能制造业。传统出版业的主要信息载体是纸,移动出版的内容载体是借助解码、还原呈现信息的智能终端设备,此类设备必须依托于先进的制造业,制造业相关产业越发达,移动出版传播的效果和受众体验就越充分。五种产业特征表明移动出版是多种产业跨产业融合的新业态,具有融合特征。

二、产业链条延伸

从产业链条的视角来看,传统出版业相关的产业相对单一,涉及农、林、冶金、机械制造、造纸、文化创意、商贸流通等流域68个产业部门,随着激光照排和数字印刷的进入,产业链有所延长,但总涉及的产业部门不到80个。数字技术介入出版业,数字出版业的兴起,移动出版业形成,多领域高新技术的出现与应用,催生产业新生态,推动产业链变粗、变长。在投入产出表的139个产品部门分类中数字出版产业的产业链条涉及111个部门,产业链条明显加长。

移动出版的产业链主体系统复杂、庞大，主要包括内容提供商、技术提供商、通信运营商、终端设备商、用户等；相关参与者也比较复杂，涉及网站、存储等环节企业。

但是也要看到，移动出版是技术与内容高度融合而形成的新兴业态，技术的作用日益突出。技术制约着用户的阅读体验与内容产品价值的认可度。相对于传统出版业，移动出版业的增加值率得到较大提升。据重庆华略数字文化研究院有关重庆市数字出版业投入产出的专项研究表明，重庆市2016年数字产品产业整体增加值率达到43.68%，远远高于全社会增加值率水平。在数字产品链条中的6个类型中除数字产品载体制造和数字产品载体相关服务外，其他4个产品链条都远远高于重庆市全社会的增加值率。可见，移动出版产业链条的产业增加值率高于全社会水平。

三、深度交互

与产业链延伸不同的是，移动出版视角下的传受角色也发生了很大的变化。一是读者转变成用户，出版商转变为服务商。传统出版视角下，传受之间有沟通渠道，但沟通机制并不完善，沟通渠道并不畅通，而在新的传播环境下，传播渠道多元，信息丰沛，读者流失分散，知识更新频繁，简单的内容售卖已经不能满足出版商的发展需要。出版商必须转变角色，对有限用户进行深度开发，以最大的限度去开发读者价值。因此，出版商变成了服务商，提供包括但不限于知识的服务，而读者成为用户。二是以编辑为中心到以读者为中心。新兴的传播环境下，读者的身份转变，满足用户需求成为服务商的追求，由此转变单向的信息流通模式，构建以用户为中心的服务模式，即以用户需求为导向，以知识服务为根本，延伸至用户成长的需求，贯穿到服务始终。三是沟通模式由延时向即时转变。传统出版的沟通模式从书信到邮件，与彼时传播环境匹配，沟通更多的是一种姿态性，真正改变或者影响出版的力量力度非常有限。而在新的传播环境下，出版商首要建立的必须是沟通机制，构建非常有效的沟通渠道，能且必须实时掌握用户动态和变化。

基于出版服务模式的转变，移动出版服务成为出版商黏住用户的有效手段之一，较之数字出版这个母体而言，移动出版是出版商服务随时在线的最畅通的渠道，优化移动出版产品内容本身，增强其交互性，实现深度交互成为一种必然选项。近十年来的实践证明，交互性好的服务商，其因为交互获得市场的影响力和收益，较之非构建这种交互模式的出版商要好得多。

第三节 移动出版产业分类的原则

作为数字出版业的一种形态，移动出版业的发展迅速，对产业的支撑能力越来越强。因此，必须对移动出版业中涉及的不同业态进行细分和归类，才能弄清楚移动出版业内部业态之间的关系，以及不同业态对于整个产业的支撑作用和产业贡献。而这个分类必须既能准确地反映移动出版业全貌，又能体现移动出版产业的基本特征。

一、完整性原则

产业分类是一个系统工程，必须要较为完整地反映当前该产业发展的基本面貌，同时为产业发展留下足够的接口。移动出版产业分类亦然。一方面，横向厘清本产业相同和相近产业的产品形态，以包容的归类方法对这些产品进行归类。如，《关于加快我国数字出版产业发展的若干意见》中列举的十大产业形态，较为完整地反映了当时数字出版业的面貌，也为今后数字出版业发展留足了接口。这一点在《网络出版服务管理规定》中也得到了充分体现。移动出版业在经过近十年的快速发展后，已经形成了数十种产品形态，并在不断地创新，从单一平台到跨平台，从简单的移动推送到交互推送，从阅读产品到交互产品，每一步都是产业发展的标志。进行分类编制，首先要列举所有已有的产品形态，进行归类溯源，找到其根本；另一方面，纵向厘清产品的形成过程，也就是对产业链进行梳理，其目的在于弄清楚产业之间的相关性，产业与产业之间的支撑性，从而弄清楚哪些是产业链的环节，哪些不属于产业链，对于属于产业链的部分要分析其产业对产业的影响。最终较为科学完整地体现本产业分类的科学性，实现数据分析的有效性。

移动出版产业分类，应从三个基本节点出发，寻找产业形态，一是移动出版产品，这是以现在已有的在移动终端上体现的数字内容产品形态；二是对移动出版具有支撑作用的产品或服务形态，这是属于移动出版产业外围的产业形态，要充分考虑其与出版的关系远近，影响力的强弱问题；三是内容和信息通过何种方式呈现，也就是移动终端的问题。三个节点基本反映了内容、渠道和载体的问题，较为完整地体现了产业链条的完整性。

二、融合性原则

移动出版是一个传统媒体与新兴媒体深度融合、传统出版与新兴出版深度融合的产物，同时也是多个产业融合的结果。从产业链上游至下游末端，至少应该包括文化创意、新闻业、出版业、传播业、网络业、通信业、智能制造业等数十个产业，111个产业部门。一方面，要较为科学地反映出不同产业部门对移动出版产业的影响与作用。另一方面，又要避免简单地罗列不同产业相关的产业内容。在融合性处理上，紧扣移动出版产品、移动出版支撑、移动终端三个基本点，重点对支撑服务和移动终端的内容进行研究，从结果回溯，找到与出版的交集点，以此形成分类编码的依据。

需要特别说明的是，产业深度融合后，形成"你中有我，我中有你"，"你不是你，我不是我"，"你就是我，我就是你"的格局。无法从表面去找到原有的产业形态，而国民经济统计中，基本的依据又是国民经济行业代码，由此会造成移动出版的一个产品形态，或者产业活动会出现两个或者多个国民经济代码，同时也会出现两个产品或者两个以上产品形态同一个国民经济行业代码的情况。在实务中，需要测算相关产业影响力系数，通过这个系数分配同一行业在不同产品的比重。在移动出版分类中，这是最大的难点，也是编制这个产业分类的创新点所在。2017年2月，国家统计局研究制定印发了《新产业新业态新商业模式统计分类（试行）》，该分类将国民经济行业中具有"三新"模式特征的类别整合梳理，分层编码，形成体现"三新"特征的统计分类标准。分类采用线分类法和分层次编码方法，将"三新"有关活动划分为大类、中类和小类三层。分类包括了现代农林牧渔业、先进制造业、新型能源活动、节能环保活动、互联网与现代信息技术服务、新技术与双创服务活动、现代生产性服务活动、新型生活性服务活动、现代综合管理活动9个方面的内容。"三新"分类对编制移动出版产业分类提供了参考方法和坐标。

三、实用性原则

移动出版产业分类编制的实用性原则，主要应考虑两个方面，一是行业主管部门对产业组织的影响力，二是统计实践的可操作性。

影响力是指行业主管部门对产业组织的影响力的出发点，是移动出版行业归口管理问题。虽然移动出版是产业融合的产物，但最终产业形态是属于新闻出版行业，其业务主管部门国家层面是国家新闻出版广电总局，在各省（区、市）是新闻出版广电局或文化委员会，参照国内统计实施的具体做法，即把行业统计归口到行业主管部门，也就是说，移动出版分类编制必须从这个行业主管部门的业务范围和权职出发，充分考虑产业拓展的需要，相关数据收集和管理，行业主管部门要有行政管辖权，如果口径过大，实际操作中无法采集数据，就无法较为准确地反映产业态势。

可操作性，则是考虑数据可获取性和可分割性。前者是指在统计分类中，各个产业组织能从相关的财务报表中获得相关产业活动创造的价值。产业财务的实务中，报表一般是产业组织活动的整体反映，很少对单一产品或服务进行统计，所以在编制分类的过程中，要参观各产业组织的财务报表，要能报得出来；后者是具体的产品或服务的活动要在财务报表可分割出来，也就是说，即使这些产业组织没有对产品或服务单独建账，也可以通过相应的指标或提示对整体数据进行分割，从而较为准确地反映这一产业组织活动。

第四节 移动出版产业分类的依据

移动出版业是国民经济的重要组成部分，在今后很长一段时间里，也将是新闻出版业发展的重点。对移动出版业进行分类是厘清移动出版业与国民经济行业之间的关系，准确定位移动出版业在国民经济中地位的有效手段之一，因此，必须采用溯源的方法找到其产业的基本类属，方可进行准确定位。

一、国民经济行业分类

《国民经济行业分类》是目前我国各产业活动最为权威的产业分类集合，且具有较强的时代性。2017年6月，国家统计局发布了2017年版的国民经济行业分类表，该分类表充分吸收了当前我国国民经济活动中的一些新的业态和新模式，其中将"数字出版"作为独立行业收录，列入新闻出版业中，编码为8626，留出了8629"其他出版业"的接口。在具体释义中，列举了当前已经形成了产业形态的11个主要类别，对加强数字出版产业统计，全面掌握我国数字出版业发展态势具有非常重要的作用。为编制移动出版分类表提供了根本依据。一方面，移动出版业是数字出版的子集，应遵循数字出版分类目录中列举的门类，准确把握其释义，增强移动出版产业分类的准确性；另一方面，要创新思维，充分利用8629编码释放出来的接口，为新闻出版产业形态完善丰富作出相应的补充。也就是说，移动出版分类在遵循新的国民经济行业代码的同时，也不必拘泥于此，可以根据产业发展的趋势，作出一些探索性分类，将一些新兴新产业、新业态和新商业模式纳入其中。

二、"三新"统计分类

《新产业新业态新商业模式统计分类（试行）》，是2017年2月国家统计局研究制定印发的一个针对当前创新经济统计分类表，分为现代农林牧渔业、先进制造业、新型能源活动、节能环保活动、互联网与现代信息技术服务、新技术与双创服务活动、现代生产性服务活动、新型生活性服务活动、现代综合管理活动等9大类。该分类最大的特点是打破了《国民经济行业代码》中一个产业活动或一个产品一个代码的做法，允许一个产品或一个活动同时应用几个代码，充分考虑了产业融合发展的特征，契合了数字出版业或移动出版业特征，结合数字出版业的融合性，在移动出版产业分类实践中，重点参考先进制造业中的新一代信息技术设备制造、智能设备制造；互联网与现代信息技术服务中的现代信息传输服务、互联网平台、软件开发生产、数字内容服务、现代信息技术服务、互联网安全服务；新技术与双创服务中的现代技术服务、双创服务；现代生产性服务活动现代金融服务、现代商务服务、现代教育服务、现代体育服务中的游戏动漫设计制作服务、游戏制作服务、数字化体育娱乐服务等活动形态。将这些分类与移动出版活动进行匹配，从而析出移动出版活动或移动出版关联度较高产业活动，组成移动出版产业分类表。

三、数字出版产业实践

传统出版业数字化转型升级和新兴出版业兴起，成为数字出版业的主力。在十年的产业实践中，数字出版业已形成较为成熟的产业业态，从数字创意到内容传播，从内容服务到知识服务，形成了数字出版内容服务、数字出版娱乐服务、数字内容加工制作服务、网络接入服务、数字出版运营平台、数字出版物发行、数字出版软件服务、数字出版信息咨询服务、数字阅读设备制造、智能设备制造、数字出版管理与服务、数字出版理论研究等12个产业门类，57个产业活动集。随着产业快速发展，数字出版业新的业态也将不断完善。在数字出版产业统计实践中，已经能够独立进行产业数据报送和产业数据分析。这些实践活动，为移动出版产业分类提供了可资借鉴的经验，因此在编制过程中，以产业链为基础，从产业活动的末端上溯至上游，可以将移动出版业的产业活动根据与终端传播远近，按移动新闻、移动阅读服务、移动娱乐服务、移动内容服务、网络接入服务、移动出版运营平台、移动内容加工制作服务、移动出版软件服务、移动出版信息咨询服务、移动阅读设备制造、智能设备制造等11个产业活动集合，再根据其产业特征进行延伸丰富，如，在移动新闻这个种类下，根据具体产品或产业服务类型延伸出移动报纸、微网站、新闻客户端、微信公众号、微博、手机报、移动广播7个具体产品，从而形成3个大类11个中类47个小类的移动出版产业活动项目。

第五节 移动出版产业分类的范围

移动出版业是一项基于信息传播服务的产业系统性活动，从内容创意到加工、制作、传播，涉及不同的产业领域和产业活动，编制移动出版分类目录必须充分考虑到产业活动的系统性、相关性和完整性，从而科学地研判移动出版产业自身以及对相关产业的带动性。对移动出版业活动分析，根据其与内容生产、传播的紧密性，可从内容生产这个核心业务、移动出版外围产业活动和与移动出版相关产业活动去考察。目前，纳入到移动出版业活动的范围考察的各种产业活动或支撑活动主要包括47项。

一、移动出版内容生产活动集合

移动出版内容生产环节，主要是指基于从创意到形成移动出版产业品形态的生产活动。这个环节包括将"点子"（创意，Idea）形成知识、能表达思想、传递情感的文字集合，并将这些具有知识性、思想性的文字集合通过不同的内容形式，如文字、图片、地图、游戏、动漫、音视频读物等，向公众进行传播。也就是说这个环节主要是创意的转化和实现。在移动出版产业链中，主要是指移动报纸、微网站、新闻客户端、微信公众号、微博、手机报、移动广播、移动图书、移动期刊、移动文学、微信公众号、移动游戏、移动动漫、移动音频、移动视频（微视频）、移动图片、移动教育、移动地图、数据库、专业客户端、移动广告发布等21项生产活动。这21项活动构成了目前移动出版内容生产的核心，也是移动出版产业活动的核心部分。分为移动新闻、移动阅读服务、移动娱乐服务、移动内容服务4个并列的活动集合。从产业活动环节来看，属于出版活动，简单地说，就是以出版的理念，将创意转化为公众接受的内容产品的形态，即将创意有形化的过程。

二、移动出版外围活动集合

移动出版外围活动，是指为移动出版业提供活动支撑的产业活动集合。从环节上看，首先是移动内容加工制作服务环节。这个环节是将原有的内容或者创意的内容，通过一定的技术手段，使之能被移动出版使用，达到可深度加工的目的，主要包括数字内容创意服务、地理信息加工服务、数字内容加工服务3项具体活动；其次是移动出版活动本身提供软件支撑的服务，主要包括移动出版软件、移动出版基础和通用软件、移动出版软件平台3项具体活动；第三是为移动出版决策或延伸服务的移动出版信息咨询服务领域，主要包括移动网络与信息安全评估认证、移动出版安全咨询服务、移动出版技术中介服务、移动出版知识产权服务4项业务活动。该领域是从前期论证到产品外售的全覆盖；第四是为移动出版运营提供支撑的服务，即移动出版运营平台服务，主要是指移动内容服务平台、移动信息平台、第三方支付平台、移动教育平台、移动读书平台等5项活动；第五是指为移动出版内容提供传输服务的活动集合，主要包括移动互联网接入、卫星信息接入、公共WIFI接入等3个领域。上述18项业务活动实现了将移动出版内容由产品转变为商品，是价值转变的关键环节。

三、移动出版相关活动集合

移动出版相关活动，指的是与移动出版业务活动相关，但这些活动与移动出版之间的关系，不具备专有性，也就是说，这些活动离开了移动出版业活动，仍然可以独立存在，并具备相应的赢利能力和商业模式，移动出版业则需要其功能实现产品价值。根据业务相关性，移动出版的相关活动主要是相关设备制造与销售，考虑到产业统计实务对相关产业统计可操作性，这里仅将其前端纳入其中，即移动阅读设备制造和智能设备制造两大类。移动阅读设备制造包括掌上游戏机制造、电子词典制造、电子阅读器制造、导航设备制造、平板电脑制造、智能手机制造等6项制造活动。智能设备制造主要包括可穿戴智能设备制造、虚拟现实设备制造2项具体制造活动。这8项制造活动是帮助移动出版生产的产品从数字到形象转化，与出版业活动紧密相关，因此将其纳入其中。

需要特别说明的是，按国民经济行业分类和产业活动特征，应该将这上述8类设备的流通环节纳入移动出版业分类目录中，作为移动出版设备销售活动，但考虑流通环节活动更加复杂，统计操作的难度相对较大，在编制目录的过程中，暂时未将其纳入。事实上，8类设备在国民经济行业活动中，已经编录了专用的行业代码，在统计实践过程中可以将其纳入。

在统计实务中，移动出版的相关活动是必须通过产业影响力系数再剥离其非移动出版业贡献部分，以达到产业统计的有效性。

第六节　移动出版产业分类的思路

对移动出版业进行分类，需要考虑移动出版业的现状和未来趋势，更重要的是，要处理好移动出版业与相关产业外在和内在的关系，定位其在产业生态的位置，以及着眼于分类标准可以通过具体行业主管部门实施，最终服务于产业决策和产业经济能力的分析研究。

一、内容产品与形态相结合

从本质上讲，分类到内容产品或具体服务层级，已经是产业活动的最后一个链条了，在实际产业分析中也能通过具体的模型获得相应的结论。但产业分类这个过程要充分考虑产品形态，把相关的产品形态类型化，从而形成了操作中标准可以减少不必要的重复，提升分类的科学性。在分类过程中，一是传输内容的类型化，分为具备出版特征的即时信息传播活动。如移动新闻，移动新闻下列出7个具体产品，共同特征就是即时新闻信息传播，同时关照了具体产品的功能性，如客户端，应明确是新闻单位开发的新闻客户端，微信公众号是指新闻单位创办，定期推送即时信息的客户端，由此将其与其他的客户端和微信公众号有所区别，实现同功能相聚；二是服务的类型化，以移动出版为原点，进行产业链分析，将为移动出版提供支撑服务的项目归类，将移动出版对外的服务项目进行归类。如在移动出版支撑服务中，将网络接入、移动出版运营平台、移动内容加工制作服务、移动出版软件服务、移动出版信息咨询服务归入一类，在实际的统计实务中，能有效地测算出移动出版对产业的带动性。

二、产业支撑与影响相结合

在分类过程中，从产业链的完整性出发，将移动出版产业分类表分为三个层次。这三个层次之间，数字出版生产与服务是数字出版产业的核心，是以内容为核心展开的内容传播和信息服务，移动出版产业支撑是基于内容传播所必须的外围产业活动，与核心层之间形成配套关系；移动出版设备制造层，在产业链条上属于相关层级，也就是移动出版业要形成产业闭环所必须的产业环境，但与产业之间关系并不十分紧密，该层次的产品并不为移动出版产业专享。外围层和相关层与核心层之间构成了相互支撑关系，如果没有内容的生产、服务，信息、知识服务环节，后面的环节也并不完全存在，如果没有后面两个环节，内容生产、服务和信息、知识服务环节也无法实现。但三者之间的关系又以相互间的产业依存度来决定，也就是相互之间的影响力来决定的，影响越强，相互关系越近，反之亦然。在某种意义上讲，外围层和相关层与核心之间并不构成专享或独享关系。由此，在统计实务中，又必须通过测算系数，再通过系数进行计算才能计入产业产值或增加值中，也就是说，简单的数据相加，得出的数据并不能准确反映移动出版及相关产业的经济贡献。

三、科学性与操作性相结合

移动出版产业分类以产业链为视角，以用户消费的最终产品为出发点，采用回溯的方法进行穷尽的思维列举全产业链所有环节，理论上科学可行，但在实际操作中，其障碍也是显而易见的。如跨行业性，在非国家统计部门统计外，其行业统计或部门统计均无法获得全部数据，其操作性受到影响，故在编制移动出版产业分类表时，要充分考虑到实施统计的部门能从行政或其他方面获取数据的可能性，对不能获取的数据，在保持分类表尽量科学的前提下，不宜列入其中，否则获得的数据不能准确地反映行业全貌。如，移动出版支撑服务和设备制造中，部分数据则需要通过工业和信息化部门方能获得，缺乏可操作性，如果全部编入其中，就没有实质意义。

第七节　移动出版分类表及释义

移动出版分类来源于国民经济行业分类，相较于国民经济行业分类对具体产业活动的指向的明确性，移动出版产业分类则更加复杂，从产业活动本身来看，移动出版具有融合性，同一产品需要多个产业组织共同完成，是由多个产业活动共同组织成的活动集合，因此在编制分类时，需要跨行业进行组合，体现融合性，以融合性保证分类方法的科学性，保证统计数据的准确性。

一、编码说明

借鉴《新产业新业态新商业模式统计分类（试行）》，既能体现当前产业的融合性，又能保持国民经济行业分类的标准性。对移动出版产业分类方法打破行业编码，采用一业多码的方式进行编码，形成的编码通过备注的方式回归到国民经济行业代码，实现在国民经济统计中既不重复，也不打乱原来的统计流程，也能快速观照国民经济统计制度。

移动出版分类采用线分类法和分层次编码方法，将移动出版及相关活动划分为三层，分别用阿拉伯数字编码表示。第一层为大类，用2位数字表示，共有3个大类；第二层为中类，用4位数字表示，共有11个中类；第三层为小类，用 6 位数字表示，共有 47 个小类。

本分类代码结构：

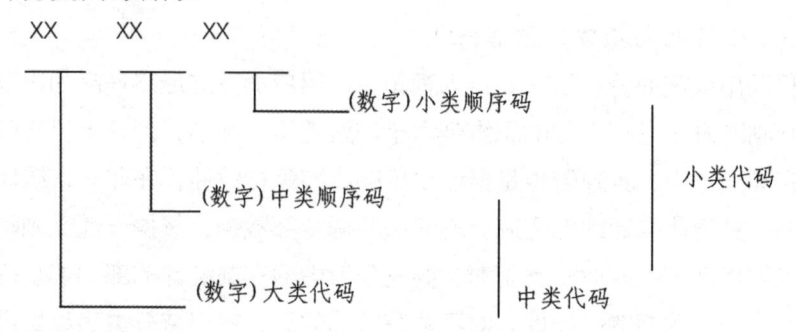

```
XX      XX      XX
 │       │       │
 │       │       └── (数字)小类顺序码 ┐
 │       │                            │
 │       └── (数字)中类顺序码          ├── 小类代码
 │                                    │
 └── (数字)大类代码   中类代码 ────────┘
```

二、分类说明

根据产业活动关系，从产业活动链各环节进行归类，形成分类表。分类着眼于产业的融合性，产业之间相互支撑的作用，将移动出版划分为三大类，即移动出版活动、移动出版支撑服务和移动出版设备制造。在三大类活动下进行穷尽性列举，再进行同类项合并，形成不同环节的具体活动，最后将这些具体活动对照国民经济行业分类和国民经济行业分类释义进行编码和释义，从而形成了移动出版核心层产业活动 21 项，支撑移动出版的外围层产业活动 18 项，支撑移动出版活动的相关活动 8 项。3 个层次的移动出版产业活动共计 47 项。

三、分类释义

1.移动出版活动

移动出版活动应用数字技术生产、加工和复制信息和知识，通过移动互联网络传播，移动终端接收的内容生产传播活动。移动出版活动是信息、知识传播的核心，分为 5 个活动集合。在国民经济行业分类中，分别来自 6429、6513、6540、6579、7521、8610、8626、8629、8710、8720、8391、8770 等 12 个行业。

（1）移动新闻

指基于移动传播服务的新闻信息采访和编辑服务，包括文字、图片、录音、视频内容采集和编辑服务（含应用虚拟现实技术传播、阐释新闻）。移动新闻活动包括 7 个具体产业活动。

移动报纸，指按一定周期推送新闻信息到移动终端的传播活动。

微网站，指以由新闻出版机构主办，以移动终端为接收载体的网站。

新闻客户端，指新闻出版机构主办，传播文字、图片、声音和图像新闻信息的客户端（APP）。

微信公众号，指新闻出版机构开设的微信公众号

微博，指新闻出版机构开设，以传播即时新闻信息为主的官方微博。

手机报，指新闻出版机构创办，定期推送新闻信息到手机终端的方式。

移动广播，仅指新闻出版机构创办，通过移动终端传播有声新闻信息和资讯的方式（不包括娱乐、生活资讯等音频）。

（2）移动阅读服务

指通过数字技术手段，对原创和已经出版的图书、期刊进行加工，通过移动互联网络向移动终端传播的活动。该活动包括4项具体的产业活动。

移动图书，指通过数字技术手段，对原创和已经出版的社会科学、科学技术等通过移动互联网络向移动终端传播的活动。

移动期刊，指应用数字技术手段，对原创和已经出版的社会科学、科学技术等定期通过移动互联网络向移动终端传播的活动。

移动文学，指应用数字技术手段加工和制作，通过移动网络向移动终端单篇传播的小说、散文、诗歌、儿童文学、电影电视剧本和报告文学等。

微信公众号，指出版单位开设基于原创或已经出版的期刊、图书的推送服务。

（3）移动娱乐服务

指应用数字技术将原创或已经出版的游戏、动漫、音视频、图片等信息编辑、加工和制作，通过移动网络向移动终端传播的文化内容服务活动。包含5项具体产业活动。

移动游戏，指将原创和已经出版的游戏内容运用数字化技术进行加工处理并在移动终端交互使用的服务（含虚拟现实、增强现实的互动内容）。

移动动漫，指应用数字技术将原创或已经出版的动漫作品编辑、加工和制作，通过移动网络向移动终端传播的文化内容服务活动。

移动音频，指将原创和已经出版的音频等运用数字化技术进行加工处理并整合应用的服务，包括移动听书、移动广播、移动音乐（不包括新闻信息发布）。

移动视频（微视频），指将原创和已经出版的视频信息内容运用数字化技术进行加工处理并整合应用的服务，包括在线直播服务。

移动图片，指将原创和已经出版的图片信息内容运用数字化技术进行加工处理并整合应用的服务。

（4）移动内容服务

指应用数字技术手段，对原创和已经出版的内容进行加工、复制，通过移动互联网络传播，移动终端接收的互动内容服务活动。包括5项具体产业活动。

移动教育，指通过应用信息科技和互联网技术进行内容传播和快速学习的方法，即在线培训、网络学院、网络教育和在线学习等为主的互联网职业技能培训。

移动地图，是指登载在移动互联网上或者通过移动互联网发送的电子地图。

数据库，指供方向需方提供的对信息和数据的分析、整理、计算、编辑、存储等加工处理服务，以及应用软件、业务运营平台、信息系统基础设施等的租用服务；包括各种数据库活动、网站内容更新、数据备份服务、数据存储服务、在线企业资源规划（ERP）、在线杀毒、电子商务平台、物流信息服务平台、服务器托管、虚拟主机等。

专业客户端，指对原创具有思想性的文字、图片、地图、游戏、动漫、音视频读物和已经出版的图书、报纸、期刊、音像制品、电子出版物进行数字化编辑、加工制作，集合到客户端进行传播的活动。

移动广告发布，指通过移动终端将广告内容向用户发布的活动。

2. 移动出版支撑服务

指为移动出版提供技术和环境支撑的服务。包括5个产业活动集合。源自国民经济行业中的6312、6339、6410、6550、6579、6930、6432、7942、6571、6513、6511、6560、7520等13个行业。

（1）网络接入服务

网络接入服务是指为移动出版活动提供生产、传播支撑的移动通信网络服务。

移动互联网接入，指由基础电信运营商为移动出版或移动出版内容接收提供的移动互联网接入服务。

卫星信息接入，指通过人造卫星向移动终端传输声音、数据、文本、视听图像信号的卫星通信活动。

公共 WIFI 接入，指由基础电信运营商或第三机构为移动出版或移动出版内容接收提供的公共场所 WIFI 接入服务。

（2）移动出版运营平台

移动出版运营平台是指基于为移动出版生产、产品销售、支付等提供支撑服务的平台性三方产业活动，不包括移动出版机构自建的平台。

移动内容服务平台，指向移动出版企业提供的对信息和数据的分析、整理、计算、编辑、存储等加工处理服务，以及应用软件、业务运营平台、信息系统基础设施等的租用服务。

移动信息平台，指通过数字化和网络化手段，对移动出版信息进行存储、加工和传播的服务平台。

第三方支付平台，指非金融机构在数字出版商和数字内容用户之间作为中介机构提供下列部分或全部货币资金转移服务，包括网络支付、预付卡的发行与受理、银行卡收单及中国人民银行确定的其他支付等服务。

移动教育平台，指专门提供移动网络教育的第三方平台。

移动读书平台，指专门提供移动阅读的第三方平台。

（3）移动内容加工制作服务

移动内容加工制作服务是指为移动出版提供原始数字化内容支撑服务，包括对已经出版的内容进行数字化加工、结构化处理，通过数字技术对信息进行采集加工、传送移动出版机构的产业活动。

数字内容创意服务，指基于文化资源基础，运用现代数字、网络、通信等技术进行的文化价值创造和传播服务。

地理信息加工服务，指运用数字化技术，对地理信息进行采集、编辑、校准、校正、管理等，以满足各种应用需求的服务。

数字内容加工服务，指将生产、生活中的信息内容运用技术数字转化、整合应用的服务，使其通过通信网络在移动终端上播放和存储。

（4）移动出版软件服务

移动出版软件服务是指基于为移动出版提供基础性软件、平台性软件和定制软件服务的产业活动。

移动出版基础和通用软件，指能够对硬件资源进行调度和管理，为应用软件提供运行支撑的软件，以及非特定行业使用的应用软件，包括操作系统、数据库、中间件、各类固件、开发工具和集成环境，以及办公软件、经营管理软件、智能交互软件等。

移动出版软件平台，为移动出版企业提供虚拟化、存储管理、数据处理等信息系统平台软件，包括支撑云计算、大数据信息系统平台软件等。

（5）移动出版信息咨询服务

移动出版信息咨询服务是指为移动出版提供决策咨询、安全、市场开拓、知识产权贸易等产业活动。

移动网络与信息安全评估认证，指互联网与信息安全的评估认证活动，仅包括测试评估服务。

移动出版安全咨询服务，指互联网与信息安全的咨询活动，仅包括网络咨询服务、信息技术管理咨询服务。

移动出版技术中介服务，指为移动出版活动提供社会化服务与管理，在政府、各类科技活动主体与市场之间提供居间服务的组织，主要开展信息交流、技术咨询、技术孵化、科技评估和科技鉴证等活动。

移动出版知识产权服务，指移动出版活动中的专利、商标、版权、软件、技术秘密、地理标志等各类知识产权的代理、转让、登记、鉴定、检索、分析、咨询、评估、运营、认证等服务。

3. 移动出版设备制造

移动出版设备制造是指为移动出版内容传播提供移动终端，为移动出版活动提供必要设备支撑服务。源自国民经济行业中的3911、3991、3922、3962、3961、3969。

（1）移动阅读设备制造

移动阅读设备是指为呈现移动出版内容或帮助用户体验移动出版理念的终端设备制造活动。

平板电脑，指为接收和体验移动出版内容而需要的终端设备。

掌上游戏机，指接收和参与移动出版互动内容的掌上终端设备。

电子词典，指接收和可查询数字词汇的移动学习工具。

电子阅读器，指接收和显示书籍、杂志、报纸、图片、音视频的移动终端。

智能手机，指具有独立的操作系统，独立的运行空间，可以由用户自行安装第三方服务商提供的程序并通过无线网络实现通话功能的移动终端。

导航设备，手持或车载移动导航设备。

（2）智能设备制造

智能设备制造是指基于移动出版内容体验的新兴智能设备制造活动，包括可穿戴智能设备制造和虚拟现实设备制造活动。

可穿戴智能设备制造，指由用户穿戴和控制，并且自然、持续地运行和交互的个人移动计算设备产品的制造。

虚拟现实设备制造，指为接收和丰富体验移动终端呈现内容的层次感、参与感，而使用的虚拟现实设备制造。

四、移动出版分类体系表

移动出版及相关产业分类体系表

序号	大类	中类	小类	名称	说明	国民经济代码
	01			移动出版产品生产	应用数字技术生产、加工和复制信息和知识，通过移动互联网络传播、移动终端接收的内容生产活动。	
		0101		移动新闻	基于移动传播服务的新闻信息采访和编辑服务，包括文字、图片、录音、视频内容采集和编辑服务（含应用虚拟技术传播、阐释新闻）。	6429
1			010101	移动报纸	按一定周期推送新闻信息到移动终端的传播活动。	8610*，8629
2			010102	微网站	由新闻出版机构主办，以移动终端为接收载体的网站。	6429*，8629
3			010103	新闻客户端	新闻出版机构主办，传播文字、图片、声音和图像新闻信息的客户端（APP）。	8610*，8629
4			010104	微信公众号	新闻出版机构开设的微信公众号。	8610*，8629
5			010105	微博	新闻出版机构开设，以传播即时新闻信息为主的官方微博。	8610*，8629
6			010106	手机报	新闻出版机构创办，定期推送新闻信息到手机终端的方式。	8610*，8629
7			010107	移动广播	仅指新闻出版机构创办，通过移动终端传播有声新闻信息和资讯的方式（不包括手机娱乐、生活资讯等音频）。	8710，8770
		0102		移动阅读服务	通过数字技术手段，对原创和已经出版的图书、期刊、文学作品进行加工，通过移动互联网络向移动终端传播的活动。	8626*8629*
8			010201	移动图书	通过数字技术手段，对原创和已经出版的社会科学、科学技术、文学作品等通过移动互联网络向移动终端传播的活动。	8626，8629*
9			010202	移动期刊	应用数字技术手段，对原创和已经出版的社会科学、科学技术、文学作品等通过移动互联网络定期向移动终端传播的活动。	8629*

二等奖
我国移动出版发展状况及分类研究

（续表）

序号	大类	中类	小类	名称	说明	国民经济代码
10			010203	移动文学	应用数字技术手段加工和制作，通过移动网络向移动终端单篇传播的小说、散文、诗歌、儿童文学、电影电视剧本和报告文学等。	8629*6579*
11			010204	微信公众号	出版单位开设基于原创或已经出版的期刊、图书的推送。	8626*
12		0103	010301	移动娱乐服务	应用数字技术将原创或已经出版的游戏、动漫、音视频、图片等信息编辑、加工和制作，通过移动网络向移动终端传播的文化内容服务活动。	
13			010302	移动游戏	指将原创和已经出版的游戏内容运用数字化技术进行加工处理并在移动终端交互使用的服务（含虚拟现实、增强现实的互动内容）。	8626*8790
14			010303	移动动漫	应用数字技术将原创或已经出版的动漫作品编辑、加工和制作，通过移动网络向移动终端传播的文化内容服务活动。	8626*8790
15			010304	移动音频	指将原创和已经出版的音频等内容运用数字化技术进行加工处理并整合应用的服务，包括移动听书、移动音乐、移动广播、新闻信息发布。（不包括移动在线直播服务）	6429*8790
16			010305	移动视频（微视频）	指将原创和已经出版的视频信息内容运用数字化技术进行加工处理并整合应用的服务，包括在线直播服务。	6429*8720
				移动图片	指将原创和已经出版的图片信息内容运用数字化技术进行加工处理并整合应用的服务。	6429

（续表）

序号	大类	中类	小类	名称	说明	国民经济代码
17		0104		移动内容服务	应用数字技术手段，对原创和已经出版的内容进行加工、复制，通过移动互联网络传播，移动终端接收的互动内容服务活动。	
18			010401	移动教育	指通过应用信息科技和互联网技术进行内容传播和快速学习的方法，即在线培训、网络教育和在线学习为主的互联网职业技能培训。	8391
19			010402	移动地图	指登载有移动互联网上或者通过移动互联网发送的电子地图。	6429
20			010403	数据库	指提供方向需方提供的对信息和数据进行的分析、整理、计算、编辑、存储等加工处理服务，以及应用软件、业务运营平台、信息系统基础设施等的租用服务。	6450
21			010404	专业客户端	对原创具有思想性的图书、图片、文字、地图、游戏、动漫、音视频阅读物和已经出版的图书、报纸、期刊、音像制品、电子出版物进行数字化编辑、加工制作，集合到客户端向用户发布的活动。	6513
22			010405	移动广告发布	指通过移动终端将广告内容向用户发布的活动。	7521
				网络接入支撑服务	为移动出版提供技术和环境支撑的服务。	
	02	0201				
22			020101	移动互联网接入	由基础电信运营商提供为移动出版或移动出版内容接收提供的移动互联网接入服务。	6312*
23			020102	卫星信息接入	通过人造卫星向移动终端传输声音、数据、文本、视听图像信号的卫星通信活动。	6339*

206

（续表）

序号	大类	中类	小类	名称	说明	国民经济代码
24			020103	公共WIFI接入	由基础电信运营商或第三方机构提供为移动出版或移动出版内容接收提供的公共场所WIFI接入服务。	6410*
25		0202	020201	移动出版运营平台	指向移动出版企业提供的信息和数据的分析、整理、计算、编辑、存储等加工处理服务，以及应用软件、业务运营平台、信息系统基础设施等的租用服务。	6550*
26			020202	移动内容服务平台	指通过数字化和网络化手段，对移动出版信息进行存储、加工和传播的服务平台。	6579*
27			020203	第三方支付平台	指非金融机构在数字出版商和数字内容用户之间作为中介机构提供下列部分或全部货币资金转移服务，包括网络支付、预付卡的发行与受理、银行卡收单及中国人民银行确定的其他支付服务。	6930*
28			020204	移动教育平台	指专门提供移动网络教育的第三方平台。	6432
29			020205	移动阅读书平台	指专门提供移动阅读的第三方平台。	6432
30		0203	020301	数字内容加工制作服务	指基于文化资源基础，运用现代数字、网络、通信等技术进行文化价值创造和传播服务。	7492*6579
31			020302	地理信息加工服务	指运用数字化技术，对地理信息进行采集、校准、校正、管理等，以满足各种应用需求的服务。	6751

(续表)

序号	大类	中类	小类	名称	说明	国民经济代码
32			020303	数字内容加工服务	指将生产、生活中的图片、文字、视频、音频等信息内容运用数字化加工技术进行加工、处理、制作并整合应用的服务，使其通过通信网络在移动终端上播放和存储。	6579
33		0204	020401	移动出版软件服务	指移动出版企业为移动出版生产使用的数字出版软件等。	6513*
34			020402	移动出版基础和通用软件	指能够对硬件资源进行调度和管理，以及非特定行业使用的应用软件，为应用软件提供运行支撑的软件，包括操作系统、数据库、中间件、各类固件、开发工具和集成环境，以及办公软件、经营管理软件、智能交互软件等。	6511*
35			020403	移动出版软件平台	为移动出版企业提供虚拟化、存储管理、数据处理等信息系统平台软件，包括支撑云计算、大数据支撑信息系统平台软件等。	6513*
36		0205	020501	移动出版网络信息咨询服务	移动出版信息技术管理咨询服务。	6560*
37			020502	移动出版网络与信息安全评估认证	指互联网与信息安全的评估认证活动，仅包括测试评估服务。	6560*
38			020503	移动出版安全咨询服务	指互联网与信息安全咨询活动，仅包括网络咨询服务。	
				移动出版技术中介服务	指为移动出版活动提供社会化服务与管理，在政府、各类科技活动主体与市场之间提供居间服务的组织，主要开展信息交流、技术咨询、技术转化、科技评估和鉴定等活动。	

（续表）

序号	大类	中类	小类	名称	说明	国民经济代码
39			020504	移动出版知识产权服务	指移动出版活动中的专利、商标、版权、软件、技术秘密、地理标志等各类知识产权的代理、转让、登记、咨询、评估、运营、认证等服务。	7520*
	03	0301		移动出版设备制造 移动阅读设备		
40			030101	平板电脑	为接收和体验移动出版内容而需要终端设备。	3911*
41			030102	掌上游戏机	接收和参与移动出版互动内容的掌上终端设备。	3911
42			030103	电子词典	接收和可查询数字词汇的移动学习工具。	3991*
43			030104	电子阅读器	接收和显示书籍、杂志、报纸、图片、音视频的移动终端。	3911*
44			030105	智能手机	指具有独立的操作系统，独立的运行空间，可以由用户自行安装第三方服务商提供的程序并通过无线网络实现通话功能的移动终端。	3922*
45			030106	导航设备	手持或车载移动导航设备。	3962
		0302		智能设备		
46			030201	可穿戴智能设备	指由用户穿戴和控制，并且自然、持续地运行和交互的个人移动计算设备产品的制造。	3961*
47			030202	虚拟现实设备	为接收和体验移动终端呈现内容的层次感、参与感，而使用的虚拟现实设备。	3969

第五章　政策建议

课题组针对我国开展移动出版产业分类及统计工作，向行政主管部门提出以下几点建议：

一、实行年度审验和不定期检查制度

建立对移动出版企业的年度审验制度和不定期检查制度。对移动出版企业进行年度业务审验，设计年度审查指标，在年度审查的材料中，嵌入统计指标项。同时，可逐步展开季度检查和半年期检查，以追踪移动出版产业发展状况，分别确定统计指标。同时，建立不定期检查制度，尤其是对上市移动出版企业，进行不定期抽查。审验工作由国家新闻出版广电总局安排执行。此外，建立移动出版统计的网上直报系统，提高统计工作的效率。

二、扩大管理职能范畴

目前有很多从事移动出版及相关业务的企业，并未纳入国家新闻出版广电总局的管理范畴，因此增加了对这类企业移动出版数据的统计难度。建议扩大管理职能范畴，应将从事移动出版业务，至少是核心层业务的相关企业都纳入总局的管理范畴中来。此外，当前有很多处在数字化转型升级过程中的传统出版新闻出版单位并不具有互联网出版资质，这样的情况不利于移动出版统计工作的进行，同时也不利于移动出版产业规模的扩大，制约传统出版单位转型升级的步伐。因此，建议管理部门对数字出版（互联网出版）资质的审批发放应适当放宽。

三、执行移动出版单位核查工作

当前，随着移动出版产业迅猛发展，从事移动出版相关业务的企业不断增多。课题组认为，为准确核定移动出版产业统计对象，明确总局的管理范畴和移动出版产业统计范畴，需要对移动出版相关企业及其相关业务进行确定。建议以各省（区、市）为单位，由当地新闻出版广电局对该地区从事移动出版及相关业务的企业进行一次集中核查，调查其与移动出版相关的业务涉及面。尤其是对数字出版产业基地（园区）中从事移动出版核心业务的企

业要进行重点核查，核心业务的核定应以网络出版服务许可的分类为准，并适当纳入移动互联网业务形态。核查工作不仅有利于各企业数字业务区分，也有利于企业对统计指标的分解参数测算。

四、多方配合，共同推进移动出版统计指标体系的建立和推行

移动出版是未来新闻出版业的发展趋势，将其纳入国民经济统计体系，不仅是推动产业发展的必然需求，也是完善国民经济统计体系的必要手段。移动出版统计体系与指标的建立，需要多方配合，共同推进。一是移动出版产业统计必须要与政府统计机构进行深入沟通、紧密联合，获得统计部门的认可才能获得比较好的效果。因此需要行政主管部门与国家统计局进行沟通，进一步明晰移动出版各项行业分类，并将移动出版纳入国民经济行业分类体系中。二是各级行政主管部门的大力支持推动，由国家新闻出版广电总局审定统计方案，推行移动出版统计的试点，在实践中完善和修正统计体系，形成规范的统计制度；三是移动出版企业的积极配合，企业的财务部门需要对移动出版相关业务进行独立的科目设置。在移动出版统计体系的建设和完善过程中，要积极同统计行业主管部门和高校、科研院所等专业统计人员合作，形成多单位联动、上下级机构互动，共同努力，实现跨专业、跨领域研究，取得研究突破。

（课题组成员及执笔人：王飚、李广宁、孟晓月、吴江文、毛文思、刘玉柱）

媒体指纹技术在图形商标数字版权保护中的应用研究

第一章 相关概念界定

由于本课题涉及的概念相对比较专业，尤其技术和商标领域有关概念在传统新闻出版研究中比较少见，为方便阅读和理解，本文开篇伊始，先对如下概念作简要界定。

第一节 基础概念

本报告的基础概念有三个，分别为媒体指纹技术、商标图形和数字版权。其含义分别如下：

一、媒体指纹技术

媒体指纹即从文本、音频、图形、视频等媒体内容中提取的、能够唯一识别该媒体内容的不变性特征。[1] 媒体指纹技术即通过从被检测媒体内容中提取唯一不变的特征值，并与其他媒体指纹信息进行相似性比对，从而判定被检测媒体内容是否为复制、摹仿的技术。

媒体指纹技术的原理和数字水印技术相似，都是利用了数字作品中普遍

---

[1] 魏玉山. 数字版权保护技术研发工程标准汇编（上）. 北京：中国书籍出版社，2016：145.

存在的冗余数据和随机性，通过向被分发的每一个图形、视频等数据复制中引入一定的误差，使得该复制是唯一的，从而在该复制被非法分发时，根据其唯一性指纹特征跟踪有盗版行为的用户。[①]

二、商标图形

狭义仅指商标中所包含的几何图形或其他事物图形，广义还包括文字、字母变形图案以及图案、文字、字母等元素组合而成的图形。

按照世界知识产权组织 1988 年《商标图形要素国际分类》，商标图形既包括单一图形要素构成的图形，也包括图形、文字、字母等多种要素构成的图形；还包括各种字母、文字变形而成的图形，共分为 29 个大类、114 个小类、1569 个组别。

三、数字版权保护

版权即著作权，狭义仅指创作者对其创作的作品依法所享有的一系列专有权利；广义包括邻接权（与版权有关的权利），是指创作者及传播者对其创作、传播的作品依法所享有的一系列专有权利的总称。

所谓数字版权，并非严格的法律范畴，而是业界约定俗成的概念，是指"作者或版权拥有者享有的以数字化方式保存、复制、传播作品的权利"[②]。数字版权是传统版权在数字化环境中的延伸与扩展。除信息网络传播权外，数字版权还包括以数字化形式呈现的复制权、发行权、放映权、广播权、展览权等一系列专有权利。

数字版权保护基本含义是对数字版权的保护，有时也指代数字版权保护技术（Digital Right Management，DRM），即"为使数字内容免受非法的复制、使用、篡改和传播等而采用的技术保护手段"[③]，包括加密技术、水印技术、媒体指纹技术、硬件绑定技术，等等。

---

① 张立等.数字版权保护技术与应用.北京：电子工业出版社，2013：137.
② 魏玉山.数字版权保护技术研发工程标准汇编（上）.北京：中国书籍出版社，2016：125.
③ 魏玉山.数字版权保护技术研发工程标准汇编（上）.北京：中国书籍出版社，2016：133.

第二节　其他相关概念

本报告其他相关概念很多，在此择要释义如下：

一、商标异议

商标异议指在先权利人、利害关系人或者其他任何个人或组织认为商标审查部门初步审定予以公告的商标不具有合法性，在公告后的特定时限内依法所提出的不应给予注册的意见。我国《商标法》规定，提出商标异议的期限为商标初步审定并公告后三个月。公告期满无异议的，商标局予以核准注册，发给商标注册证，并予公告。

商标异议的因由很多，既包括初步审定的商标与申请在先的商标相同或近似，也包括初步审定的商标违反法定禁用条款或者不具有显著性，还包括申请人不具备相应的申请资格等。

二、商标国际注册

又称"商标出口"，即国内市场主体在国外注册商标。狭义仅指根据《商标国际注册马德里协定》或《商标国际注册马德里协定有关议定书》的规定，在马德里联盟成员国间进行的商标注册。广义上还包括通过巴黎公约向国外申请商标注册，直接或间接委托指定国家的商标代理人完成的商标注册。[1]

目前，马德里联盟有100个成员，覆盖116个国家，[2] 中国是该联盟成员国之一。我国国内市场主体申请商标国际注册，需向国家工商总局商标局提出申请，由国家工商总局商标局审核后转呈世界知识产权组织（WIPO）国际局，由其转交指定联盟成员国的国家局进行审核。

商标作为法定权利，与其他知识产权一样，具有地域性特征，原则上只及于特定国家和地区。商标国际注册，通过国际联盟或专门协定的方式，使商标注册和受保护的地域范围在国外得以拓展。

---

[1] 张锐.商标实务指南.北京：法律出版社，2015：226.
[2] 世界知识产权组织网站(http://www.wipo.int/madrid/zh/members/index.html)，引用日期：2017年11月6日.

三、商标领土延伸

商标国际注册只有进行领土延伸，才可能在指定的"马德里联盟"成员国内得到保护。申请人既可以在一项国际注册新申请时同时指出，即在填写申请表时指定要求保护的国家；也可以在国际注册后，再次向相关商标管理部门提出领土延伸申请，以便得到另外一些成员国的保护。无论通过哪种方式，其效力都与在该国直接办理商标申请的效力完全一样。

四、健壮性

健壮性又称鲁棒性，是指软件对于规范要求以外的输入情况的处理能力。媒体指纹的健壮性是指按照同一方法，从同一个媒体内容的多种变形（如不同压缩编码格式、模数转换、尺寸变化等）中提取得到的媒体指纹基本不变的特性。[①]

第二章 媒体指纹技术及其应用概述

数字网络技术的快速发展与应用促进了数字内容作品的快速创作和流通，同时也对数字内容作品的版权保护与监管提出了挑战。在此背景下，各种数字版权保护技术逐渐出现并不断发展。在数字版权保护技术体系中，媒体指纹技术是在加密技术和数字水印技术之后出现的。其产生时间相对较晚，但由于弥补了传统技术手段的明显不足，其发展和应用速度却相对较快，应用领域也比较广泛。

第一节 媒体指纹技术背景

一、传统数字版权保护技术具有局限性

随着新媒体、新业态的不断涌现，特别是博客、贴吧、微博、微信以及大量音视频分享网站（如YouTube、土豆网等）的出现与发展，文字、图片、音乐、电影等各种数字内容作品通过互联网进行非授权的散布与共享的现象

---

① 魏玉山.数字版权保护技术研发工程标准汇编（上）.北京：中国书籍出版社，2016（1）：146.

愈演愈烈。互联网上数字内容作品版权管理的复杂性决定了采用传统的数字版权管理策略不可能在各种情况下都还能奏效。

传统数字版权保护的技术路线有两条，即密码学和数字水印。前者以加密－授权方式对数字内容作品提供保护，后者通过水印嵌入与检测来标识、认定数字内容作品的权利归属。两者皆有其内在的弱点：①加密－授权方面。一是由于数字内容作品易于复制、传播，加密的数字内容作品一旦解密就会失去保护；二是加密的作品在过版权保护期限后无法自动解密；三是加密也限制了对数字内容作品的合理使用，比如用于教学、研究等非商业目的。②数字水印方面。一是水印嵌入虽然可以做到不被感知和察觉，但还是会对数字内容作品造成一定程度的失真；二是很难做到对所有正常的媒体处理操作鲁棒，存在被善意操作或恶意攻击、破坏和擦除的可能。

更为严重的是，加密和加水印都无法应对"模拟漏洞"带来的网络侵权问题。而"模拟漏洞"是大量存在且无法从根本上杜绝的。现有的数字版权保护技术保护的只是数字内容作品整个生命周期的一小段，在作品创作、登记、发表、交换、消费等环节存在大量泄露机会。只要作品被人欣赏和使用，就需要从数字空间进入人类感知的模拟空间，也就存在被复制、泄露的可能。

"模拟漏洞"的一个典型情况是：用户利用数码设备从电脑屏幕或者其他消费终端设备上采集文本、音视频等数字内容作品，然后在未经授权的情况下将所获得到的既不加密也不含水印的数字内容作品上传至网络，从而造成互联网上侵权作品泛滥，对版权所有者的利益造成巨大侵害。对通过"模拟漏洞"流入网络的大量数字内容作品进行版权保护的前提是确认其是否有版权以及相应的版权归属。在版权标识符（水印）缺失、同时又缺乏统一的数字内容作品注册与管理平台的情况下，仅依据数字内容作品名称或相关内容难以确认其权利归属。

二、媒体指纹技术具有相应优势

事实上，一个数字内容作品本身即具有区别于其他数字内容作品的独特性特征，这种内在的区分如同生物特征如指纹、声纹、虹膜、人脸、DNA等，可以从数字内容作品中提取其独特特征作为其唯一标识。类比于生物指纹，数字内容资源的独特特征可称为媒体指纹。如果数字内容作品在版权注册时提取了媒体指纹,并将其与权属信息关联保存于媒体指纹库中,则对于网络上流通的任意数字内容资源,可依据其媒体指纹在媒体指纹数据库中的检索结果,判断其是否有版权以及其版权归属。在权属明确的情况下,可依据版权所有者的权利声明对该作品资源执行相应的警告、删除或关联广告等操作。媒体指纹与其他数字版权保护技术结合,可对数字内容的版权保护进行认证和监管,从而有效应对"模拟漏洞"带来的网络侵权问题。

媒体指纹技术是对现有的数字水印技术与版权标识技术的有益补充,有利于综合多种技术手段建立开放环境下的统一版权管理体系:对各种出版物,尽可能通过版权标识符进行有序管理,通过类似"身份证/护照"系统的内容管理系统进行监管;对于新注册的数字内容作品,利用健壮数字水印技术将包括版权标识符在内的权利信息嵌入数字作品之中;对于公共空间传播的内容,通过从内容中提取标识作品的独特性特征(媒体指纹),达到类似于利用人的指纹管理身份的目的。媒体指纹、版权标识与数字水印这三大技术路线与内容注册、许可发放、电子商务等系统的有机融合,可支持建立完善的、开放的数字内容作品市场运行机制和有效的数字内容作品认证监管体系。

第二节 媒体指纹技术种类

按照数字内容的媒体类型,媒体指纹包括文本指纹(Textprint)、音频指纹(Audioprint)、图形指纹(Imageprint)和视频指纹(Videoprint)四大类。[1] 其中,图形指纹简称图纹,与本课题直接相关。

图纹技术已经发展十多年了,在此过程中出现了很多种图纹算法(每种算法即是一种技术)。根据相关算法(技术)所针对的是图形全局特征还是局部特征的不同,可以分为两个大类。

一、基于全局特征的媒体指纹技术

图形的全局特征描述了整个图形的视觉特性,比如,图形整体的颜色分布、场景分布等。相比于图形的局部特征,全局特征更加关注整个图形的性质,因而会忽略大部分图形的细节部分,但是好处也是很显著的:全局特征的提

---

[1] 张立等. 数字版权保护技术与应用. 北京:电子工业出版社,2013(1):137.

取和匹配速度都非常快,而且特征长度不依赖于图形的大小或内容。图形全局特征包括亮度、颜色等多个方面。相应地,有关图形全局特征的媒体指纹技术也可以分为如下几个种类。每一类还有相应的多种算法,本报告不再细述。

1. 基于亮度特征的媒体指纹技术

亮度特征,用亮度序来表示,是一种典型的图形全局特征。

在算法上,首先,将图形分割成若干个子块(比如3x3),对每个子块编号(比如0~8),并分别计算每个子块的图形亮度均值;然后,将每个子块的亮度均值进行排序,从而得到按照亮度排序的图形子块编号,并将这种编号的顺序作为一种特征。

相对于颜色特征或运动特征,图形亮度特征更加健壮,缺点是区分度不够明显。

2. 基于颜色特征的媒体指纹技术

图形的颜色特征包括颜色直方图、颜色偏置(ColorShift)、颜色相关的不变性(InvarianceofColorCorrelation)等。

颜色直方图是最基本的一种颜色特征,通过统计三个颜色通道(BGR 或 HSV 等)的分布直方图,可以得到整个图形的颜色分布。颜色偏置表征的是相邻帧之间颜色直方图的差异。颜色相关的不变性则是通过分析画面中每一个点的 B、G、R 值之间的关系,进而统计得到一个六维的直方图。

颜色特征的优点是计算速度快,并且对于翻转、旋转等变形非常有效。缺点是鲁棒性不高,易受到亮度、对比度变化的攻击,并且对于纯黑白的图形的区分性不佳。

3. 基于能量特征的媒体指纹技术

基于图形能量的特征包括 DCT、3D-DCT 特征等。

在算法上,首先需要将图形进行分块,并在每一块都进行 DCT 离散余弦变化并且得到相应的 DCT 系数(也对应着图形能量)。通过对比不同图形块之间能量的高低,从而得到相应的特征。3D-DCT 特征将时空域纳入 DCT 计算过程,从而得到时空域的能量分布情况。

4. 基于其他特征的媒体指纹技术

此外,GIST 特征(描述图形场景的特征)、PHOG 特征(分层的梯度方向特征)等,也是比较常见的图形全局特征,各有其优长和应用场景,由于较为复杂，不是本报告研究的重点，此处不赘。

二、基于局部特征的媒体指纹技术

较之于全局特征更加关注图形的整体属性，图形的局部特征更加关注于图形的局部细节，并通过对细节的描述来表征整个图形的内容。常见的图形局部特征算法（技术）包括 SIFT 特征技术、SURF 特征技术、GLOH 特征技术等。其中：

1. 基于 SIFT 特征的媒体指纹技术

SIFT 特征是一种目前广泛应用于图形识别、检索领域的局部特征。其主要思想是：在不同尺度的情况下，通过 DoG（DifferenceofGaussian）的方法寻找图形中的极值点，这是因为 DoG 在小尺度上和 LoG（LaplacianofGaussian）有较为相近的卷积效果，而 LoG 则是检测图形兴趣点最有效的核。找到兴趣点之后，在兴趣点周围通过提取分块的梯度方向直方图，从而得到该兴趣点的描述子，也就是特征。

2. 基于 SURF 特征的媒体指纹技术

在 SIFT 特征的基础上，开展了众多的研究和改进。比如，PCA-SIFT 特征、SURF 特征、GLOH 特征等。其中，SURF 特征是 SIFT 特征的一种加速实现，通过使用积分图形而非高斯图形从而加快特征点主方向的判断及描述子生成的速度。

3. 基于 GLOH 特征的媒体指纹技术

GLOH 特征将原来计算 SIFT 描述子的相邻空间从矩形变为了放射状的对数 - 极坐标同心圆，从而增加了特征描述子的健壮性和区分性。

4. 基于 DCSIFT 特征的媒体指纹技术

DCSIFT 特征是另外一种局部点特征。与 SIFT 不同，DCSIFT 特征不计算图形的兴趣点，而是对图形的每一个子块都进行特征提取（按照滑动窗口的思想，等间隔地进行采样）。并且，为了增加区分性，DCSIFT 特征在计算描述子的时候，将三个颜色通道的梯度方向都纳入了考虑范围，从而形成了更有效的描述子。

从本质上来说，DCSIFT 特征实际上是一种有颜色的 HOG 特征。据试验数据可知，DCSIFT 特征相比 SIFT 特征在 CBCD 系统中有更好的效果，但是缺点也很显著：因为需要在图形的每个子块上面都提取特征，每个图形的 DCSIFT 特征点的数目就会非常多，从而使后期的匹配和检索复杂度大大增加。

第三节　媒体指纹技术发展趋势

经过十多年的发展，很多图纹技术已经比较成熟，但是，随着实际应用需求的不断发展，图形指纹技术需要在以下方面进一步提升。

一、大规模数据的实时响应处理

在实际应用中，需要处理的图形数量非常庞大，而且很多图形实时进入计算机系统，因此需要图形指纹系统快速的响应能力。面对这种应用需求，传统的单机处理方式已经无法满足实际应用需求。大规模数据系统通常采用分布式部署结构，因此图形指纹特征也需要适应这种分布式的结构特点。这种情况下，需要图形指纹的索引形式具有更强的分布式特性，因此对图形指纹技术有更强的要求。

二、基于深度学习的图形指纹技术

随着人工智能的快速发展，很多传统图形处理领域获得了重大的性能飞跃，包括人脸识别、对象识别等。而对于图形指纹领域，虽然传统的算法也取得了很不错的效果，但为了能获得更好的性能，大家也开始应用深度学习技术。通过深度学习技术，利用大数据的机器学习能力，获取更好的识别检测性能。基于深度学习的图形指纹技术目前已经逐渐成为一个热点的研究方向。

三、基于行业性需求的深度垂直集成

不管是传统的图形指纹技术还是当前热门的深度学习技术，图形指纹技术对于图形都有一定的依赖性，因此，想研究出一个通用的、对各行业图形数据都能获取很好性能的图形指纹技术比较困难。而且在实际应用过程中，对于不同的行业，其实际图形指纹技术的需求也有很大差异，相应图形的特

征也千差万别。比如，在商标图形应用方面，商标图形的版权保护与其他图形版权保护就存在较大差异。因此，需要针对特定行业的图形需求，研究出垂直集成的图形指纹技术。

第四节 媒体指纹技术应用情况

本课题组是在国家新闻出版广电总局数字版权保护技术研发工程（简称版权工程）开展过程中了解媒体指纹技术的，此前所知悉的媒体指纹技术应用领域就是数字版权保护：通过提取特定数字内容文件的媒体指纹，并与其他数字内容文件进行相似性比对，来判定该文件是否为侵权盗版作品。随着本课题研究的深入，我们逐渐了解到，除数字版权保护领域之外，媒体指纹技术在智慧城市建设（包括城市交通和社会安全等）以及网络敏感视频检测与过滤（突出表现为网络反恐）等领域也有应用，且能发挥重要作用。

一、媒体指纹技术在数字版权保护中的应用

媒体指纹技术是版权工程的关键技术。由北京大学数字媒体所技术人员研发的相关技术成果——"基于变形敏感的软级联模型的视频拷贝检测技术"是版权工程获得国家知识产权局授权的第一项发明专利，在版权工程尚未完工前即已获得了第十八届中国专利优秀奖。目前，该技术在版权工程数字内容注册与管理平台以及网络侵权监测服务平台两大核心子平台中均有应用：一是，已经集成应用到数字内容注册与管理平台开发的版权嵌入客户端，用于提取待检测视频文件的指纹信息；二是，已经集成应用到承担的网络侵权监测服务平台的监测管理系统，用于判断互联网中的视频是否侵权。国家信息中心软件评测中心的第三方测试结果表明，该专利技术在现实视频拷贝检测任务上保持很高性能，实施效果很好。作为版权工程技术研发成果，媒体指纹相关技术一方面，在工程集成应用示范中得到了实际应用；另一方面，随着版权工程落地转化工作的逐步开展，也陆续在相关单位的具体业务中得到实际应用。目前，媒体指纹技术工具已在中文在线集团、华东师大出版社得到实际应用——通过媒体指纹技术进行特征值提取和相似度比对，实现了30多万部网络原创文学作品及有声读物、一万多个全媒体课件的创新性筛选。

在此之前，媒体指纹技术在图形、视频版权保护领域已有应用。据了解，2008年奥运会期间，杭州阜博通公司与中央电视台央视网合作，通过其研发的影视基因系统指纹技术来控制奥运会相关视频在网络上的非法传播，为奥运期间视频版权保护发挥了关键作用。目前，国内一些主流视频分享网站也开始利用媒体指纹相关技术进行音视频内容的版权管理。①

二、媒体指纹技术在智慧城市建设中的应用

媒体指纹技术具有人脸分析、事件检测、分析研判、非现场执法等功能，在智慧城市建设中彰显了重要的社会价值。

目前，版权工程项目承担单位北京大学数字媒体所已将媒体指纹技术应用于智慧交通领域，利用媒体指纹技术进行相关车辆图片的特征值提取和相似性比对，结合人工智能技术，实现了智能化的海量车辆视频监控和搜索定位。

另据报道，2012年至今，海信协助贵阳建设"天网"系统一二期工程，10000多个高清摄像头组成了全国规模最大、功能最先进的高清视频监控系统，一年中为警方提供破案线索6697条，共帮助破获案件2554起，处理交通违法410万条。2016年底，海信又中标三期工程，预计将再建10000只"天眼"，助力贵阳平安城市升级。海信平安城市解决方案相当于为城市治安管理者配备了一支"不闭眼"的智能化助手，24小时守护城市居民安全，目前已经在贵阳、青岛、威海、长沙等地建设应用。②

三、媒体指纹技术在网络反恐中的应用

视频内容检测与过滤尤其网上暴力恐怖视频检测与过滤功能，在网络恐怖主义日益成为世界新威胁的今天，更是让媒体指纹技术的社会价值得以凸显。

据了解，网上暴力恐怖视频现已成为近年来暴恐案件多发的重要诱因。从破获的昆明"3·01"、乌鲁木齐"4·30"、乌鲁木齐"5·22"等多起

---

① 参见"全球领先的'影视基因'落户浙报传媒文化产业园"，载浙江在线（http://culture.zjol.com.cn/05culture/system/2009/06/08/015572675.shtml），引用日期：2017年11月8日。
② "再建1万只"天眼" 海信助力贵阳平安城市升级"，载网易（http://news.163.com/16/1126/01/C6OT75L2000187VI.html），引用日期：2017年11月8日。

暴恐案件看，暴恐分子几乎都曾收听、观看过暴恐音视频，最终制造暴恐案件。[①]为有效检测与过滤敏感视频，维护我国国家安全，国家互联网信息办公室从2014年起通过"铲除网上暴恐音视频行动"、"净网行动"等专项行动进行治理，并正在构建能持续进行网络敏感视频检测与过滤、切断社交网络中敏感视频传播链等的技术平台。

北京大学数字媒体所与中国科学院信息工程研究所合作，将基于媒体指纹的视频拷贝检测技术在国家互联网信息办公室上述平台中进行了集成和应用。目前，媒体指纹相关技术已经用于实际的秒拍视频的有害视频检测，每天基本能完成12万条短视频的检测量，平均每天能检测到50—70条有害视频数量，有效地减少了有害视频在网络上的传播，净化了互联网环境。

第三章　媒体指纹技术在商标图形数字版权保护中的作用分析

第一节　商标图形特点及其元素属性分析

一、商标图形的特点分析

商标图形不限于单纯的图形，还包括文字、字母、数字、三维标志和颜色组合组成的图形或带有相关附属元素的图形。较之于其他图形，商标图形一般具有如下特点：

1. 显著性

显著性是商标的"灵魂"，也是商标法得以运转的"枢纽"，一般是指商标所具有的标示特定市场主体商品或服务出处并使之区别于其他市场主体之商品或服务的属性。

就图形商标而言，一方面，不能与同领域既有图形商标（包括初步审定并公告商标、有效注册商标、期满不再续展但尚未满一年的商标）相同或近似；另一方面，也不能仅有本领域通用的商品或服务图片、符号（例如葡萄酒类商标图形仅有葡萄酒瓶图案）。否则，该商标图形就难以识别，无法将其所代表的商品、服务和其他商品、服务区别开来，从而不具备显著性。

[①] 国信办：全国全网集中清理网上暴恐音视频最高奖10万.电子技术与软件工程，2014（14）.

2. 实用性

商标属于工业产权领域，商标图形着眼于商业价值，旨在标识特定市场主体的特定商品或服务，使用户更好地识别和采用，进而巩固和扩大相应商品或服务的市场地位和市场份额。

在此意义上，商标图形与艺术家出于兴趣、爱好的绘画、摄影作品等有明显不同，商标图形从设计开始就具有鲜明的商用价值导向，而且其价值主要不在于商标自身，而在于能够标识其他产品或服务。

二、商标图形的元素属性分析

1. 商标图形的构成元素

商标构成元素包括文字、图形、字母、数字、三维标志、颜色组合和声音等。[①] 商标图形元素则包括颜色、形状、图案构造（结构）、图形对象、附属字符标识等。两个及两个以上的商标图形相同或相似，一般有以下几种情况：

（1）颜色相同或相似。如以下两幅图所示：

（2）形状相同或相似。如以下两幅图所示：

（3）结构相同或相似。如以下两幅图所示：

（4）附属字符标识相同或相似。如以下两幅图所示：

---

① 冯术杰. 商标注册条件若干问题研究. 北京：知识产权出版社 2016：13.

（5）元素对象相同或相似。如以下两幅图所示：

在商标图形的保护过程中，需要对组成商标的每种元素进行区分，每一种商标元素都可以作为该商标图形的特征。因此每一个商标元素都需要进行特征分析，在搜索匹配时进行特征比较。

2. 商标图形的元素属性

根据商标图形的构成，商标图形的元素属性主要有如下几种：

（1）颜色。主要标识商标图形元素的颜色信息，比如红色、黄色、蓝色等。WIPO1988年《商标图形要素国际分类》（第二版）将商标图形颜色分为"红色，粉红色，橙色"、"黄色、金色"等8类单一颜色以及"一种主要的颜色"、"五种颜色或更多的颜色"等5种颜色组合方式。[①]

（2）形状。主要标识商标图形元素的外观形状信息，比如特定商标图形是圆形、椭圆形、弧形、扇形、三角形、四边形、其他多边形，等等。其中，每种形状又有诸多细分情况，比如，三角形包括"一个三角形"、"一个套着另外一个的两个三角形"、"倒置的三角形"等等多种细分类型。[②]

（3）结构。主要标识商标图形的图案构造信息，如单一结构、左右结构、上下结构、内外结构，等等。

（4）附属字符。很多商标图形由相关文字、符号变形而成，还有的综合了文字和图形元素，是文图组合类型。按照前述《商标图形要素国际分类》，包括特殊书写形式的字母（数字）、组成凸凹面的字母（数字）、重叠/交织

---

① 世界知识产权组织. 商标图形要素国际分类（1988年第二版）. 中华人民共和国国家工商行政管理总局商标局2007年编译：76-77.

② 世界知识产权组织. 商标图形要素国际分类（1988年第二版）. 中华人民共和国国家工商行政管理总局商标局2007年编译：68-72.

或其他方式结合的交织字母以及非正常使用的各种文字等（正常使用的文字，不视为商标图形，而是商标文字）。①

（5）图形对象。主要表示商标图形元素具体含义，比如商标元素是人类（男人、女人、儿童、混合以及人体部分如骨骼、头颅等）、动物（四足动物、鸟/蝙蝠、水生动物、昆虫等）、自然现象（如虹、闪电、雪花、北极光等），等等。每一种元素照样可以细分出很多具体种类，比如："人体部分"中的"手，手指，手或手指印，手臂"，至少包括"伸开的手（手掌或手背）"、"握在一起的手"、"手或手指印"等多个细类。②

在上述元素之外，还有发音（如"house"与"horse"发音相似；"正太"与"郑泰"读音相同）等其他元素。因此，在商标图形的版权保护过程中，所使用的媒体指纹技术需要考虑这几种商标图形的属性特征。

第二节　商标图形数字版权保护的必要性分析

构成版权作品的商标图形依法受商标权和版权的双重保护。相对于一般版权作品，数字网络条件下，商标图形更加需要数字版权保护技术手段的支撑。这是因为，商标图形一方面，可能由于构成版权作品而需要进行相应的数字版权保护；另一方面，由于媒体指纹技术具有相似检测功能，而商标注册、异议需要进行相似比对工作，商标图形即使不构成版权作品，在相关审核、比对过程中，也需要媒体指纹这一数字版权保护技术手段的支撑。

一、构成版权作品的商标图形依法受版权保护

1. 构成作品的商标图形可能受商标、版权双重保护

商标图形一方面，具有商标属性，如正式注册并在有效期内，受商标法保护；另一方面，作为创意设计成果，也有可能构成版权作品，依法应受版权保护。非但如此，与一般的版权作品相比，商标图形兼具创新性、实用性，

---

① 世界知识产权组织. 商标图形要素国际分类（1988年第二版）. 中华人民共和国国家工商行政管理总局商标局2007年编译：73-76.

② 世界知识产权组织. 商标图形要素国际分类（1988年第二版）. 中华人民共和国国家工商行政管理总局商标局2007年编译：1-65.

好的商标图形同时具备识别性、传达性、审美性、适应性、时代性等特征，创意含量和版权保护的价值都相对较高。

那么，哪些商标图形构成作品、哪些又不构成作品？这就涉及版权法关于作品的界定问题。

我国《著作权法实施条例》第2条规定，版权法所称作品，是指文学、艺术和科学领域内具有独创性并能以某种有形形式复制的智力成果。专门设计的商标图形一般具有独创性，亦可复制，但除少数包含有"花木兰"、"刘三姐"、"神舟"、"天宫"等文字符号、具有特定背景和含义外，通常不属于文学、科学领域；至于是否属于艺术领域，关键要看是否具有艺术上的美感，或者说是否具备一定的艺术水平。

有人对这一要素存在质疑，认为评价艺术水平的标准具有一定的主观性，富有较大的弹性，实际操作中不易判断，并列举英国《版权法》"绘画、雕刻、雕塑等美术作品作为版权的客体，不论其艺术性程度如何，均可受版权的保护"作为辅证；但同时也指出，在少数国家（如德国）法院的司法实践中确立了一个特殊标准，即美术作品必须达到一定艺术水平才受著作权法的保护。[①]

我国版权立法也要求艺术领域作品需具有一定的艺术水平。商标图形如构成版权法上的作品，最有可能构成的是美术作品或摄影作品。[②] 我国《著作权法实施条例》第4条规定，美术作品是指绘画、书法、雕塑等以线条、色彩或者其他方式构成的有审美意义的平面或者立体的造型艺术作品；摄影作品是指借助器械在感光材料或者其他介质上记录客观物体形象的艺术作品。无论是"有审美意义"还是"艺术作品"，都要求具备一定的艺术水平。

此外，尽管我国版权立法关于作品在篇幅长短、复杂性方面没有要求，例如，几个字的广告语也可能构成作品，但过于简单以至让人难解其意的所谓表达显然不够成作品。北京市高级人民法院《关于审理著作权纠纷案件若干问题的解答》（京高法发[1996]460号）强调：作品必须表达一定的思想、情感，传达一定的信息。这对界定版权作品是有参考价值的。当然，过于简

---

① 张红宵.著作权与商标权的重叠和分界.法学.1996（12）.
② 尽管都有"图形"二字，商标图形因其简易性、显著性要求，不太可能构成"工程设计图、产品设计图，以及反映地理现象、说明事物原理或者结构的地图、示意图等"版权法意义上的图形作品。

单的商标图形，其艺术水平一般也值得商榷。

在此情况下，不属于文学、艺术领域又不具备艺术水平的商标图形，以及过于简单、不能表达一定思想感情、不能传达一定信息的商标图形，都应该被排除在版权作品的范围之外。相应商标图形较多，比较典型的如利用常用字体设计的字母交错编排组合、简单的斜体汉字或字母组合，以及简单的颜色组合，等等。按此逻辑，以下4个商标图形即不构成版权法意义上的作品：

除这些情形外，具有文学、科学含义的文字、符号元素的商标图形，以及具有一定艺术水平的商标图形，都是构成版权作品、依法应受版权保护的。

2.版权保护具有明显优势

较之于商标权保护，我们认为，版权保护具有明显的优势。理由主要如下。

（1）商标保护。首先，商标图形受商标法保护必须以权利人申请注册为前提。真正享有商标权需经有权机关依法核准。其次，商标图形受保护的范围非常有限——基本局限于有权机关核定的商品或服务范围——我国《商标法》规定的唯一例外是，"就不相同或者不相类似商品申请注册的商标是复制、摹仿或者翻译他人已经在中国注册的驰名商标，误导公众，致使该驰名商标注册人的利益可能受到损害的，不予注册并禁止使用（《商标法》第13条第3款）"。按照该规定，商标图形超出核定范围使用受商标法保护需满足诸多条件，包括：1）相关商标已在中国注册并被认定为驰名商标；2）系争商标对其构成复制、摹仿、翻译；3）复制、摹仿、翻译达到误导公众、可能致使该驰名商标注册人利益受损的程度。最后，商标权保护期限（注册商标有效期）为10年，期满需要继续使用的，必须办理续展手续。

（2）版权保护。首先，版权自动产生，其保护不以申请注册为前提。相关图形作品自完成之日起自动享有版权，并受版权法保护。其次，版权保护范围非常广，版权法对商标图形应用的产品或服务领域没有限制。除合理使用、法定许可等法律规定的权利限制情形以及权利人本人放弃相应权利以外，其他情况下，任何使用构成版权作品的商标图形的行为，都必须事先得到许可，并向权利人支付报酬。最后，保护期限相对较长，且不存在每过一定期限就要续展的问题：自然人作品版权保护期一般为作者有生之年加死后50年，一些欧美国家为作者有生之年加死后70年；法人作品为完成后50年，一些欧美国家为作品完成后70年，美国甚至长达95年。

对构成版权作品的商标图形，可以采用数字版权保护技术进行相应版权保护：一是可以在商标图形创作、存储过程中采取相关技术，防止草稿的非法复制和传播，如出现侵权，可进行追踪定位、侵权取证、证据保全等；二是可以在商标图形创作完成后采取相关技术措施，防止在任何市场应用领域尤其数字网络空间的非法使用，并在遭受侵权后进行追踪定位、侵权取证、证据保全等。

二、损害在先版权的图形商标异议

按照《商标法》的规定，申请商标注册不得损害他人现有的在先权利。国家工商总局商标局和商评委2017年1月发布的《商标审查及审理标准》规定："未经著作权人的许可，将他人享有著作权的作品申请注册商标，应认定为对他人在先著作权的损害，系争商标应当不予核准注册或者予以无效宣告。"

实践中，曾发生大量系争商标图形因侵犯他人在先著作权而不予核准注册的案例：2001年，广东东莞某牛排餐厅曾将与美国芝加哥公牛队队徽近似的牛头图形注册为商标，因侵犯芝加哥公牛队队徽权利人美商NBA公司在先著作权问题，因NBA公司提出异议并提起诉讼，最终未注册成功。[①] 相关商标见下图。

---

① 北京市高级人民法院. 美商NBA产物股份有限公司与中华人民共和国国家工商行政管理总局商标评审委员会其他二审行政判决书.（2013）高行终字第962号.

（左图为芝加哥公牛队队徽，右图为牛排店所申请商标）

2005年，仍然与芝加哥公牛队队徽有关，申请人黄某将与其极为相似的牛头图形在茶叶等商品上申请注册商标，由于芝加哥公牛队队徽权利人美商NBA公司提出异议，商标评审委员会裁定不予核准注册。[①]

国内知名企业同样有类似的维权经历。2010年，浙江海宁地区曾出现过以海尔兄弟近似图形为商标的侵权假冒产品，海尔集团以侵犯商标权和著作权为由，对标贴制作人和企业提起侵权诉讼，也取得了良好的法律效果。[②]

在类似案件中，在先权利人或者利害关系人可以借助数字版权保护相关技术对系争商标和与己有关的版权作品进行相似性比对，在此基础上，结合商标申请注册的不同阶段，依法分别提出相应主张：商标注册初步审定公告的，可以向商标局提出异议；已核准注册的，自商标注册之日起五年内，可以请求商标评审委员会宣告该注册商标无效。在此过程中，商标注册评审机构以及司法机关等也可以数字版权保护相关技术进行系争商标与相关版权作品之间的相似性比对。

三、图形商标注册审查中的相似性比对

关于注册商标审查，我国《商标法》规定了大量与其他商标相同或相似而不予注册的情形，其中：

第10条关于官方标志禁止作为商标图形使用的规定：1）同中华人民共和国国旗、国徽、军旗、军徽、勋章等相同或者近似的，以及同中央国家机

[①] 汪泽. 中国商标案例精读. 北京：商务印书馆，2015：260-277.
[②] 方圆. 海尔：版权保护融进创新血液. 中国新闻出版报，2014-08-25（006）.

关标志、所在地标志性建筑物的图形相同的；2）同外国国旗、国徽、军旗等相同或者近似的，但经该国政府同意的除外；3）同政府间国际组织旗帜、徽记等相同或者近似的，但经该组织同意或者不易误导公众的除外；4）与表明实施控制、予以保证的官方标志、检验印记相同或者近似的，但经授权的除外；5）同"红十字"、"红新月"标志相同或者近似的。

第13条关于禁止使用他人驰名商标的规定：1）就相同或者类似商品申请注册的商标是复制、摹仿或者翻译他人未在中国注册的驰名商标，容易导致混淆的；2）就不相同或者不相类似商品申请注册的商标是复制、摹仿或者翻译他人已经在中国注册的驰名商标，误导公众，致使该驰名商标注册人的利益可能受到损害的。

第15条关于申请注册明知是他人在先使用的商标的规定：就同一种商品或者类似商品申请注册的商标与他人在先使用的未注册商标相同或者近似，申请人与该他人具有前款规定以外的合同、业务往来关系或者其他关系而明知该他人商标存在，该他人提出异议的，不予注册。

第50条关于申请注册被撤销、被宣告无效或者被注销的注册商标的规定，注册商标被撤销、被宣告无效或者期满不再续展的，自撤销、宣告无效或者注销之日起一年内，商标局对与该商标相同或者近似的商标注册申请，不予核准。

第57条及第60条关于侵犯注册商标专用权的救济规定：未经商标注册人的许可，在同一种商品上使用与其注册商标近似的商标，或者在类似商品上使用与其注册商标相同或者近似的商标，容易导致混淆的，属于侵犯注册商标专用权。因此引起纠纷的，由当事人协商解决；不愿协商或者协商不成的，商标注册人或者利害关系人可以向人民法院起诉，也可以请求工商行政管理部门处理。

在商标图形注册申请以及相关司法实务中，对上述情形的认定，各种商标相关单位同样需要开展大量的相似度对比工作，并就相应图形之间是否相同或实质相似作出客观判断：一则，商标代理机构首先要对其所接收的拟申请商标图形与国旗、国徽等不得作为商标标志的诸多图形进行相似性比对，经审核可作为商标的，再与同类或相关领域已经注册的商标进行相似性比对，不相同或不构成实质性相似方可通过审核，否则需要对委托人拟申请商标图形提出修改建议，并对修改后的图形进行再次审核；二则，商标审查机构（在我国包括商标评审委员会和商标复审委员会）要对其所受理的申请注册的商标图形与相关领域已注册商标以及国旗、国徽等不得作为商标标志的图形进行相似性审核；最后，知识产权法院等相关司法机关要对立案受理的争议商标图形进行相似性审核，相关争议既包括民事案件中不同市场主体之间的争议，也包括行政案件中不服商标评审委员会的争议。

四、商标图形版权侵权与维权

除以上情形外，还有直接以商标图形版权受到侵害名义进行版权维权的做法。实践中，原商标图形的版权所有人由于种种原因没有申请商标注册，也没有对侵权人的商标注册行为提出异议，而是直接就侵权人非法使用其版权作品的行为进行维权，这种情况也较为常见。

例如，上海美术电影制片厂曾因汕头市某化妆品公司"葫芦娃"近似图形申请注册商标并使用、上海某零售贸易公司销售相应产品，构成对其所享有的"葫芦娃"版权的侵犯，而诉至法院并成功维权。① 以下为上海美术电影制片厂葫芦娃形象和汕头化妆品公司商标图形。

（左为上海美术电影制片厂葫芦娃形象，右为汕头某化妆品公司商标图形）

此外，1996年6月4日《服务导报》登载过这样一则案例：某酱醋厂委托某高校美术教师郭某创作了一件用于酱油的商标，商标图案由一棵树及许多特别的花纹组成。此后两年间，该厂将此商标用于所产酱油，但一直未申请注册。不久前，该厂突然发现另一食品厂已将此商标注册，并同样用于所

---

① 上海市高级人民法院民事判决书.（2009）沪高民三（知）终字第7号.

产酱油上。酱醋厂即去找食品厂交涉，食品厂以商标注册在先原则为由予以拒绝。酱醋厂思考再三，认为对此商标图案享有版权，乃以版权被食品厂侵犯为由提起诉讼。①

对于未经许可擅自使用构成版权作品的商标图形的行为，权利人当然可以从版权维权角度，依法提起版权侵权之诉。相关商标图形以及相关产品、服务通过数字网络渠道进行传播的，权利人还可以借助数字版权保护技术手段进行网络侵权取证与证据保全等。

第三节 面向商标图形的媒体指纹技术

一、基于商标属性的特征提取

对于商标属性，可以采用传统图形特征和基于深度学习的特征相结合的特征提取方式，通过多种特征来描述商标属性对象。

1.传统图形特征提取

传统特征将考虑使用 DCT，颜色直方图和 SIFT 特征。

选取图形的 DCT（Discrete Cosine Transform，离散余弦变换）特征及颜色直方图作为全局图形特征。DCT 特征可以有效地抵御内容保持的图形变形（Content-Preserved Visual Transformation），比如压缩、Gamma 变换和加噪等。此外，它还具有紧凑性好、提取与检索效率高的优点。

DCT 算法的主要步骤如下：

将输入图形转换为灰度图形。如果原始输入图形仅包含一个通道的灰度值，则不需要进行转换；

对得到的灰度图形进行正规化。在本课题的系统中，所有的图形将被重设尺寸到 64x64 像素；

将第二步得到的 64x64 像素的图形继续细分为 8x8 个子块，每个子块包含 8x8 个像素；

对每一个子块进行二维离散余弦变换（2D Discrete Cosine Transform，2DDCT），得到该子块对应的系数矩阵；

---

① 转引自张红霄.著作权与商标权的重叠和分界.法学.1996（12）.

计算得到每个子块对应的系数矩阵的前 4 个子带的能量；

根据相邻子块系数矩阵的前 4 个子带的能量大小之间的比较，得到每一个子块对应的 4bit 描述符。将 8x8 个子块的相应 4bit 描述符进行拼接并得到最终的 256bit 图形描述符。

图形的颜色直方图特征是一种很常用的图形全局特征。该特征能够有效地抵御图形的翻转、旋转等对于像素点之间相对位置发生改变的变形。本课题采用 HSV 颜色空间上的颜色直方图作为图形全局特征的一种。HSV 即色相、饱和度、明度（英语：Hue, Saturation, Value）。相比于 RGB 颜色空间，它更类似于人类感觉颜色的方式，具有较强的感知度，而 R、G、B 这三种颜色分量的取值与所生成的颜色之间的联系并不直观。颜色直方图算法的主要步骤如下：

将输入图形转换为 HSV 三通道的彩色图形；

对 HSV 三通道图形每个像素点的 H、S、V 值进行直方图统计，H、S、V 各自分别对应 32 个 bin；

将 H、S、V 对应的 32 个 bin 拼接成 96 维的颜色直方图特征。

SIFT（Scale-invariant feature transform，尺度不变特征转换）特征并使用 BoW（Bag of Words，词袋技术）对 SIFT 特征进行量化的结果作为局部图形特征。SIFT 特征是一种常用的图形局部特征，目前被广泛应用在图形识别、分析、检索的各个领域。SIFT 特征的提取算法如下：

构建尺度空间，检测极值点（见下图）；

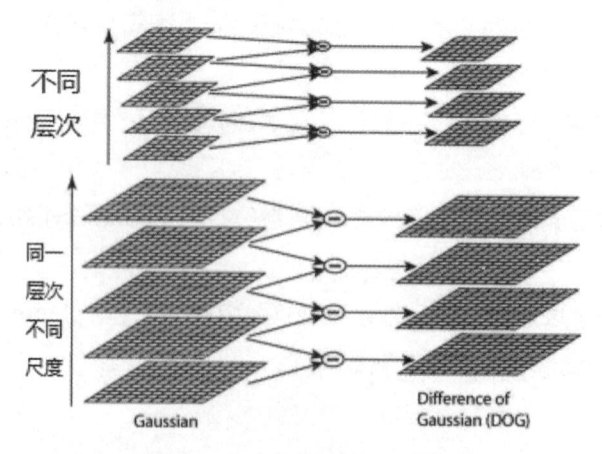

图 1　尺度空间构建示意图

对上述特征点进行过滤，并精确定位（见下图）；

图 2　特征点过滤与定位示意图

计算当前特征点的方向（见下图）；

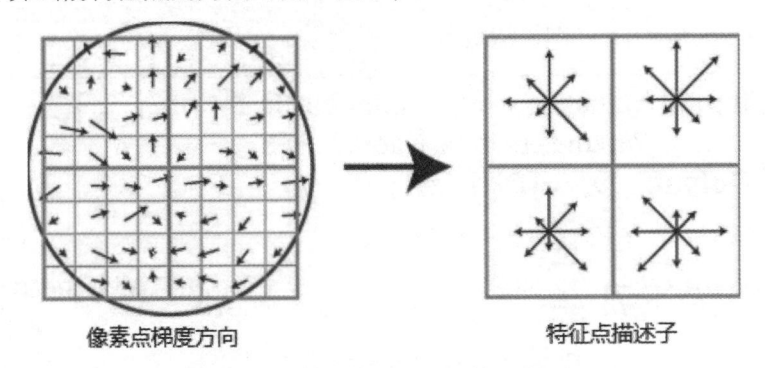

图 3　当前特征点方向计算示意图

根据特征点的方向计算特征描述子。以特征点为中心取 16x16 的邻域作为采样窗口，将采样点与特征点的相对方向通过高斯加权后归入包含 8 个 bin 的方向直方图，最后获得 128 维的特征描述子。

2. 基于深度学习的特征提取

基于深度学习的特征采用基于 Inception-BN 的卷积神经网络。Inception-BN 通过对卷积神经网络每层的输入做归一化，对模型做归一化以及对每个训练的 batch 做归一化，从而加速卷积神经网络的训练速度与提升精度。每个网络中都有若干的卷积层（C）与采样层（S），每次卷积采样之后会产生上一层的特征，而维度会减小。网络结构如下图所示：

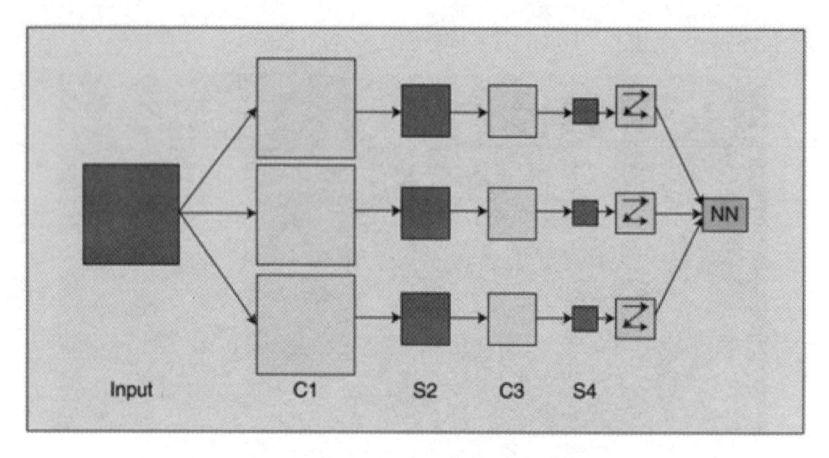

图 4 Inception-BN 神经网络结构示意图

在 Inception-BN 网络中，首先对每一层的输入都做归一化，随后再对 Batch 进行归一化，如图算法所示。

Input: Values of x over a mini-batch: $\mathcal{B} = \{x_{1...m}\}$;
　　　　Parameters to be learned: γ, β
Output: $\{y_i = \text{BN}_{\gamma,\beta}(x_i)\}$

$$\mu_{\mathcal{B}} \leftarrow \frac{1}{m}\sum_{i=1}^{m} x_i \qquad \text{// mini-batch mean}$$

$$\sigma_{\mathcal{B}}^2 \leftarrow \frac{1}{m}\sum_{i=1}^{m}(x_i - \mu_{\mathcal{B}})^2 \qquad \text{// mini-batch variance}$$

$$\widehat{x}_i \leftarrow \frac{x_i - \mu_{\mathcal{B}}}{\sqrt{\sigma_{\mathcal{B}}^2 + \epsilon}} \qquad \text{// normalize}$$

$$y_i \leftarrow \gamma\widehat{x}_i + \beta \equiv \text{BN}_{\gamma,\beta}(x_i) \qquad \text{// scale and shift}$$

图 5 算法一：网络归一化

其中，y 是向量 x 归一化之后得到的结果，其他的参数需要在每个 batch 上学习得到，整个网络的训练算法如下图所示。

```
Input: Network N with trainable parameters Θ;
       subset of activations {x^(k)}_{k=1}^{K}
Output: Batch-normalized network for inference, N_BN^inf
1:  N_BN^tr ← N   // Training BN network
2:  for k = 1...K do
3:      Add transformation y^(k) = BN_{γ^(k),β^(k)}(x^(k)) to
        N_BN^tr (Alg. 1)
4:      Modify each layer in N_BN^tr with input x^(k) to take
        y^(k) instead
5:  end for
6:  Train N_BN^tr to optimize the parameters Θ ∪
    {γ^(k), β^(k)}_{k=1}^{K}
7:  N_BN^inf ← N_BN^tr   // Inference BN network with frozen
                         // parameters
8:  for k = 1...K do
9:      // For clarity, x ≡ x^(k), γ ≡ γ^(k), μ_B ≡ μ_B^(k), etc.
10:     Process multiple training mini-batches B, each of
        size m, and average over them:
            E[x] ← E_B[μ_B]
            Var[x] ← (m/(m-1)) E_B[σ_B^2]
11:     In N_BN^inf, replace the transform y = BN_{γ,β}(x) with
        y = (γ/√(Var[x]+ε)) · x + (β − (γE[x])/√(Var[x]+ε))
12: end for
```

图 6　算法二：网络训练算法

最终得到的 N_{BN}^{inf} 就是整个网络训练得到的最终结果，我们将这个算法应用在 CNN 上，在 ImageNet 上进行训练预训练，用训练好的神经网络进行视频帧特征提取。

二、基于商标属性的特征索引

对于生成的商标图形局部特征，如 SIFT，将采用倒排索引算法对商标属性特征建立索引。

SIFT 特征因描述子过大，很难用于大规模的分析检索任务。我们采取了

BoW 量化的方法并进行了一定的改进以更好地适应商标图形的需要。

Bag of Words（以下简称 BoW）最初是文本检索的一个概念，在 CVPR2007 上，专家对该技术在图形匹配算法上进行了一个回顾，并在之后成为一个研究的热点。Bag of Words 的主要思想是：将特征进行聚类（一般采用 Kmeans 方法），每一类用一个视觉单词（Visual Word）表示。用 BoW 对 SIFT 特征聚类之后，就可以通过比较两幅图形的"词频"来计算两幅图形的相似度。算法示意图如下：

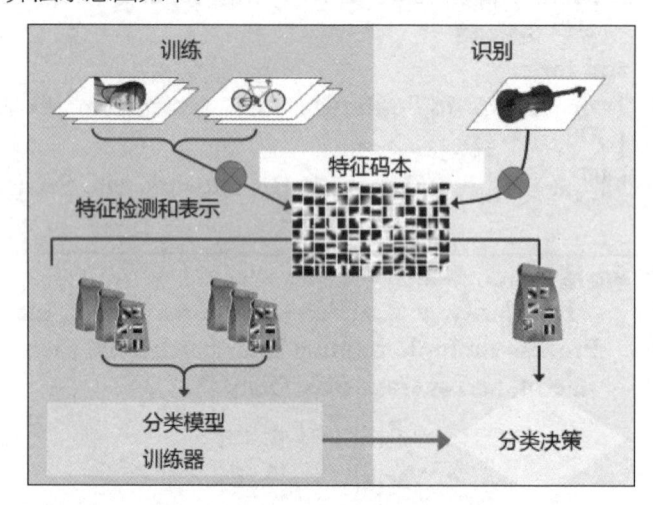

图 7　Bag of Words 算法示意图

具体实现上，有以下两步：

（1）聚类。针对训练集，通过 Kmeans 方法进行训练，得到特征码本。聚类过程为（设最终聚类数目为 k）：

初始选取特征空间中的 K 个点作为初始的 K 个聚类中心；

对特征空间中所有的点：找到距离它最近的聚类中心，将该点归入该类别；

对于每一个类别，根据目前这个类别中所有的点重新计算聚类中心，得到迭代后的新的 K 个聚类中心；

重复 b）和 c）直到 K 个中心点经过迭代不再变化，或者迭代到一定次数（比如 100 次），则终止。

这样就得到了 K 个经过多次迭代之后的聚类中心，并将它作为特征码本。

（2）通过码本计算当前特征对应的视觉单词。这一步就是计算待计算的特征值和所有 K 个码本中的向量的欧氏距离，用距离最近的视觉单词编号来表示该特征向量。

传统的 BoW 算法会忽略特征点的一些额外信息，比如特征点的尺度、主方向、在图片中的相对位置等，而这些信息对于图形检索也是很有帮助的。对此，我们优化了 BoW 算法，扩展了特征点对应的视觉单词编号，融入了特征点本身的尺度、主方向、相对位置等信息。

通过获取商标图形的特征点的 BoW 后，将采用倒排索引算法对 BoW 值进行索引操作，生成商标图形索引库，其实现示意图如下：

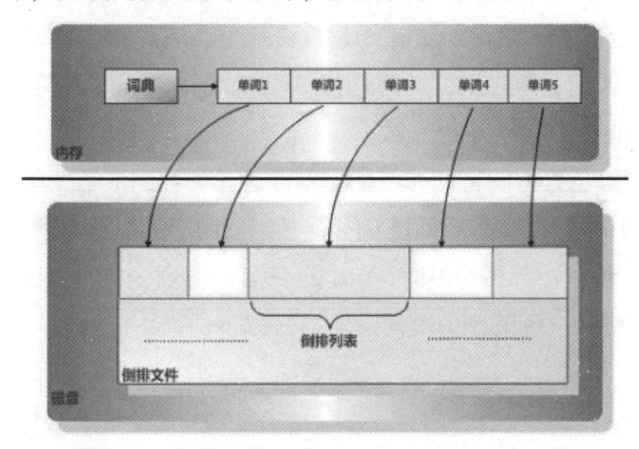

图 8　倒排索引技术

对于商标图形的全局特征和深度学习特征，将使用二进制方式表示，因此，对此类特征将采用二进制索引方式处理。

通过对商标图形的特征建立索引，在实际系统搜索过程中提供更快的搜索属于，特别是在图形数据不断增大的情况下，通过索引处理使得商标图形的可实用性成为可能。

三、基于商标属性的匹配搜索

对于商标图形属性的匹配搜索，由于每个商标图形会提取多种图形特征数据，将采用多特征融合的方式进行匹配搜索。

本课题采用的多特征融合主要是结果层的融合。结果层融合是指构造几个相互独立的基本检测器（Basic Detector），每个检测器利用一种特征进行帧层次检索，并对检索结果进行时域投票，从而得到一个单独的拷贝检测结果，最后将几个检测器的结果融合成为最终的拷贝检测结果。目前很多拷贝检测方法使用这种融合机制，取得了比较明显的性能提升。

对于商标图形属性的匹配搜索，在特征融合前需要对每种特征独立进行特征检测，获取检测结果。

对于图形 DCT 全局特征的匹配，本课题采取特征间二进制汉明距离来衡量两幅图形分别对应的 DCT 特征的相似性。每一幅图形经过计算都会被表示成 256bit 的 DCT 特征，通过两个 256bit 的 DCT 特征间汉明距离的度量，得到这两个 DCT 特征的相似度，也即两幅图形的相似度。为了加快匹配速度，本课题采用了 SSE4（Streaming SIMD Extensions，流式单指令多数据扩展指令集）扩展指令集来快速计算两个 0-1 比特串之间的汉明距离，具体使用了 _mm_popcnt_u64 这个函数。

对于图形颜色直方图特征的匹配，本课题首先将图形的颜色量化到 96 个 bin 中，每个 bin 的取值范围都是 0~1，表示该图形的所有像素在不同 bin 中的分布概率。通过计算两个 96 个 bin 的交集，得到一个 0~1 之间的浮点数用于表示这两幅图之间的相似度。具体公式如下：

$$Similarity(A, B) = \sum_{i=1}^{96} \min(A[i], B[i])$$

其中，A、B 代表两幅图形的颜色直方图特征，A[i]、B[i] 分别表示 A、B 特征的第 i 维（$1 \leq i \leq 96$）。通过计算每一维的交，最终得到两个图形的相似度。

为了加快匹配速度，本课题采用了 SSE2 指令集来快速计算两个浮点向量的交，具体使用了 _mm_min_ps 这个函数。

对于图形 SIFT 局部特征的匹配，我们设计了倒排索引技术来加快 SIFT-BoW 的检索。具体的倒排索引结构如表 3-17 所示：

假设 A、B、C 三张图片，A 图包含的特征点 WordID 为（1,2,2,3），B 图包含的特征点 WordID 为（1,2,3,3），C 图包含的特征点 WordID 为（2,2），则倒排索引见下表：

表 1　图形倒排索引表

Word ID	图片和特征点对
1	（A,1）（B,1）
2	（A,2）（B,1）（C,2）
3	（A,1）（B,2）

现有 D 图包含特征点 Word ID（1,1,2,2），则只需要查询 WordID 为 1、2 的表项对应的图片和特征点数目，从而加快计算 P（A∩B）的速度。

对于商标属性的深度学习特征，在匹配搜索过程中，为了更好地计算距离、提高性能，我们首先对于两组特征进行 L2norm 归一化：

$$Y = \frac{x_i}{norm(x)}$$

$$norm(x) = \sqrt{x_1^2 + x_2^2 + \cdots + x_n^2}$$

然后，采用 POWERnormalization 方法处理特征：

$$Y = \sqrt{x}$$

距离计算公式如下：

$$Distance = \sqrt{\sum(u_i - v_i)^2}$$

其中，u 和 v 分别为种子视频和待检测视频的特征向量。

对于上面多种特征，可以通过 TSSC 特征融合方式进行结果融合，总的匹配流程如下图：

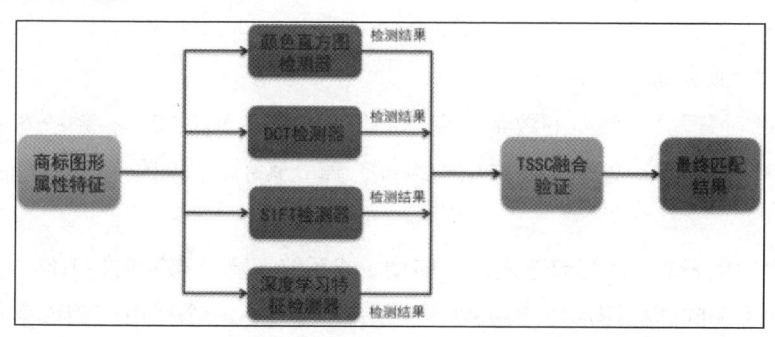

图 9　多特征融合

商标图形属性特征分别送入不同的检测器，每个检测器给出一个检测结果，然后所有的结果送入 TSSC 结果级联融合模块进行结果融合和验证，最终输出匹配结果。

第四章 基于媒体指纹技术建立商标图形数字版权保护专有系统的可行性分析

第一节 系统需求分析

基于媒体指纹技术的商标图形数字版权保护专有系统以商标图形特征值提取和相似性比对功能为核心，能够有效提取指定数字化商标图形的图纹信息（唯一、不变特征值），存入相应数据库，同时对于查询商标能够快速给出相似性检测结果。借助该系统，结合进一步的人工核查，有关机构及其工作人员根据用户需求，可以作出查询商标图形是否涉嫌复制、摹仿指定商标图形，是否涉嫌构成侵权、盗版等相应报告；在此基础上，为相关用户应否（能否）进行商标注册、是否（可否）考虑商标异议或打盗维权等提供参考依据和决策支撑。系统需求分析包括业务需求分析和功能需求分析两个方面。

一、业务需求分析

系统管理员将现有的数字化商标图形文件输入到系统中，系统对所有输入的商标图形进行处理，提取指纹特征，建立索引，同时给管理员返回处理结果。

用户代表（以商标审查人员为典型）或系统运营机构等相关工作人员（系统管理员）向商标图形数字版权保护专有系统输入一个待审核的数字化商标图形文件，系统在已有的商标图形库中进行匹配，给出与输入商标相似的所有匹配结果，每个匹配结果给出相应的相似度值。用户代表（管理员）根据特定业务需要，针对相似度值设置一定的溢出率（比如75%以上），在系统查询出来的匹配结果中，通过人工作进一步核查比对，很快就能给出相应商标图形的判定结果。

其业务结构图如下：

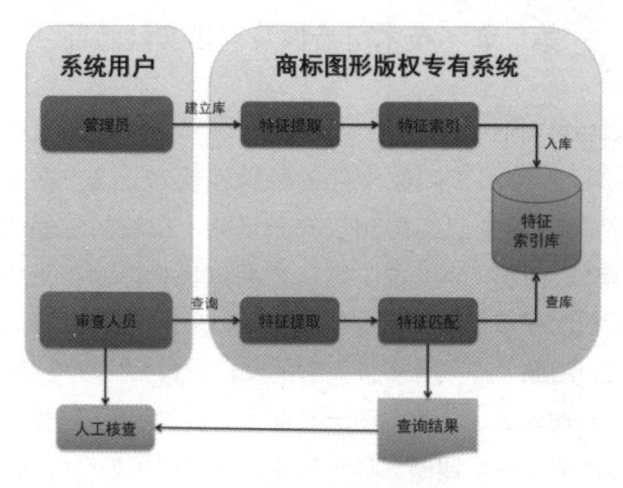

图 10　系统业务结构图

二、功能需求分析

1. 商标图形指纹特征提取

输入一个数字化的商标图形文件，系统自动提取其指纹特征，包括颜色特征、DCT 特征、SIFT 特征和基于深度学习的特征。每一个商标图形文件都能提取对应的指纹特征数据，不支持的文件类型将给出相应的提示信息。

从商标图形中提取的指纹信息需要具有较强的鲁棒性和辨识能力。即：提取图像指纹时，既需要考虑特征的鲁棒性，抵抗图像的各种变形，减少漏检的拷贝图像数目，保证图像拷贝的查全率；又需要兼顾特征的区分性，减少误检的非拷贝图像数目，保证图像拷贝检测结果的查准率。

2. 商标图形指纹特征索引

对提取的商标图形特征进行索引，对于 SIFT 特征建立倒排索引库；对于颜色特征、DCT 特征以及深度学习特征建立二进制索引。所有的倒排索引数据以文件形式存储，二进制索引可以存储为文件形式，也可以存储到数据库中。

3. 商标图形特征匹配

商标图形文件进行查询时，系统将查询商标提取的特征与系统特征库进行匹配，SIFT 特征在倒排索引库中进行查询，颜色特征、DCT 特征和深度学习特征在二进制索引库中进行匹配，并给出相应的匹配结果。

第二节　技术可行性及初步实验验证

一、技术的可行性

媒体指纹技术可用于图像文件的相似性比对，这点在媒体指纹技术人脸识别等相关应用中已经得到了充分证明，在版权工程研发过程中也已经得到了集成应用示范单位、第三方测试机构以及行业专家的认可。

目前，版权工程基于媒体指纹技术部署有媒体拷贝检测系统。该系统可对文本、音频、图像、视频等多种类型的文件进行相似度检测。在图像指纹匹配界面，只要输入A、B两个图像文件，点击"匹配"按钮，即可显示两个文件的相似度值。在本课题立项过程中，我们用相关商标图形进行检验，证明媒体指纹技术是可以用于商标图形的相似性比对的。

具体如下面截图所示：

图11　媒体拷贝检测系统截图

二、实验验证

在本课题开展过程中，我们搜集较多的商标图形，就本课题系统设计构想，进行了专门的实验验证，主要如下。

1. 数据集的选择

系统通过对两组商标数据，一组相似商标数据集，一组不相似商标数据集进行实验验证。

其中，相似商标数据集为：

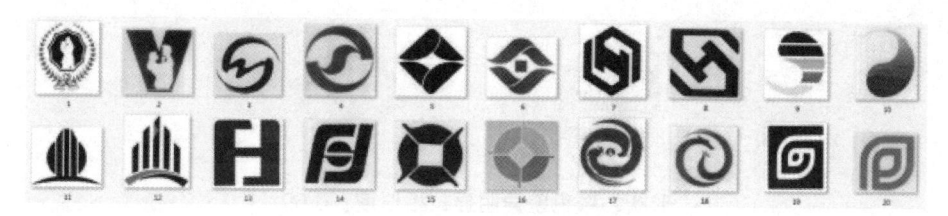

图 12　相似商标图形数据集

不相似商标数据集为：

图 13　不相似商标图形数据集

2.验证结果

利用图形指纹技术对以上商标图形进行基础验证，我们进行了一下几组数组的测试：

两张相似商标图形比对结果为：

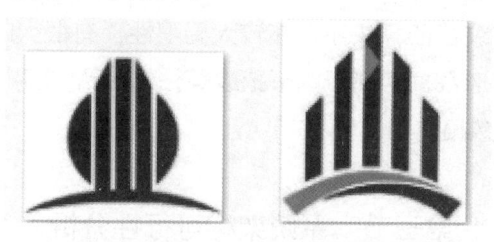

形状相似，颜色一致，相似度值：0.86

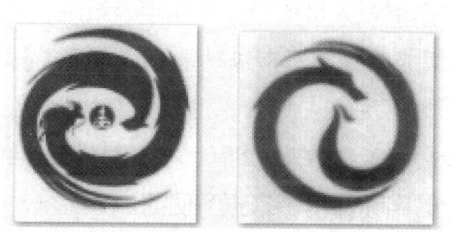

形状相似，颜色不一致，相似度：0.79

两张不相似商标图形比对结果为：

形状、颜色差异明显，相似度：0.69

形状、颜色不相似，相似度：0.50

从以上少量的商标图形测试数据看，通过基本的颜色直方图、DCT等特征可以匹配计算相似度。从几个测试的结果看，相似的商标图形能得到较高的相似度值，而不相似的商标图形得到的相似度值明显较低。

通过目前少量的商标数据的测试情况看，依赖图形指纹技术是能够进行一定的商标图形匹配。由于当前的测试是在少量的商标数据训练模型的基础上完成的，图形指纹特征算法还存在较大局限性，有很大的改进空间。如果能有更多的商标图形数据，商标图形指纹算法通过大量测试进一步调优，应该能够获取更好的效果。

第三节　系统架构可行性分析

为了方便商标图形审查人员和管理员使用该系统，系统可以Web形式提供，通过Web系统集成商标图形指纹功能模块。通过提供Web的系统，可以让商标审查工作跨地区完成。另外，通过相互协作使用商标图形指纹专有系统，也可以进一步提高工作效率。而且，使用基于Web的商标图形专有系统，还可以为使用者的实际使用带来更多便捷。

商标图形版权专有系统基于Web的通用架构，系统主要包括用户界面呈现层、系统逻辑控制层、数据库层三大层次。总体如下图所示：

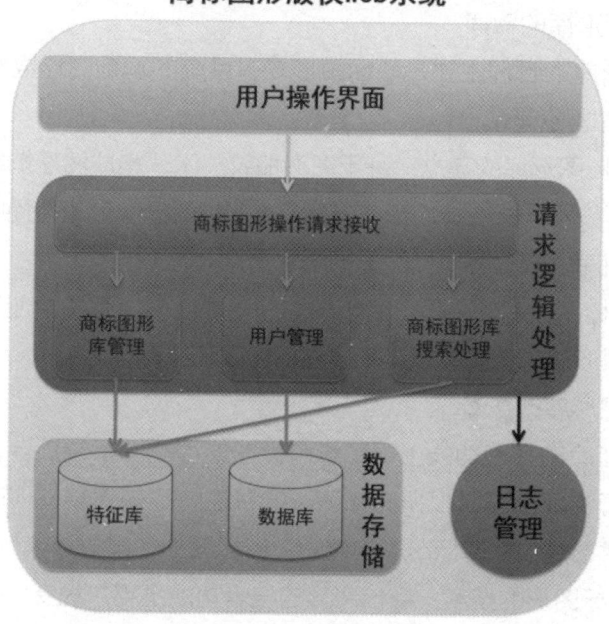

二等奖
媒体指纹技术在图形商标数字版权保护中的应用研究

图 14 系统 Web 结构图

一、用户界面呈现层

用户界面呈现层主要是包括用户界面的操作，已经提交商标图形结果的展示，商标结的展示。用户界面需要以友好性展示，操作简单，方便使用。

二、系统逻辑控制层

系统逻辑控制层是该系统的核心，包含系统最核心的功能：用户管理功能、商标图形库的管理功能、商标图形库的搜索功能以及系统日志管理功能。

1. 用户管理

用户管理功能包括对用户操作、用户角色和用户权限的管理：

（1）用户操作。包括用户注册、用户登录、用户维护（添加、修改和删除），找回密码等功能。

（2）用户角色。主要是给用户分配不同的角色，包括系统管理员、商标审核员等，不同的用户角色可以执行不同的系统功能。

（3）用户权限。不同的用户有不同的权限功能，根据不同的权限执行相应的功能。

2. 商标图形库的管理

商标图形库的管理主要是商标图形专有系统的基础商标数据，包括对商标图形库的建立与编辑。

（1）商标图形库的建立。基于图形指纹技术，集成图形指纹技术接口，利用图形分析技术分析商标图形的元素属性，对商标图形属性提取指纹特征，并存储到索引库，同时将商标图形的基本信息存储数据库。

（2）商标图形库的编辑。商标图形库建立之后，系统管理员可以对已经录入的商标图形进行浏览编辑操作，包括修改和删除。

3. 商标图形库的搜索

商标图形库的搜索功能主要是将商标图形提交到系统后台，通过商标图形特征库进行特征匹配，根据商标图形的属性特征获得特征匹配结果。商标图形库的搜索主要包括商标图形的搜索，商标图形结果复核。

（1）商标图形的搜索。商标图形的搜索功能是用户提交一个商标图形，系统利用商标图形指纹技术提取搜索商标的特征，再利用商标图形特征匹配技术在特征库中进行特征搜索，系统根据每种特征匹配的结果进行融合，将最终的结果返回给搜索用户。

（2）商标图形结果复核。商标图形结果复核功能主要是用户对搜索返回的结果进一步审核确认，并给出最终的审核结果。同时，在复核过程中，未被确认的商标图形结果可以进一步返回到系统中，作为后续对深度学习模型的进一步改进数据依据。

4. 系统日志管理

日志管理主要是记录整个商标图形专有系统的操作痕迹，包括用户操作、商标图形指纹库操作、数据库操作，最主要是记录系统的核心记录点，包括重要事件的记录、系统错误日志记录等，为后续的系统统计、系统维护提供依据。

三、系统数据库层

主要是关于系统核心的数据存储操作。数据库层主要包括商标图形特征库的存储操作，传统数据库的存储操作，如 Mysql、Oracle 等。商标图形特征以文件形式存在，所有的商标图形特征操作都围绕特征库完成，而所有的其他数据信息，包括用户信息，商标基表信息等都直接使用传统数据库完成。

第四节　系统功能模块分析

一、用户管理功能模块

用户管理是系统中基本的功能模块，管理整个系统的用户数据。该功能主要包括以下功能点：

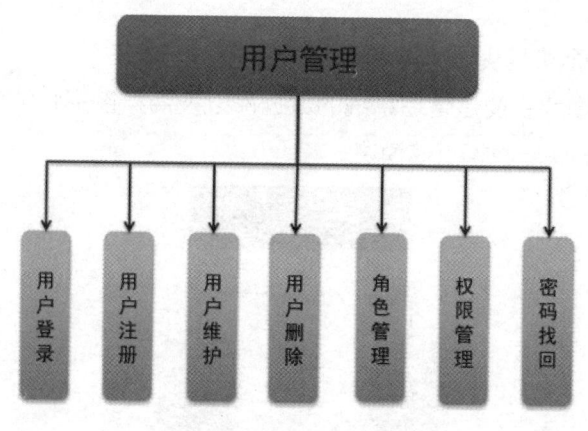

图15　用户管理功能图

二、特征提取模块

特征提取模块主要是对输入的商标图形进行属性分析，利用图形指纹技术提取商标属性的特征数据。该模块将在商标图形库建立和商标图形匹配过程中使用到。

图16　特征提取过程

三、特征索引模块

特征索引模块主要是对系统中提取的商标图形特征进行索引操作，加快后续的特征匹配速度。特征索引模块只在商标图形特征库建立过程中有关联，主要是将提取模块生成的商标图形特征数据进行索引存储，商标图形局部特征使用倒排索引技术，全局特征使用二进制索引技术。

四、特征匹配模块

特征匹配模块主要是在商标图形搜索过程中，用户输入查询商标，通过系统搜索，系统将返回搜索结果。

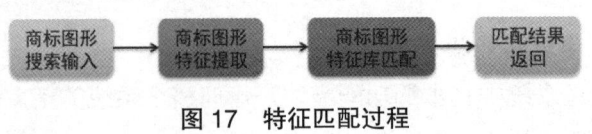

图 17　特征匹配过程

五、数据管理模块

数据管理模块主要是管理系统的数据库以及商标图形特征库，数据管理模块作为系统的底层数据支撑模块。

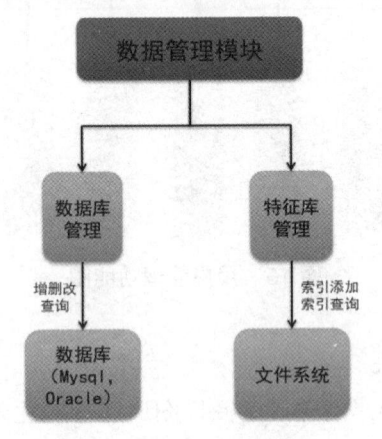

图 18　数据管理模块

六、日志管理功能模块

日志管理功能模块主要是记录系统所有的操作日志和异常日志。日志管理功能是系统必备的功能模块。

日志管理将以数据库日志存储和日志文件形式存在。数据库日志记录系统中的操作日志，方便系统数据的跟踪和信息统计。而文件日志形式主要记录系统的异常信息，异常信息方便系统维护人员能够跟踪错误信息，并根据错误信息修改系统 Bug，提高系统的稳定性。

第五节　系统性能分析

根据商标图形的使用目标，商标图形数字版权保护专有系统需要满足以下性能要求。

一、平均漏警率

平均漏警率是指在指定商标图形数据集上未检测出来的相似商标图形与数据集中已有的相似商标图形总数的比例。

商标图形数字版权保护专有系统的平均漏警率初步设定为：<=10%。

二、平均虚警率

平均虚警率是指在指定商标图形数据集上不相似的商标图形被检测为相似商标数与系统数据集中总共的不相似商标数的比例。

商标图形数字版权保护专有系统的平均漏警率初步设定为：<=10%。

三、平均搜索速度

平均搜索速度是指在一定的商标数据库集合中搜索一个检测商标，系统返回检测结果的时间。商标图形数字版权保护专有系统将设定在100万商标图形数据库集合中，搜索一个检测商标返回结果的时间将小于等于2秒。

四、系统稳定性

对于商标图形数字版权保护专有系统，系统的稳定性是一个很重要的指标。系统的稳定性需要满足7X24小时的系统运行，并且对于一些系统异常能够自动处理。

第五章　商标图形数字版权保护专有系统市场应用前景分析

商标图形数字版权保护专有系统以商标图形特征值提取和相似性比对为核心，可为商标行政管理与执法部门、司法审判机关、商标代理机构（含相关律师事务所）、以及相关企事业单位、个人等商标图形核查、比对提供相应技术支撑。其潜在用户主要为商标行政管理与执法机关（商标局）、以及广大的商标代理机构。鉴于商标注册数量总体不断攀升，商标代理市场也在快速繁荣发展，同时，数字网络条件下，商标侵权案件高发、依法，如能在短期内开发出一套切实可行的商标图形数字版权保护专有系统，其市场应用前景将是非常可观的。

第一节 我国商标注册申请总体情况及发展趋势分析

商标注册申请情况及其发展趋势体现了特定国家（地区）的商业环境，反映了广大市场主体的商标观念，对于考察商标图形版权保护系统的市场应用前景具有重要意义。

整体而言，近年来，我国商标注册申请量年逾百万件，且每年在以数十万件的幅度增长（"十二五"期间，商标申请量平均每年接近20%的速度在增长①）。据统计，2016年，我国商标注册申请量高达369.1万件，同比增长28.35%，连续15年位居世界第一，而且商标申请量持续快速上涨的趋势仍在延续。具体如下表所示：

（单位：万件）

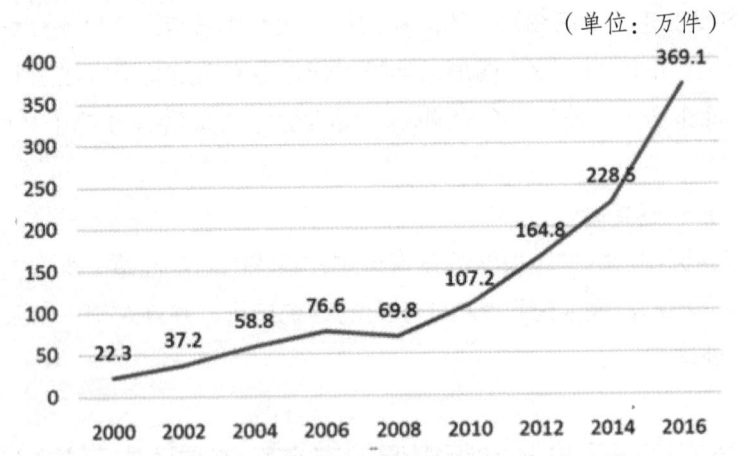

年份	2000	2002	2004	2006	2008	2010	2012	2014	2016
数量	22.3	37.2	58.8	76.6	69.8	107.2	164.8	228.5	369.1

图19 2000年以来国家工商总局商标局受理的商标注册申请数量及变化图
数据来源：中国商标战略年度发展报告（2016）。

---

① "新闻办就2016年中国知识产权发展状况举行发布会"，载中华人民国和国中央人民政府网站（http://www.gov.cn/xinwen/2017-04/25/content_5188752.htm#allContent），引用日期：2017年11月10日。

需要说明的是，我国商标注册申请量统计从 1990 年开始，包括国内注册、国际注册和马德里国际注册领土延伸三部分申请量数据。其中，绝大部分为国内申请量——2016 年，国内申请 352.68 万件，占我国年度商标注册申请总量的 95.54%；2015 年 269.92 万件，占年度注册申请总量的 93.85%。不过，随着我国经济发展水平的快速提升，以及相关市场秩序的日益完善，外国来华进行商标注册的数量也在快速增加，直接体现为国际注册申请量和马德里国际注册领土延伸申请量的迅速攀升：1990 年至 2016 年，相应商标注册申请量分别由 4371 件、2048 件猛增到了 112347 件、52191 件，基本上以年均翻番的速度陡增。详见下图：

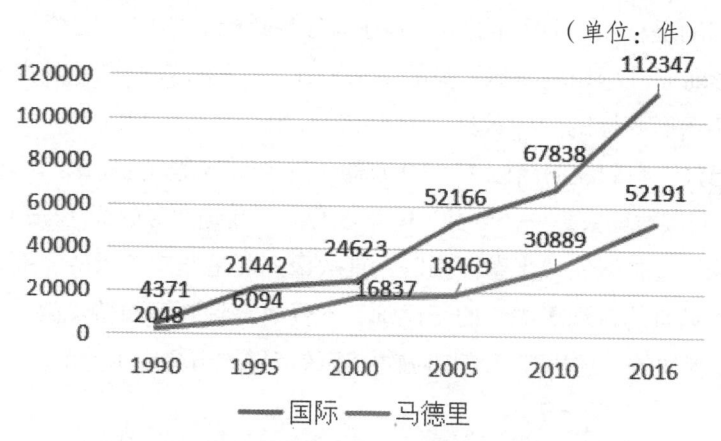

图 20　1990 年以来国际与马德里申请数量及变化图

数据来源：中国商标战略年度发展报告（2016）。

从总量上看，截至 2016 年 12 月，我国商标累计申请量为 2209.4 万件，累计注册 1450.9 万件，有效注册 1237.6 万件。每万户市场主体的平均商标拥有量从 2011 年的 1014 件增加到了 2016 年的 1422 件，增幅为 32.4%。目前，我国平均每 7.1 个市场主体就拥有一件有效商标。[1]

---

[1] 中华人民共和国国家工商行政管理总局商标局，商标评审委员会.中国商标战略年度发展报告（2016）.北京：中国工商出版社，2017：8-9.

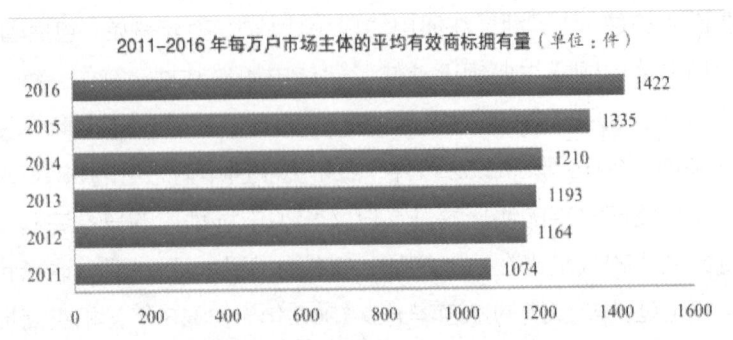

图 21　近五年累计商标注册数量统计

数据及图表来源：中国商标战略年度发展报告（2016）。

遗憾的是，由于种种因素，在历年有关商标注册申请的统计中，很少针对图形商标进行相应商标细类的单独统计。我们仅在一则新闻报道中看到一个有关图形商标的大致数据：截至 2016 年 6 月底，我国累计商标注册量 1325.7 万件，有效注册商标 1122.3 万件，其中图形商标注册量约为 600 多万件。[1] 尽管该数据只是一个约数，但不难看出，我国图形商标注册量约占所有注册商标类型总量的"半壁江山"，其数量无疑是非常庞大的，而且由于图形商标所具有的直观形象、便于识别、不受语言限制等独特优势，其增长速度无疑是很快的，这也预示着相应软件系统良好的市场应用前景。

第二节　商标行政管理与执法部门需求分析

一、相关部门机构设置与职能划分

在我国，商标注册与管理总体上由国家工商行政管理总局商标局负责。其中，全国商标注册审查工作，相关特殊标志、官方标志的登记、备案和保护，由商标局统一负责。另外，商标局还负责依法保护商标专用权和查处商标侵权行为，以及处理商标争议事宜，进行驰名商标认定和保护，等等。

除商标局外，国家工商行政管理总局专设商标评审委员会，主要承担商标争议事宜的处置和裁决；另外，还设有商标审查协作中心（直属事业单位），主要接受商标局委托，承担除国际注册商标和商标异议审查之外的商标注册

---

[1] 参见"商标图形数据检索技术获突破"，载新华网（http://news.xinhuanet.com/tech/2016-10/20/c_1119752981.htm）。

申请，商标变更、转让、续展、许可备案申请，以及没有正当理由连续三年不使用注册商标撤销申请的形式审查至初步审定公告前的实质审查工作，承担商标注册的部分程序性和服务性工作，此外还接受商标评审委员会委托，承担商标评审的有关辅助性工作和服务性工作。①

在地方层面，地方省级工商局有权进行本地著名商标的认定，省辖市工商局、区（县）工商（分）局按照职责权限负责在本行政区域内依法保护商标专用权和查处商标侵权行为。

二、商标注册审查与执法工作量分析

1. 商标注册审查工作量分析

从审查工作量上而言，2016年，商标局共审查商标注册申请2999519件，平均商标审查周期维持在9个月以内，核准注册商标2254945件，初步审定商标1792612件，驳回或部分驳回商标注册申请1206907件；受理商标异议申请57274件，审查商标异议案件48850件，办理商标注册事项申请198787件，注销、撤销注册商标39689件，核准登记特殊标志585件，审查马德里商标国际注册领土延伸申请64458件。②

2. 商标执法工作量分析

2016年，全国商标行政管理与执法机构共立案查处商标行政违法案件3.2万件，案值4.5亿元，移送司法机关293件。结合当前数字网络应用环境，商标部门正在积极推动商标线上线下一体化监管。2016年打击网络商标侵权专项行动期间，共检查相关网站、网店191.8万个次，责令整改网站、网店1.95万个次，查处网络商标违法案件1.34万件。③相关统计中，尽管没有关于图形商标的专门统计，但可以想象，图形商标案件及其所涉及的商标图形比对、核查工作是大量的。

---

① 参见国家工商行政管理总局网站（http://www.saic.gov.cn/）。
② 中华人民共和国国家工商行政管理总局商标局，商标评审委员会.中国商标战略年度发展报告（2016）.北京：中国工商出版社，2017（1）：9-10.
③ 中华人民共和国国家工商行政管理总局商标局，商标评审委员会.中国商标战略年度发展报告（2016）.北京：中国工商出版社，2017：13-14.

三、相关业务需求分析

1. 相关技术基础

尽管国家工商行政管理总局商标局2005年即已开通"中国商标网"面向社会公众提供商标注册信息网上查询服务，包括商标相同或近似信息查询服务[①]，但该网站只是按类别列示所选择查询的商标信息，在"对比"功能选项，只能将所选商标并排列出，本身并不能给出明确的相同或近似比对结果（如下图所示），不能用于替代商标注册审查中的大量、繁重的人工审核比对工作。

图22 中国商标网商标查询比对实例截图

2. 相关业务需求

当前，国家工商行政管理总局商标局在商标审查问题上面临巨大压力，一方面，人们生产生活节奏总体在日益加快，对商标注册审查行政效能的期盼越来越高；另一方面，由于我国商标申请量、商标注册量、有效商标的注册量[②]三项基础数据均在连年持续快速增长，面对越来越多的商标申请，需要

---

① 李轶群. 中国商标局开通商标注册信息网上查询系统. 工商行政管理, 2006（1）.
② 我国商标申请量、商标注册量、有效商标的注册量三项数据均连续15年位居世界第一。参见"新闻办就2016年中国知识产权发展状况举行发布会"，载中华人民国和国中央人民政府网站（http://www.gov.cn/xinwen/2017-04/25/content_5188752.htm#allContent）。

比对、审核的基础数据量越来越大。本课题组 2016 年底在商标局、2017 年 3 月在商标审查协作中心调研过程中了解到，商标局目前正在寻求各种技术系统支持，迫切希望能用相应的技术手段，来缓解和减轻商标注册管理人员大量、繁重的人工审核工作。

第三节　商标注册代理机构需求分析

商标代理机构是商标图形数字版权保护专有系统的主要用户群。随着人们商标意识的不断增强，我国商标代理机构数量一直保持快速增长势头。

一、商标代理机构数量及其发展情况分析

据统计，2002 年，我国商标代理机构仅有 147 家，此后，每年都在以数百家、上千家的幅度快速增加，并且增长幅度总体上在不断增大。截至 2016 年 12 月 31 日，在国家工商总局商标局备案的商标代理机构总数已多达 26635 家。[①]2002-2016 年，年均增长速度在 8.5% 以上。具体如图 23、图 24 所示：

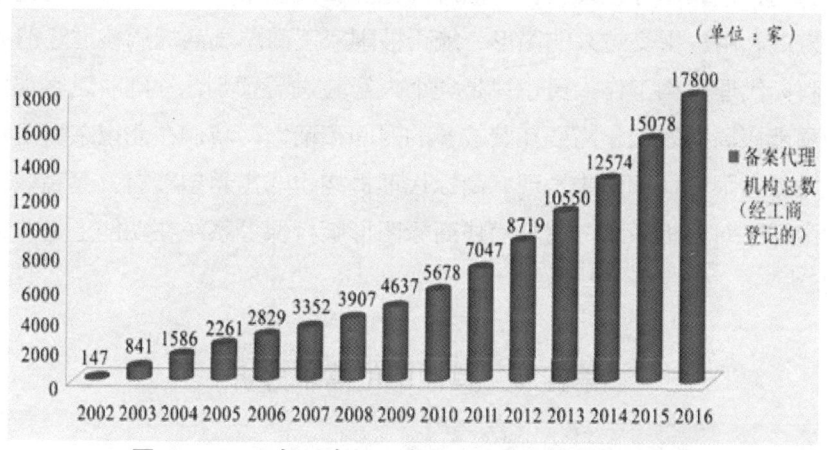

图 23　2002 年以来经工商登记的备案代理机构总数

[①] 参见中华人民共和国国家工商行政管理总局商标局，商标评审委员会．中国商标战略年度发展报告（2016）．北京：中国工商出版社，2017（1）：49-50．

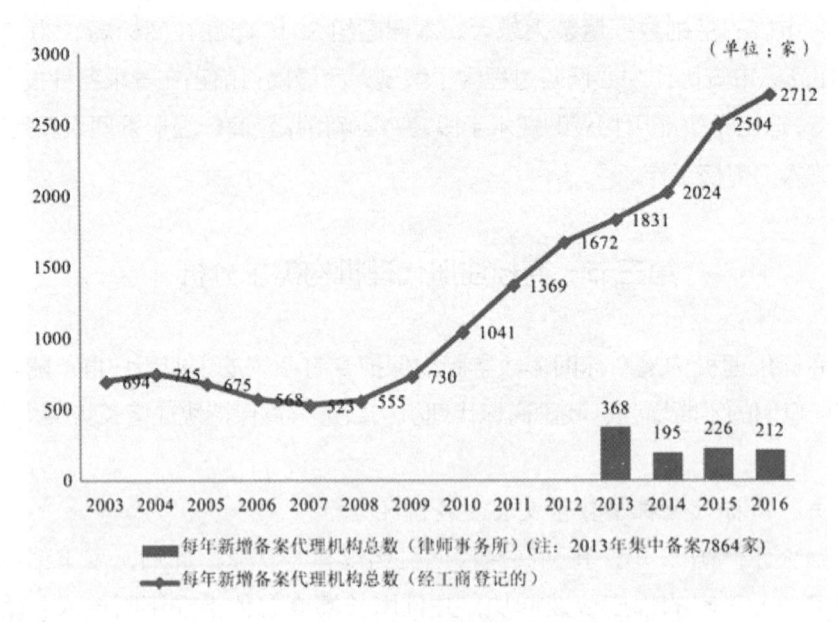

图24　2003年以来每年新增商标代理机构数量

二、相关业务需求分析

目前，广大商标代理机构在图形商标性相似性审核问题上采取的也是纯人工方式。用户提交过来的图形，能否被国家工商总局商标局核准注册为商标，商标代理机构工作人员也只是凭个人经验进行预判，一则缺乏客观性，二则预审核周期较长，需要花费较多的时间和精力。我们在北京东灵通知识产权服务有限公司调研中发现，商标代理机构也非常希望能有一套高效、可靠的商标比对分析系统，这与前述商标图形版权保护系统在功能上是非常契合的。

第四节　其他单位需求分析

除商标行政管理与执法机构以及商标代理机构外，商标图形版权保护系统潜在用户还包括两大类：一是具有商标案件审判职能的各级人民法院；二是拟申请注册图形商标或已经持有有效图形商标的各种企事业单位。

一、相关人民法院需求分析

除最高人民法院和各省高级人民法院外，还包括一些中级人民法院（含专门的知识产权法院）以及部分基层人民法院。据了解，截至2016年底，经最高人民法院指定或者依法享有专利、植物新品种、集成电路布图设计、垄断和涉及驰名商标认定民事纠纷案件专门管辖权的中级人民法院共有224个。此外，最高人民法院还批准了167个基层人民法院管辖一般知识产权民事案件。[①]

在有关图形类商标的确权、维权诉讼中，近似性判断一直是法庭审查的重点。两个商标共存是否导致混淆的可能性，这种可能性有多大？尽管现行《商标审查与审理标准》给出了构图、着色、整体外观以及有无完整包含关系等近似性判断考量因素，相关司法解释也从构图、颜色及整体结构等方面给出了参考准绳，但在实际操作过程中，面对具体的商标、标志，不同的人仅凭肉眼评判，往往会导致审理结果的不一致。例如，在何某诉奥林公司商标侵权一案中，泉州市中级人民法院认为奥林公司所使用的商标图形与何某的图形相近似，福建省高级人民法院则认为二者差别明显[②]……

总体上来说，法院作为司法审判机关，在裁处相应纠纷时，多数会指定第三方鉴定机构来进行图形商标的相似性比对，本身往往不是商标图形版权保护系统的直接用户。

二、相关企事业单位需求分析

相关企事业单位申请注册图形商标或已经持有有效图形商标的数量会无疑越来越多。但是，除少数大中型企事业单位设有专门的知识产权管理机构，可能会在商标注册申请、商标（权）管理与维护过程中直接使用商标图形数字版权保护专有系统外，大多数企事业单位还会借助第三方社会服务机构——商标代理机构来开展商标注册维护等相应工作。

需要指出的是，随着商标权意识的不断增强，市场竞争的不断加剧，以及行业分工的不断细化，相关企事业单位利用商标图形版权保护专有系统的

---

① 最高人民法院.中国知识产权司法保护纲要（2016-2020）.
② 商标侵权案中如何判断相同或近似——福建高院判决何东海诉奥林公司商标侵权案.载110法律咨询网（http://www.110.com/ziliao/article-133195.html）.

情况相应也会越来越多。例如，在单位LOGO、产品标识设计阶段，基于未来可能会申请注册商标以及防止侵犯他人知识产权的角度，有必要提前进行相应LOGO及其他标识草案的核查与比对，发现其与正处于公告期的初步审定图形商标、有效注册图形商标、以及期满不再续展不满一年的图形商标等相同或相近似的，要及时对相关草案予以修正，以免给本单位将来的LOGO及其他标识的正常使用或商标注册带来隐患。此外，相关图形文案设计机构及其工作人员也应提前进行核查与比对，及时发现、及早排除相关隐患，从而保证其设计图案的质量和效果。

另外，对于构成版权作品的商标图形，如前所述，相关企事业单位以及相应个人作为权利人，也可选择版权保护模式维护自身合法权益。在此过程中，同样可以利用该系统进行商标图形的特征提取、相似性比对和网络侵权判断与追踪等。

不过，设有专门机构的企事业单位数量、进行商标图形版权保护（包括行政投诉、法院起诉等）事例数量，以及相关机构与商标图形有关的业务量等均无从统计，其对商标图形数字版权保护专有系统的实际需求无法判定。总体上，尽管可以预言商标图形数字版权保护专有系统在作为最终用户的相关企事业单位中间的市场应用前景会越来越好，但目前尚不明朗，相关市场应用前景有待观察。

参考文献

[1] 魏玉山.数字版权保护技术研发工程标准汇编（上）.北京：中国书籍出版社，2016.

[2] 张立等.数字版权保护技术与应用[M].北京:电子工业出版社2013(1).

[3] 张锐.商标实务指南.北京：法律出版社，2015.

[4] 国信办.全国全网集中清理网上暴恐音视频最高奖10万.电子技术与软件工程，2014（14）.

[5] 冯术杰.商标注册条件若干问题研究.北京：知识产权出版社2016(1).

[6] 世界知识产权组织.商标图形要素国际分类（1988年第二版）.中华

人民共和国国家工商行政管理总局商标局2007年编译.

[7] 张红霄.著作权与商标权的重叠和分界.法学.1996（12）.

[8] 北京市高级人民法院.美商NBA产物股份有限公司与中华人民共和国国家工商行政管理总局商标评审委员会其他二审行政判决书.（2013）高行终字第962号.

[9] 汪泽.中国商标案例精读.北京：商务印书馆，2015：260-277.

[10] 方圆.海尔：版权保护融进创新血液.中国新闻出版报，2014-08-25（006）.

[11] 上海市高级人民法院民事判决书.（2009）沪高民三（知）终字第7号.

[12] 中华人民共和国国家工商行政管理总局商标局，商标评审委员会.中国商标战略年度发展报告（2016）.北京：中国工商出版社，2017.

[13] 李轶群.中国商标局开通商标注册信息网上查询系统.工商行政管理，2006（1）.

[14] 最高人民法院.中国知识产权司法保护纲要（2016-2020）.

[15] 中华人民共和国国家工商行政管理总局商标局，商标评审委员会.商标审查及审理标准.2017.

[16] 世界知识产权组织.《商标图形要素国际分类》（1988年第二版），中华人民共和国国家工商行政管理总局商标局2007年编译.

（课题组成员：何国强、尚雨、王烨、宋嘉庚；执笔人：张凤杰、宋嘉庚、何国强、王烨）

附录

部分商标图形样例相似性测试结果

相似度：0.8594504

相似度：0.7427176

相似度：0.79371

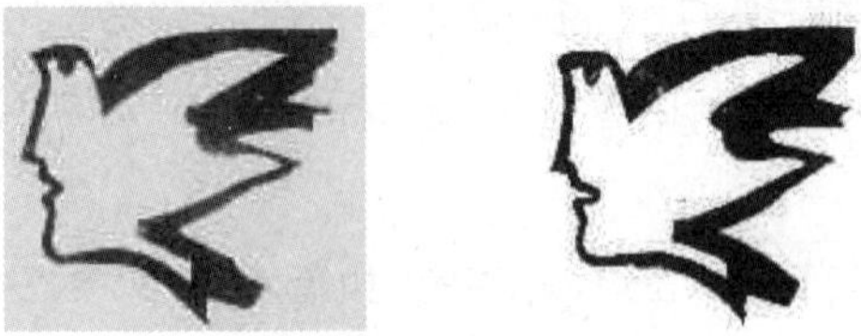

相似度：0.8904428

相似度：0.9098321

二等奖
媒体指纹技术在图形商标数字版权保护中的应用研究

相似度：0.8832061

相似度：0.82986265

相似度：0.6589313

相似度：0.5659848

相似度：0.664397

263

花香思 花心思
相似度：0.63068706

東方雪狼 东方雪
相似度：0.7209161

天维 知维 TIAN WEI
相似度：0.75697714

EXPO 2010 EXPO 2010
相似度：0.99890083

MACAO POLO Marc O'Polo
相似度：0.7473588

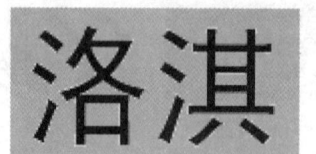

洛淇 洛淇
相似度：0.6820153

二等奖
媒体指纹技术在图形商标数字版权保护中的应用研究

相似度：0.77581686

相似度：0.9116336

相似度：0.759084

相似度：0.91581684

相似度：0.8832672

相似度：0.7789924

265

SK-Ⅱ SK-TWO
相似度：0.8567634

B三 B³
相似度：0.75691605

BILLDANY BILLDAN
相似度：0.6427176

SOMIS SOMI
相似度：0.7046107

ACB CAB
相似度：0.715939

BLF BF
相似度：0.6633893

H H
相似度：0.8250077

二等奖
媒体指纹技术在图形商标数字版权保护中的应用研究

相似度：0.68659544

相似度：0.77419853

相似度：0.71328247

相似度：0.65276337

相似度：0.8801527

相似度：0.88384736

相似度：0.855084

SELGAN RELGAN

相似度：0.7050382

TREG TREC

相似度：0.6031756

ycstar Yestar

相似度：0.5865955

McGoo McGoo

相似度：0.64247334

MoreBeautiful Beautiful

相似度：0.7337405

St angelo Saint angelo

相似度：0.91670233

富力通 富力

相似度：0.6651909

老龙潭山泉 老龙潭

相似度：0.7854657

二等奖
媒体指纹技术在图形商标数字版权保护中的应用研究

相似度：0.85099244

相似度：0.7863817

相似度：0.58589315

相似度：0.8276947

相似度：0.77230537

相似度：0.7568245

相似度：0.61447334

相似度：0.5974352

相似度：0.803084

相似度：0.39111453

相似度：0.79966414

相似度：0.7665039

相似度：0.91575575

二等奖
媒体指纹技术在图形商标数字版权保护中的应用研究

相似度：0.8876031

相似度：0.66800004

相似度：0.5817405

相似度：0.86274815

相似度：0.8738016

相似度：0.93703824

271

相似度：0.5368855

相似度：0.7215573

相似度：0.7930993

相似度：0.79111457

相似度：0.7166718

二等奖
媒体指纹技术在图形商标数字版权保护中的应用研究

相似度：0.6511451

相似度：0.7031451

相似度：0.8488245

相似度：0.6511451

相似度：0.6643054

相似度：0.7532825

273

相似度：0.9160306

相似度：0.9111451

相似度：0.87062603

相似度：0.8376489

相似度：0.834626

相似度：0.9082138

二等奖
媒体指纹技术在图形商标数字版权保护中的应用研究

相似度：0.8964886

相似度：0.86381686

相似度：0.7887329

相似度：0.8326107

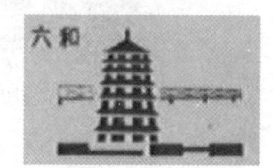

相似度：0.81306875

相似度：0.80311453

275

相似度：0.8690077

相似度：0.85978633

相似度：0.48143515

相似度：0.95175576

相似度：0.4943817

276

二等奖
媒体指纹技术在图形商标数字版权保护中的应用研究

相似度：0.6751756

相似度：0.8972825

277

三等奖

2017
中国新闻出版研究院
CHINESE ACADEMY OF PRESS AND PUBLICATION

- ISO 8 新标准与 GB/T 3179—2009 的比较研究
- VR/AR 在我国图书出版中应用的现状分析
- 十八大以来党的新闻出版理论创新成果研究
- 品牌、特色实体书店转型升级模式与效果研究
- 十八大以来新闻出版业创新成果研究

ISO 8 新标准与 GB/T 3179—2009 的比较研究

第一章 研究背景与目的、内容与方法

第一节 研究背景与目的

一、研究背景

随着信息时代的到来,人们越来越多地通过平板电脑、智能手机等终端以在线阅读的方式获取信息。在期刊出版领域,阅读方式的改变使得全球的期刊单位都在探寻数字化转型之路,将原有纸质期刊转化为数字期刊或者直接以纯数字期刊的形式编辑并出版。然而,全球范围内尚没有统一的针对数字期刊的编排格式规范,再加上数字期刊依托于互联网技术,其网站组织形式、内容呈现格式、信息描述方法以及内容资源链接方式等不尽相同,使得期刊单位在其数字期刊的封面及内文版式设计,文章的注释、引用及参考文献等的编排上纷繁不一;而且,与期刊正文内容资源关联的链接一旦迁移或者失效,无论是人工查找还是机器检索都无法实现对期刊的识别或者相应内容的访问。种种因素导致图书馆期刊管理人员、各单位期刊征订人员、研究人员等期刊使用者无法迅速又准确地查找到所需的期刊名称、文献内容等信息,期刊出版单位的利益也因此受到影响。

鉴于此,国际标准化组织(ISO)于 2015 年通过了修订 ISO 8 (ISO 8:1977 Presentation of Periodicals,期刊编排格式)的决议。该国际标准于 1977 年发布,用以规范纸质期刊的编排格式。此次修订将着重两方面内容:一是扩

大标准规范对象的范围，在规范纸质期刊编排格式的同时，增加数字期刊的编排格式规范；二是删除、更新或补充原有针对纸质期刊编排格式的内容，以期与该国际标准发布 40 年以来期刊编排领域的发展变化相适应。该国际标准修订过程中，清华大学出版社、中国科学院、中国新闻出版研究院相关专家作为工作组成员参与修订。

二、研究目的

2016 年，ISO 8 修订工作正式启动，该国际标准已被我国修改采用为 GB/T 3179—2009《期刊编排格式》。本课题意在通过跟踪 ISO 8 修订进程，及时掌握修订的内容变化，并比较修订后的 ISO 8 新标准与 GB/T 3179—2009 间的内容差异，结合 GB/T 3179—2009 执行情况，整理出 ISO 8 新标准为修订 GB/T 3179—2009 可借鉴的思路与内容，并提出相关建议。

第二节　研究内容与方法

一、研究内容

本课题主要研究两方面内容：一方面为调研 GB/T 3179—2009 执行情况；另一方面为密切跟踪 ISO 8 修订进程，整理出为修订 GB/T 3179—2009 可借鉴的思路与内容，并提出相关建议。本报告具体分为以下几个部分：

第一章　研究背景与目的、内容与方法：说明本课题立项的背景与目的，以及主要研究内容与研究方法

第二章　GB/T 3179—2009 执行情况：调研 GB/T 3179—2009 于国内期刊业的执行情况

第三章　ISO 8 修订跟踪情况：描述 ISO 8 的修订进程以及具体的修订变化

第四章　ISO 8 新标准与 GB/T 3179—2009 对比：从结构与内容两方面比较 ISO 8 新标准与 GB/T 3179—2009 的共同点及差异点

第五章　修订 GB/T 3179—2009 的相关建议：结合报告内容，为 GB/T 3179—2009 的修订提出相关建议

需要说明的是，本课题报告中的 ISO 8 新标准为委员会阶段的修订草案

稿，并不是发布阶段的正式稿。但该稿的内容已经基本体现了 ISO 8 修订的总体思路、方向和主要内容：在更新原有标准内容的基础上，增加了数字期刊的规范，并重点突出纯数字期刊的编排格式规范要求。可以说，ISO 8 标准委员会阶段修订草案稿与正式发布稿的章节结构、主要内容差别不会太大，正式出版稿仅在个别细节方面存在变化的可能，因此该稿的修订思路与内容变化可为 GB/T 3179—2009 的修订提供参考借鉴，但 ISO 8 正式出版稿如与本课题报告内容有出入，应以正式发布稿内容为准。

二、研究方法

对于"GB/T 3179—2009 执行情况"部分，采用问卷调查以及实证研究相结合的方法的形式展开研究。课题组结合 GB/T 3179—2009 现有内容，在"刊名""封面""目次页""页码编排""版权标志""总目次及索引""增刊"等方面设计了《期刊编排格式调研问卷》，并面向国内期刊单位开展调研，收集、整理相关数据信息；同时，又随机选取了 30 本期刊作为样本进行实证研究，期刊范围涵盖了医疗、能源、计算机、建筑、政治、经济、文化等多种范围。

对于"ISO 8 标准修订跟踪情况"部分，课题组成员参与了 ISO 8 修订工作组，拥有全程参与工作组会议以及获取工作组内部往来邮件等的权限。本部分在收集、整理相关一手资料的基础上撰写。

对于"ISO 8 新标准与 GB/T 3179—2009 对比"部分，课题组逐条对比 ISO 8 新标准与 GB/T 3179—2009 的差异点及共同点。

对于"修订 GB/T 3179—2009 的相关建议"部分，采用会议研讨、文献调研等形式集思广益，同时充分结合前述部分内容予以论述。

第二章　GB/T 3179—2009 执行情况

为充分了解 GB/T 3179—2009 执行情况，课题组采用问卷调查以及实证研究相结合的方法进行研究，以下分别展开介绍。

第一节 问卷调查

一、问卷基本情况

课题组结合GB/T 3179—2009现有内容,在"刊名""封面""目次页""页码编排""版权标志""总目次及索引""增刊"方面设计问卷(问卷内容见附录1),并在该问卷正式发放前请10余家期刊单位试填,经反复沟通,最终确定问卷内容并发放。

为了从多角度采集GB/T 3179—2009执行情况数据,问卷设计了中文期刊与外文期刊2种版本的问卷,每种版本问卷包含27道题目(单选题24道、多选题3道)。其中,设置了"期刊类别"单选题,根据中国新闻出版研究院发布的新闻出版产业分析报告中对期刊的分类,将期刊的类别界定为"综合类""自然科学、技术类""哲学、社会科学类""文化、教育类""文学、艺术类""其他"6类(表2-1)。

表2-1 问卷题目类别与相应数量

题目类别	单选题数量	多选题数量
刊名	10	
封面	1	2
目次页	6	1
页码编排	3	
版权标志	1	
总目次和索引	2	
增刊	1	
期刊类别	1	
合计	24	3

(课题组编制)

二、样本数据情况

本问卷调查历时1个月时间,在期刊编辑群体中以随机抽样、方便抽样以及滚雪球抽样等方式,以微信、电子邮件为发放渠道,共回收问卷452份,经过筛选甄别,剔除无效问卷6份,回收有效问卷446份。样本特征如下:

1.期刊文种:回收的样本绝大部分为中文期刊数据,为411份,占总样本的92.2%;外文期刊数据为35份,仅占7.8%。

2.期刊类别：自然科学、技术类期刊样本为239份，占总样本的53.6%；综合类期刊样本为96份，占总样本的21.5%；哲学、社会科学类期刊样本为72份，占总样本的16.1%；文化、教育类期刊与文学、艺术类期刊及其他类期刊分别为18份、11份与10份，占比为4.0%、2.5%与2.2%（图2-1）。

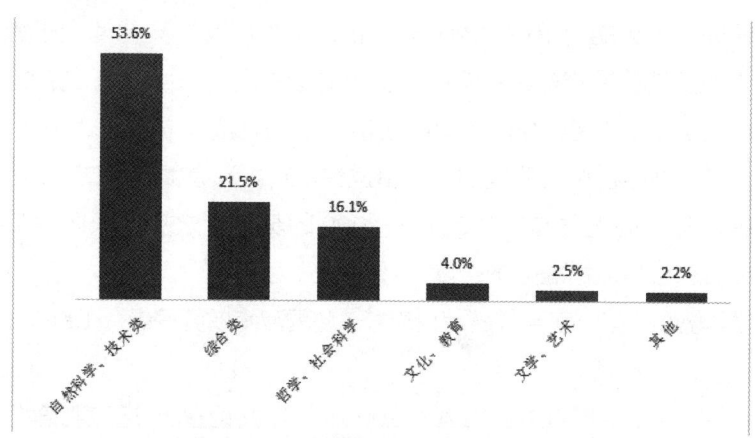

图2-1　按类别分问卷回收状况

（课题组编制）

综上，从样本特征来看：中文期刊的样本量远高于外文期刊的样本量；自然、科学技术类的样本量相当于其他6个类别样本量的总和，是综合类期刊样本量的2倍多，是哲学、社会科学类期刊的3倍多，样本数量无论从哪个角度都呈现不平衡状态。因此，本文并未对期刊文种及期刊类别在编排格式上的差异性进行分析，而是从"刊名""封面""目次页""页码编排""版权标志""总目次及索引""增刊"等大类进行分析。

三、问卷分析

1.总体分析

根据446份有效问卷的答题情况，对照GB/T 3179—2009条款内容，课题组首先测算出每份问卷与该标准的契合度，具体测算步骤为：第一步，将每份问卷中答案完全符合标准条款的题目赋值为1分，否则为0分（多选题型中，选中所有与标准符合的选项赋值为1分，否则为0分）；第二步，统计每份问卷得分情况，并计算每份问卷与标准的契合度，计算公式为：

$$契合度 = 问卷得分 / 问卷满分 \times 100\% \qquad （公式2-1）$$

根据式(2-1)得出，446份问卷与GB/T 3179 2009的契合度平均值为79%。因此，笔者以79%为统计参考线，其中：契合度>90%的共73份问卷；契合度>79%~90%的共168份问卷；契合度>60%~79%的共180份问卷；契合度≤60%的共25份问卷。可见，GB/T 3179—2009目前在国内执行情况总体较好，多数期刊单位（241份问卷，54%的问卷契合度大于等于平均值79%）应用该标准规范编排实践；但仍有205份（45.96%）的问卷契合度低于平均值79%，甚至25份（5.6%）的问卷契合度在60%以下的问卷，这也说明，目前仍存在相当数量的期刊单位在实践中没有很好地使用该标准。

在得出每份问卷与GB/T 3179—2009的契合度之后，课题组又统计了问卷中每道题目与该标准的契合度，计算公式为：

$$每道题目与标准的契合度 = 该题目总得分 / 该题目有效填写量 \times 100\%$$

$$（公式2-2）$$

本次调查中，依据GB/T 3179—2009内容，共设置19道应明确指出"应"或"不应"的题目，依据式(2-2)，有13道题目与该标准的契合度不低于60%，占68.42%；有6道题目与该标准的契合度低于60%，占31.58%。可见，即使GB/T 3179—2009在实践中的应用情况良好，也有部分内容与大多数期刊单位的编排实践不一致。

问卷题目与GB/T 3179—2009契合度不低于60%的内容，说明标准要求与现实状况基本一致，本文对该部分内容仅进行整理与描述，不做展开分析；问卷题目与GB/T 3179—2009契合度低于60%的内容，说明标准要求与现实状况差异性较高，本文将在下一章进行具体的分析。

以下为GB/T 3179—2009要求与现实状况基本一致的内容。

1）刊名

本次调查中，绝大多数期刊（94.6%）将其封面的刊名字号设置为最大；74%的中文期刊加注刊名的汉语拼音；65.7%的英文期刊在封面同时刊印中文刊名。以上与标准要求基本符合。

2）封面

本次调查中有97.4%的问卷，其封面上标志项目中的数字采用阿拉伯数字，与标准要求相符合。

3）目次页

（1）目次页位置

标准规定目次页在期刊各期中的位置应相同，但没有对目次页的位置做出要求性规定，只是建议设置在封二后的第 1 页。本次调查中绝大部分的问卷目次页设在各期中的固定位置；有 77.8% 的问卷将目次页置于封二后的第 1 页；也有问卷提出有相当数量的期刊单位将目次页设置在正文的第 3~5 页。

（2）目次页编码

标准建议目次页不宜编入正文的连续页码，本次调查中 74.9% 的问卷符合建议。

（3）目次表内容

标准规定目次表中应列出各篇文章的全部著者姓名、起始页码或起止页码。本次调查中，75.1% 的问卷符合标准列出全部著者姓名的要求；92.3% 的问卷，其目次表中各篇文章的页码以起始页码标注。

综上，在目次页位置、编码以及目次表内容上，各期刊单位的编排实践基本一致，且与标准的要求或建议相符合。

4）页码编排

标准规定，广告等非正文内容不得编入期刊的连续页码，期刊页码的标志应置于各页的固定位置。本次问卷调查中，80.2% 的问卷其广告等非正文内容页码编排符合标准要求；98.6% 的问卷其页码在各页的位置也符合标准要求。

5）版权标志

标准规定，期刊每期都应在固定位置登载版权标志。本次问卷调查中，89.7% 的问卷符合标准要求。

6）总目次、索引、增刊

标准提出可按需要在年终或卷终编制总目次、索引，并提出期刊可以出版增刊。本次问卷调查中，80.5% 的问卷编制总目次，62.3% 的问卷不编制索引，62.8% 不出版增刊。

2. 差异分析

经计算问卷中每道题目与 GB/T 3179—2009 的契合度发现，有 31.58% 的题目契合度低于 60%，说明该标准条款执行情况较差，具体如下：

1）多数期刊对变更刊名的重视程度不够，没有在显著位置列出原刊名，既不便于期刊征订机构与图书馆等期刊管理的连续性与准确性，也不便于读者查找、引用

根据标准 4.7 "刊名不得随意变更"与"变更后原刊名应在显著位置出现至少 1 年"的规定，本次调查设置相应题目询问情况。然而，该题回答情况最不理想，不契合率最高，为 60%，具体结果为：回收的 446 份有效问卷中有 200 份变更过刊名，符合标准要求回答原刊名"在显著位置出现至少 1 年"的问卷仅有 80 份，不符合标准要求的为 120 份，其中 11 份问卷回答"在显著位置出现，但不足 1 年"，回答"原刊名并未在显著位置列出"的达 109 份，为错误的集中原因所在。

2）期刊封一中应标注的信息缺失项较多，其中未标注"出版单位"项的最多，"主办单位"次之

标准 5.1 规定了期刊的封一应标明的项目，本次调查设置了相应题目调查情况。在回收的 446 份有效问卷中，有 181 份完全符合标准要求，不符合要求的问卷为 265 份，不契合率为 59.42%。其中，未按标准要求标注"出版单位"项目的最多，为 234 份，占 88.30%；未标注"主办单位"项目的次之，为 176 份，占 66.42%；未标注"中国标准连续出版物号"的 59 份，未标注"出版年、卷号、期号，或出版年、期号"的 22 份，分别占比 22.26% 与 8.30%。

3）期刊书脊处排印的信息较为杂乱，与标准要求相比，不排印"出版年"的最多，不排印"卷号""期号""刊名"的同样较多，不利于迅速、准确地实现对期刊的查找

标准 5.2 规定了书脊处应排印的内容。根据本次调查，有 262 份问卷的回答与标准完全契合，184 份存在偏差，不契合率为 41.26%。其中，未按标准要求排印"出版年"的为 137 份，占 74.46%；未排印"卷号"的为 103 份，占 55.98%；未排印"期号"的 76 份，未排印"刊名"的 41 份，分别占比 41.30% 与 22.28%。

4）中文期刊目次表的表题以"目次"为主，但仍有相当数量的中文期刊使用"目录"作为目次表表题，尤其以综合类期刊与哲学、社会科学期刊使用"目录"居多。可见，即使标准中有明确规定，但实践中依然没有形成统一，且与期刊类别有相关性

根据标准 7.1 "目次表的表题为'目次'"的规定，本次调查询问了期刊单位目次表的表题情况，不契合率为 46.86%，且全部为中文期刊不契合。具体结果为：回收的 411 份中文期刊有效问卷中有 202 份符合标准，209 份不符合标准，回答表题为"目录"；回收的 35 份外文期刊有效问卷全部符合标准。

值得注意的是，在回收的 446 份有效问卷中，虽然自然科学、技术类期刊的样本量是哲学、社会科学类期刊的 3 倍多、综合类期刊的 2 倍多，然而这 3 类期刊回答使用"目录"二字作为目次表表题的数量极为接近，都在 60 份问卷左右。这说明，哲学、社会科学类中文期刊与综合类中文期刊对于该标准条款的重视程度明显不够。

5）期刊单位对期刊目次页的版头信息重视度不够，版头信息未按标准要求标注"年、月、（日）"的比例最大，缺失"卷号"的次之，不利于期刊的管理、检索与使用

标准 7.1 同样规定了目次页的版头应标明的内容。然而，经本次调查测算，有 248 份问卷符合标准，198 份问卷不符合，不契合率为 44.39%。其中，未按标准要求标注"出版年、月或出版年、月、日"的为 106 份，占比 53.54%；未标注"卷号"的为 86 份，占比 43.43%；未标注"期号"的为 51 份，占比 25.76%；未标注"刊名"的为 38 份，占比 19.19%（图 2-2）。

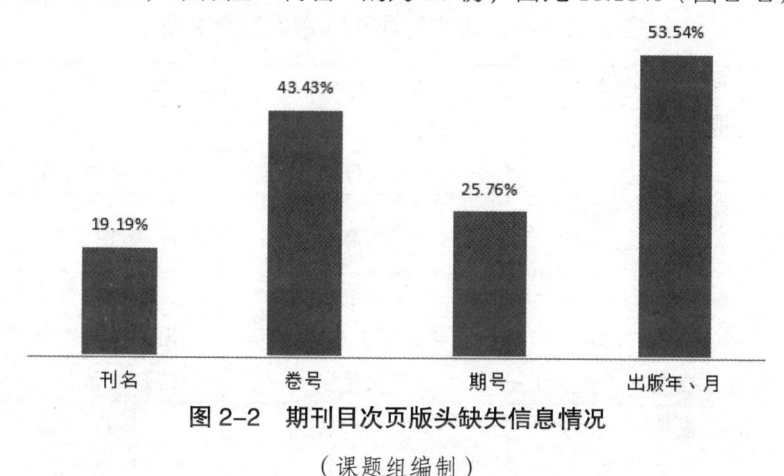

图 2-2 期刊目次页版头缺失信息情况

（课题组编制）

6）虽然标准有对期刊封三、封四空白页编页码的相关规定，但是在国内仍没有形成统一的编排实践，将空白页编入连续页码与不编入连续页码的这 2 种做法都存在，且比例相当

标准8.5规定期刊封三、封四为空白页或只刊载广告和其他非正文内容时，不应编入期刊的连续页码。然而，仍有50.9%的问卷选择将空白页编入连续页码，49.1%的问卷选择相反，二种选择差异性不大，这说明在封三、封四的空白页编排页码方面，国内期刊没有形成统一的编排实践，较为混乱。

第二节　实证研究

为进一步验证问卷调查结论，课题组以翻阅实物期刊的形式，对照问卷中的题目设置，比对实物期刊的编排格式情况与问卷调查结论是否一致。

一、研究对象

根据问卷回收情况，自然科学类、哲学社会科学类的样本数量相对较多，因此课题组在这2个类别中，每个类别各随机选取了10本期刊；在此基础上，又随机选取了其他类别的期刊10本，期刊范围涵盖了医疗、能源、计算机、建筑、政治、经济、文化等多种期刊，最终以30本期刊作为实证研究对象。虽然样本较小，但由于期刊样本在选择上的随机性及期刊范围的广泛性，该样本具有代表性和统计意义。30本期刊的名称及其对应的类别见表2-2。

表2-2　实证研究的期刊样本类别与名称

序号	自然科学类	哲学社会科学类	其他
1	遗传	国际政治科学	中国版权
2	分布式能源	出版科学	中国印刷
3	清华大学学报（自然科学版）	求是	新闻与写作
4	物理与工程	经济学报	出版发行研究
5	计算机教育	智库理论与实践	图书馆研究与工作
6	计算可视媒体（英文）	广电时评	信息技术与标准化
7	建筑模拟（英文）	知识产权	编辑学报
8	标准科学	党的文献	科技与出版
9	先进陶瓷（英文）	学术前沿	新阅读
10	临床转化神经医学（英文）	高校马克思主义理论研究	全球传媒学刊

（课题组编制）

二、研究结果

经比对,30 本样本期刊的编排格式情况与问卷调查结论基本一致,但也进一步发现了一些问题,以下将概括说明实证调查结果与问卷调查结论基本一致的内容,并展开介绍通过实证调查进一步反映出的情况。

1. 与问卷调查结论基本一致的内容

1）各期刊封一中的刊名位于显著位置,字号最大,出版年、月或卷期均采用阿拉伯数字,编排清晰,完整;

2）各期刊文章标题、摘要、正文、图表、参考文献等的文章编排格式在一期中形式统一;

3）各期刊全部刊载版权标志;

4）自然科学类期刊遵循标准的情况好于哲学社会科学类期刊,主要体现在期刊目次表的表题以及版权标志项上。依照标准要求,期刊目次表的表题应为"目次",6 本自然科学类中文期刊的目次表全部为"目次",10 本哲学社会科学类中文期刊中,目次表有 8 本为"目录",与标准不符合的比例达 80%。自然科学类期刊样本中未发现版权标志缺失问题,然而哲学社会科学类期刊的版权标志项缺失的比例达 70%。

2. 实证研究进一步反映的问题

1）封一处"出版单位"标注情况较差

标准中要求期刊的封一处应标明以下信息:"刊名""出版年、卷号、期号""主办者""出版者（必要时）""中国标准连续出版物号""中国标准连续出版物号（ISSN 部分）条码",意即除了出版单位是在有必要的情况下标注之外,其他都是必须标注的信息项。根据《期刊出版管理规定》,期刊由"依法设立的期刊出版单位出版""法人出版期刊不设立期刊社的,其设立的期刊编辑部视为期刊出版单位"。可见,标准中的"必要时"是对有依法设立的出版单位的要求,而由编辑部出版的,因没有设立出版单位,故不必要标注;但是,被视为出版单位的期刊编辑部应于期刊版权标志处刊登编辑部的名称。

课题组从问卷调查中发现,446 份调查问卷中,有 88% 的期刊单位没有在期刊封一处标注出版单位,但无法对期刊单位是否"必要"标注其出版单位做出判断。通过对比 30 本期刊的封一与版权页,发现 15 本期刊的版权页刊载的出版单位并不是编辑部，而是相应出版社或杂志社，却没有在其封一处标注出版单位。可见实证调查中的期刊有50%的比例，在符合标注中"必要时"的情况下，并没有遵循标准的要求标注出版单位。综合问卷调查与实证调查的情况，可以得出目前我国期刊单位在封一处标注"出版单位"情况较差的结论。

2）中文期刊不注重标注刊名汉语拼音

446份问卷样本数据中，仅有26%的中文期刊问卷回答其期刊未标注汉语拼音，然而通过实证研究26本中文期刊发现，共有13本中文期刊（自然科学类1本，哲学社科类期刊各5本，其他类7本）未标注刊名的汉语拼音，不符合标准要求的比例高达50%，显著高于问卷调查的结论。可以推测，我国目前相当比例的中文期刊并不注重标注刊名汉语拼音，标准意识弱。

汉语拼音的规范标注及书写，不仅为国际上对中文期刊的识别和检索提供便利，也是实现我国期刊"走出去"，向世界传播我国文化，体现我国特色的机会。因此，行政部门、期刊单位编辑等相关机构、人员应高度重视中文刊名汉语拼音的标注以及规范性书写。值得欣慰的是，30本样本期刊中，虽然有一半数量的期刊未标注汉语拼音，但另一半标注汉语拼音的所有期刊中，其拼音书写并未发现错误，符合GB/T 3259《中文书刊名称汉语拼音拼写法》标准要求。

3）版权标志信息标注不完整，且中国标准连续出版物号的称呼及印刷格式不对

本次问卷调查中，虽然89.7%的问卷回答其期刊每期都在固定位置登载版权标志，然而通过实证研究发现，各期刊确实都刊载了版权标志，但并没有依照标准要求将信息标注完整。

根据标准要求，期刊每期均应登载的版权标志包括："刊名""刊期""创刊年份""卷号（或年份）和期号""出版日期""主管者""主办者""承办者或协办者（必要时）""总编辑（主编）姓名""编辑者及其地址""出版者及其地址""印刷者""发行者""中国标准连续出版物号""增刊批准号（必要时）""广告经营许可证号和商标注册号（必要时）""定价（必要时）"。然而，通过实证研究30本期刊版权标志信息的标注情况发现，版权标志信息标注并不完整，集中缺失项为"创刊年份""发行者""卷号（或年份）和期号""出版日期"，同时也存在缺少"刊名""出版者""印刷者""中国标准连续出

版物号"的情况,尤其是哲学社会科学类与其他类期刊存在缺项标注情况较多;相比较而言,自然科学技术类期刊版权标志项标注情况较好。此外,课题组特别关注了版权标志中"中国标准连续出版物号"的称呼以及印刷格式是否符合标准中引用的 GB/T 9999《中国标准连续出版物号》的要求,发现仅有 5 本,16.67% 比例的期刊标注正确,其余的均存在称呼或印刷格式差错:称呼差错有"刊号""国际标准刊号""国内统一刊号""统一刊号"等;印刷格式差错为缺少中国标准连续出版物号与国际标准连续出版物号之间分隔的水平线。

版权标志项是期刊出版的重要部分,既有助于保障期刊出版产业链中出版单位、发行单位、印刷单位、作者等的利益,也利于期刊内容的传播、交流,以及期刊的利用、收藏和管理。因此,版权标志编排的规范化非常重要,期刊单位应予以高度重视。

第三节 小结

通过问卷调查与实证研究可以得出,我国期刊单位的部分编排实践与 GB/T 3179—2009 要求基本相符,也有部分编排实践与标准要求不一致;该标准对国内自然科学技术类期刊的编排实践具有较大指导意义,在此类期刊中应用情况总体较好。

GB/T 3179—2009 与期刊格式编排实践基本一致的内容见表 2-3。

表 2-3　GB/T 3179—2009 与期刊格式编排实践基本一致的内容

标准章条号基本一致的内容	GB/T 3179—2009 与期刊格式编排实践
4.1	封面的刊名字号设置为最大
4.6	外文期刊于封面刊印中文刊名
5.3	封面标志项目采用阿拉伯数字
7.2	目次页的位置在期刊各期中的位置相同
7.4	目次表中列出全部著者姓名
7.4	目次表中各篇文章以起始页码标注
8.5	广告等非正文内容不编入期刊连续页码
8.6	页码位于各页的固定位置
10.1	版权标志于固定位置刊载

(课题组编制)

GB/T 3179—2009 与期刊格式编排实践不一致的内容见表 2-4。

表 2-4　GB/T 3179—2009 与期刊格式编排实践不一致的内容

标准章条号 不一致的内容	GB/T 3179—2009 与期刊格式编排实践
4.5	中文期刊不标注刊名汉语拼音
4.7	刊名变更后没有在显著位置列出原刊名至少 1 年
5.1	有相应"出版单位"却未在封一处标注
5.1	中国标准连续出版物号的称呼及印刷格式不正确
7.1	目次表表题使用"目录"
8.5	封三、封四为空白页时连续编排页码
10.1	版权标志信息标注不完整

（课题组编制）

第三章　ISO 8 修订跟踪情况

第一节　修订进程

2015 年，ISO TC46（国际标准化组织信息与文献标准化技术委员会）决议修订 ISO 8:1977 Presentation of periodicals。

2016 年 1 月，ISO 8 标准修订工作组（ISO/TC46 WG7）成立，来自美国、法国、英国、加拿大、丹麦、意大利、中国等国家的 25 名专家参与该工作组（工作组成员名单见附录 2）。截至 2017 年 10 月 19 日，工作组共举行面对面会议 1 次，召开 WEBEX 网络工作组会议 7 次，群发工作邮件百余封。

2016 年 7 月 2 日，ISO 8 修订工作组向 TC46 提交标准委员会阶段修订草案（CD 稿）征求意见，并接受 TC46 国家成员体投票。

2017 年 8 月 10 日，ISO TC46 正式发起 ISO 8 CD 稿投票，并向其成员征求意见。

2017 年 10 月 5 日，投票截止。本次投票历时 2 个月，共有 37 个国家成员体参与投票，其中 26 个国家成员体赞成，11 个国家成员体弃权（具体结果见附录 3）。根据投票结果，ISO 8 CD 稿通过第一轮投票，可以进入下一阶段（问询阶段）。在 ISO 8 CD 稿投票过程中，共收到 9 个国家成员体的91条意见，ISO 8修订工作组将继续采用WEBEX网络会议以及邮件沟通的方式，逐条处理所有意见：对于采纳的意见，于CD稿中做出相应修改；对于不采纳的意见，做出相应解释说明。

2018年1月，工作组将修改好的标准草案在ISO系统中注册为问询阶段草案（DIS稿）接受第二轮DIS投票，以确定该标准是否可以进入出版阶段。

2019年1月，ISO 8新标准将正式出版。

第二节　修订变化

需要再次强调的是，本报告中将ISO 8委员会阶段的修订草案稿称为"新标准"，修订前的版本称为"原标准"。因行文时"新标准"内容尚未正式发布，故文中内容如与标准正式发布的内容有出入，以后者为准。

一、章节结构对比

1.标准名称对比

ISO 8新标准的名称发生变化，增加了"标识"（identification）一词，ISO 8标准修订前后名称对比见表3-1。

表3-1　ISO 8新标准与原标准的名称对比

ISO 8新标准名称（英文）	ISO 8新标准名称（中文）	ISO 8原标准名称（英文）	ISO 8原标准名称（中文）
Information and Documentation — Presentation and identification of periodicals	信息与文献　期刊编排格式与标识	Documentation — Presentation of periodicals	文献　期刊编排格式

（课题组编制）

2.章标题对比

ISO 8新标准的章标题相较于原标准变化较大，且与原标准仅有章标题不同的是，新标准增加了一级条标题，使标准的内容及层次结构更为清晰。新标准与原标准的章标题对比见表3-2。

表 3-2 ISO 8 新标准与原标准的章标题对比

ISO 8 新标准章序号	ISO 8 新标准章标题	ISO 8 原标准章序号	ISO 8 原标准章标题	修订方式
1	目的和范围	1	范围	基本保留
2	规范性引用文件	2	规范性引用文件	
11	文章编排	11	文章编排	
5	刊名、刊名变更与引用	/	/	整合并更名
/	/	3	刊名	
/	/	9	眉题	
/	/	14	特殊情况	
6	卷、期与出版时间	/	/	整合并更名
/	/	4	期	
/	/	5	期号	
/	/	6	卷	
/	/	7	日期	
10	版面与页码编排	/	/	整合并更名
/	/	8	版面	
/	/	10	页码编排	
12	查找路径	/	/	整合并更名
/	/	12	目次表	
/	/	13	索引	
4	缩略语	/	/	新增
3	术语与定义	/	/	
7	出版信息	/	/	
8	引用	/	/	
9	ISSN	/	/	
13	可获取性	/	/	
14	过刊数字化	/	/	
/	参考文献	/	/	
15	附录	/	/	

（课题组编制）

ISO 8 新标准与 GB/T 3179—2009 的比较研究

由上表可知：

1）原标准以下3章章标题基本保留，仅作内容上的修订："范围""规范性应用文件""文章编排"。

2）原标准以下章节被整合并更名为新章标题："刊名""眉题""特殊情况"3章整合为"刊名、刊名变更与引用"一章；"期""期号""卷""日期"4章整合为"卷、期与出版时间"一章；"版面"与"编页码"2章整合为"版面与页码编排"一章；"目次表""索引"2章整合为"查找路径"一章。

3）以下9章章标题为新增："缩略语""术语与定义""出版信息""引用""ISSN""可获取性""过刊数字化""参考文献""附录"。

二、章节内容对比

1. 目的和范围

新标准在"目的和范围"一章中，重新界定了标准的适用领域，即由原来的针对纸质期刊的编排格式规范，扩充到包含数字期刊的编排格式规范。相应地，在新标准中设置了3类不同的规范：一是纸质期刊与数字期刊于编排格式方面的共同要求；二是仅针对纸质期刊的编排格式要求；三是仅针对数字期刊的编排格式要求。同时指出，该国际标准的目的为更好地服务于整个期刊产业供应链：期刊出版单位、内容供应商、作者、图书馆和研究人员等，使作者的工作能够被正确地引用和传播。

2. 规范性引用文件

在本章中，新标准更新和增加了若干规范性引用文件，大多数为电子文献的内容长期保存类（表3-3）。并且，所有的规范性引用文件标注了日期，且以超链接的形式设置了访问地址，可供标准使用者直接查阅。

表3-3 ISO 8新标准增加的规范性引用文件

标准号	标准名称（英文）	标准名称（中文）	国内转化情况
ISO/TR 17797:2014	Electronic archiving-Selection of digital storage media for long term preservation	电子归档 用于长期保存的数字存储介质的选择	未转化

（续表）

标准号	标准名称（英文）	标准名称（中文）	国内转化情况
ISO/TR 18492:2005	Long term preservation of electronic document-based information	基于文件的电子信息的长期保存	GB/Z 23283-2009
ISO 19005-1:2005	Document management --Electronic document file format for long-term preservation - Part 1: Use of PDF 1.4（PDF/A-1）	文献管理 长期保存的电子文档文件格式 第1部分：PDF1.4（PDF/A-1）的使用	GB/T 23286.1—2009
ISO 19005-2:2011	Document management --Electronic document file format for long-term preservation - Part 2: Use of ISO 32000-1（PDF/A-2）	文献管理 用于长期保存的电子文档文件格式 第2部分：使用ISO32000-1标准（PDF/A-2）	未转化
ISO 19005-3:2012	Document management --Electronic document file format for long-term preservation - Part 3: Use of ISO 32000-1 with support for embedded files（PDF/A-3）	文献管理 用于长期保存的电子文档文件格式 第3部分：使用ISO 32000-1标准并支持嵌入式文件（PDF/A-3）	未转化
ISO 14641-1:2012	Electronic archiving -- Part 1: Specifications concerning the design and the operation of an information system for electronic information preservation	电子存档 第1部分：为保存电子信息针对信息系统设计和运行的规范	GB/T 33716.1—2017
ISO 8601:2004	Data elements and interchange formats -- Information interchange -- Representation of dates and times	数据元和交换格式 信息交换 日期和时间表示法	未转化

（课题组编制）

3. 术语及定义

新标准增加"术语与定义"一章，使得标准结构更为规范的同时，也增加了标准的可理解性、可操作性。本章中的术语顺序按照英文字母顺序排列，课题组将所列术语分为"期刊概念类""期刊刊名类""期刊支持性识别描述信息类"及"其他"（表3-4）。

表3-4　新标准中术语及对应中文

序号	类别	术语及对应中文
1	期刊概念类	periodical 期刊 journal 学术期刊 e-journal 电子期刊 born-digital journal 原生数字期刊 supplement 增刊 special issue 特刊/专刊
2	期刊刊名类	former title 原刊名 citation title 引用刊名 current title 现用刊名 succeeding title 继承刊名 title abbreviation 刊名缩写 title history 刊名沿革 major title change 重大刊名变更
3	期刊支持性识别描述信息类	frequency 出版周期 publisher 出版单位 sponsoring bodies 主办单位 enumeration 卷、期的编码体系 chronology 出版时间的编码体系 front matter 正文前内容 back matter 正文后内容 ISSN 国际标准连续出版物号 ISSN-L 国际标准连续出版物号的链接号 DOI name 数字对象唯一标识符名称
4	其他	retroactively digitized content 过刊数字化的内容 metadata 元数据 link resolver 链接解析器

（课题组编制）

4. 刊名、刊名变更与引用

在本章中，新标准删去了原标准"刊名"一章中对刊名长度、刊名意义、刊名缩写方面的要求，改为强调刊名的一致性：刊名应位于期刊显著的、固定的位置，且刊名于不同介质（纸版、在线版、光盘版），期刊封面、书脊、不同页等任何地方出现时应保持一致；同时将原标准"眉题""特殊情况"2章中关于"分刊与合刊"的要求予以保留，并整合至本章。

在期刊刊名变更方面，新标准于本章保留了原标准的"刊名变更应从新的一卷开始，且应于期刊前1期或前若干期明确告知"的要求；删除了"刊名变更后原刊名应出现至少1年"的要求。在此基础上，新标准提出了更为详细的规范：一是明确了仅当期刊的出版范围、出版内容主题发生变化时才可以更改刊名；二是增加了期刊单位在刊名变更前应咨询相应ISSN中心的要求，以确认更名对ISSN及刊名英文缩写的影响，并且要求刊名变更后需要申请新的ISSN；三是增加了刊名变更也可以开始于新一出版年之初始的选择。

对于变更过刊名的期刊，本章还特别强调了引用文献的描述方法与标注刊名历史沿革信息的要求。就引用期刊文献内容方面，新标准强调所列出的文献信息应为该文章最初发表之时对应的刊名、卷号、期号、日期、ISSN的信息，与变更后的刊名及相关信息无关。就刊名历史沿革标注上，新标准指出应清楚标注前、后刊名及相应出版时间段的完整历史信息，以及当下刊名、前续刊名与接续刊名（如有）分别对应的ISSN，且标注方式在期刊各期应保持一致；或者至少于期刊每一期以形同的方式标注刊名历史沿革信息的存放位置，供查询。

5. 卷、期与出版时间

期刊的卷、期与出版时间，是期刊识别描述信息的重要组成部分，有助于期刊的管理、查找及使用。本章系原标准"期""期号""卷""日期"4章内容的整合与补充。与原标准相比较，新标准保留了"期刊的卷号仅应使用阿拉伯数字，且应从数字1开始"，以及"期号序列如中断，应于期刊下一期显著位置说明"的要求；删除了"期刊每卷应设总目次表、卷刊名页、索引"的要求，同样删除了"卷终"字样的标注要求。

在此基础上，新标准将期刊的编码体系分为2种形式：一种为编制期号、卷号的形式；另一种为以年、月，即各期出版时间编码的形式。2种编码形式可以同时使用，也可以仅选用其中一种方式。对于编制期号、卷号的形式，应简单清晰、格式统一；对于由纸质期刊转化而来的数字期刊，编码应与纸质期刊相同，不应采取新的编码序列，而应采用纸质期刊的编码序列；同时，对于"期号"与"卷号"应清楚标注以免混淆。对于以出版时间为各期编码的形式，强调"年""月"的表述不应采用英文简写的形式，应完整标注。对于2种形式同时使用的，2种编码在编排上应相邻，而且应采用明确的标注方式表示出期号、卷号的编排序列是每一出版年重新开始，还是连续编码。

此外，本章还特别地针对年鉴类期刊指出其名称应包含所对应的时间段（如2016年年鉴），以与其出版日期区分开。对于增刊、特刊或专刊，规定应在必要时独立编码，特别是"增刊"字样，需要在封一、正文首页或前言页清楚说明。

6. 出版信息

期刊的出版信息同样属于期刊的识别与描述类信息，记录了期刊从编辑到发行整个过程的参与方的相关信息，不仅可以证明期刊历史的存在，而且使期刊内容便于追溯。本章为新标准增加的内容，对出版信息的作用进行了介绍，并指出期刊各期应将出版信息详细列出，或者标注出详细出版信息的查找位置。应列出的出版信息包括：

· 编辑姓名

· 编委会（如有）

· ISSN（包含ISSN与ISSN-L）

· 出版单位

· 出版单位通信方式

· 出版地点

· 主办单位

· 报道范围与办刊宗旨

· 出版周期

· 创刊时间

· 刊头信息

· 勘误与撤稿规定

· 定价与订阅

同时，新标准还特别指出将纸质期刊进行数字化加工时，应特别注意对于封一、封四及期刊出版单位历史沿革等信息的保留。

7. 版面与页码编排

新标准此章系原标准"版面"与"编页码"2章内容的整合，依然强调的是期刊各期版面编排的统一性与页码编排的连续性。对于各期版面编排具体的应统一的内容，删除了"文摘页"，保留了原标准"图""表""边空""目次表""摘要""脚注""参考文献"等部分内容，并将"开本"一致性的要求限定于纸质期刊；同时增加了数字期刊"在计算机及所有其他移动终端呈现时应与屏幕自适应以防止失真"，以及"广告应与正文明显区分"的要求。对于页码编排，有2处内容调整为相反的意思：一为对于期刊的每一卷，原标准指出仅应将每卷正文内容连续编码，不得从每期重新开始，而新标准则增加了期刊卷中每期可以从第1页开始重新编号；二为对于广告页，原标准指出期刊在装订成卷时应剔出，分开付印，而新标准明确指出广告页包含在页码编号序列中，只是不刊印页码编号，应在期刊装订成卷时保留。此外，新标准还强调了期刊的活页与附件不应编排页码，但应在眉题及目次表中清楚地标注出其标识信息，如卷、期编码等；以及，当期刊文章无法连续编页码时，应在相应位置标注"于第XXX页继续""接续第XXX页"或"未完待续"字样的要求。

8. 查找路径

本章为原标准"目次表"与"索引"的内容整合。"索引"部分的内容变化较小，仅将原来每卷都应有索引的规定改写为"纸质期刊的每卷应有索引"（因数字期刊可以通过"查找"功能代替"索引"）。"目次表"部分则变化较大：一是规定无论是纸质期刊还是数字期刊都应设置目次表，目次表的设置应遵循ISO 18:1981《期刊目次表》（2007年复审"继续有效"）；二是纸质期刊目次表的位置只应位于封二后的第1页，删除了原标准中亦可出现在封一或封四的选择；三是删除了目次表中关于"文摘页"的规定；四是目次表应列出的内容除包含作者姓名、题名、页码之外，还应视情况增加：

·期刊栏目的名称；

·期刊特刊的主题（标注于目次页顶端、文章列表之前，与目次表中其他栏目的编排相区分）。

对于原标准"目次表"一章中的其他规定，如目次表在适当的时候应用1种以上语言给出，目次表中与文章或其他栏目有关的信息应用空行隔开，以及有别于原创文章的栏目应有名称、页码等内容，新标准予以保留。

9. ISSN

新标准突出了标识符的作用，尤其是ISSN在期刊管理中的重要性，不仅单独设置了"ISSN"一章，强调期刊出版单位应遵循ISO 3297:2007《国际连续出版物号》（International Standard Serial Number），按照相关要求编排纸质期刊与数字期刊的ISSN，而且还设附录一章专门介绍了ISSN标识符的意义、分配规则、申请方法、ISSN示例，以及与数字对象唯一标识符DOI及其注册服务系统CrossRef的互操作。

10. 可获取性

期刊的使用不仅应考虑普通用户的需求，还应考虑残障人士的阅读需求。本章为新标准增加的内容，以确保数字期刊于搜索引擎中设置相关辅助功能，帮助所有人实现对数字内容的访问。因目前未有针对数字期刊的可获取阅读标准，本章介绍了当下广泛应用于Epub格式电子图书的W3C的推荐标准——Web内容获取指南（Web Content Accessibility Guidelines, WCAG 2.0）的相关原则、结构及链接地址。

11. 过刊数字化

本章为仅针对由纸质期刊数字化加工而成的数字期刊编排格式要求，强调以下4点：一为数字化加工范围，不仅包含期刊的前、后封面，还包括空白页、广告页的所有内页；二为数字化加工时，应保持原卷期的结构、顺序及呈现方式等与纸质版相同，并确保图像的完整性，且避免失真；三为待数字化的期刊的卷、期若存在内容缺失，应在数字化的加工时标注具体的缺失部分，包含卷号、期号及页码等；四为数字化加工建议采取开放格式及标准，避免采用封闭的或专有的加工方式。

第三节　小结

ISO 8新标准不仅更新了纸质期刊编排规范，更是填充了数字期刊编排规范的空白，其应用将使期刊尤其是数字期刊的编排格式质量得到提高，有利于全球期刊业的发展。

从新标准结构来看，与原标准仅有章标题不同的是，新标准增加了一级条标题，标准的内容及层次结构更为清晰；同时，新标准增加"术语与定义"一章，标准结构不仅更为规范，也增加了标准的可理解性和可操作性。

从新标准内容来看，全文围绕使期刊读者、图书馆等信息文献机构的期刊管理人员、期刊编辑人员等相关方迅速、准确地识别、获取期刊刊名等信息，以及长时间地、有效地获取期刊中文章、引用信息等内容设置相应章节；此外，标准适用领域由原来纸质期刊编排规范扩充到包含数字期刊的编排规范，内容更为丰富，与时俱进。

第四章 ISO 8 新标准与 GB/T 3179—2009 章节结构与内容对比

第一节 章节结构对比

从 ISO 8 新标准与 GB/T 3179—2009 比较可以看出（见表 4-1），二者章节结构差异较大，ISO 新标准包含 15 个章节内容，而 GB/T 3179—2009 包含 12 个章节内容，并且各章节内容存在较大的变化。ISO 8 新标准主要增加了有关数字期刊编排的内容。

表 4-1　ISO 8 新标准与 GB/T 3179—2009 章节结构对比

ISO 8 新标准			GB/T 3179—2009		
章序号	章标题	内容	章序号	章标题	内容
1	目的和范围	适用于纸质期刊和数字期刊的格式编排	1	范围	适用于纸质期刊的格式编排
2	规范性引用文件	14 条 ISO 标准	2	规范性引用文件	9 条 GB/T 标准
3	术语和定义	22 条术语及定义	3	术语和定义	4 条术语及定义
4	符号及缩写术语（可选）	/	/	/	/

（续表）

\multicolumn{3}{c	}{ISO 8 新标准}	\multicolumn{3}{c}{GB/T 3179—2009}
章序号	章标题	内容	章序号	章标题	内容
5	刊名、刊名变更及引用	刊名总体要求；多种刊名、并列刊名、眉题、书脊刊名、封面刊名、多语种刊名、刊名变更及历史沿革、刊名合并及拆分要求	4	刊名	刊名总体要求；副刊名、并列刊名、刊名汉语拼音、中文刊名及刊名变更要求
/	/	/	5	封面	封一、书脊及封面标识说明中的数字
6	卷、期和出版时间	卷、期编码、出版时间的标注、特殊情况（增刊和专刊编码）	6、12	卷、期增刊	编号、刊名页、卷索引、开本、及幅面尺寸及增刊编号
7	出版信息	出版信息的作用及版权信息	10	版权标志	版权信息
8	引用	ISO 690:2010	/	/	/
9	ISSN	ISO 3292	/	/	/
10	版面和页码编排	排版、编排页码、纸质期刊尺寸、白边	8	版面和页码编排	排版及编页码
11	文章编排	ISO 215:1986	9	文章编排	正文、页眉、作者、单位及转载等
12	查找路径	目次、索引	7、11	目次页、总目次和索引	目次页内容、位置、编排；总目次和索引的要求及页码编排
13	可获取性	内容的可获取性	/	/	/
14	过刊数字化	原仅有纸质期刊的数字化	/	/	/
15	附录	ISSN、DOI、Crossref	/	/	/

（课题组编写）

第二节　章节内容对比

一、范围

ISO 8 新标准的适用范围包括纸质期刊和数字期刊，而 GB/T 3179—2009 只适用于纸质期刊，没有涉及数字期刊。

二、规范性引用文件

ISO 8 新标准引用了 14 条规范性文件，其中多个文件与电子数据的存储有关，并且所有文件均是 1996 年以来修订和新增加的标准。GB/T 3179—2009 引用 14 条国家规范性文件，均是 1981 年以来制定或修订的标准，主要针对纸质期刊及图书相关内容的编排标准，未涉及数字期刊及数据存储。建议 GB/T 3179—2009 增加数字期刊的相关规范性引用文件。

三、术语和定义

ISO 8 新标准列出了 22 条术语及定义，并且多数与数字期刊有关。GB/T 3179—2009 只列出了 4 条术语和定义，包括连续出版物、期刊、刊名和封面。

四、符号和缩略语

ISO 8 新标准增加了符号和缩略语这一章。GB/T 3179—2009 没有涉及符号和缩略语。建议 GB/T 3179—2009 增加缩略语及其相关规定。

五、刊名

关于刊名，ISO 8 新标准与 GB/T 3179—2009 相比，虽然有共性规定，但差异较大。

1. ISO 8 新标准与 GB/T 3179—2009 的共性规定

1）刊名在期刊的任何位置出现都应一致；

2）并列刊名次序各期之间不得改变；

3）刊名变更应从新的一卷（年）开始。

2. ISO 8 新标准区别于 GB/T 3179—2009 的规定

1）强调刊名全称：期刊正文的每一页应以醒目、清楚和一致的方式列出刊名全称；GB/T 3179—2009 未涉及。

2）期刊不同介质（如印刷版、电子/网络版、光盘版）应采用同一刊名；GB/T 3179—2009 未涉及。

3）刊名仅在期刊出版范围和内容主题发生变化时方可变更，并且在变更前应咨询 ISSN 中心，需要重新申请 ISSN；GB/T 3179—2009 未涉及。

4）数字加工时，刊名历史沿革与其他刊名的关系要明确，所有来自原刊名的内容标注原刊名而不是现刊名；引用期刊文献时，要标注文章最初发表时的刊名、卷、期、出版日期及 ISSN。GB/T 3179—2009 未涉及。

5）眉题。期刊正文每一页应有快速识别信息，可以出现在期刊的任何位置，但每一页的位置要固定。眉题刊名可以用缩写。眉题信息根据情况可包括：刊名、出版日期、卷号、期号、页码、文章标题、全部作者或第一作者。GB/T 3179—2009 未涉及。

6）期刊合刊及分刊的不同要求，GB/T 3179—2009 未涉及，具体为：

（1）如果几本期刊合并为一本期刊，并且未保留原刊名，那么合刊后的期刊视为新刊，从第 1 卷开始编号；

（2）如果合刊后保留其中一个刊名，合刊后的期刊编号应随同保留刊名的期刊连续编号；

（3）如果一本期刊拆分成 2 本或成多本期刊，并且未保留原刊名，拆分后的期刊编号均从第 1 卷开始；

（4）如果一本期刊拆分成多本期刊，拆分后的一本期刊保留原刊名，那么这本期刊的卷号应随同刊名原期刊连续编号；

（5）期刊合刊或拆分成多本期刊，应在变更前 1 期或多期做出明确的声明。

3. GB/T 3179—2009 区别于 ISO 8 新标准的规定

1）广告、插图等不得对刊名构成干扰；封面中其他信息的字号应不大于刊名字号。ISO 8 新标准未涉及。

2）刊名如未能确切反映期刊的特定主题，应用一副刊名补充表达；副刊名应紧随刊名，其格式应有明显区别。ISO 8 新标准未涉及。

3）中文期刊应按 GB/T 3259 的要求，加注刊名的汉语拼音，可印刷在期刊的适当位置，例如封一，或目次页版头，或版权标志块内；ISO 8 新标准未涉及。

4）外文期刊应在封面同时刊印其中文刊名；ISO 8 新标准未涉及。

5）刊名变更后原刊名应在显著位置出现至少 1 年；ISO 8 原标准有相同规定，新标准将本内容删除。

基于以上内容可以看出，ISO 8 新标准非常注重期刊刊名的稳定性及刊名发生变化后的编排要求。建议 GB/T 3179—2009 借鉴 ISO 8 新标准的修订思路，根据其新增加的内容进行更新，全部保留共性规定，基本保留区别于 ISO 8 新标准的规定，体现我国期刊编排格式的特色。

六、卷、期和出版时间

期刊的编码帮助读者识别连续的每一期，其识别信息包括卷、期编码方式和（或）出版时间（年、月）编码方式组成。

1. ISO 8 新标准与 GB/T 3179—2009 的共性规定

ISO 8 新标准和 GB/T 3179—2009 均规定卷的编号从 1 开始，并且应连续编号，用阿拉伯数字表示。如果期刊的刊期次序因故中断，应该在下一期的显著位置标明中断期次和时间。每期只有一个期号，除非几期合并出刊。

2. ISO 8 新标准区别于 GB/T 3179—2009 的规定

1）ISO 8 新标准的章标题是"卷、期和出版时间"；GB/T 3179—2009 的章标题是"卷、期"，未涉及"出版时间"。

2）期刊应采用清楚而简单的编码方式，且同一期中的不同部分应采用同一编码方式；GB/T 3179—2009 未涉及。

3）纸质期刊转化为数字期刊时，数字期刊应采用与纸质期刊相同的编码；GB/T 3179—2009 未涉及。

4）网站发布内容应标注该内容最初发表时的期刊卷、期号和出版时间；GB/T 3179—2009 未涉及。

5）以英文书写的"年""月"避免用缩写形式；GB/T 3179—2009 未涉及。

6）如果期刊既有卷、期编码又标注出版时间，这些信息应该以相邻的方式标注在期刊的封面或其他显著位置，而且应明确注出期号、卷号的编排顺序是每一出版年重新开始，还是连续编号；GB/T 3179—2009 未涉及。

3. GB/T 3179—2009 区别于 ISO 8 新标准的规定

1）期刊一年出版多卷或多年出版一卷，还可以不设卷；ISO 8 新标准未涉及。

2）期刊按卷装订时应有刊名页；ISO 8 新标准未涉及。

3）在一卷的最后一期应在适当位置注明"卷终"字样；ISO 8 新标准未涉及。

4）为期刊每卷或多卷编辑索引时，应在附有索引的该期封一或目次页上标明；ISO 8 新标准未涉及。

5）关于期刊开本及其幅面尺寸的规定，同一种期刊各期的开本及其尺寸应该相同，如要改变应从新一卷（年）的第 1 期开始；ISO 8 新标准同样规定同一种期刊各期的开本及其尺寸应该相同，但如果确实有必要改变，应从新一卷开始。

建议 GB/T 3179—2009 修改章标题，增加关于出版时间的要求，精简关于不设卷、刊名页、卷终及索引的规定，参照 ISO 8 新标准增加数字化加工的相关规定。同时，建议将期刊开本及其幅面尺寸规定移到"版面和页码编排"章节。

七、出版信息

出版信息用来标明期刊的刊名历史，记录办刊人、期刊的出版范围和出版周期等信息。ISO 8 新标准的章标题是"出版信息"，而 GB/T 3179—2009 的章标题是"版权标志"，二者涵盖的信息大部分相同。

1. ISO 8 新标准与 GB/T 3179—2009 的共性规定

ISO 8 新标准和 GB/T 3179—2009 的共同出版信息包括编辑者、出版者及其地址、主办者、出版周期和订阅。

2. ISO 8 新标准区别于 GB/T 3179—2009 的规定

ISO 8 新标准列出了 13 项出版信息，包括：编辑、编委会（如有）、ISSN（ISSN-L）、出版单位名称、出版单位联系方式、出版地点、主办或责任主体、期刊报道范围和办刊宗旨、出版周期、出版起始日期或版权日期、版头信息、勘误和撤稿规定、定价和订阅。此外，还强调了出版信息有助于长期地、有效地查找期刊，特别指出出版单位应提供链接或相关联系方式，以便于图书馆管理人员获取期刊参考文献著录等信息。同时，在过刊数字化方面，ISO 新标准指出出版单位或数字化加工者应注重保留反映不同期号的信息，包括刊名历史沿革信息、前出版单位信息、封一和封四信息等。

3. GB/T 3179—2009 区别于 ISO 8 新标准的规定

GB/T 3179—2009 列出了 17 项版权标志，包括：刊名、刊期、创刊年份、卷号（或年份）和期号、出版日期、主管者、主办者、承办者或协办者（必要时）、总编辑（主编）姓名、编辑者及其地址、出版者及其地址、印刷者、发行者、中国标准连续出版物号、增刊批准号（必要时）、广告经营许可证号和商标注册号（必要时）及定价（必要时）。

GB/T 3179—2009 内容更全面，但未涉及编委会、报道范围和办刊宗旨、ISSN（ISSN-L）、勘误和撤稿规定，也没有涉及数字期刊的出版信息编排。建议 GB/T 3179—2009 将版权标志改为出版信息，增加未涉及的 ISO 8 新标准出版信息。

八、版面和页码编排

ISO 8 新标准在修订时将"版面"和"页码编排"2 个章节合并在一起，GB/T 3179—2009 这 2 个方面内容在一个章节。

1. ISO 8 新标准与 GB/T 3179—2009 的共性规定

ISO 8 新标准和 GB/T 3179—2009 关于期刊不同期及同一期不同文章的排版格式的要求基本相同，期刊的页码应用阿拉伯数字将全卷（年）各期的正文部分连续编码，也可以每期从第 1 页开始单独编页码。在正文部分如有图版和折页，应作为正文的一部分一起编码。

2. ISO 8 新标准区别于 GB/T 3179—2009 的规定

1）增加了数字期刊在计算机及所有移动终端显示时应与屏幕自适应，以防失真的要求；GB/T 3179—2009 未涉及。

2）增加了关于边空和开本的规定；GB/T 3179—2009 未涉及。

3）期刊的活页和附件不应编排页码，但应在眉题、目次表中列出期刊识别信息，如卷、期编码；GB/T 3179—2009 则明确规定图版和折页应作为正文的一部分一起编码。

4）要求广告页与正文连续编排页码，只是不刊印页码编号，且在期刊装订成卷时保留；GB/T 3179—2009 则规定相反，要求广告页等其他非正文内容不与期刊正文连续编码，且"广告或有不属于正文的其他内容，并能独立成张，可以在期刊合订成卷时剔除者，应另编页码，不得与正文页码混同"。

3. GB/T 3179—2009 区别于 ISO 8 新标准的规定

1）GB/T 3179—2009 规定，"期刊文章的正文部分其字号不宜小于汉字 5 号字"，"供少年儿童阅读的期刊应不小于汉字 5 号字"；ISO 8 新标准未涉及。

2）做出了关于封一、封二、封三和封四是否连续编页码的规定；ISO 8 新标准未涉及。

3）页码的标志应置于各页的固定位置，若需要变更，宜从新一卷（年）的第 1 期开始；ISO 8 新标准未涉及。

建议 GB/T 3179—2009 根据 ISO 8 新标准的要求增加数字期刊的页面显示要求，基本保留 GB/T 3179—2009 的排版及编页码要求，供少年儿童阅读的期刊的字号大小有待于商榷。

九、文章编排

关于文章编排，ISO 8 新标准只列出了参照 ISO 215:1986，没有具体说明，而 GB/T 3179—2009 对文章正文、页眉、作者、单位及转载等提出了具体要求。建议 GB/T 3179—2009 参照 ISO 215:1986 关于文章的编排要求进行修订。

十、查找路径

ISO 8 新标准中的查找路径包括目次表和索引，而 GB/T 3179—2009 分布在 2 个章节，分别包括目次页及总目次和检索。

1. ISO 8 新标准与 GB/T 3179—2009 的共性规定

ISO 8 新标准和 GB/T 3179—2009 均规定并且目次表中每篇文章应包括作者名字、文章标题、文章起始页码或起止页码。

2. ISO 8 新标准区别于 GB/T 3179—2009 的规定

1）ISO 8 要求目次表的位置放在封二后第 1 页。GB/T 3179—2009 则建议将目次表放在封二后第 1 页。

2）强调目次表中每篇文章包含的信息按照作者名字、文章标题和副标题、文章起始页码或起止页码顺序列出，并且起止页码之间用"/"号连接；规定对连载的文章要在标题后面标注待续或结束；目次表应包括栏目名称（按照学科或文章类型）。GB/T 3179—2009 的规定不够细致，但指出目次表的编排应按照 GB/T 13417《期刊目次表》规定。

3）所有的栏目名称，包括摘要或会议等不同于原创性文章的栏目名称，应列在原创性文章之后；GB/T 3179—2009 未涉及。

4）专刊标题应放在目次表的上面；文章信息与栏目名称之间要有空行。GB/T 3179—2009 未涉及。

3. GB/T 3179—2009 区别于 ISO 8 新标准的规定

1）指出每卷（年）终可以编印总目次，而 ISO 8 新标准没有提及总目次。

2）建议单独编制广告目次，而 ISO 8 新标准没有涉及广告目次。

3）相对于 ISO 8 新标准，GB/T 3179—2009 对索引的要求比较简单，仅指出纸质期刊可编有索引。

4）介绍了 3 种索引：主题索引、著者索引、关键词索引。并且规定总目次和索引应单独编页码，不与正文连续编页码，应从单页开始。ISO 8 新标准未涉及。

建议简化 GB/T 3179—2009 中索引部分的规定，并且关于是否有必要设置索引有待于商榷。

除以上 10 部分外，ISO 8 新标准还增加了"引用""ISSN""可获取性""过刊数字化""附录" 6 个章节，这些内容 GB/T 3179—2009 均未涉及，具体见第三章"ISO 8 国际标准修订跟踪情况"。

第三节　小结

通过以上对比可以发现，ISO 8 新标准与 GB/T 3179—2009 差异较大，章标题存在明显区别，并且包含较多 GB/T 3179—2009 没有涉及的内容，特别是为适应数字期刊的发展，ISO 8 新标准增加了数字期刊的编排要求。概括而言，ISO 8 新标准相较于 GB/T 3179—2009，适用范围更广，内容更丰富，反映了当下纸质期刊与数字期刊并存的发展趋势，体现了期刊应便于被查找及长期有效地使用的理念。GB/T 3179—2009 可借鉴 ISO 8 新标准的修订思路，同样补充国内数字期刊的编排格式规范，围绕方便、快捷地查找并长期有效使用期刊，开展修订。

第五章 修订 GB/T 3179—2009 的相关建议

第一节 GB/T 3179—2009 修订的必要性、紧迫性

一、有必要开展 GB/T 3179—2009 修订工作

我国政府对期刊编排领域的标准化问题重视较早，在 1982 年即采用 ISO 发布的 ISO 8，颁布了 GB/T 3179—1982《科学技术期刊编排格式》。该标准至今共修订过 2 次：1992 年修订为 GB/T 3179—1992《科学技术期刊编排格式》，2009 年又修订为 GB/T 3179—2009。当下，GB/T 3179—2009 再次产生修订的必要，主要原因有三。

一是 GB/T 3179—2009 采用了 ISO 8 的内容，因该国际标准正处于修订过程中，GB/T 3179—2009 既需要对采用了原国际标准的内容做出相应调整，又需要充分结合 ISO 8 新标准，在遵循期刊编排领域国际规则的基础上修订我国的期刊编排格式标准。

二是随着我国期刊出版业的不断发展，GB/T 3179—2009 需要补充及删减相应内容，尤其是需要补充数字期刊编排格式规范，以与我国数字期刊编排格式的现状及发展趋势相适应。近年来，数字期刊已经发展成为我国期刊单位的业务重心之一，在国家政策的推动下我国期刊单位数字化转型升级工作在持续加强。然而，我国目前在数字期刊编排格式标准化领域尚属空白，因此，迫切需要通过 GB/T 3179—2009 修订，补充既符合我国期刊出版产业链的整体利益，又有利于政府主管部门管理的数字期刊编排格式的统一规范。

三是 GB/T 3179—2009 规范性引用的其他相关标准已有修订或正在修订，如：GB/T 7714《文后参考文献著录规则》已经于 2015 年修订一版；截至目前，GB/T 9999《中国标准连续出版物号》正处于修订过程中，相应地，与之关系密切的 GB/T 16827《中国标准刊号（ISSN 部分）条码》也产生修订的必要。

综上，GB/T 3179—2009 的修订工作理应尽快启动。

二、应继续修改采用 ISO 8 新标准修订 GB/T 3179—2009

在国家"走出去"战略、"一带一路"建设、"刊网融合"理念等政策的带动下，我国相关政府部门、各期刊出版单位在不断探寻促进纸质期刊出版与数字期刊出版相互融合，以及提升期刊质量与国际影响力的策略与方法。我国期刊标准化水平的提高，不仅将加速我国期刊编排格式与国际接轨的进程，也将在当下以数字技术主导出版业发展的新形势下，推动我国"刊网融合"向更好的方向发展。

经对比研究，ISO 8 本次修订在增删、整合原有内容之外，最重要的变化是扩大了标准适用范围，在纸质期刊编排格式规范的基础上，增加数字期刊编排格式规范，并且重点突出对纯数字期刊的编排格式要求，不仅顺应期刊的数字化趋势，弥补全球范围内该领域规范的缺口，同时也为我国制定相应规范提供了思路与方向。因此，建议 GB/T 3179—2009 的修订继续修改采用 ISO 8 新标准，充分借鉴数字期刊编排格式等内容。

三、应尽快完成 GB/T 3179—2009 修订工作

为进一步推动我国期刊出版的数字化转型升级，加速我国期刊编排格式与国际接轨的步伐，提升我国期刊单位在国际上提供产品和服务的质量，建议 GB/T 3179—2009 修订工作能够抓紧时间，尽快完成。

1. 提前组建专家团队

通过本课题的对比研究发现，现行 GB/T 3179—2009 内容与 ISO 8 新标准的差异较大，在 GB/T 3179—2009 修订前需要结合国内外期刊编排实践进行梳理、分析的内容较多。因此，为更高质量、高效率地完成 GB/T 3179—2009 修订工作，本课题组建议尽快组织科技学术类期刊、社科学术期刊、时政类期刊、大众类期刊、数字类期刊等出版单位，档案馆、图书馆管理人员，相关专家及期刊行政管理人员等，搭建 GB/T 3179—2009 修订专家团队，在 ISO 8 修订过程中同步开展 GB/T 3179—2009 修订相关准备工作，充分调研我国期刊编排格式现状，并仔细梳理国内相关标准及政策法规要求，以使 GB/T 3179—2009 在遵循国际期刊编排规则的同时，符合我

国期刊出版市场需求与产业利益，避免与我国期刊相关标准、相关法规间的不一致。

从国内相关标准来看，不仅应在充分考虑已经发布的数字期刊标准，如CY/T 149—2016《数字期刊术语》、CY/T 150—2016《数字期刊分类与代码》、CY/T 151—2016《数字期刊核心业务流程规范》、CY/T 152—2016《数字期刊产品服务规范》、CY/T 153—2016《数字期刊内容质量管理规范》等的基础上，增加数字期刊的相关规范性引用文件、术语和定义；同时应确保修订后GB/T 3179中的规范性引用文件为最新版（如GB/T 7714《文后参考文献著录规则》已经于2015年修订一版，GB/T 9999《中国标准连续出版物号》也正在修订），避免标准间的交叉、矛盾与重复。

从相关行政法规看，我国有《出版管理条例》《期刊出版管理规定》等行政管理规定对期刊编排格式予以规范；2016年，国务院最新修订了《出版管理条例》与《新闻出版行业标准化管理办法》，并发布了《网络出版服务管理规定》，对通过信息网络向公众提供的具有编辑、制作、加工等出版特征的数字化作品予以规范。鉴于GB/T 3179—2009发布之后，国内一直存在该标准与行政法规二者一致性的争议，因此该标准的本次修订应特别加强对相关行政法规的梳理，注意标准与行政法规的一致性。

2.密切关注ISO 8标准修订进程

因本课题报告完成时ISO 8新标准正处于修订过程中，仅形成委员会阶段修订草案稿，因此，需要密切关注ISO 8修订进程，及时掌握该标准修订动态，在其修订完成正式发布后，立即启动GB/T 3179—2009修订程序，力争半年内完成起草、征求意见工作，1年内报批甚至发布。

第二节　GB/T 3179—2009修订建议

在得出GB/T 3179—2009《期刊编排格式》已经产生修订必要的结论后，课题组结合本次GB/T 3179—2009应用现状调研情况，以及ISO 8修订前后、ISO 8新标准与GB/T 3179—2009的内容差异对比，提出以下几点建议，仅供GB/T 3179—2009修订时参考。

一、原有纸质期刊编排格式内容不宜大幅修改，新增数字期刊编排格式规范不宜过细

GB/T 3179—2009 目前在国内应用情况总体较好，对该标准的修订主要以增加数字期刊的编排规范为主，而对其原有纸质期刊编排格式内容的修订不宜有大幅度改变，尤其对于国内期刊出版实践与该标准要求已经实现基本一致的部分，应谨慎处理，避免修改，以免影响已经形成的编辑习惯。同时，因 ISO 8 新标准是国际范围内在数字期刊编排格标准化领域的首次尝试，对于适用于数字期刊编排格式的内容要求仅做原则性规定，如：纸质期刊数字化加工时应注意保持原纸质期刊内容的完整性，包含封一、封四、空白页、广告页等；避免封闭的或专有的数字化加工方式，而采用开放的、标准的方法；数字期刊中嵌入标准格式的元数据或超链接，避免较多的数字资源链接迁移等。同样地，GB/T 3179—2009 对数字期刊编排格式的规范统一不宜过细，建议同样仅做原则性规定，不做数字技术如数字资源长期保存方法等的要求。

二、重点修订期刊识别与描述类信息

期刊的识别描述类信息，主要包含期刊刊名、ISSN、期刊编码方式（卷、期标注方式或出版时间标注方式）、期刊出版信息、引文信息等，不仅可以证明期刊历史的存在，而且使期刊内容便于追溯，方便期刊的管理。ISO 8 新标准中对刊名及其变更、精确使用 ISSN、规范标注引文信息等做出了较为详细的规定，可为 GB/T 3179—2009 修订借鉴。

1. 弱化或删除对刊名意义、刊名长度及副刊名的要求

ISO 8 新标准删去了原来针对刊名的意义"刊名应能够准确界定该期刊所涉及的知识和活动领域"，以及针对刊名的长度"刊名应短且便于引用"的规定，仅突出刊名于不同出版形式、于期刊不同位置的一致性。GB/T 3179—2009 中 4.1 为采用 ISO 8 原标准上述内容制定而来，建议其修订时弱化或删除对刊名意义及长度的要求；此外，因 4.2 对副刊名的规定也与刊名意义有关，同样建议弱化或删除。

2. 加强并细化期刊变更刊名的要求

GB/T 3179—2009 中目前仅规定了期刊不得随意变更刊名，ISO 8 新标

准则做出了更为细致的规定：不仅明确将刊名变更的条件限定为出版范围或出版主题的变化，同时也明确了刊名变更后应申请新 ISSN 的要求，强调了刊名变更后于期刊显著位置标注新刊名与原刊名等刊名完整历史信息的必要性及标注方式，以及引用期刊文献内容时对引用信息中刊名及相应信息的描述方式。建议 GB/T 3179—2009 参照 ISO 8 新标准，加强并细化关于刊名变更的内容，指导期刊完整刊名历史信息以及引用文献的标注方法。

3. 增设 ISSN 与 ISLI 资料性附录

1）ISSN

"ISSN"作为不同名称、不同版本的连续出版物的唯一标识，已在国际范围内广泛使用，ISO 8 新标准更是强调了 ISSN 作用，介绍了 ISSN 标识符的意义、分配规则、申请方法、示例等内容。当下，ISSN 的分配范围已经由传统的纸质印刷版连续出版物扩展到了数字版连续出版物资源，ISO 8 新标准对 ISSN 的强调不仅与现实需要相符，而且可以预见使用 ISSN 的参与方将更为广泛。虽然我国目前主要使用"中国标准连续出版物号（CN 号）"进行期刊管理，以 ISSN 为辅，但是，我国期刊"走出去"参与国际交流是战略发展方向，理应重视 ISSN 的申领及标注方式，精确使用 ISSN，与国际接轨。因此，建议 GB/T 3179—2009 修订同样以资料性附录的形式，增加 ISSN 相关介绍。

2）ISLI

ISO 17316:2015 International standard link identifier《国际标准关联标识符（ISLI）》是在国际信息与文献标识符标准领域首次由中国提案并主导制定的一项国际标准，现已被我国采标为 GB/T 32867—2016《中国标准关联标识符（ISLI）》。ISLI 作为信息时代下以标识"关联关系"为理念的全新标识符，是当下信息技术与内容产业发展的一项基础性标准，有助于推动我国出版产业的转型升级。该国家标准得到国家新闻出版广电总局的大力推广，建议 GB/T 3179—2009 修订增加 ISLI 资料性附录，介绍 ISLI 注册申请流程与规范、相关技术工具等，推动《中国标准关联标识符（ISLI）》国家标准实施，加快产业应用步伐。

三、修订工作应既充分遵循国际规则，又体现中国特色

经对比，GB/T 3179—2009 与 ISO 8 新标准既存在共性内容，又存在有差异的内容，建议 GB/T 3179—2009 修订充分遵循国际规则，对与国际标准一致的内容尽量予以保留，并结合我国期刊业发展现状以及趋势，差别对待与国际标准存在差异的内容，避免"一刀切"。

同时，GB/T 3179—2009 修订应体现中国期刊的特色，特别是加强对汉语拼音的标注及书写规范等。国际上对中文期刊的识别和检索，是通过汉语拼音实现的，不仅有助于我国期刊"走出去"，提升我国期刊单位在国际上的影响力，同时也体现了我国的特色，向世界传播了我国文化。此外，中文期刊不仅要加注汉语拼音，还应注意汉语拼音的拼写方法，依照《中华人民共和国国家通用语言文字法》《汉语拼音方案》等法律法规与 GB/T 3259《中文书刊名称汉语拼音拼写法》进行书写，使中华民族的语言和文化正确地向世界传播。

参考文献

[1] 期刊编排格式国际标准（ISO 8:1977 Presentation of periodicals）

[2] 期刊编排格式国际标准委员会阶段修订草案稿（ISO CD 8:Presentation and identification of periodicals）.

[3] GB/T 3179—2009.期刊编排格式.北京：中国标准出版社，2010.

[4] GB/T 9999—2001.中国标准连续出版物号.北京：中国标准出版社，2004.

[5] 张立主编，王彪，李广宇副主编.2016—2017 中国数字出版产业年度报告.中国书籍出版社.商务印书馆，2017 年.

[6] 颜帅，陈浩元，刘春燕.GB/T 3179—2009《期刊编排格式》部分条款解读.编辑学报，2010，22（4）：300-303.

[7] 张泽青，安秀敏.国家标准应与国家现行法规相一致——谈 GB/T 3179-2009《期刊编排格式》存在的问题.中国出版，2010（11）：149-150

[8] 林义华，张小强，赵大良.法规和标准的一致性分析——也评 GB/

T3179—2009《期刊编排格式》.编辑学报,2012,24(5):501-505.

[9] 程维红,任胜利,路文如,严谨,王应宽,方梅.我国科技期刊由传统出版向数字出版转型的对策建议.中国科技期刊研究,2011,22(4):467-474.

[10] 程郁缀,刘曙光.学术期刊编排规范是动态发展的.清华大学学报哲学社会科学版,2007(6):12-14.

[11] 丁春燕,王立山.期刊更名的影响与管理对策.大连大学学报,2004,25(3):133-135.

（课题组成员：董毅敏、颜帅、张颖、郎彦妮；执笔人：郎彦妮、张颖）

附录一　期刊编排格式调研问卷

为充分了解我国期刊编排格式现状，中国新闻出版研究院现面向期刊出版单位开展调研，以切实结合期刊编排实践，为相关标准的制修订工作提供决策参考。请您花三五分钟时间，填写本问卷。我们承诺，本次调查问卷将严格保密，调查结果仅用于科学研究。感谢您的支持与理解！

1. 贵刊是中文期刊还是外文期刊？［单选题］
中文期刊
外文期刊

刊名与版面

2. 贵刊刊名是否加注汉语拼音？［单选题］
是
否

3. 贵刊文章的正文部分是否小于汉字 5 号字？［单选题］
是
否

4. 贵刊封面是否同时刊印中文刊名？［单选题］
是
否

5. 贵刊封面中的刊名字号是否大于其他信息的字号？［单选题］
是
否

6. 贵刊是否有副刊名？［单选题］

是

否

7. 贵刊副刊名的位置？［单选题］

紧随主刊名

+ 其他 ____

8. 贵刊副刊名的格式？［单选题］

与主刊名格式有明显区别

与主刊名格式一致

9. 贵刊刊名在期刊中任何地方出现是否一致？［单选题］

是

否

10. 贵刊刊名是否变更过？［单选题］

是

否

11. 贵刊刊名变更后，原刊名是否在显著位置出现？［单选题］

是，且出现至少 1 年

是，但出现不足 1 年

否，并未在显著位置列出

封面

12. 贵刊封一上包含以下哪些内容？［多选题］

主办单位

出版单位

中国标准连续出版物号

出版年、卷号、期号，或出版年、期号

13. 贵刊单册与合订本的书脊处，排印哪些内容？［多选题］

刊名

卷号

期号

出版年、月

+ 不排印上述信息

14. 贵刊封面上标志项目中的数字是否采用阿拉伯数字？［单选题］

是

否

目次页

15. 贵刊的目次页编制在期刊何位置？［单选题］

封二后的第 1 页

封二

封三

封四

封一

16. 贵刊目次页是否与正文连续编页码？［单选题］

是

否

17. 贵刊目次页的位置是否保持各期相同？［单选题］

是

否

18. 贵刊目次页的版头包含哪些内容？［多选题］

刊名

卷号

期号

出版年、月或出版年、月、日

无版头信息

19. 贵刊目次表的表题为：［单选题］

"目次"

"目录"

"Contents"

+ 其他 ＿＿＿＿

20. 贵刊目次表中，各篇文章的"著者姓名"将列出：［单选题］

全部著者姓名

部分著者姓名

21. 贵刊目次表中，各篇文章的"页码"以哪种方式列出？［单选题］

各篇文章的起始页码

各篇文章的起止页码

页码编排

22. 贵刊的空白页是否与正文一起编排页码？［单选题］

是

否

23. 贵刊的广告等非正文内容，是否与正文一起编排页码？［单选题］
是
否

24. 贵刊页码的标志位置是否位于各页的固定位置？［单选题］
是
否

版权标志

25. 贵刊每期是否登载版权标志？［单选题］
是，且刊登位置固定
是，刊登位置不固定
否

总目次和索引

26. 贵刊是否会在每卷（年）终编印总目次？［单选题］
是
否

27. 贵刊是否会在每卷（年）终编印索引？［单选题］
是
否

增刊

28. 贵刊是否出版增刊？［单选题］
是
否

29. 贵刊属于以下哪种类别的期刊？［单选题］
综合类期刊
哲学、社会科学类期刊
自然科学、技术类期刊
文化、教育类期刊
文学、艺术类期刊
+ 其他 ____

附录二 ISO 8 修订工作组成员名单

ISO 8 标准修订工作组（ISO/TC46 WG7）由来自美国、法国、英国、加拿大、丹麦、意大利、中国等国家的 25 名专家参与，名单见附表 1。

附表 1 ISO 8 标准修订工作组（ISO/TC46 WG7）成员名单

序号	姓名	工作单位（外文）	工作单位（中文）
1	Leif Andresen	Royal Danish Library	丹麦皇家图书馆
2	Karen Aufdemberge	Ithaka/JSTOR	Ithaka/JSTOR（美国）
3	Flavia Cancedda	National Research Council Science and technology	国家研究委员会—科学与技术（意大利）
4	Nathalie Fargier	Persée	Persée（法国）
5	Louise Howlett	British Library	英国图书馆（英国）
6	Lang Yanni	Chinese Academy of Press and Publication（China）	中国新闻出版研究院（中国）
7	Dorota Laska	Library and Archives	图书与档案馆（加拿大）
8	Consuelo Lopez Provencio	Biblioteca Nacional de España	西班牙国家图书馆（西班牙）
9	Clément Oury	ISSN International Centre	ISSN 国际中心（法国）
10	Yan Shui	Tsinghua University Press	清华大学出版社（中国）
11	Laurie Kaplan	proquest	ProQuest（美国）
12	Sonia Lemaire	OpenEdition	OpenEdition（法国）
13	Regina Reynolds	National Serials Data Program,Library of Congress	国家连续出版物数据项目，国会图书馆（美国）
14	Gaelle Bequet	ISSN International Center（France）	ISSN 国际中心（法国）
15	Ghislaine Decleve	UCL Bibliotheque des de la sante（Belgium）	UCL 图书馆（比利时）
16	Bill Leonard	Library and Archives	图书与档案馆（加拿大）
17	Nettie Lagace	NISO	美国国家信息标准协会
18	George Kerscher	未知	未知

（续表）

序号	姓名	工作单位（外文）	工作单位（中文）
19	sabine.ruesch	未知	未知
20	cdulaney	未知	未知
21	philippe.cantie	未知	未知
22	toraki	未知	未知
23	anna.thiel	未知	未知
24	marap	未知	未知
25	e.scheven	未知	未知

注：因部分专家未参加过工作组会，仅有群邮件往来，未能获取其工作单位信息。
（课题组编制）

附录三　ISO 8 委员会阶段修订稿投票结果

ISO 8 委员会阶段修订稿（CD）投票于 2017 年 8 月 10 日开始，2017 年 10 月 5 日结束，历时 2 个月，共有 37 个国家成员体参与投票，其中 26 个国家成员体赞成该草案进入问询阶段（DIS），11 个国家成员体弃权，具体结果见附表 2。根据投票结果，ISO 8 CD 稿通过第一轮投票，可以进入 DIS 阶段。ISO 8 修订工作组将在 2018 年 1 月之前提交 DIS 稿。

附表 2　ISO 8 委员会阶段修订稿投票结果

序号	国家成员体	赞成 ISO 8 修订草案由 CD 阶段进入 DIS 阶段	反对 ISO 8 修订草案由 CD 阶段进入 DIS 阶段	弃权
1	保加利亚	√		
2	埃及	√		
3	法国	√		
4	爱沙尼亚	√		
5	德国	√		
6	希腊	√		
7	意大利	√		
8	肯尼亚	√		
9	韩国	√		
10	拉脱维亚	√		
11	毛里塔尼亚	√		
12	摩洛哥	√		
13	西班牙	√		
14	瑞士	√		
15	泰国	√		
16	乌克兰	√		
17	英国	√		
18	澳大利亚	√		
19	比利时	√		
20	加拿大	√		
21	中国	√		
22	克罗地亚	√		
23	丹麦	√		
24	芬兰	√		

（续表）

序号	国家成员体	赞成ISO 8修订草案由CD阶段进入DIS阶段	反对ISO 8修订草案由CD阶段进入DIS阶段	弃权
25	日本	√		
26	美国	√		
27	亚美尼亚			√
28	伊朗			√
29	爱尔兰			√
30	马来西亚			√
31	荷兰			√
32	挪威			√
33	波兰			√
34	葡萄牙			√
35	南非			√
36	瑞典			√
37	前马其顿			√

（课题组编制）

VR/AR 在我国图书出版中应用的现状分析

引 言

2016年被业界称为"VR元年",虚拟现实技术,也就是VR(Virtual Reality)作为下一代技术平台,如同当年的互联网技术一样,兴起了新一轮的全球化创业热潮。它代表信息产业发展的新方向,重新定义了信息生产、传播、呈现的方式。它和"互联网+"一样,虚拟现实不仅是一个独立的产业,更是能与传统产业相融合并产生社会变革的巨大动力。

2016年底,市场研究分析机构SuperData公布了各个行业在2016年的总产值,其中VR总产值为27亿美元。市场研究机构IDC发布的最新报告预计,到2020年全球增强现实(AR)和虚拟现实(VR)市场营收将从当前的52亿美元扩张至1620亿美元。这意味着未来五年全球AR/VR市场年增长率将高达181.3%。与西方相比,虚拟现实在中国更受青睐,中国消费者显示出购买虚拟现实设备或体验的更强意愿。

根据赛迪智库《虚拟现实产业与应用发展白皮书》报告显示,2015年我国VR行业市场规模为15.4亿元人民币,预计2016年将达到56.6亿元,到2020年市场规模预计将超过550亿元。据相关统计,国内目前生产VR设备的开发公司已经超过150家,自2015年近一年来29家VR企业融资总额超10亿,在A股市场上已经有60多家上市公司涉及虚拟现实技术。国内目前有超过100种VR头盔,VR线下体验馆数已超过2000家。iiMedia Research(艾媒咨询)数据显示,2016年上半年,有54.8%的中国手机网民对虚拟现实相关产品表示知悉，64.9%的受访用户认为目前虚拟现实技术虽然还不完善，但还是对其有信心。艾媒咨询分析师认为，当前虚拟现实产品全面进入消费市场的条件已经比较成熟，虚拟现实系统、硬件、应用都将跃上一个台阶。对于AR，根据Digi-Capital统计，AR市场将发展到2020年的900亿美元规模。这其中半数的收益将会来自AR硬件，余下的来自于零售业、企业和游戏应用。根据CSS Insights预测，AR头盔/眼镜在全球范围内的销售额将会在2017年达到12亿美元。这对于如微软等发布了AR眼镜HoloLens的厂商可能是个利好消息。

第一章　VR/AR/MR的区别与联系

VR/AR/MR被简称为"3R"技术。虚拟现实(Virtual Reality)，简称VR，指利用计算机技术模拟产生一个为用户提供视觉、听觉、触觉等感官模拟的三度空间虚拟世界，用户借助特殊的输入/输出设备，与虚拟世界进行自然的交互。沉浸感、交互性和想象性是虚拟现实的三大特点，VR目前最重要标志的是：用户需要佩戴"头戴式显示器（Head Mounted Display）"，简称"头显（HMD）"。显示的内容可来自个人电脑、游戏机或手机。行业中著名的产品包括Oculus Rift、Sony VR、HTC Vive等。

需要说明的是，Oculus Rift、HTC Vive属于连接式头显，需要与配置较高的电脑相连，市场售价在600美元左右，虽然可以为用户带来高保真的视觉体验，但昂贵的价格注定这两款产品只能成为小众产品。而目前市场上较为流行的头显以更加灵活的移动VR为主，三星的Gear VR头显（只与三星Galaxy手机兼容）促进了安卓VR的发展，而谷歌相对便宜的Cardboard则将移动VR带向了普通大众，国内暴风魔镜、蚁视、大朋等厂商生产的都是移动VR设备，市场售价在几百元人民币，它们需要借助带有陀螺仪功能，且屏幕分辨率较高的手机进行辅助。但由于手机配置及体验时眼镜离屏幕过近的原因，佩戴移动VR时间一般不超过10分钟。

图 1-1

增强现实(Augmented Reality)，简称 AR，一种实时计算摄影机影像位置及角度，并辅以相应图像的技术。这种技术可以通过全息投影，在镜片的显示屏幕中将虚拟世界与现实世界叠加，操作者可以通过设备互动。AR 通常也是通过头戴式设备实现的，其中最著名的是谷歌眼镜，但也可以通过移动终端，甚至普通的手机实现一些基本的 AR 功能。AR 技术让用户在观察真实世界的同时，能接收和真实世界相关的数字化的信息和数据，从而对用户的工作和行为产生帮助。它在政府、企业及消费市场上都有广泛的应用前景。

图 1-2

混合现实技术（Mixed Reality），简称 MR，指的是结合真实和虚拟世界创造了新的环境和可视化三维世界，物理实体和数字对象共存，并实时相互作用，以用来模拟真实物体，是虚拟现实技术的进一步发展。混合现实其实就是 AR 和 VR 的结合，利用 MR 技术，用户可以看到真实世界（AR 的特点），同时也会看到虚拟的物体（VR 的特点）。MR 将虚拟物体置于真实世界中，并让用户可以与这些虚拟物体进行互动。目前比较成熟的是微软的 HoloLense 和谷歌投资的 Magic Leap。

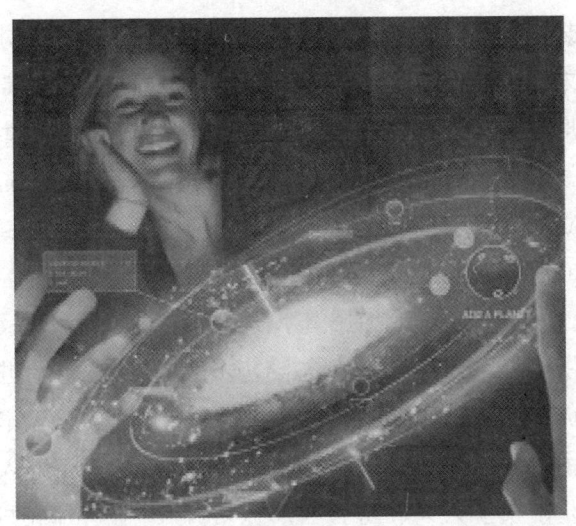

图 1-3

2016 年 11 月 26 日，在由中国新闻出版研究院与五洲传播中心联合发起的首届 VR/AR+ 媒体融合发展研讨会上，有专家指出，VR/AR/MR 尽管有不同的技术特点，本质都是现实环境与虚拟环境的融合，主要看是虚拟环境多一点还是现实环境多一点，从未来发展来看，3R 将会高度融合在一种显示设备上。戴上一种头显，既能看到眼镜内的事物信息，也能感受虚拟环境。

表 1-1

```
1————————————————————————————————0
虚拟环境                                现实环境
VR              MR              AR
娱乐                                    应用
娱乐                                    应用 + 娱乐
Facebook        Microsoft       Google,Apple
                                虚拟现实轴
```

第二章 AR/VR 技术的行业应用

2016 年被称为 VR 元年，但 VR 概念早在 19 世纪 90 年代就已被提出，如同许多新兴技术一样，科学家们从未停止过对前沿技术的追求，20 世纪末，VR 技术逐渐取得研究上的突破，逐渐成熟的 VR 技术在军事领域的虚拟战场和虚拟军事训练上得到了广泛运用，但始终未能进入民用领域。21 世纪，随着中央处理器和显卡等技术以及移动互联网的高速发展，工业领域和医疗领域开始引入 VR 技术，VR 在民用领域的应用技术条件已成熟。2014 年，Facebook 以 20 亿美元收购了 Oculus 公司，全球市场开始将目光投向了 VR 产业，点燃了 VR 这把火。2016 年，微软、谷歌、索尼等一线企业的加入，促使 VR 正式进入了爆发期，VR 生态圈初步形成，VR 开始进入消费领域，大众消费领域 VR 应用的逐步成熟，使得 2016 年成为 VR 元年。

国内的阿里巴巴、腾讯、乐视、小米也在 2016 年相继入局 VR，他们不仅为 VR 产业带来了人才、资金、产业资源和用户，同时也为这个行业带来了信心。VR 是一个横跨了硬件、系统、平台、开发工具/语言、应用 APP、消费内容等等众多环节的大产业。在资本和技术的双重推动下，VR 硬件设备在 2016 年井喷式增长，而 VR 内容则发展较缓，目前主要以游戏和视频为主。缺乏丰富而优质的内容，成为制约诸多 VR 厂商发展的短板，因此在 VR 设备成产趋于理性的同时，VR+ 行业被看作是 VR 产业发展的必然趋势。VR 电商、VR 视频、VR 直播、VR 医疗、VR 教育、VR 新闻在过去一年得到了广泛应用，VR+ 音乐、VR+ 出版、VR+ 展览、VR+ 党建、VR+ 零售、VR+ 广告等更新的应用领域也在被不断发掘，VR 如同新技术一样，在对诸多行业产生变革，任何一个行业插上"VR"的翅膀，都能迅速飞到风口。

第一节 VR 电商

2016 年愚人节，阿里巴巴发布了"buy+"VR 购物体验的视频，一时间激起电商传统零售、VR 科技等多重领域的千层浪。购物者身在家中，戴上 VR 眼镜，进入 VR 版淘宝，可以选择去逛纽约第五大道，也可以选择去英国集市，身临其境地购物。数据显示，"buy+"推出不到一周，有八百万名消费者尝试。"buy+"让人们看到了 VR 技术与购物结合的可能性。同时，VR 支付也在积极研发，它可以在应用内完成 3D 场景下的支付，这将使得用户 VR 购物更加便捷，体验感更佳。

第二节　VR 医疗

VR 技术与医疗行业结合由来已久，在我国，这种结合也渐渐展开。2016 年 6 月，上海瑞金医院成功借助 VR 技术直播了 3D 腹腔镜手术，开创了国内 VR 直播手术的先河。全景相机架在主刀医生上方，将手术过程拍摄下来，并传输到云端。一些无法在现场观摩的医生可以通过 VR 眼镜学习高难度手术中的玄机和技巧。此外，VR 技术对于心理治疗领域可以作为一种辅助的医疗手段，障碍症、自闭症患者都可以进入使自己产生障碍的虚拟场景去探索。随着科技的进步，生活水平的提高，人们越来越重视自己的健康，除了娱乐的刚需外，VR 应用在医疗领域的作用会变得越来越有意义。

第三节　VR 旅游

VR 旅游主要包括 VR 技术在酒店预订、目的地预体验和主题公园内容等方面的应用。去哪儿网、携程、艺龙等旅游平台都开始建立 VR 版入口，2016 年 8 月 31 日，携程攻略客户端 2.4 正式上线 Apple Store 和各大安卓市场，新版本的携程攻略客户端突破性地引入了 VR 游记功能，用户通过携程攻略客户端即可预览 VR 场景。去哪儿网和暴风联手，全球首个 VR 旅行团年内诞生，艺龙开启酒店体验新思维，要做 VR 酒店体验。VR 技术改造了旅游模式，让游客以新的方式探索景点、设计行程，提升了旅游体验。旅游行业将是 VR 产业最重要的应用场景之一。

第四节　VR 影视

VR 用户偏好的内容前五位分别为巨幕电影、全景视频、全景漫游、全景图片、VR 游戏。而 VR 影视的出现，可以说是对传统影视的颠覆，因为是 360 度全景图像，观众的视角从画面外变为置身于景框之中。VR 影视让观众从原来的被动观看变为一定程度的主动参与，这给无论编剧、演员、导演都带来了前所未有的挑战。目前，国内视频平台 VR 视频以恐怖内容为主，播放量在百万级左右，爱奇艺主推的《都市怪谈》系列播放量在 800 万左右，黑蚂蚁 VR 之前制作的《色狼！别闹》全网播放量也是 800 万，而北京开心互娱《灵魂寄生》也在百万级播放量。同时，VR 影院蠢蠢欲动，国美宣布和荷兰 Samhoud Media 合作在北京建造 VR 影院。回顾 2016 年的中国 VR 影视市场发展，虽然确实不及预期，但无论是用户接受度、用户数量，内容都在稳定增长。

第五节　VR 游戏

VR 的沉浸感使得游戏产业与 VR 技术有着天然的无缝结合，也是 VR 技术进行大众普及的入口。VR 内容目前仍以视频和游戏为主，国内 VR 平台上已有约 2700 款视频和 800 款游戏。国内游戏公司也开始布局 VR 领域，在 2016 年 3 月，三七互娱以 3166700 美金投资加拿大虚拟现实公司 Archiact，认购目标公司 6846539 股普通股，取得其增资完成后 10% 的股权。这其实就可以看作是国内游戏公司在 VR 游戏布局方面的典型案例。基本上，国内游戏公司布局 VR 游戏市场大多采用的是跟三七互娱类似的策略，像是盛大集团也在 VR 领域前后进行了多笔投资。艾瑞咨询的调研报告显示最期待的 VR 内容是视频与游戏。泛娱乐内容是 VR 用户期待度最高的内容板块。

第六节　VR 教育

VR 教育为学习者创造了沉浸环境，让使用者全身心沉浸进去，充分吸引他们的注意力，为学习者创造了条件，同时，VR 可以将化学、地理、几何数学等抽象化为形象，让学生更好理解和掌握。乐视同新东方达成初步合作意向，以"沉浸式教学"具体切入教育领域，他们表示将利用 VR 开创新的全景教学模式，通过 VR 构建"真实"、"沉浸式"的语言环境，用全新的语言学习模式。除此之外，虚拟课堂、虚拟校园也有企业在积极推动，VR 教育逐渐成为 VR 厂商发力的应用领域之一。

第七节　AR 汽车

现在的汽车功能越来越复杂，想了解这些功能就得翻阅一本厚厚的说明书，大多车主都懒得去看，而 AR 技术能够将说明书结合汽车给车主讲解功能的使用，车主只需拿起手机扫描相应不懂的功能即可。

第八节　AR 广告

传统广告的展现形式十几年来都是差不多的方式，在这个信息泛滥的时代，还用目前的展现形式已经满足不了用户，传统广告面临着衰退，急需新东西，新的展现形式来带领行业的革新。AR 技术的出现让广告人看到了火苗，它能让原本平面的公交海报变得非常生动。

第三章　AR/VR 技术在出版行业应用的机遇与挑战

第一节　机遇

一、政策支持

2016 年 3 月 18 日，《中华人民共和国国民经济和社会发展第十三个五年规划纲要》发布。纲要提出，新产业方面，重点支持新一代信息技术、新能源汽车、生物技术、高端装备与材料、数字创意等相关产业的发展壮大、大力推进智能交通、精准医疗、高效储能、VR 与互动影视等新兴前沿领域创新和产业化，形成一批新增长点。

随着"十三五"规划纲要的发布，2016 年 4 月 14 日，国家工信部发布了《虚拟现实产业发展白皮书》，明确表示："虚拟现实正处于产业爆发的前夕，即将进入持续高速发展的窗口期，可以预见，在未来的半年到一年内，虚拟现实消费市场将迅速爆发，行业应用有望全面展开，文化内容将日趋繁荣，技术体系和产业格局也将初步形成。"并将"通过财政专项支持 VR 技术产业化，引导产业做大做强"。这又一次表明了国家对发展 VR 产业的决心。

2016 年 12 月 19 日，国务院印发《"十三五"国家战略性新兴产业发展规划》，《规划》明确提出，要创新数字文化创意技术和装备，加快 VR（虚拟现实）、AR（增强现实）、全息成像、裸眼 3D、交互娱乐引擎开发、互动影视等核心技术的创新发展。新技术在新型软硬件产品的运用，成为数字创意技术装备创新的提升工程。这说明，未来 VR/AR 等新技术将会得到进一步的发展和延伸，VR 的实际应用范围和变现能力将加强。

2016 年 7 月 2 日，国家新闻出版广电总局印发《关于进一步加快广播电视媒体与新兴媒体融合发展的意见》，意见指出鼓励采取自主原创、联合制作、联合开发、委托制作等方式，创新节目模式和内容，积聚种类多元的优质节目内容版权资源，做大做强节目库。开发节目版权的不同表现形态和呈现方式，为节目版权价值最大化奠定基础。增强广播电视台在原创品牌节目中的主导权，让广播电视台真正做讲好中国故事的主力军，旗帜鲜明引领文化时代风尚。积极利用互动、虚拟现实（VR）等新技术创新节目形态，激发用户参与节目创作热情，增强节目吸引力。

"大数据、人工智能、虚拟现实等新技术的快速发展正在改变着人们的生活，给文化创意产业带来诸多机遇和挑战。"2017 年 12 月 5 日，国家新闻出版广电总局副局长童刚在英中创意创新者论坛上表示，"如何运用新技术开发优质内容，提高用户体验是两国创意产业共同面临的问题。"

2016 年 7 月 27 日，Chinajoy 中国国际数字娱乐产业大会，高新技术的应用，技术的不断创新和普及应用，已成为包括游戏在内的数字内容产业高速发展的重要动力与融合共生的强大支撑，例如 2015 年兴起的 VR 和 AR 技术，不仅聚集了众多的先进技术企业投资研制多用途的游戏设备，而且吸引了众多数字内容生产企业，投资研发多层次、多角度和体验型的内容产品，2015 年 ChinaJoy 的展会现场，就设有 VR 设备的专区和作品体验区，我们在那里领略到了境内外企业最新研制开发的 VR 设备和产品。

2016 年 12 月 8 日的 "第四届中国网络视听大会"上，时任国家新闻出版广电总局局长、党组书记聂辰席发表主旨演讲。就如何"洞见"新视听，聂辰席表示：互联网发展的新动向深刻影响着网络视听行业的新走向。当前，互联网发展迭代频繁，与之相关的新技术新应用不断取得新突破。大数据、人工智能、AR、VR 等新技术都会在网络视听领域转化为新生产力，网络视听必将借助技术进步不断创新、升级、飞跃，把网民憧憬的一个又一个美好蓝图变为现实。

国家和相关部门对 VR 产业扶持的决心和政策支持为 VR 技术在文化产业应用提供了发展的良好环境。

二、技术案例

2016 年，VR 技术发展，尤其是头显设备的技术进步和移动 VR 设备的大规模生产，为 VR 应用的迅速普及提供了保障，而同时应用层面的开发，针对不同行业的解决方案也顺势而出。在"首届 VR/AR 媒体融合发展研讨会上"，HTC 展示的最新成果——Vive paper，即将纸媒与 VR 技术结合，使阅读者能够以前所未有的方式实现两者的互动，通过用手机 360 度全景阅读照片、视频等丰富内容。目前，该公司已与《悦游》杂志开展合作，将杂志内容 VR 化。他们还将与中国日报、21 世纪英语教育传媒、电子工业出版社等出版机构展开合作。Vive paper 技术不仅给读者带来了新的阅读体验，还给传统出版业注入了新的活力，带来新的盈利模式。

就出版社制作 VR 视频内容方面，也越来越便捷。据北京信息科技大学虚拟现实与系统仿真研究所所长申闫春介绍，Unity 技术是一款让开发者轻松创建诸如三维游戏、建筑可视化、实时三维动画等类型互动内容的开发工具，对于出版界来说，从技术价格、存储量上来讲，都易于接受。而且如今 Unity、照片三维重建技术都能够得以方便应用，对于出版社编辑来说，通过 10 天的学习，可以掌握 Unity 软件的基础操作。

随着更多公司加入应用软件的开发，VR 内容制作的成本、难度都会下降，出版业与 VR 技术结合也会变得更加无缝连接。

三、用户

据《中国 VR 用户行为研究报告》显示，中国 VR 潜在用户规模已从 2015 年的 2.86 亿上升到 2016 年上半年的 4.5 亿，接触过或体验过虚拟现实设备的 VR 浅度用户从 1700 万人上升到 2700 万人，购买过各种 VR 虚拟现实设备的重度用户从 96 万人上升到 237 万人。市场预期，中国 VR 产业的市场潜量有可能达到千亿规模，即将迎来爆发式增长。

中国新闻出版研究院公布的第十三次全国国民阅读调查数据显示，受数字媒介迅猛发展的影响，数字化阅读方式（网络在线阅读、手机阅读、电子阅读器阅读、光盘阅读、平板电脑阅读等）的接触率为64.0%，较2014年的58.1%上升了5.9个百分点。其中，手机阅读接触率上升最快。2015年，60.0%的成年国民进行过手机阅读，较2014年的51.8%上升了8.2个百分点。据统计，2015年，我国成年国民人均每天手机阅读时长为62.21分钟，比2014年的33.82分钟增加了28.39分钟。这是历次统计中首次日均手机阅读时长超过1小时。大众的数字化阅读习惯，也为更加直观、形象的VR/AR阅读的普及提供了基础。

第二节 现状

一、2016年我国VR+出版发展动态

2015年9月，由荷兰梵高博物馆授权、电子工业出版社引进并出版的《梵高地图》在751时尚设计广场时尚回廊举办了新书发布会。编辑们还到梵高故乡荷兰与梵高创作巅峰期的法国，用VR影像拍摄还原《梵高地图》中的内容，并制作虚拟现实纪录片随书发行。其同名跨界展览"梵高地图：虚拟现实艺术展"也于此发布会宣布重装开幕，主办方以梵高为主题，为此次展览制作了包括VR眼镜、AR明信片在内的众多衍生品。

2016年1月，北京图书订货会上，北京出版集团推出的一套《恐龙世界大冒险》图书吸引孩子们带上VR眼镜驻足观看。7月底的全国书博会上，等待体验的观众也是排起了长长的队伍。"大开眼界·恐龙世界大冒险"丛书被称为"第一部结合虚拟现实（VR）技术的启智类科普读物"，丛书一部分是趣味横生的儿童科普绘本；另一部分是在自主研发的"大开眼界"APP平台上的VR内容体验。

2016年5月12日-16日，中国（深圳）国际文化产业博览交易会在深圳国际展览中心召开。吉林出版集团展出了《未来的太空家园》《恐龙时代》等3D增强现实互动数字产品，吸引了展会上不同年龄段的读者纷纷下载二维码，观看APP上形成的虚拟立体图像，并将现实人物与虚拟图像形成的立体

图片拍照留念。

2016年6月23日—24日,"2016国际教育信息化创新产品及应用成果展"于青岛国际会展中心举行,青岛出版集团、青岛城市传媒携"VR未来课堂"等系列创新教育产品亮相展会。"VR未来课堂"是依托教育版权资源和教育课程开发经验,利用VR/AR虚拟现实/增强现实技术,专门为中小学开发的系列"VR课程"产品,通过沉浸式的教育内容、虚拟互动的学习体验,为传统课堂带来全新的教学方式。"VR未来课堂"包括VR创新课程、VR教辅图书、VR学习教具、VR未来实验室四大板块。

2016年,7月8日—12日,"第六届江苏书展"在扬州国际展览中心举行。凤凰数媒VR虚拟现实体验区成为数字阅读馆一大热点,《浅海迷情》《深海探险》等主题游戏吸引了大批的读者,逼真的场景使人感觉如身至大海、尽情遨游。这种沉浸式体验使男女老少玩得不亦乐乎,忘记了年龄的界限,收获了简单而纯粹的快乐。据不完全统计,开展以来前来体验VR的人数已超过千人。

2016年8月21日,上海书展期间,山东教育出版社举行了《恐龙大世界》(VR套装)新书推介及互动体验会。该书以VR技术与纸质图书相融合的全新阅读方式,带领现场的近百名读者穿越回远古的恐龙时代。

2016年10月,有虚拟现实界"奥斯卡"盛典之称的VRCORE开发者大赛颁奖典礼在北京举行。人民卫生出版社有限公司出版的《人卫3D系统解剖学》VR版,荣获最佳应用奖以及最佳跨界奖提名。该技术可以全方位立体式展示人体结构,弥补了人体标本不足而无法给学生提供足够学习机会的遗憾。

2016年12月5日–7日,在广州举行的第六届中国国际版权博览会上,几米绘本VR(虚拟现实)体验区里人头攒动。戴着VR头盔和耳机,握着手柄,在现场工作人员的协助下,人们仿佛走进了几米最新绘本《我的世界都是你》所构筑的童话世界,跟随绘本主角小女孩的脚步,开启一段心灵之旅。这也是几米绘本的首次VR尝试。

2016年12月23日,国家新闻出版广电总局下发《关于发布首批新闻出版业科技与标准重点实验室的通知》(新广出办发〔2016〕105号),由江西出版集团红星电子音像出版社牵头申报的,并与江西新媒体出版有限公司、中国科学院计算机网络信息中心共建的基于 AR/VR 呈现方式的知识服务科技重点实验室成功入选。江西出版集团也正在筹建江西最大的 VR 体验中心+VR 内容实验室，并积极研发 VR 内容分发平台和 VR 教育资源平台，致力于开拓 VR 产业在娱乐文化领域、教育领域的大力发展。

2016 年 12 月 28 日，在人民教育出版社的支持下，时运教育与国家动漫创意研发中心的战略合作正式签约，共同开发人教版《小学语文》《小学数学》配套的动漫虚拟现实课程。时运教育董事长黄山、国家动漫创意研发中心董事长杨维共同出席，共同开启双方在"虚拟现实教育"上的强强联合。届时时运教育资深老师和北京多位一线特级教师、顶级名师组建的专项教研团队，配合国家动漫中心最前沿的量产动画技术为我国的亿万小学生带来福音。

2016 年 12 月 30 日，国内首个 VR 书店，上海交通大学出版社实体书店首创的 VR "阅读隧道"揭牌开幕。这是一家定位于"好书 + 咖香 +VR+ 文化 = 快乐"的 3.0 版创新型书店，时下火热的 VR 技术也被引入，读者通过 VR 设备，可以进入虚拟书店看书买书，还可通过"VR 图书展示厅"摆脱传统图书的纸张形态，阅读立体化读物，甚至能"走入"书中情境，与书中的人、物进行实时互动。

2016 年，经过一整年的观望和筹备，在年底，出版业有诸多 VR 项目开花结果，VR 硬件从年初的火热扩张逐渐回归理性发展，VR 内容也在现有视频和游戏之外，找到诸多结合点，预计 2017 年将会有更多出版社试水 VR，"VR+"出版业发展的下一个"风口"。

二、出版业布局 VR 产业特点

2016 年，出版业布局 VR 产业呈现以下几大特点：

1.VR 应用从观望到普遍展开

2016 年初，大多数出版社属于观望阶段，推出 VR 图书的出版社寥寥无几，随着 VR 概念的不断深入，各种应用的迅速普及，国内诸多出版集团、出版社开始试水 VR，推出了各自的 VR 化产品。北京出版集团、吉林出版集团、凤凰传媒、皖新传媒、青岛出版集团、中文天地传媒有限公司，人民教育出版社、人民卫生出版社、武汉科技出版社等出版集团、出版社通过资本运作或技术合作就 VR 数字出版等展开布局，其目标不仅是创新拉动图书销售，更是希望通过这类新型图书获取用户数据，基于内容创新构建新型产业服务平台。

如果说最初出版对于 VR 技术的应用属于小打小闹，那么如今各出版集团则是将 VR 作为重点的宣传对象，从年初的图书订货会到全国图书交易博览会到上海书展、江苏书展等出版业展会上，VR 体验成为各大展会的必备专区，各集团纷纷携自己的 VR 产品亮相，且产品也不仅限于图书出版，而有更多的跨界融合。

2. 教育发力

无论整个 VR 产业还是出版 VR 转型，VR 教育成为 VR 内容生产的重要切入点。出版 VR 产品无论是少儿还是科普都以教育为主要发力点，这也是出版社向知识服务转型的有益尝试。

3. 内容开始多元，应用更加广泛

出版业 VR 内容最初同质化严重，以少儿科普，太空、恐龙为主要内容。而随着技术的不断深入，更加多元化的内容开始涌现，VR 漫画、VR 党建读物等，出版社开始借助自身的资源，加以 VR 技术来达到更好地探索。同时随着实践的不断深入，出版商开始意识到 VR 产业生态圈需要良好的内容作为支撑，开始更加注重内容生产，内容监管，自觉维护生态建设。

4. AR/VR 技术在童书中开始应用

据《2016 年新闻出版产业分析报告》数据，2016 年全国出版社新推出各类少儿图书出版品种共 43655 种。在此数据基础上进一步调查结果显示，2016 年全国出版社出版 AR/VR 童书近 200 种，其中 AR 童书约 180 种，VR 童书 5 种，兼具 AR/VR 两种形式的童书 15 种。从数据中可以看出，采用 AR/VR 技术的童书在整个少儿图书出版市场中占据的比例很小，约占千分之五，这一方面是因为 AR/VR 技术近年才趋于成熟走向应用，绝大多数出版社对于这种新形态出版方式还处于观望状态；另一方面是因为 AR/VR 童书程序开发和制作花费昂贵，其成本与互动页面的页数有着密切关系，需要出版机构具备推进数字出版相应的投入与实力，页数越多，内容越多，三维模型越多，相应的图书开发成本越高。

出版社方面，2016 年，共有近六十家出版社推出了 AR/VR 童书，在全国 583 家出版社中约占 10%，在出版童书的 300 余家出版社中约占 20%。在这些出版社中，不到1%的出版社在2016年之前就使用过AR/VR技术，其余都是在2016年刚刚起步。总体来看，在2016年出版过AR/VR童书的出版社中，出版VR童书的出版社仅有4家，85%以上的出版社只出版AR童书，也有少部分出版社同时运用两种技术，AR童书与VR童书之间发展不均衡。

2016年，传统出版社、技术生产商、民营文化公司都在AR/VR童书出版方面有所尝试，进行了有益的探索。反响较好的有北京联合出版公司出版的《艾布克的立体笔记：探索系列》、北京少年儿童出版社出版的《恐龙世界大冒险》丛书，海天出版社出版的《童喜乐魔幻互动百科》系列等。

经过2016年一年的探索与实践，AR/VR技术给出版业带来机遇的同时也带来了新思考。由于AR/VR童书特有的技术复杂性、图书定价、展览展示等问题，使其在童书出版领域的优势未能有效凸显。特别是VR童书，对比当当、京东、亚马逊三大图书电商平台，AR童书大部分定价都在60元以上，VR童书价格更是过百。然而与售价相反的是能实现AR/VR阅读的页数非常有限，难免使家长产生性价比低的感受，此外AR/VR童书如何陈列和展示成为难点，制约了AR/VR童书的大规模推广，再加上市场热度的逐渐冷却，也给出版社选择出版此类图书提出了新的思考。

三、未来发展趋势

《2016中国数字创意产业发展报告》中指出，数字创意产业是以创意为核心、数字技术引领的战略性新兴产业。主要包含网络文学、动漫、影视、游戏、创意设计、VR、在线教育等7个细分领域。2015年我国数字创意产业规模达到5939亿元，同比增长22.9%，其中VR增幅最大，达267.5%。七大细分领域中，VR处于起步阶段，潜力最大。中国传媒大学文化经济研究所所长张洪生指出，虚拟现实技术为人类精神文化生产产生更多的可能。文化产品是为人类内心需求服务的，通过虚拟的生活解决现实生活中满足不了的精神文化需求，这是未来文化生产的一种方向。虚拟现实技术在文化产业的应用领域非常广泛，主要包括：实物在线、内容娱乐、设计创意、学习教育、新闻出版、连接互动终端设备等。其中在新闻出版领域，广播电视行业已经开始通过虚拟现实技术进行新闻报道、赛事直播等尝试，取得了良好的效果。在出版领域，通过二维码和智能终端的结合，实现了纸质出版物和场景再现的结合，未来的出版必然迎来更多的出版物形态。

1.VR 与图书结合

虚拟现实融合出版具有天然的优势，传统媒体与新媒体融合，自然应该关注 VR 这种新媒体形态。VR 图书将使人们更加热爱阅读，因为当在看关于太阳系的书时，可以真正穿梭在太空中，在学习医学时，可以真正进入到人体中。VR 与图书结合可以包括 VR 版图书、电子书 VR 化、VR 教材以及图书 VR 衍生品四种形式。

VR 版图书和普通图书一样，有着难忘的文字和画面，但是其中有一页印有二维码，手机扫描再戴上 VR 眼镜就能真正进入到书中的世界。大众畅销类书籍比较适合做成 VR 版图书。

随着技术的发展，手机登录移动设备的能力越来越强，能够提供高质量的 VR 体验。当人们用手机阅读时，只要点击 VR 体验，就能直接在手机上观看 VR 体验的内容。

VR 教材对老师和学生来说都有着很高的吸引力，地理、天文、生物、化学等等学科都可以变得不再晦涩难懂。学生学习地理时，真的可以见到所学的各个地方，学习天文时，可以看到各星座在眼前闪闪发光。

图书 VR 衍生品主要以 VR 游戏为主，一本书做成 VR 游戏，读者有可能马上就成为游戏迷，因为可以进入到喜欢的书中，成为主角本人。

2.VR 与书店结合

VR 不仅改变了图书生产方式、阅读方式，也将改变分销方式。资深出版人、书店转型专家三石提出，VR 技术是体验实体书店的入口，通过 VR 技术，读者可以足不出户，浏览和体验全国各大实体书店，从而产生去实体书店的兴趣和愿望。除此之外，对于实体书店而言，VR 技术也有广阔的使用前景。读者在实体书店可以通过虚拟设备体验一场专家讲座或者观看一场文艺演出，这将是绝佳的文化体验，VR 技术在实体书店的应用将是一场新的书店革命。

3.收费模式

HTC Vive 中国区总裁汪丛青曾表示，VR 技术为出版业带来的不仅是阅读方式的改变，还有更新的盈利方式，包括版权交易、VR 定制、VR 广告、线下体验等。出版商的 VR 内容通过在与图书结合之外，可以将制作好的内容通过版权交易的方式获得利润；把自己制作的内容的一部分 IP 交给 VR 做定制；内容付费观看的模式；线下体验店，通过少部分付费体验的方式，与线下体验店进行分成。目前来看线下体验是 VR 盈利及回收现金流最好的方式。其次，VR 广告也是被看好的盈利方式之一。

4. 提升广告价格

AR 出版要想最大化收入，最主要的方式就是对出版物中的广告进行提价。一般出版物的广告刊例价按照传统价格收取，含有 AR 的出版物就要单独额外收取了，包括里面的视频、幻灯片、链接指向的网址或者社交分享平台。有些出版物甚至创造了完全互动性的 3D 动画和游戏。Conde Nast 最近就在《时尚》杂志中应用了 AR 技术，读者非常喜欢，杂志大卖，出版商立即开始对广告进行提价。不仅仅是时尚炫目的杂志，报纸也开始应用 AR 技术。加拿大的报纸出版商 Glacier Media 因为在其报纸中增加了 AR 广告，预计可以增加 750 万美元收入。当出版商希望通过增加额外价值来提升广告价格时，AR 是一个特别合适的技术，因为可以容纳很多内容并且成本相对较低。AR 可以为出版商带来巨大的额外收入，但是几乎不需要新增加多少成本。既不需要新建网站也不需要做 iPad 版本。AR 技术可以极大的扩充传统的广告内容，构建竞争优势，带来可观的收入。

5. 收赞助费

另外一种利用 AR 技术盈利的方法就是收取赞助费。一个最佳案例就是 500 强杂志增添了 AR 内容，摩根大通银行进行了赞助。杂志在关于摩根大通银行的介绍中，利用 AR 技术添加了几个视频采访、演讲及其他的一些内容。每个视频的贴片广告中是摩根大通银行的信用卡广告。广告主为这些 AR 内容提供金额不等的赞助费用，有些付 1000 美元，有些付 10000 美元，具体要看什么样的杂志、杂志的受众。

6. 电子商务变现

众多出版商都开始布局电商。与此同时，电商平台像 Mr. Porter and Thrillist 开始涉足出版行业。出版和电商行业开始互相交叉，AR 技术恰好可以促进两者。有了 AR 技术，读者可以看到书中的一个商品立刻扫码进行下单购物，这将大大促进消费者的冲动型购物。Seventeen 杂志在它的 9 月刊的 220 页中都内置了 AR 购物二维码，读者可以马上扫描将商品添加到购物篮。出版物成为购物渠道。

7. 定制 AR 内容收费

现在有很多 AR 工具可以让普通大众在毫无技术的情况下快速创建属于自己的 AR 内容。国内的新三板 AR 第一股摩艾客已经有成熟的出版行业的 AR 解决方案，可以快速为图书、杂志、报纸出版企业定制各种 AR 页面。出版商也可以这样做。可以按制作时间收费，也可以按照项目收费。不管哪种方式，因为定制 AR 内容需要人工和其他成本，都可以成功的收取费用。

虽然 VR 出版尚存在诸多问题，但对于转型期的传统媒体来说，对 VR 抱以开放态度无疑是正确的。每一种新兴事物诞生之初都有许多缺陷和不足，但只要它能够产生价值，人类就不会放弃探索和尝试的脚步。

参考文献

[1] 张洪生. 虚拟现实技术与文化产业的发展［J］. 传媒, 2016（24）：13-15.

[2] 周娜. VR，一个正在颠覆世界的未来图标［N］. 中国艺术报, 2016-05-23.

[3] 贾晓阳. VR+/ 教育出版：融合发展迎未来下载［J］. 传媒, 2016(24)：18-19.

[4] 刘德建, 刘晓琳, 张琰, 陆奥帆, 黄荣怀. 虚拟现实技术教育应用的潜力、进展与挑战［J］. 开放教育研究, 2016, 22（4）：25-31.

[5] 胡蓉. VR 风口已至，出版业能怎么玩？［J］. 出版人, 2016.

（课题组成员及执笔人：范军、王扬、邓杨、尚烨）

十八大以来党的新闻出版理论创新成果研究

前 言

本文所论述的十八大以来党的新闻出版理论创新成果是指以习近平同志为核心的党中央在十八大以来所提出的党的"治国理政"新闻出版理论。党的十八大以来，习近平同志在全国宣传思想工作会议、党的新闻舆论工作座谈会、网络安全和信息化工作座谈会、哲学社会科学工作座谈会、文艺工作座谈会、会见中国记协第九届理事会全体代表的讲话、中国对外走出去的批示中，提出了一系列新思想新观点新论断。这些新思想新观点新论断，是习近平同志系列重要讲话精神和"治国理政"理论的重要组成部分，"创造性地丰富和发展了马克思新闻舆论理论宝库，是当代马克思主义的重要组成部分，是指导宣传思想文化领域特别是新闻舆论战线进行具有许多新的历史特点的伟大斗争的强大思想武器，体现了习近平同志新闻思想的系统性、创新性和时代性"。[①]

"党的十八大以来，以习近平同志为核心的党中央从坚持和发展中国特色社会主义、实现中华民族伟大复兴中国梦的战略高度，系统规划和全面推进宣传思想文化工作。重视程度，前所未有！力度之大，前所未有！"[②]"习

---

① 林如鹏，支庭荣．习近平同志新闻思想的系统性、创新性与时代性．光明日报，2017年11日理论版．
② 霍小光等．主旋律更响亮 正能量更强劲：党的十八大以来宣传思想文化工作综述（新华社9月20日电）．中国新闻出版广电报，2017年9月21日第1版．

近平同志以马克思主义政治家的非凡理论勇气和高超政治智慧,把马克思主义基本原理同中国具体实际相结合,不断发展21世纪马克思主义、当代中国马克思主义。"[1]"党的理论创新步伐大大加快,理论武装工作也要紧紧跟上。"[2]为此,宣传思想文化战线深植厚培,立根固本,系统性全方位地宣传习近平同志系列重要讲话,以多个语种在全球出版发行了《习近平谈治国理政》《习近平用典》《习近平讲故事》等体现习近平同志系列讲话精髓要义的书籍。在推动习近平理论体系形成的过程中,新闻出版理论创新成果也自成体系,逐渐明晰了自身的坐标定位、核心本质、根本要求、根本目的、关键保障、工作理念和工作方法,初具"治国理政"新闻出版理论宏大体系。2017年9月29日,习近平在中共中央政治局第四十三次集体学习时强调,"我们党是用马克思主义武装起来的政党,马克思主义是我们共产党人理想信念的灵魂。发展21世纪马克思主义、当代中国马克思主义,必须立足中国、放眼世界,保持与时俱进的理论品格,深刻认识马克思主义的时代意义和现实意义,锲而不舍推进马克思主义中国化、时代化、大众化,使马克思主义放射出更加灿烂的真理光芒"。[3]新闻出版理论创新成果是马克思主义新闻观基本原理与当代时代特征、当代中国实际相结合的产物,是马克思主义中国化、时代化、大众化的最新理论成果,是党的新闻出版工作指导思想的最新内容,是习近平"治国理政"理论大厦中的有机组成部分,是确保我国新闻出版业有力融合发展、有力建成新型主流媒体和有力牢牢掌握舆论主动权的光辉指针与科学指南。只有正确认识与系统把握十八大以来党的新闻出版理论创新成果产生的时代背景、主要内容、科学体系、精神实质、历史地位和指导意义,才能深刻理解习近平"治国理政"新闻出版理论的本质与要义,也才能更好地用这些理论去指导新闻出版实践,才能更好地使新闻出版业为治国理政、定国安邦服务,为发展中国特色社会主义、实现中华民族伟大复兴中国梦宏伟战略目标服务。

---

[1] 霍小光等.主旋律更响亮 正能量更强劲:党的十八大以来宣传思想文化工作综述(新华社9月20日电).中国新闻出版广电报,2017年9月21日第2版.
[2] 同上.
[3] 习近平.继续推进马克思主义中国化时代化大众化.新华网,2017年9月29日.

一、新闻出版理论创新成果的主要内容

党的十八大以来，以习近平同志为核心的党中央保持马克思主义与时俱进的理论品格，紧跟时代前进步伐，积极响应实践需要，不断进行新闻出版理论创新，在全国思想宣传工作会议、党的新闻舆论工作座谈会、网络安全和信息化工作座谈等会议上，习近平同志提出了一系列新闻出版新思想新观点新论断，根据讲话中的概括性表述和理论界已有研究共识，十八大以来新闻出版理论创新成果的主要内容包括：以人民为中心的工作导向、党性与人民性的统一、新闻舆论"48"字方针、社会效益为首位的两个效益相统一、舆论监督与正面宣传的统一、新闻出版的时度效、"你就是我、我就是你"的融合发展、网络空间命运共同体、"讲故事"的国际传播、"部校共建"新闻学院十个方面。

（一）新闻出版本体论：人民为中心的工作导向

人民为中心的工作导向是中国特色社会主义新闻出版业存在发展的定海针与压舱石，规定了我国新闻出版业的生命 ID 与根本属性，解决了新闻出版业的本体问题。这是新闻出版业一切工作的思想统领与根本原则，确保了新闻出版业的健康发展与价值所在。

在 2013 年 8 月 19 日全国思想宣传工作会议上，习近平同志强调，"要树立以人民为中心的工作导向，把服务群众同教育引导群众结合起来，把满足需求与提高素养结合起来"。在 2014 年 10 月 15 日文艺工作座谈会上，习近平同志指出，"只有牢固树立马克思主义文艺观，真正做到了以人民为中心，文艺才能发挥最大正能量。以人民为中心，就是要把满足人民精神文化需求作为文艺和文艺工作的出发点和落脚点，把人民作为文艺表现的主体，把人民作为文艺审美的鉴赏家和评判者，把为人民服务作为文艺工作者的天职。人民需要文艺，文艺需要人民，文艺要热爱人民"。在 2016 年 2 月 19 日党的新闻舆论工作座谈会上，习近平提出了三个坚持，即"党的新闻舆论工作要适应国内外形势发展，从党的工作全局出发把握定位，坚持党的领导，坚持正确政治方向，坚持以人民为中心的工作导向"。

在新媒体技术环境下，互联网发展已经成为势不可挡的世界潮流，互联网引发人们生活方式、工作方式的巨大变革，而且对我们党的执政方式也带来了深远影响。互联网的广泛传播力、社会影响力、舆论渗透力与日俱增，互联网已成为意识形态斗争的主战场、主阵地、最前沿。习近平同志明确指出，"网信事业要发展，必须贯彻以人民为中心的发展思想。各级党政机关和领导干部要学会通过网络走群众路线，善于运用网络了解民意、开展工作。这是我们党对马克思主义群众观的重大创新和发展，是对宣传思想文化工作树立群众观点、坚持群众路线的新要求，是加强互联网舆论引导工作的根本遵循和行动指南"。①

马克思主义哲学本体论有三种形态，即物质本体论、实践本体论与存在本体论。广义的本体论是指一切实在的最终本性，这种本性需要通过认识论而得到认识，因而研究一切实在最终本性的为本体论，研究如何认识则为认识论，这是以本体论与认识论相对称。以人民为中心的工作导向是新闻出版的根本属性，明确了新闻出版的本体所在。只有明确这个前提，新闻出版舆论导向才有了具体的对象范围与工作要求，凡是具有信息传播特性的媒体，都必须讲导向，并且是以人民为中心的舆论导向。

习近平同志在党的新闻舆论工作座谈会上指出，"新闻舆论工作各个方面、各个环节都要坚持正确舆论导向。各级党报党刊、电台电视台要讲导向，都市类报刊、新媒体也要讲导向；新闻报道要讲导向，副刊、专题节目、广告宣传也要讲导向；时政新闻要讲导向，娱乐类、社会类新闻也要讲导向；国内新闻报道要讲导向，国际新闻报道也要讲导向"。

新闻出版的本体一旦确定，围绕新闻出版的所有争议也就有了明确方向与标准答案，诸如新闻真实、新闻客观、新闻公正、新闻时效、新闻出版自由与社会控制、新闻出版双重属性、新闻出版功能与效果、新闻出版法规、新闻出版教育与职业道德等认识性的问题，都可以迎刃而解。尤其对当下那些"你是替党讲话，还是替老百姓讲话"，"你是站在党的一边，还是站在群众一边"的错误论调，更是致命一击。进一步而言，不仅仅党办媒体，在中国特色社会主义国家管理下的所有媒体，都应具备以人民为中心的工作导向这一根本属性。

（二）新闻出版工作原则论：党性与人民性的统一

在新闻出版实际工作中，"以人民为中心的工作导向"具体的首要工作

---

① 王晓娟：《坚持以人民为中心 占领互联网舆论引导的主阵地．红旗文稿，2016.11，中国文明网 http://www.wenming.cn/ll_pd/xcgbk/201611/t20161125_3905662.shtml。

原则就是坚持党性与人民性的统一,"党性正是人民性最根本、最集中的体现。概而言之,党性寓于人民性之中,没有脱离人民性的党性,也没有脱离党性的人民性"①。

党性是一个政党的政治本质和特性,是其阶级性的最高和最集中体现。新闻出版的党性是指"党的新闻舆论媒体及其所有工作,都要有看齐意识,体现党的意志、反映党的主张,维护党中央权威、维护党的团结,做到爱党、护党、为党,在思想上政治上行动上同党中央保持高度一致,不断巩固壮大主流思想舆论阵地,让党的主张成为时代最强音"。②习近平同志在新闻舆论工作座谈会上强调,"党的新闻舆论工作坚持党性原则,最根本的是坚持党对新闻舆论工作的领导,党和政府主办的媒体是党和政府的宣传阵地,必须姓党"。③人民性是指"我们党以全心全意为人民服务为根本宗旨,没有自己的特殊利益,体现党的意志就是体现人民的意志,宣传党的主张就是宣传人民的主张,坚持党性就是坚持人民性"。④

"党性和人民性从来都是一致的、统一的。坚持党性,核心就是坚持正确政治方向,站稳政治立场,坚定宣传党的理论和路线方针政策,坚定宣传中央重大工作部署,坚定宣传中央关于形势的重大分析判断,坚决同党中央保持高度一致,坚决维护中央权威。所有宣传思想部门和单位,所有宣传思想战线上的党员、干部都要旗帜鲜明坚持党性原则。坚持人民性,就是要把实现好、维护好、发展好最广大人民根本利益作为出发点和落脚点,坚持以民为本、以人为本。要树立以人民为中心的工作导向,把服务群众同教育引导群众结合起来,把满足需求同提高素养结合起来,多宣传报道人民群众的伟大奋斗和火热生活,多宣传报道人民群众中涌现出来的先进典型和感人事

---

① 杨英杰.坚持以人民为中心的工作导向——学习习近平同志在党的新闻舆论工作座谈会上的重要讲话精神.学习时报,2016年3月21日,转引自中国共产党新闻网 http://theory.people.com.cn/n1/2016/0321/c49150-28213101.html.
② 杨煌.新闻舆论工作要牢牢坚持党性原则.中华魂.转引自《求是》2016年5月.http://www.qstheory.cn/llqikan/2016-05/15/c_1118867880.htm.
③ "48字箴言,为新闻媒体建设指引方向".新华网 http://news.xinhuanet.com/newmedia/2016-02/21/c_135116740.htm.
④ 杨煌.新闻舆论工作要牢牢坚持党性原则.中华魂.转引自《求是》2016年5月.http://www.qstheory.cn/llqikan/2016-05/15/c_1118867880.htm.

迹，丰富人民精神世界，增强人民精神力量，满足人民精神需求。"①

（三）新闻出版功能论：新闻舆论"48"字方针

习近平指出，在新的时代条件下，党的新闻舆论工作的职责和使命是：高举旗帜、引领导向，围绕中心、服务大局，团结人民、鼓舞士气，成风化人、凝心聚力，澄清谬误、明辨是非，联接中外、沟通世界。"这48个字将新的历史条件下我国新闻传播的政治社会功能进行了六个方面的阐述，是一种科学的概括提炼。"②

"48"字方针创新并巩固了马克思主义新闻功能观，对新媒体语境中媒体社会责任提出了明确要求，提供了新闻出版一切工作正确有效开展的科学指南。

"高举旗帜、引领导向"规定了新闻出版的政治功能，旗帜是一个政党、一个国家的指导思想与行动指南，对于党和全国而言，旗帜就是中国特色社会主义。因此，新闻出版就要高举马克思主义和中国特色社会主义理论体系这面旗帜。在实际工作中，新闻出版"必须把政治方向摆在第一位，牢牢坚持党性原则，牢牢坚持马克思主义新闻出版观，牢牢坚持正确舆论导向，牢牢坚持正面宣传为主。"③在解决举什么样的旗帜这一政治功能后，还需要确定另一项政治功能"引领导向"，即"一方面需要新闻出版坚持正确的政治导向，把政治方向摆在第一位；另一方面要坚持正确的舆论导向，在价值观念、社会风气、新闻事件中扮演重要的角色，引导人民群众走向正确的认知方向，不被误导。"④

"围绕中心、服务大局"规定了新闻出版的经济功能，每个时期党和国家的中心工作会有不同，习近平指出，经济建设是党的中心工作。具体而言，中心工作包括"四个全面"战略布局、"五位一体"总体布局、国家治理现

---

① "习近平在全国宣传思想工作会议上强调：胸怀大局把握大势着眼大事 努力把宣传思想工作做得更好".人民网 http://politics.people.com.cn/n/2013/0821/c1024-22635998.html.
② 林如鹏，支庭荣.习近平同志新闻思想的系统性、创新性与时代性.光明日报》2017年11月理论版.
③ 习近平在党的新闻舆论工作座谈会上强调：坚持正确导向创新方法手段提高新闻舆论传播力引导力.人民日报，2016年2月22日.
④ 黄晓新，刘建华.中国传媒社会责任研究报告》（2015~2016）.中国书籍出版社，2017年6月，226-227.

代化等顶层设计。大局就是整个局面和整个形势以及由此带来的长远利益的走势。习近平同志强调："必须牢固树立高度自觉的大局意识，自觉从大局看问题，把工作放到大局中去思考、定位、摆布，做到正确认识大局、自觉服从大局、坚决维护大局。"① 新闻舆论工作要"胸怀大局，把握大势，着眼大事"。② 新闻出版要明确自己的定位和职责，围绕经济建设这个中心，服务中华民族伟大复兴中国梦这个大局，发挥好自己的经济功能。

"团结人民、鼓舞士气"规定了新闻出版的统战功能，团结是中国共产党在革命时期总结出的一个重要经验，并产生了"统一战线"这一法宝。周恩来认为，"团结工作首先要从新闻同业做起，多多争取友军。"③ 不论是社会主义革命还是社会主义建设时期，统战工作须臾不可忽视，但凡存在不同的政治团体或不同的利益集团，就必须有统战工作。改革开放30多年来，我国经济实力已位居世界第二位，即便如此，贫富差距、城乡差距、阶层固化、利益冲突依然是不能回避的问题，有时会引起局部冲突甚至社会动荡。这对我们"两个一百年"与"中国梦"战略目标而言，是较大的挑战。新闻出版应当及时阐释这些问题与挫折，让人民群众了解原因，提供各种动力，鼓舞人民群众积极投入到社会主义建设中去。"在团结人民之时，习近平同时强调了新闻出版鼓舞士气的责任。团结人民是方法，鼓舞士气是目标，两者互相配合，共同推动社会发展。"④

"成风化人、凝心聚力"规定了新闻出版的文化功能，"成风化人"是指新闻出版通过正确的舆论引导，给人们以一种文化上的规定性。具体来说，就是通过传播中华优秀传统文化、社会主义核心价值观等主流意识形态，树新风、扬正气，形成正确的风气，启迪教化人们，使社会主义核心价值观深入人心，形成共识并化为行动，最终培养人们的社会主义与共产主义信仰。"凝心聚力"就是要通过精神文化的凝聚力作用，凝聚社会共识，为全面建成小

---

① 共产党人要有大局意识. 中国文明网, http://www.wenming.cn/specials/zxdj/xjp/xxjd/201407/t20140729_2087753.shtml.
② 习近平在全国宣传思想工作会议上强调胸怀大局把握大势着眼大事努力把宣传思想工作做得更好. 人民日报, 2013年8月21日.
③ 陆怡. 周总理教我怎样做记者. 新闻研究资料, 1979, (1).
④ 黄晓新, 刘建华. 中国传媒社会责任研究报告（2015～2016）. 中国书籍出版社, 2017：228.

康社会提供良好的舆论氛围和强劲有力的精神支柱；聚合全党全国各族人民团结奋斗的强大力量；增强全国各族人民的精神文化软实力，众志成城共同实现千载难逢的中华民族伟大复兴中国梦。

"澄清谬误、明辨是非"规定了新闻出版的教育功能，新闻出版是公众认识世界的一个重要窗口，通过新闻报道、知识传播、观点解读，影响公众的认知与态度。对于社会上的一些错误认识、错误做法、不良风气与错误思潮，尤其是在新媒体语境中自媒体极为活跃的当下，新闻出版更应该不仅告诉人们是什么，而且应该告诉人们怎么样。要做人们的信息管家与意见领袖，发挥主流新闻出版业的深度报道与分析优势，用事实说话，帮助群众明辨是非，了解真相，把握正确的立场与态度。

"联接中外、沟通世界"规定了新闻出版的外交功能，新闻出版因其传递信息快速、便捷、广泛的属性决定了它成为国家外交的有效手段，新媒体的瞬时、互动、移动、碎片化、无疆弗界等特性，更是使它天然成为大国外交的选择，美国在利用新媒体进行外交方面取得了非常出色的效果。中国已经站在了世界舞台中央，世界在关注中国，中国需要让世界更好地了解自己，随着"一带一路"国家战略的顺利推进与影响力的扩大，迫切需要向世界各国很好地介绍中国主张和意志，这就需要新闻出版做好外交工作。习近平指出，"要加强国际传播能力建设，增强国际话语权，集中讲好中国故事，同时优化战略布局，着力打造具有较强国际影响的外宣旗舰媒体。"[1]

（四）新闻出版效益论：社会效益为首位的两个效益相统一

新闻出版是有双重属性的，具有形而上的上层建筑属性与形而上的文化产业属性，即精神属性与物质属性，从而决定其既有社会效益又有经济效益。

我们对新闻出版双重属性的认识有一个历史性过程，最初，新闻出版是党和人民的喉舌，是一种宣传工具，是一种社会公器，主要是宣传党的方针路线政策，传播新闻信息，传承知识文化。长期以来，新闻出版是作为一种事业来管理，突出其意识形态属性与社会效益。当中国特色社会主义市场经济确立为我国基本经济体制后，商品经济的发达催生了大量广告信息需求。新闻媒体实施"事业体制，企业化管理"，通过"二次售卖"获得了巨大收入，

---

[1] 习近平在党的新闻舆论工作座谈会上强调：坚持正确导向创新方法手段提高新闻舆论传播力引导力.人民日报，2016年2月22日.

经济效益凸显；图书出版由于其主要传播知识的载体性质，时政新闻信息传播功能相对较弱，具备了"转企改制"的条件，在新闻出版管理部门的统一调控下，大多数出版社按照企业法人性质开展市场化经营，经济效益摆在了前所未有的高度。但是，不论是报刊媒体抑或是图书出版，以及层出不穷的新媒体业态，只要他们具备信息传播与知识传承功能，只要他们具备精神意识形态属性，只要他们是一种传播工具与社会公器，就必须要有社会责任担当，必须对传播社会主义核心价值观、传播真善美担负责任，一句话，必须要有社会效益而不是仅顾经济效益。当社会效益与经济效益发生冲突时，必须选择社会效益。

一段时间以来，新闻出版业受到金钱至上的冲击，受到商业资本的围剿，产生了经济效益凌驾于社会效益之上的一些错误思想与做法，衡量一切工作的标准都是经济数字，经营收入、利润、GDP年增长率等经济数据把新闻出版管理者和业务人员都压得喘不过气来。经营部门天天谈钱，记者编辑也在天天谈钱，经济效益排名大大挤压社会效益的发挥空间，扰乱了新闻出版从业人员的思想。

十八大以来，以习近平同志为核心的党中央非常重视新闻出版意识形态属性的强化与社会效益的发挥，中央出台的各种讲话与文件反复强调社会效益的优先位置。"习近平同志明确指出，要把握好意识形态属性和产业属性、社会效益和经济效益的关系，坚持社会主义先进文化前进方向，把社会效益放在首位。"[1] 在2014年10月15日文艺工作座谈会上，习近平同志强调，"一部好的作品，应该是把社会效益放在首位，同时也应该是社会效益和经济效益相统一的作品。文艺不能当市场的奴隶，不要沾满了铜臭气。优秀的文艺作品，最好是既能在思想上、艺术上取得成功，又能在市场上受到欢迎"。[2]

为了贯彻落实总书记重要讲话精神，2015年9月，中共中央办公厅、国务院办公厅印发了《关于推动国有文化企业把社会效益放在首位、实现社会效益和经济效益相统一的指导意见》，2015年10月，中央政治局审议通过

---

[1] 张贺.着力健全确保文化企业把社会效益放在首位、实现社会效益和经济效益相统一的体制机制.人民网 http://politics.people.com.cn/n/2015/0915/c1001-27583657.html.

[2] 习近平在文艺工作座谈会上的讲话.新华网 http://news.xinhuanet.com/politics/2015-10/14/c_1116825558.htm.

了《繁荣发展社会主义文艺的意见》，这些文件要求我们把坚持社会效益放在首位、实现社会效益和经济效益相统一作为新闻出版业的发展目标。

对于新闻出版业而言，"重视其经济效益，正是为了通过读者、观众、用户最大范围的阅读、收看和使用，来最大限度地实现其宣传教育功能，强化意识形态属性"。[①]一句话，获取经济效益的最终目标是实现社会效益，反过来，没有社会效益的新闻出版媒体，也很难有公信力与影响力，也不可能得到公众认可，也就很难成为公众的信息消费选择，经济效益也就如同镜花水月。

新闻出版要坚持把社会效益放在首位、推进两个效益相统一，必须做到：第一，要夯实思想基础，要充分认识到新闻出版的本质是宣传思想文化阵地，是党的意识形态工作的重要方面，新闻出版必须做好服务，而且要通过自身的不断发展来实现两个效益统一。第二，要创新工作思路举措，不论是内容生产还是经营管理，都要推出新的方法手段，落实两个效益统一。第三，要创新考核机制，制定社会效益评估标准体系，把社会效益与经济效益纳入到考核评价体系中。"社会效益为首位的两个效益相统一"这一理论创新成果，统一了新闻出版业的整体思想认识，指明了新闻出版业未来发展方向，能够有效指导、解释与预测新闻出版的发展实践。

（五）新闻出版宣传论：舆论监督与正面宣传的统一

在全国宣传思想工作会议上，习近平指出，"坚持团结稳定鼓劲、正面宣传为主，是宣传思想工作必须遵循的重要方针。要充分发挥正面宣传鼓舞人、激励人的作用"。习近平同志认为，"做好正面宣传就是要用通俗易懂、群众喜闻乐见的形式讲故事、讲道理。他强调，做好正面宣传并不容易，在理论上、笔头上、口才上和其他专长上没有'几把刷子'是不行的"。

马克思主义新闻出版观认为，党的新闻舆论工作的目的在于团结人、鼓舞人、激励人、引导人，党的新闻舆论工作必须坚持团结稳定鼓劲、正面宣传为主的基本方针。正面宣传就是要围绕党的中心工作、从大局出发，及时准确地反映党的路线、方针、政策，反映现实生活主流，动员和激励人民群众自觉主动地创造幸福美好的生活，鼓舞人民群众斗志昂扬地去实现"两个一百年"奋

---

① 张垒.深刻领会习近平同志新闻舆论工作的重要论述.中国记者，2016，（3）.转引自央视网 http://news.cctv.com/2016/03/11/ARTIJkqmKq0SH1IodkYAOyXf160311.shtml.

斗目标和中华民族伟大复兴中国梦，把体现党的主张和反映人民心声统一起来。

做好正面宣传，新闻出版业必须做到：第一，明确自身角色定位。作为党的主流媒体，要清楚自己是党的各种事业的宣传工作者，是中国特色社会主义建设事业的实践者，是人类历史文化的忠实记录者，为此，新闻出版人就必须统一思想、提高认识，不断增强做好正面宣传的坚定性自觉性。第二，掌握新闻出版的传播规律。作为一种有目的性的正面宣传工作，新闻出版人应充分利用好新闻传播的客观规律与运行机制，以开放、双向、互动、即时的姿态加强与受众的沟通联系，使公众按照同样的话语体系解读信息，使正面宣传入耳入心，达到理想的传播效果。第三，要创新方法手段。新闻出版要立足真实，紧扣问题，充分运用各种新手段新办法进行正面宣传。习近平指出，"随着形势发展，党的新闻舆论工作必须创新理念、内容、体裁、形式、方法、手段、业态、体制、机制，增强针对性和实效性。要适应分众化、差异化传播趋势，加快构建舆论引导新格局。要推动融合发展，主动借助新媒体传播优势"。[①] 如此，新闻出版不断强化社会责任，增强担当意识，提高主流媒体的传播力、公信力和影响力，正面宣传必将达到理想效果。

"舆论监督"是新闻媒体运用舆论的独特力量，帮助公众了解政府事务、社会事务和一切涉及公共利益的事务，并促使其沿着法制和社会生活公共准则的方向运作的一种社会行为的权力。新闻出版舆论监督的核心是公开报道与新闻批评，实现舆论监督的核心一是需要足够的信息，二是需要理性、坦率的评论。舆论监督是人民群众行使社会主义民主权利的有效形式，但绝不能利用社会公器假借舆论监督之名行敲诈勒索谋取个人利益之实，甚至做一些损害国家与公众利益的事。

"正面宣传"与"舆论监督"看似矛盾，实则具有内容规定与目标追求的统一性。习近平同志在党的新闻舆论工作座谈会上指出，"舆论监督和正面宣传是统一的。新闻媒体要直面工作中存在的问题，直面社会丑恶现象，激浊扬清、针砭时弊，同时发表批评性报道要事实准确、分析客观"。[②] 舆论

---

① 增强新闻舆论工作针对性实效性须从四个方面着力. 新华网 http://news.xinhuanet.com/comments/2016-05/09/c_1118827383.htm.
② 中共中央文献研究室. 习近平同志重要讲话文章选编. 中央文献出版社，2016年4月版：426.

监督要求新闻出版业在面对现实问题、社会矛盾、丑恶现象等负面事物时，决不能视而不见、充耳不闻，而应该以事实准确、客观分析为标尺进行批评性报道。当然，也不要把自己放在"裁判官"的位置，而是本着治病救人、防患未然的宗旨开展舆论监督。舆论监督可以更好地发现问题、正视矛盾并解决问题，从而实现发展、推动进步，有利于强化新闻出版业的公信力与影响力，可以使正面宣传取得更好的工作效果。

从这个意义上来说，正面宣传和舆论监督并不是彼此对立排斥的矛盾关系，而是相互统一融合的辩证关系。正面宣传的同时还应该进行舆论斗争，以更好实现舆论监督。习近平指出，"坚持团结稳定鼓劲、正面宣传为主，也不是说就当好好先生、当东郭先生、当开明绅士。对社会上存在的思想认识问题，要加强正面引导，通过摆事实、讲道理，明辨理论是非、澄清模糊认识。对重大政治原则和大是大非问题，要敢于交锋、敢于亮剑"。[1] 舆论斗争是一项更具政治勇气与历史眼光的舆论监督，是新闻出版业急需培养的一种战斗精神与高端能力。

（六）新闻出版方法论：新闻出版传播的时度效

在党的新闻舆论工作座谈会上，习近平同志指出，"做好党的新闻舆论工作，要遵循新闻传播规律，创新方法手段，不断提高能力和水平。党的新闻舆论工作是一门科学，必须按照规律办事。时度效是检验新闻舆论工作水平的标尺。不管是主题宣传、典型宣传、成就宣传，还是突发事件报道、热点引导、舆论监督，都要从时度效着力、体现时度效要求"。[2]

"时，就是时机、节奏。时效决定成效，速度赢得先机。没有时效性就没有新闻。"[3] 时，也就是新闻传播学的及时性，在传统媒体时代，及时性是以天、小时来衡量，这是新闻的第一生命，今天报道昨天的新闻，现在报道前几个小时的新闻，也就不是"新闻"，而是"旧闻"了。数字信息时代，不断革新的微博、微信等新业态，日益复杂的网络舆论新形态，迫使新闻出

---

[1] 中共中央文献研究室.习近平同志重要讲话文章选编.中央文献出版社,2016年4月版:426.

[2] 中共中央文献研究室.习近平同志重要讲话文章选编.中央文献出版社,2016年4月版:430.

[3] 中共中央文献研究室.习近平同志重要讲话文章选编.中央文献出版社,2016年4月版:430.

版传播的工作理念与方式方法不断变化，及时性已经从天、小时演变为分钟、秒，这是一种新的传播规律，是不以传统媒体意志为转移的新媒体传播规律，新闻出版业要尊重这个规律，要培养和提高认识规律、遵循规律的能力，按客观规律办事。新媒体环境下的及时性，还要追求一个"首发效应"，党的传统主流媒体不但要掌握、参与、变成新媒体，不仅要及时权威地传播党和人民的声音，而且要成为一切新闻信息的权威首发者，要"先声夺人、赢得主动，确保首发定调"。当然，这个及时性与"首发效应"，必须确保一个前提，即坚持新闻的真实性。

度，就是力度、分寸。习近平同志指出，"新闻报道该造势的要造势，但不能在个别用词上大造其势；该突出的要突出，但不能渲染过头，都搞成排浪式宣传；该有力度的要有力度，但不能大轰大嗡，不能为取悦受众而'失向'、因盲目介入而'失准'、为吸引眼球而'失真'、为过分渲染而'失范'、为刻意迎合而'失态'"。[①] 度就是新闻传播学中的适宜性，要求我们的新闻出版传播应与当前的政治、经济、社会、文化大环境相符合。度并不是否定真实性、及时性这些传播规律，而是在遵循这些规律的基础上进行因事制宜、因时制宜的传播，以达到更好的传播效果，有利于党和国家各项事业发展与人民幸福生活水平提高。习近平同志关于度的五个"失"，实际上是对新闻出版传播存在的问题进行的一种方法论意义上的纠偏，从报道范围、问题性质、对象情况、事件内容、媒体类型等不同方面提出了度的应用方略，是新闻出版业当前与今后必须遵循的科学指南。

效，就是效果、实效。习近平同志强调，"新闻舆论工作最终要看效果，这个效果就是群众口碑好、社会共识强"。[②] 在传播学中，效果研究是最重要的研究领域，传播者研究、内容研究、媒介研究、受众研究等，最终都要通过效果来检验，也就是说，前四大研究的终极追求，就是使新闻出版传播达到理想的效果。传播效果研究史上，先后出现过枪弹论、有限效果论、适度效果论和强大效果论等理论，对如何开展新闻出版传播有较大的指导作用。

---

① 中共中央文献研究室.习近平同志重要讲话文章选编.中央文献出版社2016年4月版：431.

② 中共中央文献研究室.习近平同志重要讲话文章选编.中央文献出版社,2016年4月版：432.

习近平同志提出的"效",是对传播效果理论的继承,但又有新的发展和突破:首先,它是站在人民群众的立场,以人民群众的感受与认可为评价标尺,不是站在传播者的立场去力图控制与驾驭受众,体现了人民为中心的工作导向。其次,它是从效果检验的角度倒逼新闻出版业革新传播方法手段,要找到报道问题、找准报道点、讲求报道艺术,"对一些重大敏感问题,要掌握好介入点,把握节奏、顺势而为,防止形成炒作"。① 最后,它与时度相结合,形成一套有内在联系的战略方法,以一种结构性的力量促进新闻出版业开展新闻宣传工作,确保传播效果最大化。

习近平同志的"时度效"理论,是在新媒体环境下关于新闻出版业工作方法的新思想新观点,赋予了新的时代内涵,对新闻出版业时、度、效的认识水平和实践能力,提出了新要求与新路径,是我党新闻出版理论发展史上的重大创新。

(七)新闻出版发展论:"你就是我、我就是你"的融合发展

媒介技术的快速发展,数字技术、网络技术与移动技术驱动下的媒体形态革新,催生了众多新媒体业态。新媒体带来了一场人类生存方式的根本变革,国际国内、线上线下、虚拟现实、体制外体制内等界限日益模糊,形成了传统媒体与网络媒体两大舆论场,且网络舆论场大有涵盖一切之势。

据《中国互联网络发展状况统计报告》显示,"截至2017年6月,我国网民规模已达7.51亿,人均周上网时长26.5小时"。② 网络给人们出行、购物、娱乐等领域带来极大改变,人们的经济生活发生深刻变化,经济生活上的变化必然带来精神生活的变化,可以说,新媒体空间是精神生活的主要阵地。习近平指出,"阵地是意识形态工作的基本依托。人在哪里,新闻舆论阵地就应该在哪里。对新媒体,我们不能停留在管控上,必须参与进去、深入进去、运用起来"。③

怎么参与、深入与运用呢?这就必须加快推进传统主流媒体的改革发展。

---

① 中共中央文献研究室.习近平同志重要讲话文章选编.中央文献出版社,2016年4月版: 432.
② 中国产业信息网 http://www.chyxx.com/industry/201708/549142.html.
③ 中共中央文献研究室.习近平同志重要讲话文章选编.中央文献出版社,2016年4月版: 430.

2014年8月18日,中央全面深化改革领导小组第四次会议审议通过的《关于推动传统媒体和新兴媒体融合发展的指导意见》强调,推动传统媒体和新兴媒体融合发展,要遵循新闻传播规律和新兴媒体发展规律,强化互联网思维,坚持传统媒体和新兴媒体优势互补、一体发展,坚持先进技术为支撑、内容建设为根本,推动传统媒体和新兴媒体在内容、渠道、平台、经营、管理等方面的深度融合,着力打造一批形态多样、手段先进、具有竞争力的新型主流媒体,建成几家拥有强大实力和传播力、公信力、影响力的新型媒体集团,形成立体多样、融合发展的现代传播体系。要一手抓融合,一手抓管理,确保融合发展沿着正确方向推进。

在2016年2月19日党的新闻舆论工作座谈会上,习近平同志进一步指出,"近年来,新闻媒体在融合发展方面做了大量工作,取得令人可喜的成绩,但总体上看,发展还很不平衡。融合发展关键在融为一体、合而为一。要尽快从相'加'阶段迈向相'融'阶段,从'你是你、我是我'变成'你中有我、我中有你',进而变成'你就是我、我就是你',着力打造一批新型主流媒体"。[①] "你就是我、我就是你"这一闪烁着高超政治智慧与深远历史见识光芒的新型改革发展观,大大解放了传统主流媒体融合发展的思想包袱,加快了融合发展的步伐。部分新闻出版媒体已实现了"你就是我、我就是你"的融合改革发展,占领了网络舆论场的制高点,掌握了舆论引导的话语权。

(八)新闻出版场域论:网络空间命运共同体

场域理论是社会学的主要理论之一,是关于人类行为的一种概念模式。从分析的角度来看,一个场域可以被定义为在各种位置之间存在的客观关系的一个网络、一个构型。场域是一种具有相对独立性的社会空间,相对独立性既是不同场域相互区别的标志,也是不同场域得以存在的依据。布迪厄的场域理论认为,场域并没有物理意义上的边界,它指的是这么一个空间,里面存在着有生气、有潜力的内含力量。场域的形成有特定的逻辑要求,在其中参与社会活动的个体,通过竞争与策略生产有价值的符号商品。"符号竞争的胜利意味着一种符号商品被判定为比其竞争对象拥有更多的价值,并可

[①] 中共中央文献研究室.习近平同志重要讲话文章选编.中央文献出版社,2016年4月版:430.

将之强加于社会，布迪厄称之为'符号暴力'。"①

每个场域中都有统治者与被统治者，场域中是充满力量的，布迪厄认为决定竞争的逻辑是资本的逻辑，这些资本包括经济资本、社会资本、文化资本与象征资本。不同类型、不同数量的资本分布结构，体现着社会的资源和权力结构，这种起点的不平均决定了竞争活动的不平等。

新闻出版历来被认为是充满着激烈斗争的场域，如同美学场域、法律场域、宗教场域、政治场域、文化场域、教育场域一样，新闻出版场域也是以一个市场为纽带，将新闻出版象征性产品的生产者与消费者联结起来，如报社、出版社、读者、广告商、政府管理部门等。他们由于占有资本的不同，都在进行角力，以争取更有利于自己的资源。在传统媒体时代，新闻出版场域大多限于一国一地区之内，场域的界限实际上就是国界和区界，国界/区界之外，新闻出版场域的作用就无法发挥。

随着数字技术、网络技术与移动技术的跨越发展，随着世界多极化、经济全球化、文化多样性、社会信息化深入发展，互联网对人类文明进步发挥着越来越重要的促进作用，互联网把世界真正变成了"地球村"，全球新闻出版网络场域是一种客观存在。

这个全球性的网络场域中的角力者是各个民族国家，不同国家由于历史发展与制度选择的原因，拥有的资本是极为不平均的，竞争活动也必然不平等，统治力量与被统治力量对抗的结果往往不是此消彼长的零和博弈，而是国家利益的双输与全球利益的共损。

在2015年12月16日的第二届世界互联网大会开幕式上，习近平同志直面世界互联网发展的共同问题，站在人类前途与命运的战略高度，提出了网络空间命运共同体的中国方案。为此，一是要加强合作，推动互联网全球治理体系变革，共同构建和平、安全、开放、合作的网络空间，建立多边、民主、透明的全球互联网治理体系；二是要坚持尊重网络主权、维护和平安全、促进开放合作、构建良好秩序四项原则；三是实施加快全球网络基础设施建设促进互联互通，打造网上文化交流共享平台促进交流互鉴，推动网络经济创新发展促进共同繁荣，保障网络安全促进有序发展，构建互联网治理体系

---

① 转引自百度百科 https://baike.baidu.com/item/%E5%9C%BA%E5%9F%9F%E7%90%86%E8%AE%BA/10794660?fr=aladdin.

促进公平正义五个主张。

为了构建好网络空间命运共同体，作为全球新闻出版网络场域的一支力量，中国应该在互联网发展中夯实力量，尽快成为拥有优势资本的竞争者。习近平同志在网信工作座谈会上强调了六个问题，一是推动网信事业发展，让互联网更好造福人民；二是建设网络良好生态，发挥网络引导舆论、反映民意的作用；三是尽快在核心技术取得突破；四是正确处理网络安全和发展的关系；五是增强互联网企业使命感、责任感，共同促进互联网持续健康发展；六是坚持经济效益与社会效益并重。

习近平同志的讲话提出了互联网发展的中国方案，在全球新闻出版场域中，中国可以利用自己的优势资本掌握场域竞争的话语权，使世界网络空间命运共同体成为一个自主化强的场域。正如布迪厄所说："一个场域越是从社会场域和权力场域中获得了自主性，这个场域的语言越具有科学性。一个场域中的竞争和策略不仅取决于符号商品的价值，还有此场域的自主性，因为自主性强的场域遵循的是'是非'逻辑，自主性弱的场域遵循的是'敌友'逻辑。"[①]

（九）新闻出版对外传播论："讲故事"的国际传播

国际形象的塑造需要有较强的国际传播能力与国际传播话语权。十八大以来，习近平同志多次强调，随着中国综合国力和国际地位的不断提升，国际社会对我国的关注前所未有，中国也需要塑造一个理想的国际形象。国际形象的塑造需要有较强的国际传播能力，需要掌握国际传播话语权。

十八大以来，习近平多次强调要加强国际传播能力建设，打造一批外宣旗舰媒体，提升国际传播话语权，让全世界都能听到并听清中国声音。党的十八届三中全会通过的《中共中央关于全面深化改革若干重大问题的决定》指出，"要大力开展对外文化交流，加强国际传播能力和对外话语体系建设，推动中华文化走向世界。"在党的新闻舆论工作座谈会上，习近平同志指出，"我们在国际上有时还处于有理说不出、说了传不开的境地，存在着信息流进流出的'逆差'。我们在国际上有理说不出清的一个重要原因，是我们的对外传播话语体系没有完全建立起来。"

---

① 转引自百度百科 https://baike.baidu.com/item/%E5%9C%BA%E5%9F%9F%E7%90%86%E8%AE%BA/10794660?fr=aladdin.

对外话语体系的背后是思想，是"道"。要把这些中国主流思想与核心价值观传播介绍给国外受众，使他们熟悉、认可甚至认同我们的价值观，需要运用合适的传播方式，需要深谙国际新闻传播规律，以潜移默化的方式影响国外受众，提升我们的国际话语权，塑造良好的国家形象。

为此，习近平同志给我们开出良方，"讲故事，是国际传播的最佳方式。要讲好中国特色社会主义的故事，讲好中国梦的故事，讲好中国人的故事，讲好中华优秀文化的故事，讲好中国和平发展的故事"。① 当然，"不要为了讲故事而讲故事，要把'道'贯通于故事之中。我们提出的'五位一体'总体布局、'四个全面'战略布局、五大发展理念、经济发展新常态，我们倡导的正确义利观、命运共同体、新型大国关系、共建'一带一路'等重大理念，要加大传播力度，使其成为世界表达中国故事的源头、读懂中国的标识"。②

习近平认为，"讲故事就是讲事实、讲形象、讲情感、讲道理"。这种新闻出版传播新思想，是对原有新闻报道理论诸如新闻六要素"5W1H"、新闻客观性、"倒金字塔"等理念的重大突破创新。这是以习近平同志为核心的党中央，针对新媒体背景下，信息消费碎片化、快餐性、巨量性、受众注意力资源极为有限等审时度势、高瞻远瞩，做出的重大理论创新，是对马克思主义新闻出版观的继承和发展。

（十）新闻出版教育论："部校共建"新闻学院

作为一种内容生产机构，新闻出版媒体竞争的关键是人才竞争，其优势核心就是人才优势，需要优秀人才进行不断的创意，生产出人民群众喜闻乐见的产品，符合党和人民的需要，符合时代的需要。在党的新闻舆论工作座谈会上，习近平同志指出，"新闻舆论工作队伍的政治素养、理论水平、政策水平、业务能力，直接关系党的新闻舆论工作效果。要适应新形势新任务的要求，加快培养造就一支政治坚定、业务精湛、作风优良、党和人民放心的新闻舆论工作队伍"。③

---

① 中共中央文献研究室.习近平同志重要讲话文章选编.中央文献出版社,2016年4月版：432.
② 中共中央文献研究室.习近平同志重要讲话文章选编.中央文献出版社,2016年4月版：433.
③ 中共中央文献研究室.习近平同志重要讲话文章选编.中央文献出版社,2016年4月版：434.

党和人民需要的合格新闻出版工作者，应符合四个要求：一是要有政治家办报意识，有大局意识，做到服从服务于党和国家大局不错位、党和人民需要时不缺位。二是牢记新闻出版特殊的社会责任，不断解决好"为了谁、依靠谁、我是谁"这个根本问题。三是不断提高业务能力，会使"十八般兵器"，成为全媒型、专家型新闻出版工作者。四是坚持转作风改文风，新闻出版工作者走在路上、走向基础、走进现场，创作出有时代、有群众、有温度的作品。为了培养符合党和人民需要的新闻出版人才队伍，习近平同志号召"全社会都要关心爱护新闻出版工作者，理解支持他们的工作，维护他们的合法权益。要深化新闻单位人事管理制度改革，增强大家的事业心、归属感、忠诚度。"① 除此，习近平同志高瞻远瞩，紧紧扣住新闻出版教育机构这个衣领扣，通过划时代的"部校共建"举措改革高等院校新闻出版人才教育，从源头上确保合格人才的培养。

在2017年10月3日祝贺中国人民大学成立80周年的致信中，习近平同志强调，"当前，党和国家事业正处在一个关键时期，我们对高等教育的需要比以往任何时候都更加迫切，对科学知识和卓越人才的渴求比以往任何时候都更加强烈。希望中国人民大学以建校80周年为新的起点，围绕解决好为谁培养人、培养什么样的人、怎样培养人这个根本问题"。② 在2016年2月19日党的新闻舆论工作座谈会上，习近平指出，"新闻院系教学方向和教学质量如何，在很大程度上决定着新闻舆论工作队伍素质。要把马克思主义贯穿到新闻理论研究、新闻教学中去，使新闻学真正成为一门以马克思主义为指导的学科，使学新闻的学生真正成为牢固树立马克思主义新闻出版观的优秀人才"。③

"部校共建"新闻学院最早始于2001年上海市委宣传部与复旦大学的合作。得益于这种机制，"复旦大学新闻学院教学水平、科研能力持续提高，始终在全国高校新闻传播院系中保持领先。毕业生大多数前往采编一线，许

---

① 中共中央文献研究室.习近平同志重要讲话文章选编.中央文献出版社,2016年4月版：438.
② 习近平致信祝贺中国人民大学建校80周年.人民网 http://politics.people.com.cn/n1/2017/1003/c1024-29572210.html.
③ 中共中央文献研究室.习近平同志重要讲话文章选编.中央文献出版社,2016年4月版：438.

多已经成为业界骨干和领军人才"。[①]2013年底,中宣部、教育部联合发出《关于地方党委宣传部门与高等学校共建新闻学院的意见》,北京市委宣传部与中国人民大学等、10个省市党委宣传部门与高等学校签订了部校共建协议,2014年,北京大学、清华大学分别与新华社、人民日报等中央媒体签订了协议,部校共建、媒体与高校共建新闻学院是新闻教育史上具有伟大变革性的举措,突破了新闻出版人才教育传统理念束缚,为中国特色社会主义新闻出版人才培养提供了科学有效的理论指导。

二、新闻出版理论创新成果产生的时代背景和重大意义

任何创新理论都有其产生的历史背景,马克思主义中国化所诞生的重大理论成果如毛泽东思想等,自有其时代背景。十八大以来党的新闻出版理论创新成果也有其产生的时代背景,并且将对我国新闻出版实践发挥重大而深远的影响。

(一)新闻出版理论创新成果的产生背景

1.新闻出版理论创新成果是因应国际舆论环境挑战的必然结果

当今世界处在一个大发展、大变革与大调整的时期,未来发展格局究竟如何,很难进行精确描绘,各国力量此消彼长的较量会给人类社会带来较为复杂的挑战。尽管如此,在未来很长一段时间,国际形态总的来说是明朗的,经济全球化和世界多极化继续深入发展。在经济上,世界各国依存度越来越高,它会成为世界整体和平发展的强大基石。在政治上,利益冲突导致大国角力花样翻新,硬实力与软实力交替组合、轮番出击,但总体而言是一种理性的角力,会通过各种沟通平台与机制(如G10、APEC、金砖国家会议、"一带一路"论坛等)进行谈判达成妥协。大国角力会卷入很多相关的大大小小国家。除了军事上的震慑,国际舆论力量是一种巨大而又极为有效的软实力,善于攻心的国家往往通过新闻传播等文化软实力,调动相关的大大小小国家的舆论合力,达到对目的国不战而屈人之兵的效果。

30多年的改革开放,中国经济快速发展,已成为世界第二大经济体,经济新常态下的中国,依然保持较高的经济增长速度,成为世界第一大经济体

[①] 郑海鸥等.下一盘新闻人才培养的好棋——部校共建新闻学院综述.人民网 http://politics.people.com.cn/n/2014/0916/c1001-25665944.html.

指日可待。中国对全球经济增长的贡献率不断加大，成为全球最大的能源依赖型国家，是全球第一大能源进口国，从经济层面而言，中国已经是全球性国家。正走向世界舞台中央，日益彰显负责任大国的风范，赢得很多国家的认可与支持。中国对外战略日益清晰，"一带一路"战略的实施是中国全球性战略的重大标志。很显然，面对中国的经济政治全球战略，美国宣布"重返亚太战略"，意图遏制"一带一路"等走出去战略，周边国家与中国的领土争端、朝核问题等，都会成为遏制中国全球战略的重大筹码。

经济、政治、文化等综合国力的激烈竞争，会集中投射到国际舆论竞争上。习近平同志指出，"失语就要挨骂，现在，'挨骂'问题还没有得到根本解决，国际传播能力不强是一个重要原因"。[1] 中国急需理顺内宣外宣体制，加强国际传播能力和对外话语体系建设，应对新一轮全球化所带来的大国竞争。十八大以来党的新闻出版理论创新成果，正是我们党以宽广的眼界观察世界、以发展的观点审视自己、以战略的思维谋划全局，在马克思主义新闻出版观的指导下，进行科学分析世界经济政治形势与国际舆论环境基础上提出来的，有力推动了新闻出版业快速发展，极大地增强了国内外传播能力，提升了国内外传播话语权，提高了国内外公信力与影响力。

2. 新闻出版理论创新成果是因应国内舆论环境挑战的必然结果

十八大以来，在以习近平同志为核心的党中央的坚强领导下，全国上下汇聚在全面建成小康社会与中华民族伟大复兴中国梦这面旗帜下，以极大的热情与饱满的斗志建设中国特色社会主义。经济上，中国经济实现了巨大飞跃，人民群众普遍感受到改革发展的实惠，经济新常态的理论判断指明了未来经济科学发展的方向；政治上，政治体制改革不断深化，着力推进国家治理体系与治理能力现代化，加快建设公正高效权威的社会主义司法制度，反腐工作常抓不懈；文化上，《深化文化体制改革实施方案》标志新一轮文化体制改革进入全面实施阶段，文化政策从特惠转向普惠，文化企业坚持以社会效益为首位，实现经济效益与社会效益相统一，文化消费迈向新台阶；社会与生态上，当前社会进入多元复杂的阶段，收入和财富的增加，社会结构和社会价值观发生变化，中央的"精准扶贫"政策让人们更加感受到中央全面建

---

[1] 中共中央文献研究室.习近平同志重要讲话文章选编.中央文献出版社,2016年4月版：432.

设小康社会的决心与信心，生态环境日益成为人们关注的话题，智慧城市、特色小镇等举措的推出，坚定了人们期待良好生态环境与未来美好命运的信心。

当然，目前也存在很多问题。第一，腐败问题依然严重，当前反腐已成为压倒性态势，取得明显的震慑效果，但腐败力量会采用更加隐蔽的方式蚕食来之不易的反腐成果。第二，金钱至上与功利主义侵蚀各个社会阶层各个领域，真善美等传统义利观受到严重挑战，社会主义核心价值观的真正深入人心并化为自觉实践行动，尚有一定距离。第三，贫富差距、城乡差距、食品安全、养老医保、公平教育、环境污染、物价房价上涨等问题严重刺激人们的神经，成为社会不稳定的隐患。所有这些问题，使得社会利益关系更加复杂，统筹各方面的难度明显增加，人民内部矛盾处于多发期，人们思想活动独立性、选择性、多变性、差异性明显增强，反映到舆论上，使得原有的新闻传播理念、新闻传播方法手段应对失当，正确舆论导向难免捉襟见肘，不能达到理想效果。十八大以来党的新闻出版理论创新成果，正是我们站在新的历史起点上科学认识与准确把握当下经济社会转型期的深刻性与复杂性，着眼于我国经济社会发展良好舆论环境营造，着眼于团结人民实现中华民族伟大复兴中国梦而提出来的。

3. 新闻出版理论创新成果是因应新媒体技术挑战的必然结果

人类传播媒介发展史，其实就是媒体技术发展史。中国的造纸术与雕版印刷、德国古腾堡金属活字印刷术、无线电技术、广播技术、电视模拟技术，推动了新的传播媒介不断出现。数字技术、网络技术与移动技术的发展，推动了信息社会的深刻革命，基于这些技术的新媒体业态如互联网、微博、微信等，不仅带来了传统媒体与新兴媒体这一并不太严谨的媒介形态分野，而且更重要的是带来人类生存方式的根本革命。新媒体的出现，促使人们的工作、购物、娱乐、社交等几乎所有人类日常生活行为都可以通过在线网络完成，新媒体对人类生活方式的嵌入还看不到尽头，大有涵括一切之势。

新媒体的快速发展，模糊了国际国内、线上线下、虚拟现实、体制内外的界限，构成了日益复杂而又不可阻挡的新闻舆论场，蓬勃发展的互联网日益成为舆论生成的策源地、信息传播的集散地、思想交锋的主阵地。据统计，截至2017年6月，中国网民已达7.5亿。人在哪里，网络就在哪里，舆论就在哪里,阵地就在哪里。党的新闻舆论工作是党的一项重要工作,是治国理政、定国安邦的大事。如果新闻出版管理部门不能管控新媒体,传统主流媒体不能掌握新媒体、不能成为新媒体,在舆论导向上就会失语,就不能团结人民、鼓舞士气,就不能治国理政,就不能实现中华民族伟大复兴中国梦。面对新媒体带来的人类生存方式与舆论生成环境的根本改变,以习近平同志为核心的党中央审时度势、高瞻远瞩,不断创新新闻出版理论,科学指引了传统媒体与新兴媒体融合发展的正确方向。

(二)新闻出版理论创新成果的重大意义

1. 理论意义

从理论上看,十八大以来党的新闻出版理论创新成果是马克思主义新闻出版观与当代中国实践相结合的重大成果,也是马克思主义新闻出版观的重要组成部分。马克思主义新闻出版观的形成是一个与时俱进,不断充实、完善、创新、发展的过程,马克思、恩格斯是奠基者,列宁、毛泽东等共产党人不断继承发展,逐步形成科学、系统的理论体系。马克思主义新闻出版观是无产阶级新闻观,是在批判资产阶级新闻观的基础上形成的,马克思主义新闻出版观不否定一般意义上的反映新闻传播基本规律的理论观点,这也是马克思主义新闻理论体系有科学解释力与持久生命力的原因。马克思和恩格斯认为:党报党刊是党的重要思想武器和政治阵地,是党存在和发展的标志;党报党刊应当真正代表和捍卫无产阶级和人民大众的利益,成为他们自己的报纸;党组织要加强对党报党刊工作的领导和监督。列宁创新了马克思主义新闻出版观,提出党报党刊具有宣传、鼓动与组织功能,强调党报党刊的党性原则,认为只有无产阶级的新闻自由才是真正为劳动人民所拥有的自由。毛泽东为代表的中国共产党人结合中国革命与建设实际,创新了马克思主义新闻出版观:鲜明的无产阶级党性是毛泽东新闻思想的重要原则,追求真实是毛泽东新闻思想的工作作风,全党办报、群众办报是毛泽东新闻思想的办报方针,团结人民,打击敌人是毛泽东新闻思想的最终目的。邓小平、江泽民、胡锦涛等党和国家领导人在不同时期也创新了新闻出版理论,丰富了马克思主义新闻理论体系。以习近平同志为核心的党中央,从中国经济社会深刻转型的实践出发,创新了新闻出版工作的坐标定位,将党的新闻舆论工作从"耳目喉舌"功能提升到"治国理政、定国安邦"的高度;认为新闻出版舆论工作的本体就是党性与人民性的统一，这是新闻出版的根本属性，是新闻出版开展所有工作的基石与前提；党的新闻出版舆论工作的根本目的就是以人民为中心；此外，还对新闻出版具体功能、新闻出版宣传、新闻出版改革发展、新闻出版效益、新闻出版场域、新闻出版对外传播、新闻出版教育等作了科学深刻的理论阐述，初步形成了当代马克思主义新闻出版理论架构。

2. 实践意义

从实践上看，十八大以来党的新闻出版理论创新成果是习近平"治国理政"理论的重要组成部分，与其他理论一起为中国经济社会发展实践服务，是中国新闻出版业改革发展的科学指南。首先，新闻出版理论创新成果科学回答了新闻出版业的根本属性问题，"党性与人民性的统一"是新闻出版业的本体，这个本体性源于其"治国安邦"的坐标定位。"党性与人民性的统一"廓清了社会公众与新闻出版工作者关于新闻出版为谁服务的认识偏差，统一了全党与全国人民的思想认识，推动了新闻出版业更好更快发展。其次，新闻出版理论创新成果科学回答了新闻出版业一系列理论与现实问题，人民为中心的舆论导向、正面宣传与舆论监督相统一、"48"字方针、社会效益为首位的两个效益相统一、"讲故事"的国际传播、"部校共建"新闻学院等新理念新观点，及时有效遏止了新闻出版业的一些"乱象"，确保新闻出版业走上健康、协调、可持续的发展道路。最后，新闻出版理论创新成果科学回答了媒体技术历史性变革下的新情况与新矛盾，以其科学的理论解释与预测功能为传统主流媒体的生死存亡转型提供了抓手与动力，"你就是我、我就是你"的媒体融合发展、网络空间命运共同体等理论直面当下新闻出版业最急迫的大局，提供了解决方案与行动路径，使其及时抓住历史机遇，走上了成功转型道路，实现了华丽转身。总之，新闻出版理论创新成果对实现中国特色社会主义新闻出版事业的战略目标已经发挥并将继续发挥重大而深远的指导意义。

三、新闻出版理论创新成果的结构体系与基本特征

（一）新闻出版理论创新成果的结构体系

十八大以来党的新闻出版理论系列创新成果有其内在规定性，有机统一的联系形成了新闻出版理论创新成果的基本结构体系。在这个结构体系

中，以人民为中心的工作导向、党性与人民性的统一、新闻舆论"48"字方针、社会效益为首位的两个效益相统一、舆论监督与正面宣传的统一、新闻出版时效度、"你就是我、我就是你"的融合发展、网络空间命运共同体、"讲故事"的国际传播、"部校共建"新闻学院十个方面全面阐释了新闻出版业是什么、为谁服务、如何服务等理论问题，新闻出版的本体属性、传播功能、传播对象、传播机制、传播方法手段、传播效果、国际传播及人才教育等维系新闻出版生态链有序健康运行的具体理论问题，都做了专门性的解释，形成一个具有强大理论解释性与科学未来预测性的系统理论架构。

"以人民为中心的工作导向"是灵魂所在，是贯穿其他重大新思想新论断的主线。首先，其他重大新思想新论断的理论前提是以人民为中心。党性与人民性的相统一、融合发展、网络空间命运共同体、社会效益为首位的两个效益相统一、社会效益为首位的两个效益相统一、网络空间命运共同体、"讲故事"的国际传播等，都立足于以增进人民群众利益福祉为目的，把自己的前途命运同人民的前途命运紧紧连在一起。第二，其他重大新思想新论断又具有鲜明的党性。新闻舆论"48"字方针、舆论监督与正面宣传的统一、新闻出版时效度、"部校共建"新闻学院等思想，都力求以科学有效的方法手段，彰显党的意志、反映党的主张，让党的主张成国内外的最强音，获得较大的国内外话语权。最后，其他新思想新论断融通了党性与人民性。党性与人民性的统一，既体现在舆论导向、传播效益、融合发展、对外传播、人才教育等单个领域的运作实践，更体现在这十大理论板块的协同合作运行机制中，通过结构化合力、互相补充、互相促进，共同拱卫新闻出版党性与人民性的统一。

其他重大新思想新论断是"以人民为中心的工作导向"在新闻出版各个领域各个方面的生动展开与具体体现。第一，作为新闻出版功能的"48"字方针，是"以人民为中心的工作导向"的内在要求。"高举旗帜、引领导向，围绕中心、服务大局"是对新闻出版工作党性的明确要求，新闻出版媒体必须高举党的中国特色社会主义事业这面旗帜，围绕全面建成小康社会与中华民族伟大复兴中国梦这个当下党的中心工作进行宣传服务。"团结人民、鼓舞士气，成风化人、凝心聚力"要求新闻出版业在全面贯穿党性的前提下，要把工作落实到人民群众的具体需求上来,只有摸准了人民群众的脉搏与心理,才能说人民想说的话,做人民想做的事,才能赢得广大人民群众的认可,使其自觉自愿聚集到我们旗下,团结协作、充满斗志推进中国特色社会主义建设事业。"澄清谬误、明辨是非、联接中外、沟通世界"要求新闻出版业的教育功能是为着人民服务的,要做人民群众的信息管家与意见领袖,及时为人民发现错误、判断是非,避免人民群众利益受损,避免党的事业受损;同时,全球一体化与世界多极化既是民族国家的选择,又是个体的必要选择,站在党和政府与人民群众长远利益的角度,必须要同其他国家和人民交流合作,这就需要新闻出版业发挥好联结中外、沟通世界的桥梁作用。

第二,党性与人民性的统一、舆论监督与正面宣传的统一,是"以人民为中心的工作导向"的根本任务与根本原则。新闻出版业与其他行业的根本区别是它的意识形态属性,它的根本任务就是做精神工作,要时时彰显意识形态领域的党性与人民性,集中体现为舆论导向。舆论导向要以正面宣传为主,要通过主流价值观的传播及时干预不良思想言论,以体现真善美的事例去引导人们价值取向。当然,新闻出版是充满矛盾的辩证统一的事物,正面宣传与舆论监督就是一对辩证统一的矛盾,适当的舆论监督与有力的舆论斗争会从另一方面促进正面宣传的效果,从而获得人们信任,增强新闻出版的公信力与影响力,有利于中国特色社会主义建设事业及党的各项中心工作的顺利开展,有利于营造良好的舆论环境。只有坚持党性与人民性相统一、坚持舆论监督与正面宣传相统一,才能团结好广大人民群众,凝心聚力、踏踏实实地实现党的"四个全面"、"五位一体"等战略布局。

第三,"你就是我、我就是你"的融合发展、新闻出版的时度效、网络空间命运共同体、社会效益为首位的两个效益相统一、"部校共建"新闻学院是"以人民为中心的工作导向"的根本保障。新媒体的迅猛发展,网络已成为主要舆论场,传统主流媒体不仅在舆论引导能力而且在生存发展能力上,都遇到前所未有的挑战,一个有生存问题的新闻出版媒体,其党性与人民性是很难保证的。以习近平同志为核心的党中央提出的融合发展、网络空间命运共同体、社会效益为首位的两个效益相统一、"部校共建"新闻学院分别从技术、空间、资本、人才等方面对"以人民为中心的工作导向"提供了雄厚的物质与精神保障。

第四,"讲故事"的国际传播是"以人民为中心的工作导向"的新闻出版良好外部环境的迫切需要。全球一体化与世界多极化潮流中,中国经济已成为世界第二大经济体,中国在世界舞台上的作用越来越大,中国已成为经济意义上的全球性国家,对外战略日益清晰,走出去步伐日益加大。但是,在国际事务中,中国还处于失语与"挨骂"窘境,急需提高国际传播能力,增强国际话语权,让世界听到并听清中国声音。"讲故事"的国际传播新思想为媒体的对外传播指明了努力的方向,提供了系统的方案,设计了科学的路径,阐明了具体的方法。新闻出版业把故事讲好了,把中国声音讲清楚了,把国家形象传播好了,把国家利益维护好了,就是做到了最好的"以人民为中心的工作导向"。

（二）新闻出版理论创新成果的基本特征

十八大以来党的新闻出版理论创新成果主要有时代性、系统性、科学性、实践性、创新性五个基本特征。

1. 时代性

新闻出版理论创新成果是时代的产物,它是以习近平同志为核心的党中央准确把握时代脉搏,洞察世界大势,积极应对中国经济社会发展挑战,深谙新闻出版发展大趋势,牢固树立和贯彻新发展理念,提出了以人民为中心的工作导向、党性与人民性的统一、媒体融合发展、网络空间命运共同体、社会效益为首位的两个效益相统一、部校共建新闻学院等富有强烈时代气息的新思想新观点,丰富发展了马克思主义新闻出版观,反映了当代中国共产党人对中国特色社会主义新闻出版规律理性把握的高度自觉。

2. 系统性

新闻出版理论创新成果各个方面不是孤立的,而是有机联系的、多元全面的结构体系,各个要素都有一定的位置,发挥特定的作用,构成一个具有开放性、组织性、整体性、关联性、等级结构性、动态平衡性的系统。"以人民为中心的工作导向"是新闻出版的本体,规定了其核心本质与根本要求;党性与人民性的统一、舆论监督与正面宣传的统一规定了新闻出版的根本任务与原则;融合发展、网络空间命运共同体、新闻出版的时度效、社会效益为首位的两个效益相统一、"部校共建"新闻学院是新闻出版"党性与人民性相统一"的根本保证;"讲故事"的国际传播体现了党的对外战略的迫切需要，确保了整个系统运行的良好外部环境。

3. 科学性

新闻出版理论创新成果遵循科学世界观和方法论的逻辑结果，整体理论体系根植于辩证唯物主义与历史唯物主义。以人民为中心的工作导向、党性与人民性的相统一、舆论监督与正面宣传的统一、"你就是我、我就是你"融合发展，闪耀着马克思辩证法与唯物史观的光芒，创造性地在马克思主义新闻出版观阶级性的基础上，直面严峻历史现实，提出了"党性与人民性相统一"这一大智大勇的科学判断。正面宣传与舆论监督相统一、"讲故事"的国际传播，既遵循了新闻传播的一般规律，又创新了重要方法手段。传统媒体与新兴媒体的融合发展更是体现了对科学技术的尊重与敬畏，及时推出了具有划时代意义的新闻出版改革发展举措。党的新闻出版"治国理政"理论体系的方方面面都是马克思主义科学真理自觉运用的必然结果与理论结晶。

4. 实践性

马克思说过，理论在一个国家实现的程度，决定于理论满足于这个国家的需要程度。新闻传播理论作为一门社会科学，具有天生的应用性与实践性，也是在实践中产生并不断完善的理论。十八大以来党的新闻出版理论产生于中国政治上的反腐、经济上的新常态、文化上的信仰缺失、社会上的价值观混乱、生态上的环境污染、技术上的新媒体大潮这一极为复杂严峻的现实，转型的社会实践急需新的新闻出版理论，做好党的新闻舆论工作，做好意识形态工作，做好"治国理政、定国安邦"工作。新闻出版理论创新成果深刻反映了我们对当代中国发展问题的新认识，是指导中国新闻出版业发展的世界观和方法论的集中体现，必将有力推动我国新闻出版业实践在当下以及未来的科学发展。

5. 创新性

新闻出版理论创新成果是马克思主义新闻出版观回应当代中国实践的最新理论成果，是习近平同志为核心的党中央积极应对意识形态领域各项矛盾，确保中国特色社会主义建设大业顺利推进，勇于进行理论创新的必然结果。以人民为中心的工作导向、"48"字方针的新闻出版功能论、新闻出版的时度效、舆论监督与正面宣传相统一的新闻出版宣传论、社会效益为首位两个效益相统一的新闻出版效益论、"你就是我、我就是你"融合发展的新闻出版改革发展论、网络空间命运共同体的新闻出版场域论、"讲故事"的对外传播论、"部校共建"的新闻出版教育论，无一不是新闻出版理论创新的范本，反映了习近平同志为核心的党中央勇于以理论创新推动实践创新的崇高历史责任感和政治使命感。

参考文献

[1] 中共中央文献研究室.习近平同志重要讲话文章选编.中央文献出版社，2016年版.

[2] 习近平.习近平谈治国理政.外文出版社，2014年版.

[3] 尹韵公.马克思恩格斯列宁斯大林论新闻出版.中国社会科学出版社，2012年版.

[4] 史守中等.中国特色社会主义理论最新成果研究.人民出版社，2009年版.

[5] 刘忠和等.党中央在十六大以来创新理论科学体系研究.光明日报出版社，2013年版.

[6] 柳斌杰.十六大以来党的理论创新研究丛书.人民出版社，2007年版.

[7] 黄晓新，刘建华.中国传媒社会责任研究报告（2015～2016）.中国书籍出版社，2017年版.

[8] 夏东民等.中国特色社会主义科学发展论.人民出版社，2010年版.

[9] 邓纯东.实现中国梦的科学指南.红旗出版社，2015年版.

[10] 薛梅.十六大以来党的执政理论创新与发展研究.同心出版社，2011年版.

[11] 张宁等.科学发展观与十六大以来的理论创新.中央文献出版社，2012年版.

[12] 王浩斌.中国共产党成立以来党的理论创新与历史经验研究.中国社会科学出版社，2014年版.

（课题组成员及执笔人：魏玉山、黄晓新、刘建华、杨弛原、卢剑锋、杨维东）

品牌、特色实体书店
转型升级模式与效果研究

第一章 绪 论

实体书店是我国重要的文化设施和文明载体，在促进城乡文化产业发展和文化市场繁荣、巩固先进文化传播阵地、推动全民阅读、建设书香社会、提高全民族素质等方面具有重要作用。实体书店发展是近几年政府、社会和业界高度关注的热点。2010年以来，实体书店经历了从被边缘化、知名书店关张倒闭，到在政府政策的激励下重拾信心、探索转型发展路径这样一个艰难历程。"十二五"期间，一批品牌、特色实体书店获得国家政策和资金支持走向了转型升级之路，形成了一些成功的经验、转型升级的模式亟待总结、推广。与此同时，在实体书店转型升级过程中也出现了一些问题，如一些书店对自身功能定位不准，盲目跟风，一些书店文化服务功能出现弱化等，需要深入研究加以规避。

2016年6月，中宣部、国家新闻出版广电总局、财政部等11部委联合发布《关于支持实体书店发展的指导意见》，进一步推动实体书店转型升级。各地积极落实《意见》精神，促进实体书店发展，北京、上海、江苏等多地提供了实体书店扶持资金，出台了地方性的指导意见。政府施政是否起到促进实体书店增强"双效"的作用？转型升级是否可以解决实体书店生存和发展难题？需要做出科学评估、提出对策建议。

"十二五"以来，业界和学界对实体书店生存与发展、功能与定位、转型升级模式与问题等均有文献著述，为本课题的开展提供了诸多借鉴。但仍需从更宏观的层面,对实体书店转型升级的必然性、转型升级的效果与突出问题等作深入分析研究,以推动政府决策、行业发展,这正是开展本课题的重要内容和意义所在。

有鉴于此,本课题采用文献研究法、实地调查法、问卷调查法、比较分析法等研究方法,梳理了全国实体书店转型升级背景资料,走访考察了全国30余家不同转型升级模式的实体书店——包括西单图书大厦、台湾诚品书店、安徽三巷口书店、深圳友谊书城、上海钟书阁、陕西延安书店、成都所所书店、哈尔滨果戈里书店等众多国内品牌、特色书店,对北京市70家获得地方财政资金支持的实体书店进行问卷调查、跟踪研究,并比较分析不同类型的实体书店分别适用何种经营模式,综合评估转型升级效果和政府施政效果,为实体书店未来发展提供有益探索和可借鉴范例,为各地政府制定相关政策提供参考。

第二章 实体书店转型升级的时代背景与发展契机

实体书店是传播科学文化知识、提升人民素质的重要文化基础设施,是推广全民阅读的重要平台,被誉为城市的"文化地标"、读书人的精神家园。然而,自"十一五"开始,国内的社会、经济、科技环境发生了剧烈变化,实体书店身处其中,深受影响,2010年前后几乎到了生死攸关的关口。

据全国工商联书业商会调查数据,2004年至2013年,十年间全国有近五成的实体书店倒闭。其中民营书店受影响巨大,在2007-2013年之间,据不完全统计,有1万家以上的民营书店倒闭。[①] 北京五四书店、上海席殊书屋、上海季风书园、光合作用书房等一大批经营多年的老牌书店关张倒闭的消息频频传出。2011年6月,经营了17年之久被誉为"中国书业的一个地标""京城首家大规模民营书店"的学术书店风入松宣布歇业。这一消息在社会上激起了强烈的反响,社会有识之士纷纷呼吁:救救书店!仍在经营的书店亦是内外交困,挣扎求生。

即使是在形势已有所好转的"十二五"期间,实体书店仍然困难重重。

---

① 中国新闻网.实体书店艰难生存,网上阅读挤占市[EB/OL].(2014-08-01)[2017-11-18].
http://www.chinanews.com/cul/2014/08-01/6451507.shtml.

据统计，全国出版物发行网点数"十一五"末共有167882处，[①]到了"十二五"末减少为163650处，[②]减少了4232处网点。据调研，这五年间北京高校校园书店倒闭近半。

在这种背景之下，实体书店为谋求生存，被迫转型升级，通过研究国外优秀书店的先进经验、国内新生代读者的需求、互联网时代下新的营销手段、与商业地产合作降低租金成本等手段措施，经过几年艰难的探索，最终走出了一条生存发展之路。在这一时期，政府对实体书店的功能和定位也在逐渐改变，从规划、税收、信贷、人才等多个方面给予扶持，力度空前。期间，商业地产、学校、机关等社会力量也加入其中，为实体书店的转型升级迎来有利的发展契机。

第一节　实体书店转型升级的时代背景

研究实体书店转型升级的时代背景，既有利于梳理清楚实体书店近些年发展的历史脉络、转型升级的前因，也有利于分析其在当时以及当下所面临的主要挑战因素。有鉴于此，本部分试图从经济的、科技的、社会的、消费的等多个角度来分析实体书店转型升级所处的环境，为重新定位实体书店提供坐标，为对策分析提供支撑。

一、全球经济进入互联网时代

20世纪70年代，全球开始进入互联网信息革命时代，并在上个世纪末引发"技术－经济"革命。各行各业都在经历着一场深层次的革命，产业链条被重新建构，B2B、B2C、C2C、O2O等层出不穷，不断刷新生产与经营模式。电子商务、互联网金融、即时通讯、搜索引擎、网络游戏成为互联网经济的五大类型代表性产业。其中电子商务因其具有产品丰富、方便快捷、价格低廉的竞争优势，对市场影响最为巨大，迅速覆盖了制造业、流通业、

[①] 国家新闻出版广电总局规划发展司.2011中国新闻出版统计资料汇编[M].北京：中国书籍出版社，2016.

[②] 国家新闻出版广电总局规划发展司.2016中国新闻出版统计资料汇编[M].北京：中国书籍出版社，2016.

服务业、金融业等传统业态,包括大宗电商、零售电商、跨境电商、服务电商、电商物流等多个领域。而零售业也因现代物流业的快速跟进,迅速进入"线下+线上+物流"的"新零售"时代。

全球电子商务的快速崛起,"新零售"时代的到来,迅速重构了用户消费群体和习惯,拥有了数量可观的新用户,并开辟了新的市场。据了解,美国2014年第一季度,在线购物用户达到1.98亿人,占15周岁以上人口的78%。电子商务销售总额约占商务总额的1/3。[1]亚马逊(1995年,最早)、EBay、沃尔玛、苹果商城成为全球知名的电商。欧洲2016年,共有8.2亿居民,其中互联网用户5.3亿人、在线购物用户2.59亿人,电子商务年销售额达到5100亿欧元,约占商务总额的1/4,占欧洲当年GDP的5%。其中,英国的电子商务市场占欧洲的1/3以上,其次是法国。[2]中国1997年开始进入电子商务时代。截至2016年底,我国网购用户数量4.67亿人,零售交易额5.16万亿元人民币,约占全球电子商务零售市场的39.2%,成为全球规模最大的网络零售市场。淘宝网、京东商城、苏宁易购、亚马逊中国等成为国人熟知的电商。其中,淘宝网于2003年5月成立,五年后,2008年即成为亚洲最大网络零售商,2016电商零售交易额突破三万亿元人民币,成为全球最大网络零售体。[3]

在电子商务迅速发展崛起的浪潮中,原有的实体消费空间的用户迅速被分流到虚拟消费空间,原有的实体店销售体系很快被冲垮。百货、超市、餐饮等行业实体店的阵亡名单越来越长。作为商业大国的美国首当其冲,美国最好的百货公司之一、成立于1893年的西尔斯百货,在2015年关闭了235家;美国梅西百货公司2015年关闭了14家,2016年关闭了30余家;沃尔玛2016年全球关闭269家;麦当劳2015年在全球关店700家。中国情况亦然,服装、百货全面受到冲击。全国最大的品牌羽绒服生产商波司登2015年关店超5000家,2016年第一季度关闭1328家;体育品牌店李宁专卖店,2015

---

[1] BI中文站.美国电商用户达1.98亿,占成年人口总数78%[EB/OL].(2014-11-28)[2017-11-18].http://tech.qq.com/a/20141128/010925.htm.

[2] 中国产业发展研究网.2016年欧洲电商市场,英国为欧洲贡献5%的GDP[EB/OL].(2016-09-27)[2017-11-18].http://www.ebrun.com/20160927/194486.shtml.

[3] 商务部.中国电子商务报告2016[EB/OL].(2017-06-29)[2017-11-18].http://www.199it.com/archives/606896.html.

年上半年即关店 1200 家；万达百货 2015 年关店 46 家，等等。[①]

实体书店作为众多实体店的一员，也深受重创。美国 Borders 书店，是美国第二大连锁书店，拥有 1400 家分店，2011 年宣布破产，关掉 1/3 的店面。美国百年老店威廉姆斯书店，2012 年宣布关闭。美国最大连锁书店巴诺书店，2014 年关掉了 1/3 的实体店面。[②] 英国 2005 年拥有独立书店 1535 家，到 2013 年倒闭数量超过 1/3。其中，2010 年净减 93 家，2011 年 65 家，2012 年 66 家，2013 年减少 41 家，其中倒闭 67 家，新开 23 家，该年度位于商业街的独立书店总数首次跌破千家（987 家）。[③] 霍尔书店 (Hale Bookshop)、旺兹沃思书店 (Wandsworth Bookshop)、多佛书店 (The Dover Bookshop)、儿童书店狮子与独角兽 (The Lion & Unicorn Bookshop) 都没能逃脱这一命运。

在中国，持续多年的网上书店"价格战"使得原有的图书零售市场乱象重生，尤其是位于网络发达的一、二线城市的实体书店，更是首当其冲，读者消费群体严重被分流，实体书店陷入凋敝。2014 年当当、京东、亚马逊三家图书销售额超过全国 127 家大型书城的销售总额。[④] 2015 年"双十一"期间，文轩网上出版物销售当天突破了 1 亿元。[⑤] 智能手机的普及及微信等社交媒体平台的繁荣，又带来更多新的发行渠道。据开卷数据显示，2016 年，中国图书零售市场总规模为 701 亿，网上书店销售额首次超过实体书店，继续保持 30% 左右的增长，实体书店渠道同比增长率为 –2.33%。[⑥] 一消一涨，趋势明显。当前，网络书店仍是实体书店最大的市场竞争对手，在被调查的实体书店中，九成以上认为网络书店的低价销售是对实体书店经营形成冲击的主要因素。

[①] 中国电子商务研究中心. 盘点：大洗牌！全球 2016 实体店阵亡名单 [EB/OL].（2016-10-14）[2017-11-18]. http://b2b.toocle.com/detail--6363118.html.

[②] 雨果网. 美国实体书店遭电商围剿纷纷关门 [EB/OL].（2014-02-07）[2017-11-18]. http://www.cifnews.com/Article/7731.2014-02-07

[③] 中国新闻出版网. 英国独立书店首度跌破千家 [EB/OL].（2014-03-03）[2017-11-18]. http://www.chinaxwcb.com/2014-03/03/content_287212.htm.

[④] 肖华. 实体书店要发挥实体优势 [N]. 中国新闻出版广电报，2017-06-21（3）.

[⑤] 光明网. 出版物融合传播背景下实体书店转型的思考 [EB/OL].（2016-07-06）[2017-11-18]. http://reader.gmw.cn/2016-07/06/content_20851443.htm.

[⑥] 陈含章. 当前实体书店转型升级存在的突出问题研究 [J]. 科技与出版，2017(7)：10-14.

二、国内经济进入地产时代

进入二十一世纪，中国经济迅速进入房地产时代。根据国家统计局对全国70个城市的房价水平的统计数据，中国在售房地产价格从2004年到2014年间，房产价格上涨幅度为77%。事实上，国内一线城市房产涨幅远超这一涨幅。"中原地产"所发布的中国房地产指数显示，从2004年到2014年，北京、上海、广州、深圳四个一线城市的房价分别上涨了374%、346%、505%和420%。[①] 房地产过快增长直接推高了实体店租金成本。据统计，"十二五"期间，一线城市购物中心租金将近翻倍（94%），二三线城市购物中心租金涨幅已超过一线城市。

国有新华书店因拥有自有房产，因此在此次经济浪潮中，图书销售的惨淡可由增长的房租收入抵消一部分。而在被调查的民营书店中，实体书店租金占经营成本比重最高，城市的店面租金成本普遍占到成本的30%以上，北上广一线城市有的店铺租金成本占比甚至高达50%。因无法支付房租，许多实体书店不得不向偏远地区或向"二楼"迁移。民营实体书店自称是在"带着镣铐跳舞"，又称"图书销售跑不赢房地产"，减免增值税等优惠政策所带来的利润很容易被不断上涨的房屋租金所抵消。

三、国内读者阅读进入数字时代

随着上个世纪后半期全球信息革命的爆发，使得以前由纸张、胶片、磁带等所记载的信息很快被转化为数字信息，图书、报纸、期刊、音乐、游戏等等迅速步入数字存储与传播时代。在我国，近十年来互联网技术、移动阅读终端及数字出版业飞速发展，人们获取信息、知识的途径发生了重大的变迁——以往只能翻阅数本纸质期刊、数年的报纸才能获取到想要的知识，现在只需确定关键词、访问几个专业性数据库即可轻易获取。一些工具类、资讯类、信息类的书报刊很快就被搜索引擎所取代，而娱乐性等只需"浅阅读"就能完成的内容，拥有海量信息、获取便捷的互联网显然比纸质书报刊更具优势，原有的图书、音像电子制品、唱片等迅速被Ebook、网络小说、网络视频、网络游戏所取代。

---

① 腾讯网. 十年里房价究竟涨了几倍 [EB/OL].（2016-03-03）[2017-11-18]. http://new.qq.com/cmsn/20160303043630.

随着手机、IPAD等移动客户端的普及，数字化阅读方式日益普及，数字阅读时代全面来临。根据中国新闻出版研究院2016年发布的第十四次国民阅读调查数据，我国成年国民数字化阅读方式接触率（包括网络在线阅读、手机阅读、电子阅读器阅读、光盘阅读、Pad阅读等）连续八年不断上升，从2008年的24.5%升至2016年的68.2%。其中，网络在线阅读接触率从2008年的15.7%升至2016年的55.3%，手机阅读接触率从2008年的12.7%升至2016年的66.1%，手机日均接触时长从2008年的4.66分钟增至2016年的74.40分钟，在手机接触者中，2016年用于手机阅读的时长平均为47.13分钟。[①]

在这种背景下，实体书店普遍反映进店购书群体较十年前有大幅度的下降。购买纸质图书的群体不断被分流，由此对实体书店的生存形成了巨大挑战。

四、国人消费进入品质消费时代

上个世纪改革开放以来，我国居民消费逐步从温饱消费过渡到小康消费、符号消费，再到当前以及还将持续一段时间的品质消费。根据国家统计局发布国民经济和社会发展统计公报数据，从2005年至2015年全国的人均可支配收入从6722元增长到21966元，其中城镇人口的人均可支配收入从11321元增长到31195元。当前，我国一二级城市收入水平继续提高，三四级市场城镇化加速，城乡居民对消费的品质的需求急速增长，并由此倒逼生产、流通、市场做出相应升级变革。

而转型升级前的实体书店形象，无论是新华书店还是民营实体书店，绝大多数是环境陈旧，营销方式老套，服务保守。主要表现在：一是书店环境堪忧，书店基本是大卖场，不重视书店装修设计，设施缺少更新换代，基本不设置座椅；二是书店经营者观念保守，不研究读者需求，产品雷同性较高，严重依赖教材教辅，缺乏创新和特色；三是书店功能单一，仅仅是卖书，缺乏相关文化活动和消费板块，缺少应有的文化活力和吸引力，阅读氛围不足，留不住读者；四是营销观念落伍，不能利用一些新的技术手段做宣传推广和便捷支付，与时代相脱节；五是服务意识不强，有的书店为降低成本，缺少必要的员工培训，造成服务不够专业，影响了顾客的购物体验，备受诟病。

---

① 王坤宁，李婧璇. 第十四次全国国民阅读调查成果发布，数字化阅读接触率连续八年上升[N]. 中国新闻出版广电报，2017-4-19（1）.

随着人民群众生活水平、消费水平的普遍提高，读者对书店的特色化、个性化、精品化、便捷化、舒适化等都有了新的要求。而上述的这些情况使得读者不愿意走进书店，或者即使走进书店也难以长时间停留。

从以上分析可以看出，传统实体书店已逐渐与时代相脱节，要生存、要发展，就必须尽快在功能和服务上有所提升。转型升级，是时代的要求，也是实体书店能够生存、谋取更大发展的必然出路！

第二节 实体书店转型升级的发展契机

时代赋予实体书店以挑战，同时也带来了新的发展契机。实体书店的文化价值和公益功能逐渐被社会所认知，社会上也在逐渐形成有利于实体书店发展的氛围环境。与此同时，海外一些优秀的实体书店经营模式也为国内书店转型升级提供了有益借鉴。

一、实体书店作为重要的文化基础设施受到政府扶持

2016年全国县级以上公共图书馆数量仅为3153个，平均每43.85万人才拥有1个县以上图书馆，每3045平方公里范围内才设有1个县以上图书馆。[①] 这对于一个拥有近14亿人口的大国而言，显然是杯水车薪。因此，分布各地的实体书店在一定程度上承担了图书馆的阅览功能，肩负着文化传播的重任，具有明显的公益属性，也由此被国家作为重要的文化基础设施给予扶持和资助。为挽救实体书店，"十二五"以来政府持续出台多项扶持政策、措施，为实体书店发展营造出了良好的政策环境，直接推动实体书店发展。一是2011年，中宣部、原新闻出版总署、住房和城乡建设部联合下发《关于加强城乡出版物发行网点建设的通知》，要求各级党委、政府要在政策、资金、税费、占地等方面给予出版物发行网点建设以必要的扶持。二是2013年，财政部、国家税务总局发布《关于延续宣传文化增值税和营业税优惠政策的通知》，免征图书批发、零售环节增值税。三是2013年，财政部、国家新闻出版广电总局启动实体书店扶持试点工作，连续3年累计安排资金3亿元，推

---

① 新浪博客. 2016全国公共图书馆事业发展总体情况【数据摘录】[EB/OL].（2016-03-03）[2017-10-10]. http://blog.sina.com.cn/s/blog_4fcba36b0102x2zb.html.

动扶持了北京等16个省市一批重点实体书店实现转型升级。四是2016年中宣部、国家新闻出版广电总局、财政部等11部委联合发布《关于支持实体书店发展的指导意见》（以下简称《指导意见》），通过完善规划和土地政策、加强财税和金融扶持、提供创业和培训服务、简化行政审批管理、规范出版物市场秩序等5项政策措施鼓励实体书店改革创新，全面推进实体书店发展。此外，国家新闻出版广电总局通过项目带动引导，连续几年将实体书店建设作为加强城乡出版物发行网点建设的重要内容，纳入新闻出版改革发展项目库，用于支持特色书店和品牌书店扩大经营规模。在中央政策带动下，北京、上海等地也相继推出了地方扶持政策。北京市出台《北京市实体书店扶持资金管理办法（试行）》，上海、江苏、安徽、浙江、四川等多个省市相继出台了地方性的《关于支持实体书店发展的实施意见》文件。这些政策措施的出台实施，极大地提振了实体书店经营者的信心。

二、社会上形成了有利于实体书店发展的氛围环境

除了国家对实体书店发展的直接推动，社会上也逐渐形成了有利的环境。一是全民阅读工程的实施推动社会形成良好阅读氛围。全民阅读工程连续几年被写入国家政府报告，并被纳入国家"十三五"发展规划。随着工程的推动，社会上重视阅读的风气渐浓，阅读指数不断提升。据中国新闻出版研究院第十四次国民阅读调查数据显示，我国成人国民综合阅读率"十二五"末较"十一五"末提升了2.5个百分点，2016年又比2015年提升了0.3个百分点。[①] 阅读人数的增加为提高实体书店销售带来基本保障。二是社会投资实体书店建设的意愿明显增强，书店与商场、地产的联姻有效降低了租金成本。这一期间政府鼓励房地产企业、综合性商业设施等为有社会影响力的实体书店提供免租金或低租金的经营场所。而商场、购物中心等实体消费场所在电子商务的冲击下，为了抱团取暖，与品牌实体书店联姻的成功案例越来越多，书店几乎成为购物中心的新标配业态。据统计，2016年在全国新开业的465个购物中心中，就有超过35家引入实体书店。西西弗、钟书阁、方所等书店都在这一浪潮中迅速实现了规模扩张。还有一些品牌书店与

---

① 王坤宁，李婧璇. 第十四次全国国民阅读调查成果发布，数字化阅读接触率连续八年上升 [N]. 中国新闻出版广电报，2017-4-19（1）．

房地产、酒店等项目开展合作，如江苏凤凰新华书店入驻华润地产项目，三联书店与亚朵连锁酒店联合，等等。除此以外，一些社区、高校等地也开始为实体书店提供低租经营场所，这些都为实体书店扩大规模提供了便利条件。

三、境外实体书店经营模式为国内书店经营提供了有益借鉴

它山之石，可以攻玉。这一时期，国内一些知名的实体书店经营者为求生存，遍访全球，取经问道。一是台湾诚品书店的"诚品模式"，成为大陆许多大中型书城的借鉴对象。台湾诚品面对市场的挤压、传统书店发展的瓶颈，十多年来一直在探索转型升级模式。最早是单纯售书，接着发展到以书为核心的多元业态经营模式，但这一阶段与国内的大多数大型书城一样，书与非书产品仍然是各自独立的版块。近几年，诚品书店开始进入到"诚品生活"模式，将书与非书，与文化、地产全方位融合在一起，树立品牌文化，营造文化认同感，超越了书店本身的价值。苏州诚品书店正是沿用了第三种模式，该店建成之后，附近的地产迅速升值。二是日本的代官山"茑屋书店"模式，致力于为读者提供复合式文化生活空间，备受国内新兴书店的推崇。该书店于1983年成立，最初是以销售二手书为主营业务的连锁书店。2011年开业的代官山茑屋书店一改往日社区书店的朴素形象，用园林般自然的室内设计风格为读者营造愉悦的阅读感受。书店座椅充足，开发了公园绿地，并提供星巴克咖啡等休闲餐饮，可阅读、可办公、可会友。书店营造出复合式的文化生活空间，功能从售书转向介乎家、办公室和商业空间之间的建筑综合体。三是欧美一些地标性特色书店，如巴黎的"莎士比亚书店"、旧金山的"城市之光"书店、伦敦的"厨师书店"、纽约的"爱狗人书店"等等，这些特色书店为国内一些中小书店提供了有益的借鉴。美国最大的网上书店亚马逊开始由线上向线下延伸，利用大数据"Amazon Books"，线下店模式也为国内网上书店向线下拓展提供了参考。

第三章　品牌、特色实体书店转型升级主要模式及案例分析

本文所称品牌、特色书店是指在全国或形成品牌效应，或形成书店独有的经营特色，具有较高的媒体曝光率，为社会、业界、读者所熟知的书店。课题组通过对全国30余家品牌、特色实体书店进行走访和调研，按照实体书店商业经营的主要特点将当前实体书店的经营模式归纳为五种：多元业态模式，特色、主题书店模式，线上线下一体营销模式，商圈连锁模式和准公益模式。需要说明的是，模式的划分是以该书店经营的最大特点为准绳，不代表一家书店只采取一种模式经营。一家特色书店也可能会采取多元业态经营，一家共享书店也可能采取线上线下一体化营销模式。本章对以上模式的代表性书店给以个案研究。

第一节　多元业态模式

多元业态模式是实体书店尤其是大书城转型升级的一个重要方向，在课题组走访调研的实体书店中已很少见到单纯售书的书店。该种模式下，实体书店将图书销售与休闲餐饮、文化生活和文创产品等多种业态组合搭配起来联合经营，以满足读者的多方面需求，实现多种形式的创收。在此种模式中又可依据业态的不同侧重，分为"书店+生活"、"书店+文化"、"书店+文创"以及"书店+休闲"等模式。

一、"书店+生活"模式

"书店+生活"模式指的是将书店打造为集多种业态于一体的文化生活中心，包括图书销售、文创售卖、休闲娱乐、服装服饰、教育培训、咖啡餐饮、文化市集、花艺茶道等业态，满足读者多样性的需求。广州方所、苏州诚品书店、安徽图书城、新华文轩九方书城等等采取的都是该种模式。

案例：新华书店安徽图书城店

新华书店安徽图书城店作为皖新传媒具有代表性的转型升级后的书店，通过以书为媒介、以人为根本、进行商业驱动的新思路，在经过转型升级后将书店打造成一家高颜值高品位优质服务的文化生活中心。

1. 书店简介

新华书店安徽图书城店的前身为安徽图书城，位于合肥繁华地段，于2000年正式开业。2014年10月，安徽图书城开始改扩建，面积从4000平方米增加到近10000平方米。2015年8月底，安徽图书城更名为新华书店安徽图书城店，重新开业。书城改变了传统的新华书店经营思路，围绕文化体验与消费，将图书、多元文化产品以及生活服务三者充分融合，向消费者展示一种全新的文化生活方式。改造后的安徽图书城共有四层，每层都进行了精心的装修和合理的规划，除了图书区域，还有多个与读者互动的场所，引入了漫咖啡、花艺店等多种业态。

2. 运营模式

新华书店安徽图书城店主要是利用"书店+生活"的运营模式进行经营，通过书业、文化、创意、休闲、培训、餐饮、文化市集等多业态，将整个书城打造成一家一站式文化服务平台。

3. 主要做法

（1）复合经营代替单一售书模式

通过转型升级，新华书店安徽图书城店改变以往传统的单一售书模式，开展多种业态复合经营模式。通过现代商业合作形式，引进漫咖啡、小米等拥有大量粉丝和客群的优质品牌，吸引人流进店，通过收取租金或者提点等方式，提升书城的经济效益。书店将书作为最核心的介质，围绕"阅读与生活"，进行项目和品牌的有机组合，聚合成一个多层次、高效率的物质、能量共生的网络。

（2）举办各类"体验"活动，与读者增强互动

以人为本，注重体验，充分利用改造后的空间进行多种业态的经营，延伸出多种与读者的互动方式，满足进店读者的文化休闲需求。针对儿童开展"书虫陪你游书海"，针对家庭和社会团体派阅读顾问进行书房打造，还可体验科技产品、进行音乐表演、感受安徽传统文化等。书店定期举办一些活动，邀请众多文化名人，走进书城，吸引客流到店内，与文化名人近距离接触。同时书店在安徽文化惠民消费季开展惠民活动，促进文化消费。

（3）专业环境设计，提升书店舒适度

选用实力设计团队，时尚的设计和舒适的环境让图书城更具有吸引力，

利用书籍、各类产品和配套的店铺，让读者走进来之后感受到文化空间的独特氛围。转型升级后的书城为读者提供了大量阅读空间，舒适的座椅，让读者在书城里驻足停留。此外书店还为儿童设计了专门的区域，设计风格贴近儿童兴趣。

（4）充分利用新媒体，提升营销手段

书城在转型升级后非常看重文化品牌的塑造，多方面改变和发力，在城市中打造一个一站式解决各种需求、具有无限可能的城市文创生活平台品牌。书城有自己的微信公众号和微博，进行各类信息的推送，同时通过各类媒体宣传，增加影响力。

二、"书店 + 文化"模式

"书店 + 文化"模式指的是书店通过提供优美的文化场所，举办丰富多彩的文化活动，引流到店，收入来自图书销售、会务服务、餐饮等项目。

案例：上海最美书店"钟书阁"

以"将书店做成书店，成为读书人的归宿"作为首要经营理念的钟书阁被誉为上海最美书店。经过 20 多年的发展已经成为上海市政府和松江区政府连年支持的知名书店，先后获得上海市工会职工创业示范点、上海市诚信企业、上海市顾客满意单位等殊荣。

1. 书店简介

1995 年上海诞生了第一家钟书书店，至今已有 22 年历史。2010 年，钟书旗下已有 21 家书店，但房租和工资的不断上涨以及网上书店的竞争，迫使关停 8 家。在经过一年多时间的筹备与新型书店转型探索的挣扎期后，2013 年 4 月"世界读书日"当天松江泰晤士小镇钟书阁书店正式开业。该店以创建上海"最美书店"为理想、以定位较为高端的概念书店为追求，迅速吸引了媒体的关注。2016 年书店开始实现盈利，年销售额达千万。目前钟书阁上海闵行店、静安寺店，杭州、扬州、成都、无锡等连锁书店已陆续开业。

2. 运营模式

钟书阁利用"书店 + 文化"的运营模式进行经营，通过高端的设计吸引顾客进店，定期举办各类文化活动，如作者签售、名家讲座、阅读活动、培训活动等，扩散知名度，提高收益。

3. 主要做法

（1）文化活动成为运营基础

钟书阁举办各类文化活动，扩大其影响力，吸引客流到店。2016年钟书阁共举办458场活动，2017年预计达到600场，其中约三分之一是免费项目。文化活动吸引了广大读者进店，让读者进店有了消费机会，也为顾客营造了良好的读书氛围和交流环境。钟书阁也通过提升服务，与读者进行互动交流的服务理念也为自己赢得了好口碑。

（2）开展个性化阅读服务

钟书阁以"为读者找好书、为好书找读者"为目标，专门组建了6人选书团队，并优先与名家名社合作。每年从20多万种新书中精挑细选出2万种好书之外，钟书阁还为读者提供一系列个性化阅读服务。比如专门提供"私密书架"来保存读者在店内购买的图书，没有读者本人允许，任何人不可翻阅，以专属书架来满足一些读者"做书店小老板的梦想"；此外，还通过提供"上门打造书房"服务来增加读者黏性。

（3）选址开店商业定位明确

钟书阁选址大多是在中高消费区，主要选在了政府建设的园区和商业地产中。一方面得到了政府支持，与地产商合作，免房租或者低房租，在装修上还能得到补贴。另一方面，在商业体中能够接触到文化层次、经济层次和休闲理念较强的顾客。钟书阁在与地产商合作中，通过免房租或者低房租以及装修接受补贴实现了经营成本的降低。目前钟书阁在选址上要进行商业评估，才决定要不要开店。

（4）连锁不复制，一店一设计

钟书阁以打造"最美书店"为理念，在设计上秉持"连锁不复制，一店一设计"的原则。9家钟书阁均依据不同的选址环境提供相应的选书标准和主题设置。钟书阁跳出"连锁店"思维，融入当地文化生态，实现精细垂直。其中土生土长的"海派"泰晤士书店仅设计费就高达40万元，前期总投资逾千万元。钟书阁作为最美书店，结合每所城市的文化特点，打造各具特色的城市阅读空间，被推崇书店的圣地，给读者极致的视觉享受。

（5）建立自媒体部门进行宣传

钟书阁专门设立了自媒体部门进行品牌宣传，打造线上线下为一体的公众号、微博和微信宣传矩阵。同时钟书阁掌门人金浩积极接受媒体采访、发表演讲，提升出镜率，宣传钟书阁。目前，钟书阁已经成为上海实体书店的一面旗帜，成为各地学习经验的窗口。

三、"书店+文创"模式

"书店+文创"指的是书店将文创产品作为重要的经营内容，结合书店文化、城市文化和历史街区文化，通过文创产品的设计和售卖为书店创收。

案例：南京先锋书店

南京先锋书店坚持"开放、独立、自由、人文"的经营理念，被誉为南京的文化地标和城市公共客厅。先锋书店曾被选为中国最具影响力十大民营书店、南京十二张城市文化名片之一并获得"第三届中国出版政府奖"。此外，南京先锋书店还被境内外多家媒体报道，被美国《国家地理》、英国BBC评为全球十佳书店之一，被誉为"中国最美书店"。

1. 书店简介

1996年先锋书店在南京开店，起初作为一家民营学术书店，主营人文社科类图书。2004年9月18日，先锋书店五台山旗舰店开业，经营面积近3680平方米，经营品种7万多种，并设立了1000平方米的物流配送中心。21年来先锋书店探索出一条以"学术、文化沙龙、咖啡、艺术画廊、电影、音乐、创意、生活、时尚"为主题的文化创意品牌书店经营模式。目前先锋书店图书和非图书销售额占比为5:5，先锋书店五台山店为总店，五台山店年销售额可达到两千万。此外还有十二家书店开到了江浙皖三省，这些分店大多开到了历史文化街区中，这也开启了先锋书店转型升级探索之路。

2. 运营模式

先锋书店是一家主打文化创意品牌的书店，主要经营模式为"书店+文创"，通过自主设计文创产品在书店内进行销售。同时也有咖啡、画廊和时尚等多元业态经营。

3. 主要做法

（1）开办自己的设计公司经营文创

目前先锋书店整个公司经营主要是扁平化管理，全职人员有120人，经营的五大部门分别是品牌、设计、门店、财务和行政部门。先锋书店有自己的设计公司，在文化创意产业方面进行了有益的探索，先锋书店的文创团队与南京总统府、中山陵等旅游景区合作，联合推出相册、套装明信片等文创产品，在这些产品上随处可见南京的旅游风光和人文元素，随后还设计了雨伞、牛皮包和工艺品等产品，这些产品成了来旅游和逛书店的人最青睐的东西。目前先锋书店自主设计了五千多种创意产品，在十三家门店进行销售。

（2）书店设计独特，成为旅游必去之处

先锋书店店面设计独特，尤其是总店五台山店由地下车库改造而成，风景独特，经营面积有三千多平方米，其内独辟二手书店区，创意产品展售馆，先锋艺术咖啡馆，沙龙活动专区，可以同时容纳300多人在沙发上读书，文化气息浓厚，设计风格独特。除了日常南京市民前往书店购书阅读之外，很多前来南京旅游的游客都会将先锋书店五台山店作为旅游必去景点之一。先锋书店开在中山陵、总统府和美龄宫等旅游景点的分店，在设计方面也都结合景点文化特色，吸引广大游客前往。

（3）选书具有特色

先锋书店在图书选品方面极富经验，具备自己的特色，主打诗歌等文学书籍，在书店内有专门的诗歌书籍区，能够显示出书店的文化底蕴深厚。此外先锋书店还具有二手书店专区，其中不乏一些绝版书和孤品。在先锋书店内通过图书可以感受到书店的人文气息。同时书店的文创产品也较多的结合了诗歌等文学作品。

（4）通过免租或减租方式开店

目前书店以一年开两三家新店的速度，将书店开到了历史街区，同政府以及商业体进行合作，通过免租或者减租的方式降低扩张成本，通过文化地标的概念让更多人知晓先锋书店。

（5）举办特色活动，进行品牌宣传

书店定期举办各类活动，吸引客流到店，通过活动与读者加深交流和沟通。此外运营团队打造了先锋书店的宣传体系，包括国内微博、微信公众号的运营，每日进行内容更新，品牌宣传，同时也联系国外电视杂志等媒体进行国外的宣传，成功塑造了先锋书店作为一家人文书店的品牌。

四、"书店+休闲"模式

"书店+休闲"模式指的是书店以书为媒介,提供文化休闲场所,吸引读者到店,收入主要来自会务、餐饮等服务。

案例:纯真年代书吧

以"居高临下看西湖,作家带你读好书"作为口号,17年来纯真年代书吧主打文学和休闲,通过复合经营坚守在西湖边上,被誉为西湖边上的"文化会客厅"。书吧发展至今,在杭州当地乃至全国已小有名气。

1. 书店简介

纯真年代书吧2000年发源于杭州文三西路29号,后因房租飞涨和实体店销售被影响。2009年9月,"纯真年代"搬到了西湖边的宝石山上。依山而建的三层小楼经过重新装修开业,这是杭州第一家集书文化和吧文化于一体的时尚文化休闲场所,爱好文学的同道们誉之为"文学根据地",喜欢小资情调的朋友们赞它是理想浪漫的载体。这家书吧在2012年已经实现了盈利,图书销售占收入的30%左右。此外纯真年代还进行文化创意产品售卖,为读者和游客提供餐饮、会务服务。自2000年开业以来,书吧已接待国内外宾客上百万人次,并入选杭州文化创意产业博览会最佳体验点、西湖读书节分会场,是杭州的文化地标之一。

2. 运营模式

纯真年代书吧的运营模式是以文学图书为载体,以书会友,以文学会友,将客流吸引到店体验西湖美景,提供优质环境、餐饮等服务。

3. 主要做法

(1)借助西湖美景营造文化会客厅

纯真年代书吧成立以来,定位一直较为明确,即做一家有文化氛围的书吧。其中很大一个原因是纯真年代书吧选址得当,坐落于西湖边上,致力于成为杭州的文化地标。一方面借助于西湖的美景衬托书吧的休闲气氛,另一方面借助于游客壮大进店客流量。纯真年代书吧的建筑风格和店内布局都符合文化会客厅的特点,古香古色,安静雅致,让纯真年代书吧集古典美和现代感于一身,令人印象深刻。进店顾客在纯真年代书吧可以欣赏到西湖的美景,可以享受阅读的快乐还可以参与到各类人文活动中。

（2）以书会友，定期开展文化休闲活动

书吧以人文类活动为核心，以书会友，不定期举办各类文学、诗歌、电影、美术、摄影、旅游、交友活动。读书沙龙是纯真年代的最大特色，也是杭州的文化品牌。纯真年代书吧成立以来，余华、张抗抗、陈忠实、阿来、莫言、北岛等著名作家和诗人都在这里留下了足迹，也渐渐吸引了杭州和国内的不少文化人、爱书人。每年书吧建立的纪念日，都会举办专门的纪念活动。新书首发、诗歌朗诵会、学者讲座、影视沙龙等活动接连不断，人流的增多也让纯真年代开始提供相应的餐饮、会务服务。

（3）充分挖掘文创商机，自主设计产品

纯真年代书吧进行创意产品的设计和售卖。结合西湖的自然和人文资源，将西湖、文学和文化名家的元素植入，通过设计这些创意产品，体现出书吧的特色，同时也为书店进行创收。

（4）积极进行各类宣传，与业界保持联系

纯真年代书吧通过微信、微博及媒体的宣传，一直与文学界、出版界和媒体界保持紧密联系，扩大书吧的影响力，提升书吧的知名度，让更多的人知晓纯真年代书吧，慕名而来。

第二节　特色书店模式

特色书店模式往往适用于一些中小书店，本身体量不大，在业态整合上有其局限性，因此通过对图书品类的选择或对服务对象进行专门定位等做法，将书店经营向某一特色或者某一主题倾斜，打造出有鲜明特点的实体书店。目前我国特色书店数量较多，囊括多种文化、多类人群和多种风格，如专业学术书店、红色文化主题书店、儿童绘本书店、女性书店、文艺书店、电影书店、旅行书店、古旧书店等等。

案例1：红色文化主题书店——延安中国红色书店

以"沿承新华传统、弘扬延安精神"为发展理念的延安中国红色书店是陕西新华出版传媒集团延安市新华书店有限责任公司倾力打造的红色文化主题书店。2014年，国家财政部下拨1800万文化产业扶持资金，全部用于"延安中国红色书店"大楼项目建设。经过2011年到2016年五年的建设，该书店于 2017 年开业。

1. 书店简介

延安中国红色书店的前身是一家以经营教辅为主的新华书店。2017 年 4 月 23 日，在第 22 届"世界读书日"及新华书店成立 80 周年庆之际，延安中国红色书店正式投入使用。该书店是一家集红色文化理论研究、大众阅读、红色旅游文化与红色文化文创产品研发于一体的复合式、体验型书店。书城营业面积近 2000 平方米，图书品种约 4 万种，主要经营图书、音像、红色文化系列文创产品、红色文化旅游系列产品、咖啡、简餐等，设有读者阅读区、VIP 区、朗读区、儿童游乐区等。该店是目前国内体量最大的红色文化主题书店。截至 2017 年 8 月，书店平均日人流量为 3 千人次，共接待读者 39 余万人次，平均月销售额为 75 万元，比升级前增加了 7 倍。

2. 运营模式

中国红色书店以红色文化为介质，集红色文化、大众阅读、红色旅游文化于一身，运营复合式、体验式阅读空间，收入来自图书销售、文创产品、会务活动等。

3. 主要做法

（1）围绕红色文化设计书店场景

该书店由三石策划设计，在风格设计上，将延安枣园窑洞、中共七大会场、延安保育院等内容融入其中，读者置身其间能进一步增强对红色文化的理解。书店内有延安杨家岭中央大礼堂式的图书文化展演空间、有延安保育院场景的"儿童阅读主题公园"，同时，在书店中完整复制了新华书店发祥地延安青凉山新华书店旧址，作为"新华书店历史陈列馆"。另外，书店中陕北农民打腰鼓场景的大型雕塑、延安安塞腰鼓改装的一排排阅读灯、延安大型剪纸、五角星吊灯、红旗式书架书台、小红军骑马吹号雕塑、门头党旗雕塑等体现了红色文化与陕北文化。

（2）以"红色文化"图书和音像制品为媒介开展主题文化活动

中国红色书店图书品种丰富，约有 4 万余种，其中"红色文化"图书和音像制品是其最大的特色。书店每年向全国各个出版社征订关于延安及"红色文化"的精品图书和政治理论读物，确保该部分图书品种丰富、全面。书店结合红色文化主题开展多样性文化活动，包括承办各级党委、政府主导的读书活动，了解党委、政府的学习规划，为其提供阅读图书参考目录，邀请名家进行做讲座、签名售书活动等。每晚7点书店举办不同主题的"朗读者"活动，参与者可7折购买一本自己喜爱的图书，截至目前，已举办了132期。开业4个月，书店已举办名家签售、亲子活动、书画展览、阅读分享会、公益讲座40余场活动。

（3）采取多元业态经营模式

中国红色书店在转型升级后，由原来单纯的购书场所变为现在的集阅读、文化、休闲、旅游于一体的复合式文化空间，由单一的零售商业模式转变为多元经营的商业模式。书店充分利用中国红色书店内部空间，提供红色文化阅读与研究的大型VIP阅读室，长年举办各类红色文化展演活动的舞台空间。同时创意产品、咖啡、饮品、简餐等消费区域为读者提供阅读休闲服务。

案例2：儿童绘本书店——蒲蒲兰绘本馆

近些年来随着绘本阅读的兴起，专门服务儿童的绘本馆也逐渐兴起。蒲蒲兰绘本馆是中国首家专业儿童书店，主要经营儿童读物，这家书店目前在北京和上海均有店面，曾连续三年被评为"全球最美书店"。

1. 书店简介

蒲蒲兰绘本馆成立于2005年，是北京蒲蒲兰文化发展有限公司在中国开设的第一家儿童书店。该公司由日本规模最大的儿童专业出版社白杨社于2004年7月在中国投资设立，注册资金500万元。蒲蒲兰绘本馆定位为"儿童文化企业"，主要经营经典儿童读物，策划、执行儿童早期阅读活动，开发版权交易市场与项目代理，设计制作益智类玩具等。绘本馆店内有超出一万册绘本，这些绘本有各种语言，同时有400多种绘本来自蒲蒲兰自家的出版社。蒲蒲兰一年能卖出近两万余册绘本书，符合孩子成长特点的店面装修和线下活动深受家长和孩子欢迎。

2. 运营模式

蒲蒲兰绘本馆围绕儿童书店这一主题进行运营，通过经营儿童读物特别是儿童绘本，同时结合线下阅读空间和线上阅读活动开展运营。

3. 主要做法

（1）设计符合儿童兴趣的店面环境

蒲蒲兰绘本馆设计风格贴近儿童主题，宛如童话世界的装潢能够吸引孩子，通过各种小道具将整个书店设置成一个极富特色的阅读空间，可供儿童进行阅读、娱乐或与父母开展亲自活动。

（2）围绕儿童主题进行运营

蒲蒲兰绘本馆定位明确，核心突出，围绕儿童这一主题进行书店的运营。从图书、活动到设计均可以体现出主题，并且找到了核心客户，能够较长久地抓住固定客群。利用出版社拥有大量作者资源的优势，独立出版原创绘本，尤其是一些有名的作者。

（3）盈利模式多样，租售同时进行

绘本馆实行"会员制+绘本零售"。除了零售和批发图书外，还采用了会员制，会员每年缴纳一定的年费，就可以随时借阅绘本，并免费参加蒲蒲兰举办的各类活动。

（4）注重体验，通过线下活动吸引顾客

蒲蒲兰绘本馆线下书店同时也是体验馆，在书店内，会定期举办各类活动，与孩子进行互动，举办亲子活动和相关课程。此外，还专门组织日本绘本之旅，让家长和儿童有极佳的体验

（5）注重线上营销和线上活动

通过微信公众号等新媒体进行活动宣传和门店宣传，同时开设父母专区，教师专区，与读者建立更为深入紧密的联系，产生粉丝效应，对塑造品牌更有益处。

案例3：女性书店——雨枫书馆

雨枫书馆创办于2007年，开创了国内首家会员制女性阅读馆的先河，成为众多实体书店中以女性为主题的特色书店。

1. 书店简介

雨枫书馆于2007年落户北京，命名为"清华馆"。这家书店目前正在为超过1000位女性会员提供以阅读为核心的会员服务。雨枫书馆的目标读者为25岁到45岁的知识女性。针对每个年龄段的女性雨枫书馆都提供不同的图书和服务，同时书店还开展各类与女性相关的特色服务。2017年6月，雨枫书馆暨文创中心在太原开业。

2. 运营模式

雨枫书馆主要以会员俱乐部形式为经营模式，以服务创业群体阅读、家

庭阅读与女性阅读为特色，以实体书店为平台，构建知识学习与分享社区，组成基于阅读服务的互动社群。

3. 主要做法

（1）书店服务对象定位明确，专为女性服务

雨枫书馆明确书店的服务对象为女性，围绕"女性"主题开展系列自成体系的服务，针对每个年龄阶段的女性的特点，包括其个人经历、文化背景和家庭关系，针对可能遇到的不同问题，提供图书、活动，供女性阅读。在选书方面成立了选书委员会和书女大使，网罗各类适合女性阅读的书籍，从三大方面来选书：写给女人的书，女人需要的书，女人写的书。

（2）设计风格受女性喜爱

雨枫书馆的室内设计高贵典雅，符合女性特点和气质，是一个非常适宜女性进行阅读的空间。同时雨枫书馆还设计了儿童阅读区，可以让有孩子的女性带来儿童，一起进行阅读。这样的设计能够让女性产生更多的归属感，与女性联系更紧密。书馆还拥有"书女坊"设计师团队，加入团队就可以设计自己的明信片、本子、书架、书桌板凳等一切与女性生活和阅读相关的物件。

（3）采取会员制，提供精准服务

开创女性读书会员制，读者每年缴纳一定的会费，就可成为其会员，从而可以享受雨枫所有新书、旧书、馆藏书的借阅。同时，雨枫的读者还有采购书以及淘汰书的权利。会员可进行自由借阅，不限时间和次数，通过选书委员会和书女大使寻找自己想读的书。同时定期举办活动，邀请会员免费参加，增进会员之间的交流。

（4）举办活动较多，读者互动增强

多姿多彩的各种沙龙活动是雨枫书馆的一大特色。新书推荐会、作者签售会、读者读书会、文艺电影赏析会、知识课堂甚至郊外踏青等，都是书馆每周必不可少的活动。女性读者可以在雨枫书馆找到自己的朋友，发展共同的兴趣爱好。

第三节　线上线下一体营销模式

移动互联网的迅猛发展让线上线下一体化经营的 O2O 模式蔓延到各行各

业，书店行业也在其中。该模式让网上书店和实体书店从技术、渠道和营销等方面结合起来，打造了书店线上线下更为完整的生态圈。O2O模式最早是线下店向线上店延伸，如博库网、新华文轩、西单图书大厦等。发展到这两年，线上店利用技术优势，通过用户大数据选址、选书，开始向线下店延伸销售。

案例1：当当网

当当网自1999年11月正式开通，已经由最初的网上卖书发展成为今天的综合性网上购物商城，当当网作为网上书店在中国互联网发展以来占据了高达50%的线上市场份额，是图书零售第一名。同时当当也发力数字阅读，打造数字阅读生态圈。近年来当当网发力线下，在不到两年的时间内开了145家实体书店。

1. 书店简介

当当网作为国内三大图书电商之一，截止到2017年7月，拥有2.2亿会员、4000万活跃用户。2016年当当图书销售码洋约140亿元；当当长期保有超200万种自营纸质图书库存和超过40万种的电子书，数十万种的文创商品；当当在12个城市有物流中心。这些条件促使当当逆势而上，自2014年实体书店遭遇寒冬之时，开始进行线下书店业务的筹划，2015年底当当宣布建线下实体书店。截止到2017年7月，当当线下店面已达145家。其中有100多家当当书吧（县城和超市）、几家当当阅界（购物中心店，如长沙梅沙店）及即将开业的当当车站（3000平方米以上，武汉店12月开业）。当当100多家书店都没有亏损，2016年当当线下实体书店共销售5000万元。总目标是3—5年建立1000家。

2016年图书销售码洋近140亿，累计顾客超过2亿，全年图书活跃顾客超过3000万人次。

2. 经营模式

当当网店经营模式为图书+百货，在当当网线上可以买到包括书以内的各类商品；实体书店经营模式为O+O模式，具备图书、餐饮、咖啡、文创用品及各类体验业态；同时还利用大数据备货与陈列，进行线上线下一体化经营。

3. 主要做法

（1）线上线下优势互补，共造生态圈

当当网线上商城与线下实体书店相结合。当当充分利用线上优势资源，超过2亿的会员、几百万种图书以及配套完备的物流,让当当在线下开店得以实现,并且可以在短期内开多家实体店。而当当线下实体店可以通过提升体验,增强顾客对名牌的认可度,促进线上线下一体化运营,打造当当的阅读生态圈。

(2)因地制宜,定位清晰,开设不同形态书店

当当针对每家书店所处的不同环境,运用不同的商业形态开店,针对图书层级要求不高的顾客开设当当书吧,主要将店面开在超市和农村,面积多为100—300平方米;针对白领人群,在购物中心开设当当阅界,主要面积为1000—2000平方米;而面积最大的5000平方米的大型书店当当车站针对更广泛的顾客,开在大型商业地产进行多元业态经营。

(3)开实体书店兼顾经济效益和社会效益

当当开设实体书店,实则将商业行为与政府公益相结合。当当在开设书店时立足商业出发点,同超市、购物中心和大型商业地产进行合作,同时又顾虑到社会效益,试图在城市建立文化地标,面向基层在县城开店,将经济效益和社会效益实现了统一。

(4)利用大数据等技术实现高效率运营

当当经营线下实体书店时,与线上网店打通价格、商品和服务等,保证实体书店和线上同价,在实体书店买不到的书可以在店内扫码在网店购买,最重要的是通过大数据进行备货与陈列,更能实现精准营销和标准化运营。

(5)以书为核心,发展文化产业

当当在业态组合方面以书为核心,开展多元业态经营,通过文创产品为实体书店提供"文化味"。当当未来将会打造"当当文智产业综合体"这一新型文化产业发展平台,形成"实体与平台结合、线上与线下联动,大数据精准驱动、文化教育与智慧创新并举"的产业发展模式。

案例2:西西弗书店

西西弗书店以"参与构成本地精神生活,引导推动大众精品阅读"为价值理念,至今有24年历史,是目前国内规模最大的连锁民营书店。

1.书店简介

1993年8月,西西弗书店创立于贵州遵义,最初是一家只有十多平方米的传统书店。2001年,西西弗当时面积最大的书店"中北连锁店"开业,在

书店内开咖啡馆，成立了西西弗书友会。自此西西弗书店在贵州市场深耕，花了五六年时间以打造基础，开了8家书店。2008年成立重庆西西弗文化传播有限公司，首次跨省连锁，以此为节点，开始向较为成熟的经营模式探索。截至2016年底，西西弗旗下拥有超过80家图书零售店、超过1000名员工、100万活跃会员，营收突破3个亿。到2017年10月，西西弗开到100家门店。目前西西弗书店已经进驻中国主要城市，包括北京、上海、深圳、重庆、成都等41座城市。

2. 经营模式

从2008年开始，西西弗开展跨省连锁模式。书店采取线上营销线下体验的模式，以阅读体验式书店为主要经营形态，专业打造以主题空间体验为基础、以产品运营体验为核心、以服务互动体验为增值的"三位一体"复合体验模式，利用大数据进行连锁书店的标准化运营。

3. 主要做法

（1）与商圈合作扩大地面连锁规模

自2008年开始，十年来西西弗进驻了41个城市，开设了100家书店。所选城市主要是省会城市，以及南方发达地区的二三线城市。西西弗选址主要选在了文教区和繁华商业地段，建有一套严谨的考量体系，包含区位、交通、书店定位、品牌组合等因素。与大型知名商业地产合作，在深圳进驻万象城、COCO park等知名商场，在上海进驻浦东嘉里城、大悦城等知名商场。2017年进驻北京，均选择了核心商圈：朝阳蓝色港澳、东直门来福士购物中心、崇文门新世界百货等。这种模式，一方面减少了西西弗开店的压力，同时也为商业地产带来了客流，达到了双赢的局面。随着品牌效应的增加，许多商场都实行免租金或低租金的办法引入书店。西西弗书店目前和商业地产的收租模式共分为三种：直接定额收取租金式、营收抽成式、租金和营收两者取高式，三种模式灵活运用。

（2）利用大数据选书售书，提升门店运营效率

西西弗在商品体系内，建立了三大数据模型，即商品采控、商品流控和商品调控，根据每个门店的运营情况和大数据做出信息化、数据化模型。其中"采控"，指西西弗的商品采购有专业品管团队，不是按个人喜好或其他粗放的采购方式，而是专业的买手形态。在图书采购上，西西弗以人文、社

科图书销售为主，参照店面销售大数据，每年从全国20万种新书中挑选3万种入库，每个单店再根据各自的销售情况进行图书的遴选上架，实现精准服务。在门店运营上，采取标准化运营模式，由总部统一实施采购、配送、宣传营销、人员等的管理。

（3）建立自媒体矩阵，开展线上线下一体化营销活动

西西弗书店在线上建立了自媒体矩阵，包括微信订阅号、微信服务号、微博整体账号以及片区账号、矢量咖啡账号等，自媒体矩阵粉丝量加起来大约60万。西西弗的线下主题空间由Park书店（Sisyphe Park Books）、矢量咖啡（UP Coffee）、"不二生活"创意空间（Booart Life）、"七十二阅听课"儿童阅读体验空间（7&12 Reading Call）等功能性子空间品牌组合而成。推广文化活动是西西弗的日常，2017年超过1000场。西西弗与读者的服务互动体验强调根据不同客群需求配以多形式的演讲会、读书会、生活会、签售会等"主题服务定制"文化活动，采取线上营销线下体验的模式，提升读者的参与性、交流性、分享性等深度互动体验。

第四节 准公益模式

根据调研走访，国内实体书店除了以上几种主流的经营模式，还有一些书店响应中央要求文化企业"社会效益与经济效益相统一"的号召，着手探索市场与公益的结合，如24小时书店、准图书馆书店等。

一、24小时书店模式

24小时书店是近十年来出现的一种新型模式，旨在通过延长服务时间实现书店服务升级，这种做法本身不能带来更多利润，因此更多带有品牌塑造和公益服务的性质。2007年，深圳中心书城24小时书吧成为国内第一家24小时书店。随后，2014年4月8日，北京三联韬奋书店24小时试运营。李克强总理给三联书店全体员工的回信，让24小时书店迅速在全国刮起热潮。中国书店燕翅楼店、广州购书中心、安徽三孝口书店、山西万邦图书城夜书房、郑州书是生活书店、青岛新华书店明阅岛、重庆购书中心大坪店、武汉卓尔书店等一批24小时书店在各大城市里开业，成为城市的"深夜书房"，让读

者在深夜也拥有阅读的场所。

案例：三联韬奋书店

北京三联韬奋书店是北京首家 24 小时全天候书店，为三联书店的全资子公司，书店在社会上具有较大影响力，特别是在进行 24 小时营业后影响了一批书店，掀起了全国实体书店 24 小时经营热潮。

1. 书店简介

北京三联韬奋书店 24 小时书店，前身为北京三联韬奋书店，创办于 1996 年，经营面积约 1400 平方米，拥有图书品种近 9 万种，主营人文社科图书，同时也销售文创产品，更是经常举办各类文化活动，被誉为北京文化地标、"知识分子的精神家园"。2014 年，北京三联书店开始 24 小时不打烊经营，全年销售收入同比增长 58%。此后，年均增长约在 15% 左右。2015 年三联韬奋 24 小时书店海淀分店开业。2017 年 8 月，由三石对书店重新设计，进一步升级改造。

2. 运营模式

通过延长服务时间实现服务升级、进行品牌塑造，提升社会效益的同时提升经济效益，实现"双效统一"。

3. 主要做法

（1）24 小时经营，成为城市"深夜书房"

三联韬奋书店在北京积极进行 24 小时不打烊的创举，通过全天候的经营提升书店服务，为读者提供"深夜书房"。对书店不断进行环境的翻新和设计的创新，在推出 24 小时书店之时书店就曾经重新装修，通过雅致新颖的设计吸引了广大顾客。2017 年又进行彻底的升级和改造，旨在打造更有吸引力更舒适的阅读空间。

（2）提升文化氛围，创造社会效益

三联韬奋书店利用出版社的优质资源丰富店内书品，经营着来自全国 500 余家出版社的近 6 万个图书品种，囊括 22 个大类、200 余个小类，社科、历史、哲学、文学等图书应有尽有，很多在别的书店找不到的书在三联都能找到。三联书店经常邀请名家名人走进书店，举办各种学术、文化活动，成为京城的一个重要文化景观，示范作用和社会效益明显。

（3）开展多元经营，丰富业态

书店引进文创产品，与"雕刻时光"咖啡和一家个性化服装店联营，为书店提供额外收入，为读者提供休闲空间。

二、共享书店模式

共享经济的火热也影响到实体书店的转型升级，共享书店模式是安徽合肥新华书店三孝口店探索的一种新型经营模式。该模式将售书与图书馆的借阅功能相结合，提高图书利用率，吸引更多的读者进店，推广全民阅读。但这种模式在版权上、利益分成上、图书折旧上还存有诸多问题需要解决，仍在实验和探索阶段。

案例：合肥新华书店三孝口店

秉承"像经营奢侈品一样的去服务于读者"的经营理念，合肥新华书店三孝口店集多元业态、24小时书店、O2O模式和共享书店为一身，可以称得上是一家"网红"书店，同时也是皖新传媒在书店转型上的一块试验田。虽然共享书店模式引发了业内的争议，但是作为先行者三孝口店的发展状况值得关注和研究。

1. 书店简介

合肥新华书店三孝口店隶属于安徽新华传媒（集团），原名合肥科教书店（1985年9月建成），是主要经营教材教辅及科技类的一家综合性传统书店，面向的读者主要集中在学生及科学技术类专业人士。2012年停业改造，2013年6月16日成功转型，作为全省第一个转型示范店与读者们见面。改造之后，书店环境清新文艺，以文艺图书为主，不再销售教材教辅。作为安徽省第一家集咖啡、茶饮、书吧、生活艺术品、创意文具、轻餐饮等多种业态的新型实体书店，在创立之初就致力于打造一个全省的文化地标，建立以书为媒，文艺活动带动的综合体。2014年，成为省内第一家24小时营业不打烊和全国首家结合微信的体验式O2O书店。2015年实现盈利，在2015年年底因《中国日报》报道《合肥24小时书店不驱赶任何人，拾荒者也可过夜》走红网络，2017年山东高考作文中也被提及。2017年7月16日，新华书店三孝口店成为全球首家共享书店，实现实体书店在经营上的创新。

2. 经营模式

集多元业态、24小时书店、O2O模式和共享书店于一身。

3. 主要做法

（1）首家共享书店，借书售书同进行

新华书店三孝口店开启共享书店模式，借助于"智慧书房"APP，只需要交99元押金，可免费借阅10天，超出之后一天一元，上限为书的价格。同时读者可以在此APP上实现"借转购"，图书零售服务仍在继续。目前新华书店三孝口店已经实现与安徽省内9家书店"通借通还"。截至2017年8月底，三孝口店已有2万多名用户注册并进行借阅，借阅书籍超过10万册，用户借还次数18万次，门店客流量比发布前增长50%。

（2）设计风格受欢迎，实行多元经营

三孝口店改造之后，环境清新文艺，注重读者的体验。店面达八层，总面积达4800平方米，将每一层按照不同功能进行新型服务理念的设计。目前书店图书和非书产品的销售占比约为5：5，在销售上除了优质的图书和文化体育用品之外，还根据每个楼层的定位引进相关的文化产品、服务项目等丰富读者的购买品种。

（3）区位优势明显，24小时经营提升服务质量

新华书店三孝口店位于城市商业中心，交通便利，整合旧书店改造而成，有原书店客流，基础较好，消费群体集中并且消费能力较强。自2014年10月31日起，书店开始了24小时不打烊经营，彰显了书店的社会责任感，社会效益明显。

（4）多项特色活动吸引大批读者参与

书店每周保持举办三场活动的频率。书店在夜间开展一些活动如"书店奇妙夜"，招募家长带着孩子一起来到书店体验夜读生活动。国学晚九点、夜读诗会、民谣音乐会、国学诵读会等夜间文化沙龙吸引了众多游客。书店创意开展"非书·生活·集市"文化节。2016年7月开始，三孝口店设立特色帐篷服务，提供帐篷、睡袋和毛毯，为夜间的读者和路过的驴友提供"与书同眠"的场地。

第四章　品牌、特色实体书店转型升级效果评价

课题组走访了30余家品牌、特色实体书店，对北京70家获地方政府资金扶持的实体书店效果开展了问卷调查。综合调研结果，本章对实体书店转型升级效果，从政府施政效果、经济效益指标、社会效益指标和可持续发展指标四个方面进行综合评价。

第一节　政府施政效果评价

如前所述，2010年以来，中央和地方综合采取了政策、资金、税费、占地等多项激励措施，扶持实体书店发展和转型升级。经过几年的推动，可以看出，政府的引导与扶持对实体书店经营者恢复信心、积极开展功能转型、服务升级等方面起到了显著的促进作用。

一是税收优惠政策落到实处，实体书店普遍得到实惠。2013年，财政部、国家税务总局发布《关于延续宣传文化增值税和营业税优惠政策的通知》，免征图书批发、零售环节增值税。本课题组所调研的全国30余家实体书店、北京70家实体书店，无论是国有书店还是民营书店，全部享受到了该项优惠政策，从中得到了实惠。

二是扶持资金对实体书店转型升级起到了重要的引导推动作用。2013年，财政部、国家新闻出版广电总局启动实体书店扶持试点工作，连续3年累计安排资金3亿元，推动扶持了北京等16个省市一批重点实体书店实现转型升级。北京、上海等地方政府相继给予了地方扶持资金，极大地提振了书店经营者的信心，为实体书店创新发展提供了资金支持。多数书店将扶持资金用于书店的转型升级，包括硬件环境改善、技术软件的升级和举办阅读推广活动等方面，这对书店开展功能转型、服务升级、提升社会影响力起到了非常明显的促进作用。以北京市为例，2016年拨出1800万元扶持了70家实体书店，使实体书店整体环境进一步优化，品牌影响力明显增强，收入利润取得增长，进店读者人次增多，服务满意度提高，多数书店形成了可持续发展的经营模式，整体经济效益、社会效益均有不同程度的提升。

三是多项政策的出台为实体书店发展营造了良好的氛围。《关于支持实

体书店发展的指导意见》等多项政府文件的出台，对实体书店由图书卖场转向公共文化基础设施之一的重新定位，重新塑造了实体书店的功能和形象，提振了行业信心，在社会上营造了良好的氛围。商业地产、高校、社区等纷纷引入实体书店，为西西弗、钟书阁、言几又、方所、新华文轩等一批品牌、特色实体书店开展连锁经营、发展壮大提供了动力支持。

政府施政总体上达到了预期效果。这一期间，一批经营不善、不能适应市场变化、满足读者需求的实体书店退出了历史舞台，但同时，政策、资本与文化相结合，在市场上又催生出了一大批新的实体书店。大型书城数量增势明显，一些新鲜另类的书店，如社区书店、体验书店、书吧、文化MALL等新型书店明显增多，在全国形成了一批知名、特色品牌书店，如三孝口书店、钟书阁、西西弗、言几又、果戈里等等。这些书店积极开展连锁经营，扩大经营规模。言几又书店2016年底已开店近30家，2017年计划新增21家，西西弗书店2017已突破100家，上海钟书阁2017年内计划达到10家，当当网络书店线下书店2017年7月已开业145家，尽显转型升级后的新型实体书店的发展活力。实体书店在短短几年，从大范围的倒闭到逐渐走向复苏再到一些优质书店遍地开花，在世界上都是罕有的，这首先要归功于政府的大力支持。

但在调研中，也有不少实体书店尤其是一些大型的老牌书店反映，政府扶持资金更多是起到了引导作用，面对书店改善环境、提升功能是杯水车薪，资金扶持力度有待加大。其次，政府前期在遴选扶持对象时倾向于扶持优秀的、已在转型升级中做出成绩的实体书店，因此一二线城市获扶持力度多于三四线城市，城区获扶持书店明显多于郊区。以北京市为例，朝阳、海淀、西城和东城四个城区获扶持书店数量和金额明显多于其他区域。这对政府要达到示范带动作用，有其必要性，但需要认识到，这种做法有可能会加大地区和城乡之间的差距。

第二节　经济效益评价

"十二五"期间，全国实体书店零售市场扭转了整体下滑趋势，出现小幅上涨。根据国家新闻出版广电总局印刷发行司发布的《2014中国出版物发行业年度发展报告》[①], 2013年, 全国出版物零售总额757.6亿元, 其中实体书店销售额581.6亿元, 占76.8%, 仍然保持着出版物零售市场的主体地位。根据开卷发布的全国图书零售市场报告, 2014年全国实体书店零售市场同比增长3.26%, 北京等一线城市大型书店的零售增幅超过了8%; 2015年同比增长0.3%, 北上广深一线城市实体书店渠道继续保持快速增长。[②] 这种良性的发展态势, 与实体书店转型升级、发展进阶, 密不可分。

在调研过程中, 大部分实体书店提供了具体的营收数据。从营业额上, 在经历了转型升级之后, 有提升明显。如转型升级后的延安中国红色书店, 2016年4月开业, 截至2017年8月, 书店的平均月销售额为75万元, 比升级前增加了7倍。钟书阁在转型升级前, 20家店倒闭了8家, 松江泰晤士小镇钟书阁店开业后, 单店一年销售额可达到1000万元。2014年, 北京三联韬奋书店开展24小时营业后, 全年销售收入同比增长58%, 此后, 年增长约15%。而西西弗书店, 目前已经开店100家, 2016年营业额3个亿, 预计2017年营业额将突破5个亿。北京市70家实体书店, 2017年1—4月营收同比年均增长率约为34%, 图书销售额同比年均增长率约为33%。

从利润来说, 由于图书经营利润微薄, 且大多数品牌、特色书店转型升级刚刚开始, 前期投入较大, 因此基本维持收支平衡。而且, 从调研中可以看出, 经过转型升级, 品牌、特色书店在盈利方式上较之前更为多样化, 释放了巨大的发展潜力。像钟书阁泰晤士店前期装修设计费用较高, 经过近两三年的发展, 已经实现盈利。北京市70家书店, 2017年1—4月利润同比年均增长率达到148%。由此可以看出, 转型升级对实体书店的经济效益有非常重要的影响, 转型升级前后营收差别显著。

在主营业务上, 多数品牌、特色书店仍以图书经营为主, 图书销售额占比大多在50%以上, 部分达到80%甚至更高。如钟书阁、西西弗书店两家书店图书销售额占比均达到店面销售额的80%, 另外20%主要来自于饮品等销售。先锋书店图书和非图书销售额占比为5:5。以北京为例, 70家书店图

[①] 国家新闻出版广电总局印刷发行司. 政策利好环境下亟待融合提升——2014中国出版物发行业年度发展报告 [N]. 中国新闻出版报, 2015-1-12 (5).

[②] 王佳欣. 全国图书零售市场稳中有升——开卷全国书店经理人年会及2015年图书市场分析报告会综述 [N]. 中国新闻出版广电报, 2016-1-11 (5).

书销售额占比同比增长率平均为0.6%，图书销售额占比同比上升的书店有18家，持平的有25家，出现下降的有27家。下降的原因，一方面，大多数书店都采取了多元业态经营模式，与以往单纯售书相比，图书占比肯定有所下降。另一方面，也存在一些书店忽视社会效益，片面追求经济效益，在产品比例、位置面积、人员服务等方面向副业倾斜，少卖书，甚至不卖书，弱化了自身的文化服务功能。

第三节 社会效益评价

实体书店作为文化企业，应坚持双效统一，将社会效益放在首位，品牌、特色实体书店更应如此。反映书店社会效益的指标包括图书销售品种数、图书营业面积、接待读者人次、开展阅读活动次数、开放时长、读者满意度等指标。

图书销售品种是反映书店为社会提供公共文化产品的重要指标。课题组所调研的品牌、特色实体书店多数拥有较多的图书品种。在北京70家书店中，2017年1—4月图书在架品种数有3家超过20万种，有31家超过1万种。王府井大厦经营图书近30万种，北京三联韬奋书店经营着近6万个图书品种。南京先锋书店图书经营品种有7万多种，延安红色书店图书品种约有4万种，蒲蒲兰绘本馆内也有超出1万册绘本。这说明品牌、特色书店在图书经营方面比较有优势，供读者选购的图书相对来说比较丰富。多家被调研的实体书店拥有自己专门的选书团队，比如钟书阁专门组建了6人选书团队，并优先与名家名社合作，每年从20多万种新书中精挑细选出2万种好书。西西弗书店还运用大数据，以专业的买手形态进行商品采购，每年从20万种书里选取3万种图书。品牌、特色实体书店基本都具备较好的出版社资源，可以优先获取好书好内容。此外这也有赖于一些大型的品牌书店一般经营面积较大，经营品种较全面，有足够的空间和余地进行好书的展示。不过也有经营面积较小，图书不为主营业务的书店，比如杭州的纯真年代书吧，其图书销售种数并不多。

营业面积指标是反映书店为社会提供公共文化空间的重要指标。品牌、特色书店经历转型升级后多数在营业面积上有所扩张，大部分书店将营业面积合理规划形成完整的经营体系。北京70家书店2017年1—4月书店营业面积平均增长率为168%，新华书店安徽图书城旧貌换新颜后面积近1万平方米。当当网则针对每家书店所处的不同环境，将店面设立不同的面积，超市、农村店面积多为100—300平方米，购物中心店面积约为1000—2000平方米，大型商场中可达5000平方米。钟书阁、言几又、西西弗等店迅速发展连锁，扩大规模的同时，也为社会提供了更多的文化空间。由此可见，转型升级后，实体书店为社会提供了更多、更优质、更便捷的文化空间。

接待读者人次是反映书店为社会提供服务的重要指标。经历转型升级之后，品牌、特色实体书店大多都是当地的"网红"书店，多家品牌、特色书店都能达到日均接待读者人次千人以上，有些甚至更多。延安中国红色书店日均人流量为3千人次，西西弗书店单店单日进店人数在1000人以上，在寒暑假和节假日客流会达到峰值。值得一提的是开创共享书店模式的新华书店三孝口书店，截至2017年8月底，三孝口店已有2万多名用户注册并进行借阅，借阅书籍超过10万册，用户借还次数18万次，门店客流量比发布前增长50%，社会效益显著。

开展阅读推广活动也是反映书店为社会提供服务的一项重要指标。品牌、特色书店开展活动的基础较好，具备较好的文化资源、群众基础和实体空间，因此开展活动次数比一般书店要多。很多书店每年开展活动次数能达到几百次甚至上千次，大部分活动为主题讲座、发布会、读书会、书友沙龙会等，此外还有针对部分团体进行定制的活动。钟书阁2016年共举办458场活动，2017年预计达到600场，其中约三分之一是免费项目。先锋书店2016年举办了300场活动，通过活动与读者进行了更深入的交流和沟通。纯真年代书吧是以人文类活动为核心，以书会友，不定期举办各类文学、诗歌、电影、美术、摄影、旅游、交友活动。延安中国红色书店每晚7点书店举办"朗读者"活动，每期主题都不同，曾以"红色爱党"吸引了多名读者参与。蒲蒲兰绘本馆线下书店同时也是体验馆，举办亲子活动和相关课程。从中可以看出，实体书店转型升级后，与此前相比，举办活动次数明显增加，为读者提供服务的能力也明显增强。

此外，由于书店普遍对环境进行了改造，有些店面甚至邀请专业设计师进行设计，如李响、三石、姚仁喜等名设计师，环境非常优美，再加上贴心的餐饮搭配，因此很能吸引新生代年轻人和孩子流连忘返。在开放时长上，由于24小时书店的加入，品牌、特色实体书店的开放时长也有所增加。北京70家书店2017年全年开放时长平均为3977小时，全年开放时长超过5000小时的有4家。由此可见，在读者满意度和开放时长上，转型升级后的实体书店有明显提升。

通过以上指标变化，可以看出，转型升级后，实体书店整体上能够为读者、为社会提供更多的精神产品、文化空间、服务内容和时长，能够满足当代读者对书店的需求，满意度有所提升。

第四节　可持续发展评价

实体书店短期内复苏了，是否能够一直持续下去，关键在于是否能够抓住当前的机遇期，积极推动转型升级，找准一条适合自身发展的可持续发展模式。

根据调研，多数书店已完成了或走在了转型升级的道路上。近几年，实体书店在对外学习和探索转型的过程中，逐步认识到书店不仅仅是售书卖场，同时还是文化广场。因此，多数实体书店致力于扩大文化内涵，突出传播优质文化生活方式，突破原有售书功能，向文化创意、公共文化服务方面延伸。如前所述，北京、上海、广州等一二线城市的实体书店根据自身体量大小、所处地域、地段、主要客户群体等因素，同时借鉴海外实体书店先进的经验，探索形成了一些较为成熟的经营模式。从北京70家书店反馈的调研问卷来看，大部分实体书店都已形成可持续性的商业模式，具备可持续发展能力，结合当下行业发展新形势制定了中长期的发展计划。

经过几年的探索，被调研的实体书店功能已从售书向售文化、售体验、售生活方式等方面转型，业态由单一向多元业态或特色经营转型，店面环境由商业场所向时尚艺术场所发展，营销模式从线下销售向线上线下一体化营销发展。在服务上，从被动、低效、低质向主动、便捷、优质升级，借助微信公众号、微博等新兴媒体从以往的被动服务转向主动推送，提供支付宝、微信支付等便捷的网络支付手段，为读者提供了现代、便捷的文化消费体验，实现了服务升级，转型升级初显成就。

但在调研中了解到也有一些书店无法完成转型升级或者转型升级失败。

通过调研发现，主要原因是一些书店不具备转型升级所必要的资金、人员条件，尤其是地处偏远的书店。还有一些书店对转型升级的认识不到位，不考虑转型导致经营不下去。还有一些书店是在没有对自己书店功能进行精准定位的情况下，盲目跟风，导致转型失败。这些情况都是需要加以规避的。

综合以上分析，可以看出，品牌、特色实体书店在转型升级之后发生了巨大的变化，无论从店面环境、书店功能、经营模式、营业收入、社会影响，还是读者服务上，实体书店的变化都是有目共睹。从整体上来看，转型升级后，品牌、特色实体书店的经济效益、社会效益大都有所提升，并形成了一些成熟的经营模式。大部分书店通过转型升级促进了销售收入的增长，实现了利润的增加，并坚持以图书销售为主营业务。书店规模、图书在架品种数量、营业面积、接待读者人次和阅读活动次数都有明显的增长。但是在实体书店转型中，也存在一些问题不容忽视。如一些书店文化服务功能出现弱化、地区发展不平衡、个别书店对自身功能定位不准，盲目跟风，转型失败等问题。

第五章 实体书店转型升级发展建议

纵观全国实体书店的发展，新形势下面对转型升级的压力，存有诸多问题和困惑。比如，书店功能定位不准确，一些书店在没有对自己书店功能进行精准定位、转型升级模式路径不清晰的情况下，盲目跟风，导致转型失败；多元经营中主业功能出现弱化，有一些书店，业态整合以后，图书从客观上沦为招揽顾客的开胃小菜，书城沦为其他商品的卖场，主业副业本末倒置；规划性人才和复合型高端经管人才严重短缺，一些书店虽然也紧跟形势改善了服务环境，短期内提升了服务品质，但由于人才的缺乏导致发展的不可持续；地区发展不平衡现象有所加剧，我国实体书店一直存在着地区发展不平衡的现象，这主要与各地的居民收入、文化教育水平、文化机构数量等多种因素相关。北京、上海、广州、杭州、重庆、成都等经济、文化、教育发达地区，处于全国文化高地。反观基层实体书店，普遍还停留在以往经营规模小、发展活力不足、抗压能力弱的状态，只有极少数书店开始探索转型升级。两相对比，实体书店地区发展不平衡的现象更加明显。

课题组走访的这些品牌、特色书店是全国范围内具有代表性的实体书店转型升级范例，其转型升级经验对实体书店的发展有很强的借鉴意义。通过这些经验的总结与推广，可以推进我国实体书店整体转型升级、品质提升，更好地服务读者和社会，而这需要政府、业界、实体书店共同努力。有鉴于此，课题组针对实体书店转型升级与发展提出以下建议：

一、建议深入贯彻落实《关于支持实体书店发展的指导意见》，优化实体书店发展布局，将实体书店建设纳入地方发展规划

中宣部、国家新闻出版广电总局等11部门联合印发的《关于支持实体书店发展的指导意见》提出要按照城乡人口规模、流动趋势和区域功能，建立以大城市为中心、中小城市相配套、乡镇网点为延伸、贯通城乡的实体书店建设体系，形成大型书城、连锁书店、中小特色书店及社区便民书店、农村书店、校园书店等合理布局、协调发展的良性格局。政府要完善规划和土地政策，将实体书店建设纳入国民经济和社会发展规划，纳入基层宣传思想文化工作考核评价体系，纳入文明城市、文明村镇、文明校园考核评价体系。加强政府引导，为实体书店预留经营场所。这些要求极具针对性，建议各地政府深入贯彻落实这一文件，优化实体书店发展布局，将实体书店建设纳入城市发展规划。

当前，政策扶持还主要集中在大城市的品牌、特色实体书店，品牌、特色实体书店在一定程度上接受了政策扶持。而目前对地方书店的扶持力度还较小甚至缺失，这不利于基层门店及早跟进全国实体书店转型升级整体推进步伐，不利于消除当前地区间文化基础设施的"鸿沟"。事实上，只要引导有力，扶持到位，地方书店大有可为。像江苏吴江书城，一个县级新华书店，经过改造，年销售猛增至6000多万元，不仅能够生存下来，而且创造了良好的社会效益。因此，建议政府加快《指导意见》等政策落实，制定实体书店统一发展规划，切实解决实体书店的经营场所，为实体书店预留经营场所，通过升级改造和积极扶持建立一批标志性书城、地标性书店、特色书店以及社区书店，把实体书店建设纳入地方经济社会发展规划和公共文化服务体系建设规划当中。建议政府引导实体书店转型升级由一二线城市向三四线城市、县级及以下基层门店延伸，解决实体书店地区发展不平衡的问题。

二、建议延续税收优惠政策，加大财政资金扶持力度

《指导意见》提出政府要加强财税和金融扶持，进一步加大财政资金扶持实体书店的力度，完善标准，优化方法，对实体书店创新经营项目和特色中小书店转型发展通过奖励、贴息、项目补助等方式给予支持，重点扶持一批具有示范引领作用的品牌实体书店做优做强。落实图书批发、零售环节免增值税政策。引导银行业金融机构在风险可控、商业可持续的前提下，针对中小书店经营特点和融资需求，创新产品和服务。鼓励社会资本为中小书店发展提供资金支持。

如前所述，目前已有不少省市落实了地方扶持资金，并取得了较好的效果。建议更多省市区加入其中，将财政政策落实到实体书店发展的每一环节，利用好实体书店相关的各类财政资金，加大资金扶持力度，细化实体书店的扶持资金管理，建立资金使用评估制度，确保资金使用效率。2013年财政部、国家税务总局发布的《关于延续宣传文化增值税和营业税优惠政策的通知》很快就要到期，建议有关部门继续延续这一优惠政策，同时鼓励金融机构对实体书店进行专有融资支持，创新抵押担保方式，特别是加大对中小型专精特书店的金融支持。

三、建议大力发展各种类型书店，鼓励实体书店创新发展

《指导意见》提出要创新实体书店经营发展模式，要支持大型书城升级改造，连锁书店扩大连锁经营范围，知名民营书店做优做强，鼓励中小书店向专业化、特色化方向发展，开办24小时书店，设立自动售书机等。支持实体书店进一步融入文化旅游、创意设计、商贸物流等相关行业发展，努力建设成为集阅读学习、展示交流、聚会休闲、创意生活等功能于一体的复合式文化场所。

建议各地积极推动大、中书城尤其是标志性书城引入多元经营模式，提升坪效。目前，我国拥有多家国有大书城，这些书城可经过改造，采取多元经营模式，充分利用书城的空间和资源，进行合理的业态搭配，体现经营特色，提高经营效益，形成标志性书城。建议各地因地制宜，推动中、小书店积极发展特色、主题经营模式，打造更多具有地方特色的地标性书店和特色书店。以北京为例，北京市坐拥多家出版社资源和各类文化名家资源，可以利用北

京悠久的历史和深厚的底蕴,将北京打造为能够孕育特色实体书店的肥沃土地,如依托大运河文化带、长城文化带、西山永定河文化带建设,重点打造具有北京特色的实体书店,开展特色、主题经营模式,彰显北京文化内涵,体现首都精神风貌。建议推动郊区、社区等实体书店发展薄弱地区,利用智能技术手段实现高效率的运营,支持和鼓励建设无人售书房和自动售书机开展24小时书店的建设。

四、建议鼓励实体书店提升社会效益,发挥公共文化服务功能

《指导意见》提出要突出实体书店作为重要阅读场所的文化功能,加大实体书店的优秀出版物供给,充分发挥实体书店传播先进文化的阵地作用;鼓励以实体书店为载体,开展多种形式的群众性读书文化活动,积极参与公共文化服务;鼓励有条件的地方探索向城乡低收入困难群众发放购书券,拉动实体书店消费;鼓励实体书店参与政府购买公共文化服务项目,拓展业务渠道。

建议政府加强对书店主营业务的考核,促进实体书店守住阵地、健康发展,避免主业功能弱化,为读者留出应有的文化空间。建议政府加强对实体书店的引导,实体书店作为实体经营场所,通过国有大型书城发展为综合性文化体验消费中心、特色品牌书店发挥创意吸引读者以及中小书店积极做好细分市场,并鼓励24小时书店的兴办,建设自动售书机,承担应有的公共文化服务功能。图书是书店的灵魂,建议政府引导书店组建优秀的选书师队伍,发扬"工匠精神",为读者选出精品力作,提供更多、更好的文化产品。此外,实体书店凭借文化功能和空间优势,可以举办各类阅读推广活动如名家讲座、读书活动、读者见面会等与读者积极进行互动,扎根读者,提升服务。建议实体书店借助世界读书日、各地阅读推广品牌,积极开展形式多样的群众性读书活动,为广大读者提供优质阅读服务。建议政府采取PPP方式向实体书店购买服务,同时鼓励实体书店积极参与文化扶贫、文化科技卫生"三下乡"以及其他社会公益活动,充分发挥文化服务功能。

五、建议提升信息化、标准化水平,推动实体书店"+互联网"融合发展

《指导意见》提出要推动实体书店与网络融合发展和提升实体书店信息化标准化水平的发展任务。实体书店发展要强化"互联网+"思维,利用互

联网技术推进数字化升级和改造，打造新一代"智慧书城"，拓展网络发行业务，推动建立统一的实体书店可供图书信息标准，运用大数据建立面向社会的信息共享平台，提高实体书店经营质量和效率。

这些要求不仅具有前瞻意识，顺应时代发展要求，也为实体书店转型升级提供了新思路。建议积极利用物联网、云计算、大数据、数字印刷等新技术促进实体书店尽快转型升级，利用互联网思维将书店改造为"智慧书城"，实现店面的场景化、立体化、智能化，更好地为读者服务。在当前技术革新引导行业发展的大形势下，建议实体书店进一步拓展销售渠道，借助互利网技术、社群营销平台、电子支付手段等，打造线上线下一体化营销、服务模式，更好地满足新生代读者的消费需求，应对当前数字化阅读和电子商务带来的严峻挑战。建议鼓励实体书店向信息化标准化发展，利用信息技术改变实体书店管理方式，建设大数据平台，提高企业运营效率，促进行业整体水平提升。建议鼓励有条件的实体书店引入数码印刷技术、VR 技术等，开展特色化、个性化的"按需出版"业务和体验服务。

六、建议加强人才队伍建设，鼓励实体书店创新型人才发展

实体书店的转型升级需要全面转变经营理念，调整产品结构，改变营销方式，塑造文化品牌形象，引入灵活的经营管理体制。复合多元经营模式是当前实体书店尤其是大书城转型的主流方向，实体书店无论是变身文化 MALL 还是生活体验空间，与以往单一品种销售相比，都需要容纳更多业态，提供更多产品和服务。相应地，书店对经营管理人才就提出了更高的要求，亟需引入具有先进设计理念的规划性人才和既懂图书又懂非书经营、既懂线下图书销售又懂线上图书运营的复合型高端经管人才。实体书店对创意设计、新媒体、互联网技术等领域人才也有极大需求。但现状是实体书店属于微利经营行业，在吸纳社会上优秀人才方面往往心有余而力不足。一些书店虽然也紧跟形势改善了服务环境，短期内提升了服务品质，但由于人才的缺乏导致发展的不可持续。

《指导意见》提出要对开办实体书店的创业重点群体给予支持，与引导大学生创业创新相结合，鼓励高校毕业生创办实体书店，纳入大学生创业引领计划，落实相关创业扶持政策。鼓励行业协会、中介服务组织搭建实体书

店综合服务平台，提供注册登记、生产经营、社保、法律、税费、用工等咨询服务。支持有条件的发行企业成立专业化的书店管理机构，帮助进入市场的中小书店运营管理。鼓励开展多种形式的培训和业务交流，提高实体书店从业人员整体素质和服务水平。

建议各地认真落实这一政策，鼓励实体书店面向社会、高校联合集中招聘，扩大影响力，提高人才待遇，吸引人才到店，促进书店发展。建议各地行业组织、相关协会积极开展实体书店人才培养相关培训和交流活动，探索实体书店人才基地的建设，培育孵化创新型人才，以解决当前复合型人才不足、基层理念不新等问题。

言而总之，转型升级是实体书店发展的必由之路，在这一过程中，需要政府、书企、社会、读者共同努力，把握机遇，再创书店辉煌！

参考文献

[1] 钟芳铃. 书店风景 [M]. 北京：中央编译出版社，2012.

[2] 钟芳铃. 书店传奇 [M]. 长沙：湖南美术出版社，2016.

[3] 肖东发. 把实体书店留住 [J]. 出版广角，2012（3）：78-79.

[4] 三石. 书店革命 [M]. 哈尔滨：黑龙江教育出版社，2016.

[5] 三石."互联网+"时代实体书店转型升级中的实战研究 [J]. 出版广角，2016（10）：10-12.

[6] 刘建伟. 国内外实体书店转型模式的博弈 [J]. 出版广角，2016（10）：20-22.

[7] 龚维忠. 文化坚守与发展期望——对我国实体书店发展经营的思考 [J]. 出版广角，2016年（10）：6-9。

[8] 李晶. 实体书店功能再造转型发展刍议 [J]. 科技与出版，2016（8）：40-43.

[9] 匡文波，黄琦翔. 新媒体环境下实体书店的发展策略——以先锋书店为例 [J]. 出版广角，2016（10）：13-15.

[10] 方颖芝. 浅议网络时代实体书店的生存之"道"——从上海西西弗

书店的经营理念谈起[J]. 出版发行研究，2017（4）：33-36.

[11] 陈含章. 转型中的实体书店发展现状、问题与建议[J]. 出版发行研究，2016（3）：44-47.

[12] 陈含章. 当前实体书店转型升级存在的突出问题研究[J]. 科技与出版，2017（7）：10-14.

（课题组成员：孟倩、王志、孙玲；执笔人：陈含章、孟倩）

十八大以来新闻出版业创新成果研究

主报告

十八大以来新闻出版业创新成果研究

党的十八大以来，新闻出版界高举中国特色社会主义伟大旗帜，全面贯彻党的十八大和十八届三中、四中、五中、六中全会精神，深入学习贯彻习近平总书记系列重要讲话精神，紧紧围绕"五位一体"总体布局和"四个全面"战略布局，围绕树立和贯彻创新、协调、绿色、开放、共享的发展理念，各项事业突飞猛进，取得了辉煌的成就。目前，我国日报发行量、图书出版量位居世界首位，数字出版、印刷业整体规模均居世界第二，我国已经成为名副其实的新闻出版大国。

第一章 内容创作生产持续繁荣，精品力作不断涌现

十八大以来，新闻出版业在数量稳定增长的同时，大力实施精品战略，持续进行内容生产创新，内容质量不断提高，优秀作品和原创作品大幅增加，主题出版取得显著成效，其他各类图书精品力作不断推出，涌现出一批两个效益俱佳、叫好又叫座的精品力作。

一、主题图书出版成效显著

2013年的全国新闻出版工作会议提出："坚持正确出版方向和舆论导向，认真做好重大主题出版，扎实推进新闻出版精品战略。"随着主题出版工作日趋制度化、规范化、精细化，出版单位参与主题出版的热情不断高涨，主

题图书的质量不断提高。围绕以习近平同志为核心的党中央治国理政新理念新思想新战略、中国特色社会主义和中国梦、经济发展新常态和结构性改革、社会主义核心价值观，围绕纪念中国共产党成立95周年，红军长征胜利80周年，抗日战争暨世界反法西斯战争胜利70周年，纪念新疆维吾尔自治区成立60周年和西藏自治区成立50周年等重要纪念日等，出版了一大批广受读者欢迎的图书。如《毛泽东年谱》《邓小平传》《习近平总书记系列重要讲话读本》《理论热点面对面》《习近平用典》《浴血荣光》《抗日战争》《新中国65年》《一百个孩子的中国梦》《重读先烈诗章》等。

2016年，在年度单品种印数排名前10的书籍中，主题出版品种继续占据半壁江山，《习近平总书记系列重要讲话读本（2016年版）》当年总印数超过5200万册，《习近平关于严明党的纪律和规矩论述摘编》总印数超过600万册，《全面小康热点面对面》总印数超过200万册。《习近平谈治国理政》自2014年9月出版发行至今，取得累累硕果，截至2017年8月，该书以中、英、法、俄、阿、西、葡、德、日等21个语种版本发行642万册，遍布全球160多个国家和地区。①

二、少儿类图书原创亮点频出

少儿类图书是拉动图书市场发展的重要板块，展现了图书出版内容生产创新的原创实力，在图书市场上一直保持了良好的业绩。近年来，曹文轩、杨红樱、梅子涵等知名少儿文学作家持续保持旺盛的创作精力，新晋少儿文学作家精品迭出，更有张炜、王安忆、赵丽宏等成人文学作家加盟，汇成了本土原创少儿图书创作的不竭之源。如2013年全国大众畅销书榜单TOP100当中，少儿类占据55个席位，开卷发布的2013年度少儿畅销书排行榜TOP100中，国内原创作品上榜品种数为89种。同时，一些中国优秀的原创少儿图书也不断输出，走出国门，扩大了中国原创少儿类图书的影响。2015年5月，马来西亚国家翻译和书籍局引进了浙江少年儿童出版社出版的"中国原创绘本精品系列"6册。该系列中另外8册的中文版已被马来西亚的红蜻蜓出版社出版。该书在马来西亚面世后，受到了当地孩子们的欢迎，其中

---

① 林婷婷：《〈习近平谈治国理政〉累计发行21个语种共642万册》，人民网－国际频道，2017年8月23日。http://world.people.com.cn/n1/2017/0823/c1002-29489458.html

的两本还被 ASTRO 小太阳频道录制成音频在电台播出。

2016年，少儿图书出版继续保持快速增长，品种4.4万种，比2012年的3.1万种增长41.9%，总印数7.8亿册（张），比2012年的4.8亿册（张）增长62.5%。《曹文轩纯美小说·草房子》等少儿类图书当年累计印数均超过100万册。

三、文学类图书出版精品纷呈

十八大以来，文学创作取得了新的进展，文学类图书出版精品纷呈。2013年，《繁花》《带灯》《小艾，爸爸特别特别地想你》《平如美棠：我俩的故事》等文学类图书不仅思想深邃，格调高雅，更富有人文关怀精神。2014年1月，安徽文艺出版社出版发行了"新生代作家小说精选大系"第一辑，集中推出了"不愿做市场奴隶"、坚持严肃文学写作的9位作家的中短篇小说集和长篇小说单行本。"新生代"书系一经上市，就引起出版界和文学界的关注，市场反馈良好。2015年，受同名电视剧热播影响，路遥的《平凡的世界》掀起热潮，数度登上文学类畅销冠军宝座。同年8月，因荣获"雨果奖"，刘慈欣的科幻题材作品《三体》系列的热潮一直持续至今。2016年4月，曹文轩获"国际安徒生奖"更是重启了读者对其作品的热情，从而引爆多部书、多个版本重印和重新出版。2016年，人民文学出版社出版了王安忆的《匿名》、贾平凹的《极花》、黄永玉的《无愁河的浪荡汉子·八年》、张炜的《独药师》、张悦然的《茧》等。其中，张悦然的《茧》当年销量达10万册。

此外，一批大众类、教育类、科技类精品图书广受欢迎。以2015年为例，《花千骨》《芈月传》等影视类图书销量大幅增长，《解忧杂货店》《乖，摸摸头》《从你的全世界路过》等治愈心灵创伤的作品受到关注，《秘密花园》等通过涂色解除心理压力的图书在畅销书榜单上名列前茅，《从0到1》等创业类图书迎合大众创业、万众创新的时代大潮。

第二章　惠民工程扎实推进，公共服务体系加快升级

十八大以来，新闻出版公共服务体系建设在提高新闻出版公共产品和服务供给能力，健全新闻出版公共服务网络，丰富新闻出版公共服务方式等方面，

都取得了新的成绩。

一、全民阅读工作成绩斐然

在开展全民阅读活动方面，2012年党的十八大报告提出"开展全民阅读活动"，为落实中央的要求，2013年3月，新闻出版总署成立全民阅读立法工作小组，启动《全民阅读促进条例》（以下简称《条例》）起草工作。经过三年的广泛调研、起草等工作，2016年2月，国家新闻出版广电总局面向社会公开征求《条例》（征求意见稿）意见，并根据社会意见对《条例》进行修改后报国务院法制办，2017年3月，国务院法制办又向社会公开征求对《条例》（征求意见稿）的意见。2017年3月，国务院办公厅印发《国务院2017年立法工作计划》，《条例》纳入了"力争年内完成的项目"。在此之前的2016年12月，全国人大常委会通过了《公共文化服务保障法》，已经把"开展全民阅读"写入了法律当中。

在全国性阅读促进条例尚未颁布的情况下，湖北、江苏、深圳、辽宁、四川、黑龙江等许多省市率先发布了地方性全民阅读促进法规，地方阅读立法先行先试，走在全国的前面。

2016年是中宣部、国家新闻出版广电总局等部门倡导和开展全民阅读十周年，国家对全面阅读支持力度进一步加大。在第十二届全国人民代表大会第四次会议上，"倡导全民阅读"第三次被写入政府工作报告。总局根据国务院立法工作计划起草了《全民阅读促进条例》（征求意见稿），面向社会公开征求意见，征求意见稿从全民阅读服务、重点群体阅读保障、促进措施以及法律责任等方面提出具体的促进措施。我国制定的首个国家级"全民阅读"规划《全民阅读"十三五"时期发展规划》印发，《规划》明确了全民阅读工作的指导思想、基本原则和主要目标，明确"十三五"时期的重点任务及时间表、路线图等，以进一步推动全民阅读工作常态化、规范化，共同建设书香社会。

2017年3月，国务院法制办又向社会公开征求对《条例》（征求意见稿）的意见。随着全民阅读工程深入推进，全国所有省（区、市）都开展了全民阅读活动，400多个城市常设读书节、读书月等活动，每年吸引8亿多读者参与。国民的综合阅读率不断提高，我国成年国民包括书报刊和数字出版物在内的各种媒介的综合阅读率由 2012 年的 76.3% 提高到 2016 年的 79.9%。

二、农家书屋工程提质增效

农家书屋工程 2005 年试点，2007 年全面推开，是由政府主导建设的公共文化惠民工程。截至 2015 年，全国已建成农家书屋 600449 家，覆盖了全国具备基本条件的行政村，建成数字农家书屋 3.5 万家，其中卫星数字农家书屋 2.2 万家。农家书屋数字化基本形成了以卫星数字农家书屋建设为主体、以互联网书屋建设为补充的格局。① 当前，农家书屋建设提质增效，农民迫切需要的图书比例增加，各地依托农家书屋开展了农村少年儿童阅读实践等一系列活动，在保障农民基本文化权益、丰富农民群众文化生活、提高农民科学文化素质和科技致富本领方面发挥了积极作用。

2016 年，中央财政设立中央补助地方公共文化服务体系建设专项资金，将农家书屋等项目资金统筹使用。为确保农家书屋补充资金落实，国家新闻出版广电总局印发了《关于用好公共文化服务体系建设专项资金保障农家书屋出版物补充更新的通知》，要求各级新闻出版广电部门要主动协调财政部门，落实农家书屋补充资金，确保每个农家书屋补充图书不少于 60 种。

三、城乡阅报栏（屏）建设稳步推进

截至 2015 年底，全国各地已建设城乡公共阅报栏超过（屏）10 万个，各级党报作为阅报栏（屏）建设主体，保障了内容导向正确、信息传输快捷以及后期运维的可持续发展，为完善公共文化设施、提高信息传播能力、提升公共阅读服务水平发挥了积极作用。目前，在城镇主要街道、公共场所、居民小区等人流密集地点设置阅报栏和电子阅报屏已列入国家基本公共文化服务指导标准。

四、民文出版事业发展迅速

十八大以来，国家通过组织实施少数民族新闻出版东风工程、管好用好民族文字出版专项资金、实施《国家少数民族语言文字出版规划》等工作，改善了民族地区民族文字出版和基层新华书店网点基础设施和技术装备条件，

---

① 张昆平：《全国农家书屋藏书超 10 亿册》，《农民日报》2015 年 11 月 11 日。

资助出版了一大批少数民族文字优秀出版物，开展面向少数民族群众免费赠阅活动，民族文字新闻出版生产供给能力和服务水平快速提高。少数民族新闻出版东风工程覆盖全国五个少数民族自治区、四省藏区和新疆生产建设兵团，"十二五"期间，通过中央财政转移支付资助的民文和双语出版物超过6000种，少数民族语言文字书报刊出版和发行能力明显提高。

五、盲人出版服务水平大幅提升

在有关各方的积极努力下，我国盲人出版服务水平不断提高。2011—2015年，我国共出版盲文书刊6002种、大字版图书1148种；剪辑加工有声读物7001种、3.2万小时，制作Daisy有声书1916种、1.7万小时，制作无障碍影视134部；建成盲人数字图书馆，上线电子盲文书3315种、3.5亿字，电子书627种，全国盲人总书库建设初具规模，目前馆藏文献总资源达17848种、40.52万册/盘。① 初步形成盲文读物、大字读物、有声读物、无障碍影视作品、数字出版物、盲用信息化产品等多形态盲人文化产品体系和盲人读物借阅、公益助盲、教育培训、文化科技研究等综合性公共文化服务，为全国盲人提供了便捷的精神食粮，为各级公共图书馆盲文阅览室和盲校提供了有效的资源支持。

六、大力扶持实体书店发展

2010年以来，由于多方面原因所致，实体书店经营受到很大的压力，书店数量持续显著下降。为此，从2013年开始，政府相关部门实施了免征图书批发零售环节增值税、实体书店扶持试点等财税政策。2016年6月，中宣部、国家新闻出版广电总局、国家发展改革委、教育部、财政部、住房和城乡建设部、商务部、文化部、中国人民银行、国家税务总局、国家工商总局等11个部门又联合印发《关于支持实体书店发展的指导意见》，提出了推动实体书店建设的六项主要任务：加强城乡实体书店网点建设，创新实体书店经营发展模式，推动实体书店与网络融合发展，提升实体书店信息化、标准化水平，加大实体书店的优秀出版物供给，更好发挥实体书店的社会服务功能。鼓励实体书

---

① 关于政协十二届全国委员会第四次会议第0150号（文化宣传类010号）提案答复的函。
http://www.sapprft.gov.cn/sapprft/govpublic/9831/966.shtml。

店改革创新的五项政策措施：完善规划和土地政策、加强财税和金融扶持、提供创业和培训服务、简化行政审批管理、规范出版物市场秩序，由此形成了比较完备的实体书店扶持政策体系。

各地政府也纷纷出台相关政策，以实际的优惠政策支持实体书店发展。安徽省委宣传部、安徽省新闻出版广电局等13个部门联合出台《关于支持实体书店发展的实施意见》，浙江省委宣传部、省新闻出版广电局等13个部门联合出台《关于贯彻〈关于支持实体书店发展的指导意见〉的实施意见》，四川省委宣传部、省新闻出版广电局等11个部门联合印发《关于推进实体书店发展的实施意见》等。

除了政府层面的引导，民营书店的发展也得到了"民间"的帮助，各大学校、购物中心纷纷向民营书店抛出了橄榄枝，甚至免费提供场地、帮助装修等。如江苏可一书店在南京艺术学院的落地开花、杭州晓风书屋在浙江省人民医院的生根发芽等。

第三章 体制机制改革进展顺利，内部活力和运行效率大幅提升

十八大以来，以习近平同志为核心的党中央提出了"四个全面"的战略布局，深化包括新闻出版体制改革在内的文化体制改革，新闻出版实现了政府职能、体制机制、发展方式等重大转变，形成了扶持精品生产的引导机制、支持改革发展的政策机制、加快技术创新的推进机制、参与国际竞争的激励机制等重大机制，新闻出版业内部活力和运行效率大幅提升。

一、制定深化新闻出版改革总体方案，明确出版体制改革的方向、目标

2013年11月，党的十八届三中全会通过了《中共中央关于全面深化改革若干重大问题的决定》，对全面深化文化改革做出了总体部署。2014年2月中央全面深化改革领导小组审议通过了《深化文化体制改革实施方案》，明确了改革的指导思想、目标思路、主要任务和政策保障，为今后一个时期的文化改革发展规划了路线图、明确了时间表、布置了任务书。在文化体制改革总体目标明确的前提下，2014年11月，为贯彻落实中央文化体制改革统一部署中涉及的新闻出版领域改革事项，经中央文化体制改革和发展工作

领导小组审批，国家新闻出版广电总局出台了《深化新闻出版体制改革实施方案》。《方案》明确了五个重点方面的改革任务，包括完善新闻出版管理体制，增强新闻出版单位发展活力，建立多层次新闻出版产品和要素市场，推进出版公共服务体系标准化、均等化，提高新闻出版开放水平等。

二、改革新闻出版管理机构，转变政府职能

2013年3月，十二届全国人大一次会议决定，新闻出版总署与国家广播电影电视总局合并，组建国家新闻出版广电总局，"主要职责是，统筹规划新闻出版广播电影电视事业产业发展，监督管理新闻出版广播影视机构和业务以及出版物、广播影视节目的内容和质量，负责著作权管理等"。此后，全国各省（区、市）人民政府也对辖区内的新闻出版行政管理机构与广播电视或文化行政管理机构进行整合，建立了地方新闻出版广电局或文化委员会或文化新闻出版局等。截至2017年4月，除天津市、上海市保留独立的新闻出版局外，其他省、自治区、直辖市都完成了新闻出版局与广电局或文化局等的合并工作。省级以下市县基本实行文化、广播电视、新闻出版三合一的模式，组建了文广新局。

三、制定出版单位社会效益考核办法

2015年9月，中共中央办公厅、国务院办公厅印发了《关于推动国有文化企业把社会效益放在首位、实现社会效益和经济效益相统一的指导意见》，为了落实中央精神，国家新闻出版广电总局分别制定了图书、报刊、音像电子出版物、网络文学及新华书店等出版发行企业社会效益考核办法，引导出版单位正确处理两个效益的关系。一些地方或出版集团也在中央精神的指导下，结合本地区本企业的情况制定相关的考核办法。上海、浙江等地已经形成了自己的考核评估办法并实施，凤凰出版传媒集团、中原传媒出版集团等也开始对所属出版单位进行考核。[①]

1. 上海、浙江等新闻出版管理部门开展的社会效益考核

上海市从2004年开始进行"出版单位社会效益评估体系"的探索，一

---

① 魏玉山：《关于开展出版单位社会效益考核评估的思考》，《现代出版》2015年第3期。

直延续至今。考核主体是上海市新闻出版局,考核对象是上海市属30多家出版社。出版单位的社会效益涉及出书结构(重点书比例及完成情况、重印书比例及完成情况、业务范围内需要确保比例的主要品种或门类完成情况、五年规划和特别任务图书完成情况)、内容与装帧情况、编校质量情况、突出成果、违规与受批评等方面。

浙江省最近几年开始社会效益考核,考核的主体是省委宣传部及省财政厅,考核的对象包括省出版集团、省报业集团、省广播电视集团等文化集团。考核的内容主要包括宣传舆论导向、事业发展和干部人才队伍建设三个方面,其中宣传舆论导向是重中之重。

此外,陕西省对出版集团社会效益的考核,则侧重于考核重点出版物的出版情况、完成政府倡导出版物出版情况、国家出版基金项目等项目入选情况,兼顾出版物获奖、图书再版率、重印率、单品种发行量、一般图书所占比例、参加社会公益活动等。

2. 出版传媒集团内部对社会效益的考核

与党政领导部门开展的社会效益考核不同,许多出版传媒集团内部也有社会效益考核的做法,但是指标相对单一。

江苏省凤凰出版传媒集团对所属出版社社会效益的考核主要通过经济激励的方法来进行,通过物质奖励、核减任务指标、提供贴息贷款、扩大资本注册金等方式,来鼓励出版社参选"出版政府奖"等国家级三大奖。

南方出版传媒集团对下属出版单位的经营业绩考核有财务指标、发展指标之分。其中,发展指标与社会效益相挂钩。其具体指标包括市场占有率、畅销书品种数、精品项目数、数字出版、"走出去"成果这五项,合起来占整个业绩考核的50%。

中原出版传媒集团对下属出版社的考核主要集中在一般图书销售、特色产品线建设、图书质量、数字出版、获奖图书品种、获政府资金补贴项目几项。[①]

四、非公有制文化企业参与对外专项出版业务

2014年10月,国家新闻出版广电总局出台了《非公有制文化企业参与对外专项出版业务试点办法》。试点办法公布以来,国家新闻出版广电总局

---

① 魏玉山:《关于开展出版单位社会效益考核评估的思考》,《现代出版》2015年第3期。

先后批准成立了北京华语联合出版有限责任公司和人民天舟（北京）出版有限公司两家试点企业。两家公司成立以来，开始在外文图书出版方面筹划，2017年2月，《屠呦呦传》阿文版由人民天舟出版有限公司联合摩洛哥阿曼出版公司、埃及希克迈特文化投资出版公司、黎巴嫩迪法富出版社、突尼斯卡里玛出版社四国出版机构共同出版。《大国外交》《社会主义五百年》《古建筑之美》等多个语言版本也由北京华语联合出版有限公司出版。

五、开展新闻出版传媒企业特殊管理股试点

党的十八届三中全会《决定》提出，对按规定转制后的重要国有传媒企业探索实行特殊管理股制度，中央全面深化改革领导小组、国家新闻出版广电总局都把开展特殊管理股制度试点列为工作重点。《中华人民共和国国民经济和社会发展第十三个五年规划纲要》在第六十八章第六节"深化文化体制改革"中，明确要求"开展新闻出版传媒企业特殊管理股试点"。这意味着新闻出版传媒企业特殊管理股这一重大制度创新试点工作将贯穿整个"十三五"时期。

六、图书"制版分离"改革释放出版业活力

党的十八届三中全会发布《中共中央关于全面深化改革若干重大问题的决定》，明确提出"在坚持出版权、播出权特许经营前提下，允许制作和出版、制作和播出分开"。2016年，随着国家新闻出版广电总局将江苏、北京、湖北等地设为"制版分离"改革试点，图书"制版分离"改革逐渐提上日程。图书制作和出版分开对推动出版社与民营公司的合作出版工作具有深远的指导意义，通过图书制作和出版分开改革试点工作，将实现整合资源、优势互补、创新机制、激发活力，出版更多内容健康、质量合格、市场认可、读者喜爱的精品图书，满足人民群众日益增长的文化阅读需求。

第四章 产业保持高速增长态势，整体实力明显提升

十八大以来，虽然受经济增速下降等宏观经济因素的影响，新闻出版产业的增速也由高速转为中高速增长，但是新闻出版产业规模持续扩大，特别是数字出版等新业态增长尤为迅速。

根据《中国新闻出版统计资料汇编》（2012～2016）及国家新闻出版广电总局公布的《新闻出版产业分析报告》（2012～2016）统计数据，截至2016年，全国出版、印刷和发行服务实现营业收入23595.8亿元，与2012年相比，增加了6960.5亿元，增长41.8%，年均增长率为9.1%；资产总额为22070.3亿元，比2012年增加了6340.7亿元，增长了40.8%，年均增长率8.8%；利润总额为1792.0亿元，比2012年增加了474.6亿元，增长了36.0%，年均增长率8.0%。（见表1）

表1 十八大以来中国出版业主要指标情况

单位：亿元，%

年度		营业收入	资产总额	利润总额
2012		16635.3	15729.6	1317.4
2013		18246.4	17207.7	1440.2
2014		19967.1	18726.7	1563.7
2015		21655.9	20777.5	1662.0
2016		23595.8	22070.3	1792.0
2016年比2012年	增长额	6960.5	6340.7	474.6
	增长率	41.8	40.3	36.0
	年均增长率	9.1	8.8	8.0

数据来源：《中国新闻出版统计资料汇编》（2012～2016）、《新闻出版产业分析报告》（2011～2016）。

十八大以来，图书品种数、总印数增长迅速，2012年全国出版图书41.4万种，图书总印数79.3亿册，2016年全国出版图书50万种，图书总印数90.4亿册，分别增长20.8%和14.0%。中国成为世界上图书品种与图书印数最多的国家。图书品种的增加，是文化繁荣与创作繁荣的必然结果，图书印数的增长也是人们对图书消费增加的反映。

期刊品种数2015年突破万种大关，2016年达到10084种。近年来，虽然纸质期刊发行量在下滑，但借助新的传播媒介和传播手段，期刊的内容传

播力却在一定程度上得到了提升。同时，我国期刊在内容、营销、发行、传播模式等方面进行全方位的融合探索，尤其是学术、科技期刊在集群化建设方面逐渐成型，涌现出了不同类型、不同集群模式的期刊群。

随着数字化阅读进一步普及，信息传播与获取方式发生了很大变化，对传统报业的冲击开始显现，作为传统媒体重要组成部分的报业进入了快速下滑期。面对严峻挑战，各级党委和政府为了保障传统媒体更好地做好舆论引导工作，在财政补贴、政策红利等方面给予了一定的支持，党报也通过"一升一降"等创新措施实现了自身的逆势上涨。同时，报纸出版单位积极探索业务转型，其中浙报传媒集团股份有限公司、华闻传媒投资集团股份有限公司、浙江华媒控股股份有限公司等单位数字出版、动漫等新业态业务收入实现较大幅度增长，平均净资产收益率均超过10%，浙报传媒集团股份有限公司数字出版等新业态业务收入已超过传统报刊业务收入。

音像电子出版业作为介于传统出版与新兴媒体之间的媒体形态，借助数字化技术对传统业态进行改造，大大提升了发展空间和速度；随着互联网技术的发展，出版物的内容正在减少对传统载体的依赖，音像电子出版业经过在业态创新、渠道拓展、产品增值等方面的探索，正在逐步实现转型融合，谋求新的发展。

十八大以来，新闻出版业集团化发展驶入快车道，出版传媒集团实力与国际地位不断提高。2012年全国出版传媒集团主营业务收入2334亿元，主营业务收入和资产总额超过100亿元的出版传媒集团达到4家。2016年全国出版传媒集团主营业务收入3021亿元，主营业务收入和资产总额超过100亿元的出版传媒集团上升至7家。2012年，全球出版50强排名，中国只有中国教育出版传媒集团一家位列其中，且排在第37名。2016年，中国5家出版传媒集团进入前50强，其中中南出版传媒集团位列第6位，凤凰出版传媒集团位列第7位，中国出版集团位列第17位，浙江出版联合集团位列第18位，中国教育出版传媒集团位列第20位。由此可见中国出版传媒类集团的规模与实力。

第五章　科技创新步伐加快，融合发展成效显著

十八大以来，新闻出版界贯彻落实中央关于全面深化改革的重大战略部署，坚持以先进技术为支撑、内容建设为根本，充分运用新技术，创新出版方式、提高出版效能，按照积极推进、科学发展、规范管理、确保导向的要求，立足传统出版，发挥内容优势，运用先进技术，走向网络空间，切实推动传统出版和新兴出版在内容、渠道、平台、经营、管理等方面深度融合，数字出版获得空前快速的增长。新闻出版数字内容加工、集成、传播平台建设步伐加快，数字出版、数字印刷、数字发行等新业态发展迅速，"一个内容多种创意、多重开发"的模式正在形成。

一、国家加大对新闻出版业数字化转型的推动力度

2013年国务院发布《关于促进信息消费扩大内需的若干意见》，提出大力发展数字出版、互动新媒体、移动多媒体等新兴文化产业。

2014国务院发布《关于推进文化创意和设计服务与相关产业融合发展的若干意见》专门强调"加快数字内容产业发展"。

2014年8月，中央全面深化改革领导小组第四次会议审议通过《关于推动传统媒体和新兴媒体融合发展的指导意见》，中央全面深化改革领导小组组长习近平强调：推动传统媒体和新兴媒体融合发展，要遵循新闻传播规律和新兴媒体发展规律，强化互联网思维，坚持传统媒体和新兴媒体优势互补、一体发展，坚持先进技术为支撑、内容建设为根本，推动传统媒体和新兴媒体在内容、渠道、平台、经营、管理等方面的深度融合，着力打造一批形态多样、手段先进、具有竞争力的新型主流媒体，建成几家拥有强大实力和传播力、公信力、影响力的新型媒体集团，形成立体多样、融合发展的现代传播体系。

2015年3月，国家新闻出版广电总局、财政部联合发布了《关于推动传统出版与新兴出版融合发展的指导意见》，明确了就出版业融合发展的指导思想、基本原则、主要目标、重点任务、政策措施等，有力地推动了出版业的转型升级与融合发展。各级政府与相关企业纷纷加大对"融合发展"的投资力度并出台各种配套政策，加快了数字化改革的步伐，极大推进了传统媒

体数字化的发展进程。

2015年3月,在第十二届全国人民代表大会上,"互联网+"首次写入政府工作报告,数字出版顺应政策导向,从媒体间的融合发展走向与相关行业的跨界融合发展阶段,在整合资源、创新发展上,跨出了一大步。

2016年,有关数字出版政策引导扶持力度进一步增强。《中华人民共和国国民经济和社会发展第十三个五年规划纲要》明确提出"加快发展网络视听、移动多媒体、数字出版、动漫游戏等新兴产业",这对于数字出版发展,具有极为深远的意义。2016年,新闻出版广电总局发布了《关于申报出版融合发展重点实验室有关工作的通知》《关于开展首批新闻出版业科技与标准重点实验室申报工作的通知》,出台了《关于加快新闻出版业实验室建设的指导意见》,同时,数字出版"十三五"时期发展规划、新闻出版广电科技"十三五"时期发展规划、新闻出版广播电视十三五规划等多个编制完成或已出台。

2016年11月,国务院发布《"十三五"国家战略性新兴产业发展规划》,将数字创意产业与网络经济、高端制造、生物经济、绿色低碳共同列为"十三五"时期五大战略新兴产业,并提出"促进数字创意产业蓬勃发展,创造引领新消费,以数字技术和先进理念推动文化创意与创新设计等产业加快发展,促进文化科技深度融合、相关产业相互渗透"。数字创意产业纳入战略性新兴产业发展规划,为数字出版的发展带来空前的发展机遇。

2017年5月,总局、财政部联合发布《关于深化新闻出版业数字化转型升级工作的通知》。

国家相关部门在政策层面的不断明确,为新闻出版行业数字化奠定了坚实基础,促进了全行业数字化水平的大幅提升。

二、数字出版保持了快速发展态势

十八大以来,我国数字出版保持了快速发展态势。2016年,数字出版总收入5720.85亿元,较2012年增长195.58%,年均增长率为31.12%;增加值1548.49,较2012年增长185.56%,年均增长率29.99%;利润总额427.84亿元,较2012年增长181.57%,年均增长率29.54%。

2016年,数字出版占全行业营业收入的24.2%;对全行业营业收入增长贡献率达67.9%,增长速度与增长贡献在新闻出版各产业类别中继续位居第

一、已成为拉动产业增长"三驾马车"之首。

从总体经济规模来看，数字出版在新闻出版各产业类别中的地位也在提升。2014年，数字出版总体经济规模跃居行业第二，并保持至今。

三、传统新闻出版单位数字化转型升级步伐不断加快

图书、报纸、期刊是我国传统新闻出版单位的主营业务。近年来，一些传统新闻出版单位数字化转型升级步伐不断加快。互联网期刊增长态势趋稳，收入规模从2006年的5亿元增至2016年的17.5亿元；电子书的收入总量虽然仍远低于纸质图书销售收入，但近年来以年均增长16.13%的幅度快速发展，2016年达到52亿元。

四、重大工程带动全行业数字化发展

在重大工程实施方面，国家新闻出版广电总局实施了国家数字复合出版系统工程、数字版权保护技术研发工程、中华字库工程等重大科技项目。其中，由中国新闻出版研究院承担的数字版权保护技术研发工程于2016年12月竣工。该工程制定了四类25项工程标准与接口规范，形成了一整套数字版权保护技术标准体系；针对移动出版、互联网出版、出版单位自主发行等业务模式，开发了五类版权保护应用系统，并进行了应用示范；搭建了数字内容注册与管理、版权保护可信交易数据管理、网络侵权追踪三个公共服务子平台，经过整理与集成，最终形成综合性的数字版权保护技术管理与服务平台。

五、数字出版服务水平大幅提高

十八大以来，国家大力扶持新闻出版内容供应企业，配置技术装备，提高数字资源管理能力、数字产品生产能力、数字市场营销能力，互联网阅读平台和应用软件大幅增加，数字内容产品供应水平显著提高。国家新闻出版广电总局加强标准化工作，开展相关模式试点工作，推进行业有序发展。2015年5月，由我国主导编制、旨在标识与管理数字内容资源关联关系的《国际标准关联标识符（ISLI）》国际标准由ISO正式发布，我国获得该国际标准国际注册中心的承办权；为实现出版发行数据共享的《中国出版物在线信息交换（CNONIX）》国家标准的产业化应用不断推进；专业领域知识服务

模式试点工作全面启动。上述工作为构建新闻出版业大数据体系、提高数字出版服务水平奠定了坚实基础。

此外,人民出版社开发建设的"中国共产党思想理论资源数据库",汇集了党的所有经典理论著作,在中国理论网上供阅览、查询和使用,受到广大读者高度肯定。

六、数字出版业在多领域发展势头迅猛

在我国新闻出版转型升级、融合发展政策引导扶持力度进一步增强的背景下,2016年我国数字出版业多领域发展成绩显著。

1. 网络文学发展持续强劲。

据《2016年数字阅读白皮书》显示,2016年数字阅读内容总量增长率达到88.2%。其中原创占比从69%上升到79.7%。2016年,网络文学主流化进程加快。现实主义题材日益增多。越来越多的网络作家加入作协等行业组织机构,多个省市作协和行业作协相继成立网络文学组织,标志着网络作家和网络文学作品正逐渐获得全社会及业界的身份认同。网络文学作为重要的IP资源,其IP运营已成为网络文学行业重要的运营模式。

2. 数字教育出版取得显著突破。

在线教育、翻转课堂、MOOCs、SPOCs、数字教材、电子书包、微课等教育教学服务模式与产品不断涌现。传统教育出版单位转型升级渐趋深入,在政策引导与项目推动下,在学前教育、寄出教育(K12)、高等教育、职业教育、在线培训等数字教育出版的不同层面,逐步找到了适合自身的发展路径,并加快数字资源建设步伐,依托自身优势积极探索新的数字教育模式,实施有特色的数字教育出版实施方案。

3. 有声读物成为数字阅读新增长点。

据《2016年数字阅读白皮书》的数据显示,2016年中国有声阅读市场增长48.3%,达到29.1亿元。国内已经先后出现200多个带有听书功能的移动平台,喜马拉雅FM、蜻蜓FM等有声读物平台知名龙头已然兴起,市场竞争格局初步形成。2016年有声平台纷纷加强与出版机构的合作,加大在有声书领域的布局。有声读物成为IP生态链中的一环,网络文学、影视剧、网剧等内容转化成为有声读物已然非常普遍。

4. 社交媒体多元化发展。

近年来，从微博到微信，社交媒体在人们的生活中扮演着越来越重要的角色，广泛存在于虚拟社区、即时通信、移动直播、微博微信、音视频等互联网应用的各个方面。社交媒体已经成为重要的资讯来源，微博、微信等移动端社交媒体已成为信息获取的重要渠道以及网络舆论重要源头。新闻资讯客户端也越来越注重自身社交属性的培养，并加大了对自媒体的培育与扶持力度，建立自己的社群关系，打造自身的媒体生态闭环。

5. VR（虚拟现实）/AR（增强现实）技术在出版业得到日益广泛的应用。

VR/AR已成为出版业融合发展的重点方向之一，特别是在童书领域，成为VR在出版业应用的一大入口，开辟了全新的阅读视角，让阅读从"平面"变为"立体"，从"静读"变为"动读"，带给读者更加丰富的阅读体验，如中信出版社的"科学跑出来"系列图书、北京少年儿童出版社的"大开眼界：恐龙世界大冒险"丛书分别结合了VR和AR技术，均取得了较好的市场反响。此外，VR技术在绘本和生活类读物领域也得到了探索性应用。

6. 人工智能为数字出版创造更多可能。

近年来，人工智能技术正在加速进入出版业，在出版发行、数据加工、数字阅读、数字教育等多个领域得以应用，重塑出版流程，推进业态革新，为出版业转型融合创新创造更多可能。目前，利用机器算法实现内容的精准化、个性化推送，已成为新闻客户端等内容平台的重要发力点，多家新闻出版单位在稿件语音录入、机器协助校稿、机器协作、增强用户交互体验等方面对人工智能技术已有了初步探索性应用，逐步实现了出版流程智能化，特别是机器写稿、校稿，可缩减出版流程，有效提高出版效率。2017年5月，掌阅上架了诗集《阳光失了玻璃窗》[①]，该作品的作者是微软人工智能"小冰"，这是人工智能创作与数字阅读在国内的首次结合。此外，未来人工智能在出版选题策划、营销决策等出版流程中也将发挥更大作用。

---

① 当AI遇到数字阅读首本人工智能诗集上架掌阅[EB/OL].http://finance.sina.com.cn/roll/2017-05-23/doc-ifyfkkme0229084.shtml

第六章　走出去力度进一步加大，国际影响力持续提升

十八大以来，我国新闻出版业全面实施走出去战略，走出去脚步更加有力，步伐不断加快。从版贸升级到多元输出，版权输出数量不断增加，输出品种不断丰富；从政府主导到企业发力，政策扶持体系更加完备，企业走出去势头明显；从"走出去"到"走进去"，国际传播力、竞争力、影响力和认可度进一步提升。

一、各类政策不断推出，扶持政策体系更加完备

"政府主导，企业主体"一直是走出去战略的重要原则，出版走出去取得的重大进展，离不开党中央的高度重视和政府部门的大力推动。十八大以来，新闻出版行政管理部门大力推动行业走出去，扶持政策不断细化，形成了系统集成的政策体系。

2012年，党的十八大把社会主义文化强国的建设目标从国内精神文化建设延伸到不断提高中华文化国际影响力。原新闻出版总署以年度一号文件的形式发布《关于加快我国新闻出版业走出去的若干意见》，首次从国家层面对新闻出版业走出去进行全方位布局，这也是我国出台的首个新闻出版业走出去专门文件。《意见》对"十二五"末的主要目标提出量化标准，明确加强走出去宏观布局、加强版权贸易等八项重点任务，提出优化新闻出版资源配置的10条新政，大大激发了企业发展海外业务、拓展海外市场的积极性。

2013年，在8月全国宣传思想工作会议上习近平总书记强调要"要精心做好对外宣传工作，创新对外宣传方式，着力打造融通中外的新概念新范畴新表述，讲好中国故事，传播好中国声音"，为"走出去"工作指明了方向；11月党的十八届三中全会强调，要"扩大对外文化交流，加强国际传播能力和对外话语体系建设，推动中华文化走向世界""支持重点媒体面向国内国际发展""培育外向型文化企业，支持文化企业到境外开拓市场"，为推动新闻出版业"走出去"提供了强大动力。国家新闻出版广电总局制定了《关于加快推动中国新闻出版业国际布局的实施意见》，加快打造一批具有国际竞争力的大型传媒集团和物流企业。

十八大以来，随着"一带一路"重大战略部署的全面展开，出版走出去

的产业国际布局也发生了战略性改变。2014年，国家新闻出版广电总局颁布《深化新闻出版体制改革实施方案》，除注重以往政策的优化与执行外，强调配合"一带一路"建设，大力实施"丝路书香工程"；加快实施边疆地区新闻出版走出去扶持计划，扩大对周边国家和地区的辐射力。2015年，国家新闻出版广电总局全面实施"丝路书香工程"，面向"一带一路"沿线64个国家，对出版企业走出去提供扶持，并专门制定了向周边国家和"一带一路"沿线国家"走出去"的工作方案，出版走出去的市场逐步从欧美等传统版权输出市场向"一带一路"国家拓展。

2016年，党中央对于中华文化海外传播和图书走出去高度重视。在11月1日召开的中央全面深化改革领导小组第二十九次会议上，习近平总书记强调弘扬"中华文化"这一国家战略主题。会议审议通过《关于进一步加强和改进中华文化走出去工作的指导意见》，强调加强和改进中华文化走出去工作，向世界阐释推介更多具有中国特色、体现中国精神、蕴藏中国智慧的优秀文化，提高国家文化软实力。在10月召开的图书走出去座谈会上，中宣部部长刘奇葆强调，图书走出去工作要围绕服务党和国家工作大局、提高国家文化软实力这个总要求，突出讲好中国故事、塑造良好国家形象这个根本任务，处理好整体推进与重点突破、数量规模与质量效益、中国内容与国际表达、政府主导与企业主体的关系。

为加快实施文化"走出去"战略，提高我国国际传播能力，增强国家文化软实力，根据《国家"十三五"时期文化改革发展规划纲要》和《新闻出版广播影视"十三五"发展规划》，2017年初，国家新闻出版广电总局专门制定了"十三五"时期走出去专项规划，为将来一个时期的新闻出版业走出去工作明确了主要目标和重点任务。《规划》在总结新闻出版业走出去工作取得的阶段性成果基础上，更加强调顶层设计，整体谋划；强调政府推动，市场运作；强调改革创新，内外统筹；强调互利共赢、包容共进。以此为原则，新闻出版业在"十三五"时期将要在版权输出、出版物实物产品出口、数字出版产品出口、海外分支机构等重点指标上有所推进，提升重点报刊海外供版能力，培养和吸纳数量更多的跨国经营管理人才、版权贸易人才和翻译人才。

此外，其他部委或对新闻出版走出去企业和项目予以表彰，或与国家新闻出版广电总局签订合作协议，或给予走出去重点企业提供特殊便利服务，财政、金融、税收等配套政策不断完善，为企业走出去创造了更为有利的融投资和对外贸易环境。

二、对外贸易规模取得新突破，版权输出数量增加

2016年，全国出口图书、报纸、期刊、音像制品、电子出版物、数字出版物金额11010.8万美元，较2012年增长16.22%。其中，音像制品、电子出版物、数字出版物3225.66万美元，较2012年增长47.19%。

2012年至2016年，出版物版权输出从2012年的9365种增长到2016年的11133种，增长25.28%。版权输出品种与引进品种的比例从2012年的1∶1.9下降至1∶1.6（见表2）。其中，电子出版物版权贸易增长较快，2016年，电子出版物版权贸易实现大幅顺差，净输出1047种，输出品种数量为引进品种数量的5.8倍。

表2　"十二五"期间我国引进、输出版权情况

年份	引进版权 数量（种）	引进版权 较上年增长比例	输出版权 数量（种）	输出版权 较上年增长比例	引进与输出比例
2012年	17589	5.7%	9365	20.3%	1.9∶1
2013年	18167	3.3%	10401	11.1%	1.7∶1
2014年	16695	−8.1%	10293	−1.0%	1.6∶1
2015年	16467	−1.4%	10471	1.7%	1.6∶1
2016年	17252	4.8%	11133	6.3%	1.6∶1

三、重要书展发挥平台功能，走出去步伐更加矫健

国际书展是新闻出版走出去的重要平台。放眼全球，我国出版企业每年参加的国际重要书展遍布五大洲，伦敦书展、法兰克福书展、美国书展、东京书展、意大利博洛尼亚儿童书展、巴黎图书沙龙、莫斯科国际书展、印度新德里世界书展等综合性和专业性书展上，处处可见中国出版人的身影。

在各大国际书展上，我国出版企业积极出击，并在国家新闻出版广电总局等部门的有力组织下，渐渐从过去以参展为主转化为主宾国的角色。2012年伦敦书展中国主宾国活动，来自中国的180余家出版社、1万多种图书、300多场活动、1859项版权输出汇聚2019平方米的展区。2013年，中国首次以主宾国身份参加第32届伊斯坦布尔国际书展，主题语为"新丝路，新篇

章",100多家中国出版单位展示了5000多种优秀出版物,向土耳其民众展现中国文化艺术成就与魅力。2014年,我国首次在中东欧地区规模最大的贝尔格莱德书展上担任主宾国,主宾国活动主题为"书香增友谊,合作创未来",中国展台面积约1000平方米,71个中国图书出版企业展出图书5000多册。同年,第16届斯里兰卡科伦坡国际书展我国作为首任主宾国也开展了丰富多彩的活动,中国国家主席习近平与斯里兰卡总统马欣达·拉贾帕克萨共同为活动揭幕。2015年,中国先后以主宾国身份参加明斯克国际书展和美国书展。第22届明斯克国际书展中国首次并作为主宾国参展,由43家出版单位组成的中国展团带来了5017种优秀参展图书,中国国家新闻出版广电总局与白俄罗斯新闻部签署了《中白经典图书互译出版项目备忘录》。2015美国书展上,中国主宾国活动以"感知中国,共创未来"为主题,展台面积为2342平方米,由近150家出版单位组成的中国出版代表团携1万余种精品图书参展,此次主宾国活动首次实现中国图书进入美国主渠道。

进入"十三五"以来,除积极参加法兰克福书展、伦敦书展、美国书展、意大利博洛尼亚儿童书展、巴黎图书沙龙、莫斯科国际书展等综合性和专业性国际书展外,继续加大"一带一路"沿线国家书展的参与力度。2016年,先后参与了2016印度新德里世界书展、第47届开罗国际书展、第40届印度加尔各答国际书展、第32届突尼斯国际书展、2016阿布扎比国际书展、第23届匈牙利布达佩斯国际图书节、2016布拉格国际书展、2016印度尼西亚国际书展、第23届罗马尼亚高迪亚姆斯国际图书与教育展、第44届索非亚国际书展等。其中,2016印度新德里世界书展和第23届罗马尼亚高迪亚姆斯国际图书与教育展中国均以主宾国身份参加,参展规模和版权贸易成果均创新高。2016印度新德里世界书展,81家出版单位组成的中国代表团携5000多种出版物亮相,达成588项版权协议及172项合作意向。第23届罗马尼亚高迪亚姆斯国际图书与教育展,中国首次以主宾国身份亮相该书展,也是首个参加这一书展的亚洲国家,50多家中国出版机构的3000多册精品图书参展。2017年,以主宾国身份参加第27届阿布扎比国际书展,中国主宾国活动成为中国在阿拉伯国家举办的规模最大的出版交流活动,对进一步推动中阿出版交流与合作、巩固和发展中阿传统友谊起到积极而重要的作用。

在参加国外各大书展取得成绩的同时,国内书展也在不断进步,积极提升。

在国际书展同业下滑的大背景下,北京国际图书博览会逆市上扬、一枝独秀,国际影响力进一步提升,跻身世界第二大国际书展。第1届图博会参展国家和地区共35个,展商总数仅有224家,其中海外展商165家,达成版权贸易97项;而在2017年的第24届北京国际图书博览会上,89个国家和地区的2500多家出版相关机构参展,其中海外展商1460家,占比达58%,达成各类版权输出与合作出版协议3244项。与此同时,上海国际童书展、中国(深圳)国际文化产业博览交易会、中国国际动漫游戏博览会、中国(武汉)期刊交易博览会、中国国际全印展也越来越受到国际关注和参与,国内"走出去"交流平台不断丰富。上海国际童书展成为亚太地区最大的童书专业展会,形成了童书全产业链出版资源聚集平台。2017年5月,第13届中国(深圳)国际文化产业博览交易会在深圳举办,来自美国、英国、法国、德国、加拿大、澳大利亚、匈牙利、以色列、立陶宛等99个国家和地区20016名海外采购商参加,实际成交额2240.848亿元,同比增长10.28%。7月,第13届中国国际动漫游戏博览会在上海举办,主展馆海内外参展商350多家,海外展商展场面积超过40%;展馆中厅首次开辟600平方米的"一带一路"独立展区,生动展示"一带一路"沿线国家的动漫游戏内容。

四、重点项目发挥支撑作用,"走出去"取得良好效果

近年来,国家新闻出版广电总局先后实施了中国图书对外推广计划、中外图书互译计划、经典中国国际出版工程、中国出版物国际营销渠道拓展工程、重点新闻出版企业海外发展扶持计划、边疆新闻出版业"走出去"扶持计划、图书版权输出普遍奖励计划、丝路书香工程等工程,资助项目的类型从单纯的图书翻译出版转变为海外设立分支机构、境外参展、建立数据库等大型综合性项目,构建了内容生产、翻译出版、发行推广和资本运营等全流程、全领域的"走出去"扶持体系,如表3所示。

表3 国家新闻出版广电总局扶持出版走出去主要项目情况

序号	项目名称	组织实施	起始年份	支持方向
1	中国图书对外推广计划	国务院新闻办公室、国家新闻出版广电总局	2006	图书翻译资助,先期资助
2	中国文化著作翻译出版工程	国务院新闻办公室、国家新闻出版广电总局	2009	以资助系列产品为主,既资助翻译费用,也资助出版及推广费用

（续表）

序号	项目名称	组织实施	起始年份	支持方向
3	中外图书互译计划	国家新闻出版广电总局	2008	签署政府间互译协议，双方互译重点作品
4	经典中国国际出版工程	国家新闻出版广电总局	2009	图书翻译资助，先期资助
5	重点新闻出版企业海外发展扶持计划	国家新闻出版广电总局		支持外向型骨干企业扩大境外投资，输出重点产品，参与国际资本运营和市场竞争
6	边疆新闻出版业走出去扶持计划	国家新闻出版广电总局	2009	鼓励边疆省区通过版权贸易、资本走出去、营销渠道拓展、会展平台搭建等方式，扩大对周边国家辐射力和影响力
7	中国出版物国际渠道拓展工程	国家新闻出版广电总局	2010	发行渠道拓展、海外华文书店发展
8	丝路书香工程	国家新闻出版广电总局	2014	资助图书翻译和重大项目实施，先期资助
9	图书版权输出奖励计划	国家新闻出版广电总局	2014	纸质图书版权输出，后期奖励
10	图书走出去基础书目库	国家新闻出版广电总局	2015	重点资助入库图书的多语种翻译

2015年8月，被誉为"科幻界的诺贝尔奖"的雨果奖揭晓，中国作家刘慈欣的《三体》获得最佳长篇小说奖。《三体》的翻译和出版得到了经典中国国际出版工程、丝路书香工程等"走出去"工程的资助，不但出版了英文版，还出版了土耳其语、波兰语、德语等多个版本，成为国际图书市场上最为畅销的科幻读物。刘慈欣在获奖后写信向国家新闻出版广电总局致谢，希望有更多的中国作家获此资助，更好地走向世界。在政府的支持下，"走出去"项目有效提升了版权输出的数量和质量，成功打开了国外出版物市场，支撑作用日益突显。

"中国图书对外推广计划"和"中国文化著作翻译出版工程"自2006年、2009年启动以来，两个工程版权输出总量保持连续上升态势，从2007年的1132项，跃升为2015年的4375项（不含中国港澳台地区、不含数字出版物），增长近4倍。[①] 截至2016年底，"中国图书对外推广计划"已同美国、英国、法国、德国、荷兰、俄罗斯、澳大利亚、日本、韩国、越南、巴西、南非、阿联酋等71个国家的603家出版机构签订资助协议2676项，涉及图书2973种，文版47个。"中国文化著作翻译出版工程"已和25个国家的61家出版机构签订资助协议101项，涉及图书1062种，文版16个。[②]

经典中国国际出版工程从2009年第一期项目评审和实施以来，得到了社会各界的好评和各出版机构的热烈响应，激发了各出版机构走出去的积极性，有效提升了我国出版物版权输出的数量和质量。"工程"至今累计资助了国内外出版机构出版的1323个项目、涉及44个语种，共输出55个国家和地区。2013年至2017年，五年间，"工程"共资助了境内外203家出版机构的980个项目，1989个图书品种，涉及44个语种。[③]

"丝路书香"重点翻译资助项目，2015年共资助546种图书，语种达到29个，资助金额达到6400万；2016年则对81家申报单位的439个品种予以资助，对加快中国精品图书在沿线国家的出版发行起到了极大的推动作用。图书版权输出普遍奖励计划，2015年（一期工程）对53家单位的112个重点奖励项目、74家单位（个人）的370个普遍奖励项目进行了奖励，奖励金额达700多万元；2016年（二期工程）则对40家单位的99个重点奖励项目、84家单位的597个普遍奖励项目进行了奖励，奖励金额达550万元。

中国出版物国际营销渠道拓展工程于2011年9月29日启动亚马逊"中国书店"。"书店"成为亚马逊图书频道首页上显著的七大特色书店之一，更是亚马逊网站上有史以来第一个以"国家"命名的主题书店。截至2015年，亚马逊"中国书店"已累计推送中国图书上线近50万种，涵盖了国内400多家出版单位的出版物[④]，为"走出去"搭建了一条直通海外终端市场的重要渠道。

[①] 刘亚. "中国图书对外推广计划"工作小组谋新篇［N］. 中国出版传媒商报，2016-06-14（01）.
[②] 姜珊，胡婕. 不忘初心，连通中国与世界——"中国图书对外推广计划"项目十年进展情况介绍［J］. 出版参考，2017（9）.
[③] 房毅，吕健泳. "经典中国国际出版工程"情况综述（2013-2017年）［J］. 出版参考，2017（9）.
[④] 李丹. 让世界读懂"中国故事"——2015年中国图书国际传播力大幅提升［N］. 经济日报，2016-02-16（01）.

五、从版权贸易到输出资本，"走出去"进入新阶段

十八大以来，越来越多的出版企业尝试开拓国际出版市场，通过投资或并购现有海外机构、与境外文化企业合作经营等多种方式，积极推进跨国经营，参与国际资本运营和国际市场竞争。目前中国新闻出版单位已在50多个国家和地区投资或设立分支机构450多家，本土化发展质量稳步提高，涌现出一批运营良好的本土化公司，国外分支机构的建立则形成了一批战略支点。

企业走出去的主体中，有国内大型出版集团和上市公司，如中国出版集团、凤凰出版传媒集团等。十八大以来，中国出版集团继续深化与国际一流出版机构合作关系，在海外成立了20多家分支机构，2015年与阿拉伯出版商协会签订了战略合作协议，涵盖22个阿拉伯国家的近900家出版机构，向"一带一路"国家大规模输出重点图书。凤凰出版传媒集团在2012年于伦敦成立首家境外实体企业，2013年在英国设立"香都出版公司"，在澳大利亚设立了子公司凤凰传媒国际（澳大利亚）有限公司，于2014年又斥资8500万元收购了美国出版国际公司（PIL）的童书业务及其德国等海外子公司的全部股权和资产，2015年直接投资2500万美元成立凤凰美国控股管理公司。2016年7月，青岛出版集团以现金方式，一次性收购渡边淳一文学馆100%股权；长江出版传媒集团旗下长江传媒非洲公司——英爵意文化传媒有限公司在肯尼亚首都内罗毕注册，成为中国首家落地非洲的出版机构；8月，继2014年以200万美元的价格收购澳大利亚视觉公司之后，广西师范大学出版社集团有限公司正式收购英国ACC出版集团，完成了对ACC出版集团旗下的ACC出版社、ACC英国和美国发行公司以及《古董与收藏》杂志的收购。

同时，也有单体出版社，通过建立分支机构、翻译研究出版中心、编辑部等多种形式，开拓国际市场。2017年，云南教育出版社曼谷分社首套与泰国阳光出版集团共同策划出版泰文版图书产品在泰国上市。2016年8月，社会科学文献出版社俄罗斯分社——斯维特出版社宣布成立；外语教学与研究出版社和保加利亚东西方出版社正式签订了共建"中国主题编辑部"协议；1月，中国人民大学出版社以色列分社揭牌，成为中国出版机构在以色列设立的第一家分社。2015年，接力出版社和埃及智慧宫文化投资出版公司合资成立接力出版社埃及分社；北京师范大学出版社与约旦阿克拉姆出版社合资成立约旦分社。2014年，广西师范大学出版社在澳大利亚墨尔本成功完成对

澳大利亚视觉出版集团的收购。此外,民营出版机构也活跃在走出去的前沿。如,2016年5月,新经典文化股份有限公司宣布战略投资法国菲利普·毕基埃出版社。

十八大以来,中国出版企业海外投资项目的分布地域进一步扩大,特别是在"一带一路"沿线国家的投资项目增加较快。根据2010—2016年中外媒体的新闻报道,中国主要新闻出版企业海外投资项目已经上升至116件,在西方发达国家英语圈的投资项目比例已经下降至48%。[1]据2015年国家新闻出版广电总局统计的"一带一路"沿线国家"走出去"项目显示,正在实施或者即将实施的"本土化"项目,即境外投资项目多达52项,参与的中国新闻出版企业有37家,覆盖蒙古、俄罗斯、哈萨克斯坦、吉尔吉斯斯坦、越南、马来西亚、新加坡、印度尼西亚、菲律宾、印度、巴基斯坦、尼泊尔、波兰、匈牙利、罗马尼亚、塞尔维亚、土耳其、阿联酋、黎巴嫩、约旦、以色列、埃及22个国家。[2]

第七章 治理力度不断增强,市场环境持续优化

随着互联网技术的飞速发展,传统出版结构不断优化,新兴出版业态蓬勃兴起,出版物市场环境也发生了巨大变化。非法出版活动在传统市场中继续变换手法,逃避监管,同时迅速向网络蔓延,出版物市场治理面临网上网下两个战场,形势更趋复杂,难度不断加大。

十八大以来,全国各级"扫黄打非"部门一手抓突出问题整治,一手抓基础性制度建设,针对各类非法出版活动采取了具有针对性的策略和措施,打了一系列总体战、攻坚战、遭遇战,广度不断扩大、深度不断拓展、力度不断增强,取得了重要成效,也积累了有益经验。2012年至2016年,全国各级"扫黄打非"部门共收缴各类非法出版物11000余件,查办各类案件48000多起。随着"扫黄打非"工作力度的持续加大,市场上的非法出版物

---

[1] 刘叶华,刘莹晨.从中国图书走出去到中国出版本土化——谈中国新闻出版业"十二五"国际化进程以及"十三五"展望[J].出版广角,2016(9).

[2] 钱凤军,刘叶华."十三五"时期我国图书走出去提质增效路径分析[J].中国出版,2017(7).

已经大量减少，2016年收缴的非法出版物数量比2012年减少了64.4%。

一、坚持问题导向，开展专项行动进行深入治理

密切关注出版物市场动态，以问题为导向，问题出在哪里，工作就跟进到哪里，是"扫黄打非"部门开展出版物市场治理的重要工作方法。

1.强化部署，解决突出问题

十八大以来，"扫黄打非"部门持续开展专项行动，深入持久治理市场中存在的突出问题。同时，适应形势发展变化，每年的专项行动都聚焦新情况新任务，部署开展若干个专项整治，推动行动取得实际治理成效。

2011年至2014年，全国各地普遍部署开展了以扫除互联网和手机媒体中的淫秽色情信息及淫秽色情出版物、打击假媒体假记者站假记者、打击非法出版活动等为主要任务的几大专项行动，2015年增加了以深化打击有害和非法少儿出版物及信息为主要任务的"护苗2015"专项行动。以"护苗2016"专项行动为平台，狠抓市场整治、网络清查，重点清理校园周边出版物市场环境和整治网上传播淫秽色情等有害信息。各地"扫黄打非"部门集中清理中小学周边出版物市场，重点查处有害"口袋本"图书、卡通画册和游戏软件等，严厉打击无证照店档和游商地摊在校园周边兜售出版物，严厉打击校园周边出版物经营单位销售含有宣扬邪教、迷信、淫秽、暴力、教唆犯罪及妨害未成年人身心健康的恐怖、残酷等内容的出版物。集中整治以未成年人为主要对象的有害网络游戏、小说、音乐、动漫及传播淫秽色情等有害信息的网络社交群组，对少年儿童访问量大、社会影响恶劣的有害网站及相关应用重点打击，及时取缔关闭，并严厉追究相关责任人的法律责任。全国收缴非法有害少儿出版物346万件，处置妨害少年儿童健康成长有害信息458万条。

2.狠抓落实，确保见到实效

从年度各大专项行动整体方案的规划到各个专项行动的具体方案设计，突出管用、有效两个目的。为狠抓落实，全国"扫黄打非"办公室每年都会同中央有关部门，先后数次对各地专项行动开展情况进行督查，查市场、查网络、查案件、查进境、寄递、印刷、物流等各环节，对发现的问题全部督促整改。每开展一个专项行动或实施一项管理措施，一旦确定目标就一抓到

底，从安排部署到线索通报，从宣传教育到发动群众，从市场清查到查办案件，从督办督责到舆论曝光，从反馈通报到责任落实，环环相扣，逐层递进，务必确保工作要求落实到位，工作部署见到实效。

二、把握发展态势，推动工作向网络主战场转移

2014年2月，习近平总书记在中央网络安全和信息化领导小组第一次会议上鲜明指出："没有网络安全就没有国家安全"。适应新的形势变化，"扫黄打非"战线不断将工作向网络主战场转移，特别将打击网络传播淫秽色情信息、建设清朗网络空间作为当前重要工作任务常抓不懈。

1. 工作重心转换

2012年7月至11月，各地"扫黄打非"部门开展的集中整治淫秽色情出版物及信息专项行动，开始注重将网上治理与网下打击相结合。这次专项行动中查处的北京"MM公寓"网站传播淫秽色情信息案就是从网上清除延伸到落地查人。该网站注册会员100多万人，发帖数达800余万条，抓获涉案人员2148人，其中达刑事处罚标准的530人。

2013年3月上旬至6月底开展的专项行动，被正式命名为"净网"行动，治理重点明确为网络，以打击网络淫秽色情信息为主要任务。行动期间，清理处置了大量网络有害信息，查处了一批违法违规网站。全国"扫黄打非"办公室还先后约谈了苹果公司和腾讯、快播、新浪、网易、百度等大型网站，对提供淫秽色情软件下载和登载淫秽色情信息问题提出批评和整改意见，并依法给予处罚。

2014年4月中旬至11月继续组织开展"净网2014"专项行动，对传播淫秽色情信息主要犯罪嫌疑人进行了刑事打击，对违法违规网站进行了行政处罚。其中包括依法吊销新浪网《互联网出版许可证》《信息网络传播视听节目许可证》，并处以508万多元罚款；依法吊销快播网《增值电信业务经营许可证》，迫使其彻底关掉网站，并将其负责人王欣从境外押解回国审讯。

2015年开展的"净网2015"专项行动，主要任务则是全面扫除网络淫秽色情信息，严惩违法违规网站，严厉打击制作、传播淫秽色情信息违法犯罪活动。行动期间，果断查处了北京优衣库试衣间、浙江嵊州、四川成都九眼桥、浙江丽水万地广场等不雅视频案，主要案犯均被刑事拘留，腾讯、新

浪等互联网企业受到行政处罚。

2016年，各地"扫黄打非"部门按照抓源头、破网络、切断利益链的工作要求，先后对云盘、微领域、新闻客户端等重点领域进行多次集中整治。北京市文化执法总队在检查中发现，"今日头条""新浪新闻""网易新闻""一点资讯"均为客户提供色情淫秽等禁止内容。"今日头条"引动客户端通过移动互联网提供含有禁止内容的网络出版物在线浏览服务。"新浪新闻""网易新闻""一点资讯"客户端提供含有色情内容的网络出版物供在线客户观看。北京市文化执法总队根据调查掌握的证据，分别于2016年8月和11月对四个新闻客户端运营企业做出罚款的行政处罚，责令北京字节跳动科技公司、新浪网技术（中国）公司、网易传媒科技（北京）公司、北京一点网聚科技公司立即删除违规内容，改正违法行为。另外，还依法关闭了可乐云、乐盘网等问题严重的云盘服务企业，并依法追究相关负责人刑事责任，行政处罚了新浪、百度等25家知名互联网企业，有效遏制了云盘传播淫秽色情信息现象。整治低俗信息问题，删除违规文章110万篇。

2. 工作策略转化

密切与网信、通信、网安等部门的协作，针对不同的网络传播载体和平台采取不同的治理策略，形成较为完备的工作机制。加强网上监测和市场清查，对互联网站、搜索引擎、移动智能终端、应用软件商店和网络电视棒、机顶盒等设备，以及繁华街区、电子商城、交通枢纽、校园周边等重点地区书刊、音像制品、电子出版物等销售网点进行全面监测、清查，并组织辖区互联网企业开展自查。凡包含淫秽色情内容的信息、出版物、电视棒、机顶盒等，立即予以删除或查缴。同时，针对通过微视自拍、微博推广、微信和QQ群组传播、云盘存储等新的产品形态和传播方式制售传播淫秽色情信息的突出问题，及时向微博、微信、微视、微电影、云盘等"微领域"延伸工作触角，开展集中整治。不断完善互联网站、域名、IP地址实名管理等制度，不断加大对未注册、未备案网站的清理力度，健全移动智能终端应用软件管理措施，建立长效机制，实现源头治理。

3. 工作责任转变

加强网络空间治理，既要坚决履行政府部门的监管责任，发动社会的监督责任，同时更要积极推动互联网企业履行自身的主体责任。督促互联网企业，尤其是影响力较大的知名企业进一步落实内容安全主体责任，建设内容安全管理队伍，完善信息安全管理制度和信息安全技术手段，主动监测、发现和及时切断淫秽色情信息传播渠道。先后以约谈等方式，督促阿里巴巴、新浪、百度、腾讯等互联网企业，对有害信息第一时间发现、第一时间处置。各大互联网企业的主体责任意识不断增强，例如，新浪微博2015年全年主动清理淫秽色情信息270万条，关闭传播淫秽色情等有害信息账号5.75万个。

三、抓住重点环节，持续加大对传统出版物市场的整治力度

在不断强化网络主战场工作的同时，始终保持对传统出版物市场中非法出版活动的高压态势，抓住重点，严查严管。

1. 开展针对性集中整治，纸质非法出版物大幅减少

2012年部分省（市）开展了出版物市场和非法盗印复印行为集中整治行动。十八大以来，随着"扫黄打非"工作力度的持续加大，市场上的纸质非法出版物已经大量减少。从各地"扫黄打非"部门历年收缴的非法出版物收缴数量就能明显看到这一趋势，2016年收缴的非法出版物数量比2012年减少了64%。

表14 十八大以来各地"扫黄打非"部门收缴各类非法出版物数量

单位：万件

年份	2012年	2013年	2014年	2015年	2016年
收缴数量	4500	2053	1579	1500	1600

2. 严把印制销售环节，严惩侵权盗版行为

严格印刷复制企业监管措施，督促落实印刷复制委托书等各项法定管理制度，建立健全印刷复制企业风险等级管理制度。对印刷企业和出版物市场加强巡查检查。2012年北京"12·17"盗印十八大报告辅导读物案中，查缴盗印的十八大报告辅导读物7万余件。2013年查办的侵权盗版案件中涉案金额达千万元以上的案件达7起。2014年，北京"7·1"特大侵权盗版团伙案抓获涉案人员87人，查获涉嫌非法图书120余万册、码洋近5000万元。2015年重点查办了河北盗印《习近平谈治国理政》图书案。2016年查办了山东青岛、陕西西安"5·16"经营非法期刊案、云南"4·15"特大制售非法出版物案、浙江台州"3·15"网络销售非法出版物案、北京"8·08"特

大制售侵权盗版少儿类出版物案、湖南衡阳"3·10"发行非法小学教辅案等大案。

3. 严查盗版光盘，严格企业监管

2012年，江苏南京、广东广州、山东烟台"6·04"批销盗版光盘一案中，查缴盗版光盘60余万张，查获涉案光盘生产线20条、母盘生产线1条。不仅严打非法企业的侵权盗版行为，对正规企业的非法行为更是严惩不贷。

四、坚决打击"三假"，有力维护新闻出版传播秩序

新闻"三假"活动严重干扰基层正常工作，侵害群众切身利益，败坏新闻机构和新闻工作者形象，扰乱新闻出版传播秩序，必须狠狠予以打击。

1. 及时公布非法报刊目录，突出重点督导整治

通过中央各大媒体及时公布非法报刊、非法新闻网站等"假媒体"目录，一方面明确要求各地"扫黄打非"部门按照属地管理原则严厉打击，另一方面提醒广大读者和网民提高警惕，避免被"假媒体"欺骗或误导。同时抓住重点顽疾进行督导整治，2012年重点推动河北、山西、北京、陕西等地集中整治非法医疗报刊等；2014年对山西、陕西、河南、内蒙古等存在问题较为突出省份的打击"三假"工作予以重点督查，督导山东、山西分别对济南、青岛、朔州等地存在的非法报刊问题进行了具有针对性的整治，督导广东对珠海校园周边报刊亭销售非法低俗报刊问题进行了治理。

2. 组织查办重点案件

查办案件，严惩违法犯罪分子一直是深入治理出版物市场的不二法门。2014年，北京联合山西等地查处了国家信访局门前假记者敲诈勒索案，打掉高保国、李凌两个犯罪团伙，抓获犯罪嫌疑人7名。河南洛阳依法对假冒记者实施敲诈勒索的"谢振理团伙""吴昊团伙"共22名犯罪嫌疑人进行查处，查实其敲诈勒索40余起，涉案金额200余万元。2015年，江苏徐州马士平等假冒记者伪造中央巡视组文件诈骗案，主犯被判处有期徒刑5年6个月；陕西咸阳"8·15"新闻敲诈勒索案，主犯被判处有期徒刑8年。经过对这类大案要案的彻查澈究，以及媒体的公开曝光，违法犯罪分子受到强力震慑，假记者敲诈情况得到较大程度改善。

3. 强化打击真假记者内外勾连

假记者往往与真媒体、真记者有着千丝万缕的联系，内外勾连，共同作案。因此单单打击假记者、假媒体不能从根本上解决问题，必须同时加强对正规媒体人员幕后策划、与"三假"内外勾连等行为的打击，严肃查处违法违规报刊单位。2014年，依法取缔了河南驻马店原《驻马店日报》社副总编吴忠富未经批准擅自设立的《中国旅游摄影报》中原工作站，并依法没收其非法出版的《中国旅游摄影报》（中原版）。2015年更是将打击"三假"与清理整顿中央媒体驻地方机构和网站频道相结合，着力查处真假记者内外勾连行为。二十一世纪报系新闻敲诈案中，被告单位二十一世纪传媒公司被判处罚金948.5万元，主犯被判处有期徒刑4年。2016年5月，北京市"扫黄打非"办公室协调公安、文化执法等部门破获一起通过微信渠道销售假记者证案件，抓获李某某、陈某某等5名犯罪嫌疑人，查获假记者证935个、假印章25枚。

五、引导和打击相结合，护助青少年健康成长

2015年，全国"扫黄打非"办公室专门增加了"护苗2015"专项行动，深化打击有害和非法少儿出版物及信息。

1. 广泛开展"绿书签·护苗2015"行动

全国"扫黄打非"办公室在专项行动期间开展"绿书签·护苗2015"行动，以"扫黄打非"护助幼苗成长为主题，制作"绿书签"和相关海报下发，开展系列主题宣传活动，倡导绿色阅读、健康上网，抵制网上不良信息。各地积极配合，在中小学校广泛开展形式多样的倡导正版生活和绿色阅读主题活动，利用各种媒体和网络平台大力推介和组织阅读优秀少儿出版物；组织中小学校老师、学生家长积极发声，谴责不良文化产品，并加强对中小学生的教育引导，增强自觉抵制有害出版物和网络不良信息的能力，防止其在校园内传播蔓延。

2. 开展校园周边出版物市场清查

摸清出版物市场情况，建立完善中小学校园周边书刊、音像制品、电子出版物等批发零售网点台账，掌握游商地摊经常出没的时间和地点；突出清查重点，大力收缴宣扬淫秽色情、暴力、恐怖、迷信等有害内容以及非法出版的少儿出版物；强化执法检查，在中小学校开学以及节假日前后等重点时

段和中小学生放学后等重点时间，对中小学校园周边及少儿文化用品销售店档等重点点位，进行高频次巡查，及时依法取缔关闭销售非法、有害少儿出版的游商店档。

3.专项治理网络有害信息

结合"净网2015"专项行动部署，开展以少儿为主要用户的互联网站、社区、论坛、博客、播客等的专项监测，及时处置影响少年儿童身心健康的有害内容；加强对少儿网络新应用的专项研判，查处一批利用微博、微信、微出版、微视、微电影等制售传播淫秽色情等妨害少年儿童健康成长有害信息的案件，惩处一批违法犯罪分子，取缔关闭一批违法违规企业。

第八章　行业管理不断加强，法制建设稳步推进

十八大以来，按照全面深化改革的总体要求和文化改革的特点，文化领域出台了一批具有"四梁八柱"性质的重大改革举措，新闻出版行政管理部门围绕这些重大改革举措的落实，制定了出版单位社会效益考核、传统出版与新兴出版融合发展、促进全民阅读、扶持实体书店、加强网络出版管理、规范出版物市场秩序等多方面的规章，完善了新闻出版治理体系。

继2011年3月出版管理领域最重要的两部行政法规《出版管理条例》《音像制品管理条例》全面修订之后，《出版物市场管理规定》《音像制品进口管理办法》《内部资料性出版物管理办法》《网络出版服务管理规定》等重要规章相继修订。规范性文件清理工作取得突破性进展，原新闻出版总署首次公布了现行有效的规范性文件目录。新闻出版领域两大条例及有关规章的颁布，以及规章规范性文件的系统清理完成，标志着中国特色社会主义新闻出版法制体系初步建成。

目前，新闻出版领域已经初步建成以宪法为指导，以《出版管理条例》《音像制品管理条例》《印刷业管理条例》三部行政法规为核心，以《图书出版管理规定》《报纸出版管理规定》《期刊出版管理规定》《音像制品出版管理规定》《电子出版物出版管理规定》《互联网出版管理暂行规定》《复制管理办法》《出版物市场管理规定》等25部行政规章为配套，以及300多件规范性文件为补充，内容涵盖了出版、新闻报刊、印刷复制、市场监管和

行政执法等众多领域，有中国特色的社会主义新闻出版法律制度体系。新闻出版法律制度的不断完善，为坚持依法管理、加强社会监管、推动改革发展以及有效维护国家意识形态安全提供了良好的制度基础。

一、制定出版单位社会效益考核办法

2015年9月，中共中央办公厅、国务院办公厅印发了《关于推动国有文化企业把社会效益放在首位、实现社会效益和经济效益相统一的指导意见》，明确提出："正确处理社会效益和经济效益、社会价值和市场价值的关系，当两个效益、两种价值发生矛盾时，经济效益服从社会效益、市场价值服从社会价值，越是深化改革、创新发展，越要把社会效益放在首位。""明确社会效益指标考核权重应占50%以上，并将社会效益考核细化量化到政治导向、文化创作生产和服务、受众反应、社会影响、内部制度和队伍建设等具体指标中，形成对社会效益的可量化、可核查要求。"为了落实中央的精神，国家新闻出版广电总局分别制定了图书、报刊、音像电子出版物、网络文学及新华书店等出版发行企业社会效益考核办法，引导出版单位正确处理两个效益的关系。一些地方或出版集团也在中央精神的指导下，结合本地区本企业的情况制定相关的考核办法。

二、加强公共文化服务立法

十八大以来，公共文化服务立法开始走向前台。党的十八届三中全会、四中全会均提出制定公共文化服务保障法。2014年4月，有关部门启动该法的起草工作。2016年12月25日，《公共文化服务保障法》正式颁布。这是我国宣传文化领域第一部保障法和基本法，对社会主义文化事业的发展具有里程碑的重要意义，是完备我国法律规范体系的重要步骤，对于文化领域的其他立法工作将产生积极的示范、促进作用。

新闻出版领域，新闻出版广电总局于2013年启动了《全民阅读促进条例》的起草工作。促进全民阅读，是弘扬社会主义核心价值观、满足人民群众精神文化需求、提升我国文化软实力的客观要求，对传承中华优秀传统文化、提高社会文明程度、推动社会进步具有重要作用。党中央、国务院高度重视全民阅读，中央文件多次提出"倡导全民阅读""开展全民阅读活动"，国务院政府工作报告连续三年提出"倡导全民阅读"。为了促进全民阅读，推动学习型社会建设，回应各方面关切，总局从2013年开始组织研究起草了《全民阅读促进条例》，于2016年12月将送审稿报请国务院审议，预期将于2017年内颁布实施。条例主要包括以下几方面内容：

1.发挥政府主导作用，强化责任，推动全民阅读促进工作。一是县级以上人民政府将全民阅读促进工作纳入本级国民经济和社会发展规划，将政府开展全民阅读促进工作所需资金纳入本级预算；二是县级以上人民政府根据基本公共文化服务有关标准，科学规划、合理布局，有计划地设置覆盖城乡、实用便利、服务高效的全民阅读设施；三是政府及有关部门通过举办形式多样的活动，动员、引导公民参加阅读活动。

2.鼓励社会力量积极参与，在全社会形成爱读书、读好书、善读书的良好氛围。一是鼓励公民、法人和其他组织依法通过捐赠等方式支持全民阅读促进工作，并依法给予税收优惠；二是新闻媒体宣传优秀出版物，普及阅读知识，营造全民阅读氛围，增强公民阅读意识；三是鼓励有关组织和个人为阅读活动提供志愿服务，向公众传播阅读理念、开展阅读推广、提供阅读指导；四是鼓励学校图书馆、科研机构图书馆向公众提供阅读服务，支持实体书店的发展，鼓励实体书店宣传展示优秀出版物，并根据自身条件开辟阅读空间、开展阅读活动。

3.明确保障措施，提升阅读服务水平。一是支持和引导传承中华优秀传统文化、弘扬社会主义核心价值观、促进未成年人健康成长等作品的创作出版；二是鼓励和支持促进阅读的新技术开发与应用，推动阅读数字化和阅读便利化；三是全民阅读设施管理单位公示服务项目，配置、更新服务内容和设备，加强全民阅读设施经常性维护管理工作，按照规定向公众免费或者优惠开放，在节假日期间适当延长开放时间；四是鼓励和支持为视障等阅读障碍者提供盲文出版物、大字出版物、有声出版物等；五是国家扶助老少边穷地区的全民阅读促进工作。

4.关注未成年人阅读，提高未成年人阅读兴趣，培养其阅读习惯，提升其阅读能力。一是国务院新闻出版广电、教育主管部门根据不同年龄段未成年人身心发展状况，推广阶梯阅读，出版单位根据阶梯阅读的要求，有针对性地出版适宜不同年龄段的出版物；二是幼儿园积极开展有利于培养学龄前儿童阅读兴趣和阅读习惯的活动；三是中小学校通过组织阅读学习、开展校园阅读活动提高中小学生阅读能力，并加强对教师的阅读指导培训；四是未成年人的父母或者其他监护人开展家庭阅读，促进未成年人养成良好阅读习惯；五是全民阅读设施管理单位与各级学校尤其是中小学校加强合作，支持和帮助学生利用全民阅读设施开展校外阅读活动。

三、全面深化改革，加快转变政府职能，若干行政法规、规章一揽子修订

党的十八届三中全会通过《中共中央关于全面深化改革若干重大问题的决定》，要求"进一步简政放权，深化行政审批制度改革，最大限度减少中央政府对微观事务的管理，市场机制能有效调节的经济活动，一律取消审批，对保留的行政审批事项要规范管理、提高效率；直接面向基层、量大面广、由地方管理更方便有效的经济社会事项，一律下放地方和基层管理"。此后，国务院分几批又取消调整了几批行政审批事项，为依法推动改革，国务院以一揽子的方式集中修订法规，巩固改革成果。新闻出版领域主要有以下情况：

《国务院关于取消和下放一批行政审批项目等事项的决定》（国发〔2013〕19号）、《国务院关于取消和下放50项行政审批项目等事项的决定》（国发〔2013〕27号）和《国务院关于取消和下放一批行政审批项目的决定》（国发〔2014〕5号）先后取消出版物全国连锁经营企业、出版物总发行单位审批，下放音像复制单位审批权限。为做好取消下放项目后的有关法规衔接工作，国务院发布《国务院关于废止和修改部分行政法规的决定》（第638号令）、《国务院关于废止和修改部分行政法规的决定》（第645号令）和《国务院关于修改部分行政法规的决定》（653号令），修改了《出版管理条例》《音像制品管理条例》的个别条款，解决了行政审批项目调整后的法规依据问题。

2014年，国务院下发《国务院关于取消和调整一批行政审批等事项的决定》（国发[2014]50号），国务院第六批取消和下放审批项目，并将一大批工商登记前置审批事项改为后置审批。与此衔接，国务院于2016年2月6日颁布666号令，修订了《出版管理条例》和《印刷业管理条例》若干条款，对包装装潢和其他印刷品印刷企业，以及出版物发行单位由"先证后照"改为"先照后证"。

此外，根据《国务院关于印发注册资本登记制度改革方案的通知》（国发〔2014〕7号）和《国务院办公厅关于加快推进落实注册资本登记制度改革有关事项的通知》（国办函〔2015〕14号）的要求，新闻出版广电总局对涉及注册资本登记制度改革的现行规章和规范性文件进行了清理。2015年8月28日，以广电总局3号令的形式集中修订了一批规章和规范性文件，其中有新闻出版类的规章8件，包括《印刷业经营者资格条件暂行规定》《设立外商投资印刷企业暂行规定》《音像制品出版管理规定》《电子出版物出版管理规定》《音像制品制作管理规定》《图书出版管理规定》《复制管理办法》《出版物市场管理规定》，删去了这几部规章中对印刷业经营者工作场所面积的要求和注册资本最低限额要求。

2016年，总局再次修订《出版物市场管理规定》，集中落实了国务院行政审批制度改革成果，在取消审批、证照改革、降低门槛等方面均有实质变化。一是按照行政审批改革的要求取消和调整有关内容。根据国发〔2013〕19号、国发〔2014〕5号文件要求和国家新闻出版广电总局"三定"规定，删除原规定中有关出版物总发行和连锁经营企业的表述；取消对举办全国性出版物展销活动的审批，改为备案。二是将审批程序由"先证后照"改为"先照后证"。按照国务院"第六批取消和下放的行政审批项目和改为后置审批的工商登记前置审批项目"，将设立出版物批发、零售单位的审批程序由"先证后照"改为"先照后证"，即企业和个体工商户取得营业执照后，到省级或县级出版行政部门审批获得《出版物经营许可证》。三是降低企业准入门槛。批发单位经营场所面积要求，取消了场内场外的区别，统一规定为经营场所不少于50平方米，放宽了场地要求；发行分支机构设立由审批改为备案；取消出版物发行员职业资格要求。

四、十年磨一剑，网络出版管理新规出台

2016年2月4日，新闻出版广电总局与工业和信息化部以广电总局5号令联合颁布了《网络出版服务管理规定》，这一规定替代了原新闻出版总署和信息产业部2002年颁布的《互联网出版管理暂行规定》（以下简称《暂行规定》）。《暂行规定》的颁布填补了当时网络出版管理工作缺乏法律依据的空白，为原总署在依法履行网络出版监管职责、促进产业发展方面发挥了

重要作用。该规定实施已经十几年，无论是网络出版业的发展还是中央对于网络管理的要求都有一些新情况、新要求，亟待通过修订予以解决。

与《暂行规定》相比，新规定整体结构作了较大调整，单列了监督管理一章，增加了保障与奖励一章，其他各章内容也均作了较大幅度补充和完善。主要体现在以下方面：

1.厘清网络出版服务等概念表述，明确管理职责。网络管理涉及国务院多个部门的职责，新规定修订主要以《出版管理条例》和《互联网信息服务管理办法》为上位法依据，严格按照国务院三定规定的授权进行概念表述和职责界定，避免职责交叉。新规定将"互联网出版"改为"网络出版服务"，与相关法规、规章的表述方式相一致，也体现了网络出版产业的实际状况要求，即其产品是以无形化服务形式出现的。同时，增加了"网络出版物"定义，采取概括加列举的定义方式，规定"网络出版物是指通过信息网络向公众提供的，具有编辑、制作、加工等出版特征的数字化作品"，并从四个角度对网络出版物进行了列举式描述，将原创出版、集成出版、已出版作品的传播等不同形式都纳入其中。

2.科学设定网络出版服务许可的准入条件，规范与鼓励并重。传统出版单位编辑审核能力强，为体现国家鼓励传统出版单位加快与新媒体融合发展的政策，规定其从事网络出版业务仅需较少条件；其他单位进入网络出版服务领域则需更为严格的资质条件，如应达到8名以上编辑出版等相关专业技术人员等条件。在外资政策方面，由于网络出版属于出版业的重要组成部分，新规定明确中外合资经营、中外合作经营和外资经营的单位不得从事网络出版服务。同时，明确网络出版服务单位与外资企业或境外组织及个人进行网络出版服务业务的项目合作，应当事前报新闻出版广电总局审批。

3.细化了网络出版服务的管理要求，增强可操作性。强调按照"谁登载、谁负责"、"网上、网下相一致"的原则，进一步明确了网络出版服务单位的内容审核责任。此外，要求网络相关服务提供者在为网络出版服务提供者提供人工干预搜索排名、广告、推广等服务时，应当查验服务对象的《网络出版服务许可证》，防止为未取得相关许可的非法网站提供相关服务。针对某些取得网络出版许可的公司以合作为名，在他人运营的网络出版平台上"一证多用"的情形，进一步严格许可证管理，规定"网络出版服务单位允许其他网络信息服务提供者以其名义提供网络出版服务",属于转借、出租、出卖《网络出版服务许可证》的行为。

4. 强化事中事后监管要求,加大违法行为处罚力度。新规定新增了监督管理一章,对各级新闻出版行政部门的监管职责做了细化规定,对年度核验的实施机关、年度核验的要求、程序、报送材料、结果的公开等事项做了具体规定。同时,新规定根据《出版管理条例》、现行《互联网信息服务管理办法》等法规重新梳理、充实了法律责任条款,加大了对违法行为的处罚力度。

规定从最初酝酿修订到2016年出台,已逾十年的时间,其间历经互联网产业的重大变革和政府内部机构改革、上位法修订等种种变化,可谓十年磨一剑。修订工作受到了各界的广泛关注,原总署和总局通过多种方式广泛听取意见,反复研究修改,也导致出台的时间一再延后。当然,新规定也并非尽善尽美,如网络出版服务行为的概念如何界定、网络出版许可的条件如何规范、网络出版的编辑责任制如何落实等问题,管理部门、业界、专家、网民可能会有不同的认识,这是正常的。网络管理是世界性的难题,面对这一新事物,管理部门还要在实践中不断探索、完善。

五、《内部资料性出版物管理规定》修订出台

近20年来,内部资料性出版物(以下简称内部资料)制度的实施满足了机关团体、企事业单位研究问题、交流信息、总结经验和指导工作的现实需要,对其业务工作和文化建设发挥了积极作用。但随着社会经济的深入发展,各类群体对于内部资料的编办需求也前所未有的高涨。与此同时,内部资料在管理、运行中存在的诸多问题也逐渐暴露出来,如主体要求不一致、各地审批条件不统一、管理方式差别化等,出现了一定程度地管不住、管不好的现象。为加强对内部资料的统一管理,满足不同主体的编办要求,原总署从2009年开始着手对《内部资料性出版物管理办法》进行了修订。为科学地把握《办法》修订的重点、难点和基本原则,通过深入调研,基本摸清了内部资料编印现状以及管理中和运行中的问题和难点。新《办法》与原《办法》的不同之处体现在3个方面:

1. 适度放宽编办主体准入范围。内部资料作为社会信息资源的适当补充,在思想交流、信息传递、问题探讨、愿望表达方面发挥着重要作用,社会需

求非常大。原《办法》未对申办主体做出具体规定，由各地行政主管部门在审批时根据地方情况对单位资本性质或行政级别作出了一些具体规定。经过调研，新《办法》修订时从实际需求出发，放宽了编印主体准入范围，除明确个人不得编印内部资料外，不再对编印主体的行政级别或者资本性质进行限制。

2. 进一步规范准入条件和审批程序。原《办法》仅规定了内部资料的审批制度，未详细规定内部资料的审批条件和审批程序。《行政许可法》颁布后，地方纷纷呼吁总局能够修订《办法》予以细化明确。新《办法》第二章明确规定了一次性内部资料和连续性内部资料的审批条件、报送材料、不予批准的情形及审批程序。同时，为防止放宽准入范围后增大审批的随意性，除从正面规定审批条件外，第九条又列出了三种不予核发准印证的情形。

3. 管理要求更加细化。现实中，有些单位和部门不恰当地扩大内部资料的适用范围，将它作为正式出版物的替代品，超出法律规定的范围对外公开进行传播。因此，这次修订，我们既回应了现实中各类主体对编印内部资料的巨大需求，又进一步明确了内部资料与正式出版物的区别，即内部资料仅在单位内部传播、不能对外发送的性质，细化了管理要求，在放宽准入的同时加强事中事后监管。

新《办法》的出台将有利于进一步规范如此巨大的编办内部资料市场需求行为，在降低内部资料编办申请门槛的同时，细化审批条件和审批程序，既满足市场主体顺利申请准印证，又规范行政部门的工作程序。

六、规范教材教辅管理的文件集中出台

教材教辅类出版物在出版市场中占有重要地位，其管理也一直是出版管理工作中的重点和难点。2011年下半年以来，原新闻出版总署深入开展了中小学教辅材料出版发行管理专项治理工作，先后下发了《关于进一步加强中小学教辅材料出版发行管理的通知》和《关于加强图书出版单位中小学教辅材料出版资质管理的通知》。2012年，教育部、新闻出版总署、发改委、国务院纠风办下发《关于加强中小学教辅材料使用管理工作的通知》。2015年8月3日，国家新闻出版广电总局、教育部、国家发展改革委印发《中小学教辅材料管理办法》，该《办法》共14条，全面规定了中小学教辅材料的定义、

编写出版管理、印刷复制管理、发行管理,以及质量、评议、选用、价格管理等。

在教材管理方面,国务院2011年修订的《出版管理条例》修订较大。修订前的《出版管理条例》第三十一条规定了中小学教科书招投标制度;修订后的《出版管理条例》第三十条作出了新的规定:"中学小学教科书由国务院教育行政主管部门审定;其出版、发行单位应当具有适应教科书出版、发行业务需要的资金、组织机构和人员等条件,并取得国务院出版行政主管部门批准的教科书出版、发行资质。纳入政府采购范围的中学小学教科书,其发行单位按照《中华人民共和国政府采购法》的有关规定确定。"2016年,总局以规范性文件颁布了《中小学教科书出版资质管理办法》,并在新修订的《出版物市场管理规定》中规定了中小学教科书发行资质的审批条件、程序及相关管理规定。

七、系统清理公布现行有效规范性文件

规范性文件清理工作是完善法制的重要环节,该项工作于2011年取得了突破性进展。原新闻出版总署不仅继以往工作成果,公布了《新闻出版总署废止第五批规范性文件的决定》,还下决心系统清理了建国以来新闻出版领域上千件规章、规范性文件。2010年和2011年,原新闻出版总署先后以公告的形式开创性地公布了《新闻出版总署现行有效规章目录》及《新闻出版总署现行有效规范性文件目录》。截至2010年12月31日,原新闻出版总署负责实施的现行有效的规章共28件,现行有效的规范性文件共251件。现行有效规范性文件目录的公布,无论是对新闻出版管理者还是对从业人员均有重要意义,未公布有效的文件今后不得作为管理部门行政执法的依据。

分报告

十八大以来图书出版内容生产创新

自2012年11月8—14日中国共产党第十八次全国代表大会召开以来，出版业高扬主旋律，大力实施精品战略，不断进行内容生产创新。通过几年来的努力，出版业各项经济指标稳步向好，主题图书出版不断深化，其他各类图书精品力作不断涌现，出现了大量两个效益俱佳、既叫好又叫座的精品力作。出版业图书出版内容生产创新成效显著，持续繁荣。

在此，重点详细分析主题图书的内容生产创新，包括2012—2016年历年主题图书的重点及特点；另选择传统图书中内容生产创新非常有代表性的少儿类、文学类图书，以及伴随多媒体和新技术发展逐渐形成热点的图书IP、AR+VR图书开发等进行分析。同时，对一些主题图书以及其他类图书中有代表性的专题和典型案例进行剖析。

一、十八大以来图书出版主要经济指标情况

自2012年以来，图书出版品种丰富、产业结构趋优，各项经济指标稳步向好，继续保持了良好的发展势头。2012—2015年，图书品种从41.4万种增加到47.6万种；重版重印书从17.2万种增加到21.5万种；新版图书从24.2万种增加到26.1万种；总印数从79.3亿册／张增加到86.6亿册／张；营业收入从723.5亿元增加到822.6亿元；利润总额从115.2亿元增加到125.3亿元。具体见下表。

表5 2012—2015年图书出版主要经济指标[①]

指标名称\年份	2012年	2013年	2014年	2015年
品种数（万种）	41.4	44.4	48.4	47.6
重版重印（万种）	17.2	18.8	19.3	21.5
新版图书（万种）	24.2	25.6	19.2	26.1
总印数（亿册/张）	79.3	83.1	81.9	86.6
营业收入（亿元）	723.5	770.8	791.2	822.6
利润总额（亿元）	115.2	118.6	117.1	125.3

二、厘清主题出版概念，明确方向，行有所依

主题出版主要是围绕党和国家政治、经济、社会、文化等方面的工作大局，就党和国家发生的一些重大事件、重大活动、重大题材、重大理论问题等进行的选题策划和出版活动。

2003年，新闻出版总署开始布置实施主题出版工程。主题出版一直都承担着回应时代与社会新命题、弘扬国家核心价值观等重要任务，已成为各出版单位挺拔主业、创新发展的重要抓手，成为出版界的亮点和热点，更是成为时代的需求和出版界的亮丽名片。

为迎接十八大召开和贯彻落实十八大精神，新闻出版管理机关和出版单位围绕主题出版，精心组织，积极行动，多方深度挖掘选题，出版了一批导向鲜明、题材丰富的优秀主题图书，为唱响主旋律、传播正能量，服务党和国家工作大局发挥了积极作用。这一时期主题图书的内容，主要是反映十八大以来以习近平同志为核心的党中央治国理政新理念新思想新战略取得的重大成就、人民群众的幸福感获得感、弘扬社会主义核心价值观、传承中华优秀传统文化的爱国主义题材、重大革命和历史题材、现实题材作品等。

三、提早安排、精心布置，主题图书为迎接十八大唱响主旋律

（一）规划先行，布置周密

为了迎接十八大的召开，2012年2月，新闻出版总署面向全国各省、自治区、直辖市新闻出版局、各出版单位主管部门和中国出版集团公司、中国

[①] 范军主编.2015—2016中国出版业发展报告.中国书籍出版社，2016年。

教育出版传媒集团有限公司、中国科技出版传媒集团有限公司等下发了《关于报送迎接党的十八大主题出版重点选题的通知》，要求全国出版界以高度的政治责任感和使命感，及早策划，精心部署，做好迎接党的十八大主题出版工作。与此同时，新闻出版总署要求各省局和出版单位主管部门认真组织各出版单位精心策划迎接党的十八大主题出版重点选题，强化政治意识、大局意识，不断增强创新能力，努力挖掘鲜活素材，追求出版物的思想性、艺术性和可读性相统一。

2012年5月23日，新闻出版总署再次发出《关于做好迎接党的十八大主题出版工作的通知》，要求相关出版社制定完成时间进度表，由专人负责督促检查，确保重点出版物在党的十八大召开之前完成出版。

两个《通知》发出后，新闻出版总署接到各出版单位报送的迎接十八大主题出版重点出版物选题1240种。在组织专家认真研究、充分论证的基础上，最终确定了重点出版物选题100种，其中《马克思的事业：从布鲁塞尔到北京》《人民至上》等图书选题80种，《幸福启航》《中华之光》等音像电子出版物选题20种。这百种重点出版物在十八大召开前全部出版发行。

由2012年度图书选题分析小组撰写的《2012年度全国图书选题分析报告》显示，从2012年的选题来看，涉及十八大的主题出版选题有1080种。

（二）发挥长项，各显特色，纷呈精品

各出版单位都根据自己的特色和长项，有专业、有分工、有侧重、成系列规划了迎接十八大召开的主题出版物，且涉及不同领域和各类形式，如政论、农业、党史、歌曲、诗歌等。早在2012年2月，人民出版社就提前策划、精心部署，经过多次论证，最终确定了60多种献礼图书，包括《中国特色社会主义研究丛书》《科学发展观基本问题研究》《十年辉煌——十六大以来中国共产党治国理政纪实》等；上海人民出版社策划出版了《中国发展的精神因素》《人民至上——从"人民当家作主"到"社会共同富裕"》《中国触动：百国视野下的观察与思考》；中国农业出版社策划出版了《黄金十年——十六大以来强农惠农富农政策轨迹》《中国农村形势政策读本》等与农业发展有关的图书；中共党史出版社策划出版了多种党史读物，如《走在时代的前列：十六大以来中国共产党的理论创新》等；人民音乐出版社依己专业特色，策划出版了《赞歌献给党》；中国唱片总公司也承专业所长，策划出版了《好歌珍藏——歌声献礼十八大》；解放军音像出版社从 2011 年 9 月就着手准备了《新世纪强军路》和《军魂》两个十八大重点选题；人民文学出版社策划推出了政治抒情长诗《东方的太阳》等。

四、十八大以来历年主题图书的重点及特点

（一）2012 年——迎接十八大召开，学习辅导、集中梳理为主

本年度，迎接十八大召开的重点出版物、十八大文件及学习辅导读物、"弘扬雷锋精神"的出版物、宣传党的十七届六中全会的重点出版物是主题出版重点。十八大文件及学习辅导读物出版发行突破 4600 万册，创下历届党代会之最。

本年度，除了上述提到的一些出版单位的规划及出版的图书外，很多出版集团根据自己的长项和出书特色，陆续推出的一批有分量的主题图书还有：上海世纪出版集团的《世界将拥有一个怎样的中国》《中国触动地球》《中国精神》《中国核心价值建设与中国形象塑造》《社会建设小丛书》等学术著作和学术普及著作；山东出版集团出版了 30 多种精品主题图书，如《中国共产党理论创新史》《党的十六大以来重大战略思想体系研究》；北方联合出版传媒（集团）公司集中推出了 50 余种献礼十八大精品图书，如有获得第十二届精神文明建设"五个一工程"文艺类图书奖的《浴火重生》，万卷出版社推出的《中国共产党代表大会》丛书，国家出版基金资助项目、辽海出版社出版的《中国共产党奋斗进取 90 年》等。

一些出书定位和专业各有不同的出版社也推出了与出版社特色相适应的图书。如中国青年出版社推出"红色经典文库"系列图书，《红岩》《红旗谱》等红色经典，配上名家插画以新颖的形式与读者见面；中国民主法制出版社推出《铸法》；上海文艺出版社推出《国家命运》；红旗出版社推出《中国能赢》《从一大到十八大——中国共产党全纪录》；贵州人民出版社推出《他们为什么选择中国共产党》；党建读物出版社推出《党的建设大事记（十七大——十八大）》《十八大代表风采录》《迎接十八大 做先进和优秀的楷模》；河北人民出版社推出《中国共产党代表大会：从一大到十八大》《为了人民——话说历届党代会》；中共党史出版社推出《从一大到十八大：中国共产党历次党代会知识》《中国共产党历史画典》等。

（二）2013年——社会主义核心价值观、"中国梦"选题领衔，践行十八大精神跟进

2012年11月，十八大报告明确提出富强、民主、文明、和谐、自由、平等、公正、法治、爱国、敬业、诚信、友善24字核心价值观。2013年12月，中共中央办公厅印发《关于培育和践行社会主义核心价值观的意见》，对新形势下培育和践行社会主义核心价值观提出了具体指导意见。2013年度，社会主义核心价值观成为主题出版的重要专题内容，出版单位大大加强了这一类主题图书的分量，并在之后的市场上有良好表现（具体发行情况见下一年）。

2012年11月29日，中共中央总书记习近平带领新一届中央领导集体参观中国国家博物馆"复兴之路"展览时首次提出"中国梦"概念。之后，出版界很快策划出版了一批深入诠释"中国梦"的重点出版物。人民出版社、人民日报出版社、红旗出版社等很快推出了以"中国梦"为专题的主题图书。"中国梦"成为2013年度主题图书的又一项重要专题内容。如《中国道路》《中共十八大：中国梦与世界》《习近平关于实现中华民族伟大复兴的中国梦论述摘编》等。"中国梦"主题图书以多种文字出版，同时，一批面向青少年的内容生动、形式活泼的"中国梦"主题图书也相继出版。

2013年是践行十八大精神的开局之年，十八届二中全会、三中全会召开，对包括出版业在内的全国各条战线的改革发展作出了重大部署。出版业为深入学习和贯彻落实十八大精神，集中推出了《〈中共中央关于全面深化改革若干重大问题的决定〉辅导读本》《党的十八届三中全会〈决定〉学习辅导百问》等十八届三中全会学习辅导读物。

2013年是抗美援朝战争胜利60周年，中国首次成功发射载人宇宙飞船神舟五号10周年。配合这些重要纪念节点，相关的主题图书也受到出版业的关注。

本年度，生活·读书·新知三联书店重点推出《邓小平时代》一书。这是美国哈佛大学荣休教授、中国问题研究专家傅高义先生花费10年时间的心血之作。

本年度，根据有关机构的市场销售数据，关于反腐倡廉类的主题图书有不少进入畅销排行榜，表现抢眼。有代表性的出版社有人民出版社、法律出版社、中国方正出版社、党建读物出版社、言实出版社等。此类图书是主题

图书中的佼佼者。

（三）2014年——以习近平总书记系列讲话精神为重点，突出重要纪念节点，深入挖掘，全面铺开

2014年，出版界以习近平总书记系列讲话精神，特别是总书记在全国宣传思想工作会议、文艺工作座谈会上的重要讲话以及关于做好宣传文化工作的一系列重要指示为重点，使这些讲话精神在主题图书中集中体现。

2014年10月15日，习近平总书记在文艺工作座谈会上发表了重要讲话，提出在文艺创作方面还存在着有数量缺质量、有"高原"缺"高峰"的现象。各出版单位根据行业实际，认真学习、深刻领会、针对思考，也将讲话精神体现在了主题图书上。

为配合学习贯彻习近平总书记系列讲话精神这一重要政治任务，人民出版社和学习出版社共同出版发行了由中共中央宣传部编写的《习近平总书记系列重要讲话读本》。该书全面阐释了十八大以来习近平总书记关于治国理政的重要讲话，至2015年，发行已经超过1500万册。

由2014年度全国图书选题分析小组撰写的《2014年度全国图书选题分析报告》显示，2014年，全国各出版单位紧紧围绕学习贯彻党的十八届三中全会精神、学习习近平总书记重要讲话精神、培育和践行社会主义核心价值观、中华民族伟大复兴中国梦、庆祝新中国成立65周年、纪念邓小平同志诞辰110周年等重点主题，共推出3373种选题，比2013年增长1188种，增幅达54.4%。在选题数量增长的同时，选题品种也有明显提升。主题出版选题列入国家"十二五"出版规划的重点选题76种，省部级重点选题173种，社级重点选题772种，重点选题占比达到30.3%。

2014年，由教育部公布的"全国高校出版社主题出版项目"中，中国人民大学出版社的"社会主义核心价值观·关键词"（12卷）、《中国梦》和《中国农村改革之路》3个选题入选。2014年，中国人民大学出版社的"全面建成小康社会"系列图书（10种）全部出齐。高校出版社有关十八大的重要选题有了可观的重要成果。

2014年是新中国成立65周年，纪念邓小平同志诞辰110周年。主题图书除了以往的延续，围绕这些重要纪念节点，进一步深化铺开，依旧是本年度的特点。

从本年度的市场表现看，主题图书有着良好的业绩。根据有关机构的畅销书销售数据，《之江新语》《中国梦：后美国时代的大国思维》《正道沧桑：社会主义500年》等主题图书名列畅销书排行榜，并一直有着强劲的势头。2014年，浙江人民出版社出版的习近平著《之江新语》已累计发行120万册、"党政企业阅读书系"发行11万多册；人民出版社2014年5月推出《十八大以来廉政新规定》，不到2个月发行就逾70万册；江苏人民出版社的《我的中国梦》发行20万册。

人民出版社的有关负责人向媒体介绍，2014年，人民出版社关于学习习近平总书记重要讲话、社会主义核心价值观、中国梦等三大类重点主题出版图书都取得了可观销量。其中，《学习习近平总书记重要讲话》自2013年8月出版，销量突破70万册，《学习习近平总书记重要讲话》（增订本），刚刚上市两个月，销量突破30万册。《深入学习习近平总书记重要讲话读本》销量突破25万册，《深入学习习近平同志重要论述》《深入学习习近平同志系列讲话精神》销量均突破15万册，《关于培育和践行社会主义核心价值观的意见》销量突破40万册，《兴国之魂——社会主义核心价值观五讲》销量突破11万册。

（四）2015年——纪念抗日战争胜利等重点继续深入，新书内容丰富，大事责无旁贷

2015年是主题图书内容较为丰富的一年。除了新书更多涌现，重点不断深入外，纪念中国人民抗日战争暨世界反法西斯战争胜利70周年等是重点。

2015年，由人民出版社牵头，联合24家地方人民出版社共同策划出版了"中国抗日战争全景录"丛书。该丛书被中共中央宣传部和国家新闻出版广电总局列为纪念抗日战争胜利70周年重点图书，人民出版社负责中国抗日战争史总体卷，各地人民出版社分别负责所在省（区、市）的抗日战争史当地卷。为扩大主题出版的集成和规模效应，早在1994年，人民出版社就与各地方人民出版社建立了合作联动机制，成立了中国版协人民出版社工作委员会，不定期就重大主题出版选题进行交流合作。这次针对重要的纪念活动出版这样大部头的丛书，正是这一机制持续发挥良好作用的体现。

从本年度的市场表现看，主题图书的市场表现势头不减。《习近平总书记系列重要讲话读本》《习近平谈治国理政》等国家领导人著作发行量持续

增长。根据有关机构的畅销书销售数据，2015年单品种累计印数排名前10的图书中，主题图书占据半壁江山。《习近平总书记系列重要讲话读本》发行已经超过1500万册，《中国共产党廉洁自律准则　中国共产党纪律处分条例》发行超过1200万册，《习近平关于党风廉政建设和反腐败斗争论述摘编》两个版本累计超过550万册，《习近平谈治国理政》超过400万册。

2015年版新书中，《习近平用典》位居畅销榜前列。纪念中国人民抗日战争暨世界反法西斯战争胜利70周年图书中，学习出版社的《"大抗战"知识读本》、人民出版社的《中国抗日战争史简明读本》、王树增的"抗日战争"系列纪实文学等也进入畅销榜单。

（五）2016年——品种全面系统，专题多样深入，大事要事铺开

经过几年的时间沉淀、理论积累和实际操作，主题图书的广度和深度都进一步深化，品种多样丰富，规模体系渐显。本年度的主题图书范围和内容明显增多，开发也更加深入。深入学习贯彻习近平总书记系列重要讲话精神，深入宣传阐释党中央治国理政新理念新思想新战略，聚焦中国梦、"五位一体"总体布局、"四个全面"战略布局、新发展理念、供给侧结构性改革、社会主义核心价值观、中华优秀传统文化等主题主线，围绕十八届六中全会、全国"两会"、G20杭州峰会、庆祝建党95周年、纪念长征胜利80周年等重要会议、重大活动和重要纪念节点，全方位、多层次、多媒体进行主题图书出版的规划和操作都成为重要内容。

纪念中国共产党建党95周年、红军长征胜利80周年等是本年度主题图书的重要内容，也是出版人的责任和使命所在。

为纪念中国共产党成立95周年，中国方正出版社出版了"学习党章系列丛书"，包括《从党章发展看中国共产党成功之道》《党章中的纪律》《党章精读》《党章历程》《党章故事》5种。这是该社早在2015年年初就结合本社出版方向和特色着手策划推出的献礼图书。人民出版社推出《引领时代变革——中国共产党的95年》《中国共产党与中华民族伟大复兴》；山东人民出版社推出《中国共产党思想道德建设史》《中国共产党道路创新史》；浙江人民出版社推出《巨变：改革开放以来浙江重大决策聚焦》《中国共产党浙江历史的1000个为什么》等。

为纪念红军长征胜利80周年，人民出版社推出《红军长征口述史》《中

国工农红军全传》（修订版）；中共党史出版社推出大型史料丛书《红军长征纪实》和大型系列画册《图说长征》等；山东人民出版社推出《从弱小到坚强——长征与中共成熟领导核心的形成》等。

2016年是实施"十三五"国家重点出版物出版规划的开局之年。作为规划的重要组成部分，各出版单位出版了一大批内容丰富、形式多样、亮点纷呈的主题图书。如人民出版社推出《论习近平治国理政思想》《"一带一路"国家战略研究》《"五大发展理念"解读》等精品通俗理论读物；山东人民出版社推出通俗理论读物《社会矛盾怎么看》《学·习书房》《习近平文化建设思想研究》；解放军音像出版社推出"四有"新一代革命军人《永远的英雄》、"四有"新一代革命军人《永恒的番号——共和国历次裁军大追踪》；浙江人民出版社推出"'四个全面'战略布局与浙江实践"丛书等。

2016年，主题图书继续进入畅销书领域。根据有关机构的畅销书销售数据，学习出版社、人民出版社2016年4月出版的《习近平总书记系列重要讲话读本（2016年版）》，浙江人民出版社2016年6月出版的《2016年党员作业本》，人民出版社2016年2月出版的《中国供给侧结构性改革》，中共党史出版社2016年6月出版的《中国共产党的90年》，中国法制出版社2016年7月出版《中国共产党问责条例》等，都是销售榜单上的重要图书。

五、主题图书内容生产创新代表性专题及图书举要

除了上文分类的论述外，在此，再以一些有代表性的专题和单本图书作为代表，对主题图书内容生产创新进行举要。

（一）"一带一路"专题

"一带一路"（The Belt and Road，缩写为B&R）是"丝绸之路经济带"和"21世纪海上丝绸之路"的简称。2013年9月和10月，中国国家主席习近平在出访中亚和东南亚国家期间，先后提出共建"丝绸之路经济带"和"21世纪海上丝绸之路"的重大倡议，得到国际社会高度关注。两者合称——"一带一路"倡议。2015年3月28日，国家发展改革委、外交部、商务部联合发布了《推动共建丝绸之路经济带和21世纪海上丝绸之路的愿景与行动》。

"一带一路"的提出，带动了丝绸之路沿途国家相关图书以及"一带一路"相关政策解读图书的出版。从2015年至2016年，在有关机构的图书销售排

行上，"一带一路"一直是热门图书。如人民出版社2015年5月出版的《"一带一路"：机遇与挑战》、中信出版社2016年6月出版的《超级版图：全球供应链、超级城市与新商业文明的崛起》、浙江大学出版社2016年8月出版的《丝绸之路：一部全新的世界史》等。

（二）"供给侧改革"专题

在2016年1月26日召开的中央财经领导小组第十二次会议上，习近平总书记强调，供给侧结构性改革的根本目的是提高社会生产力水平，落实好以人民为中心的发展思想。"供给侧改革"成为十八大以来主题图书非常重要的专题。人民出版社2016年1月出版的《中国供给侧结构性改革》、中信出版社2016年6月出版的《分享经济：供给侧改革的新经济方案》、中国文史出版社2016年2月出版的《供给侧改革：经济转型重塑中国布局》、机械工业出版社2016年3月出版的《互联网+2.0供给侧改革与企业转型升级路线图》等，都在2016年有关机构的市场销售数据中有不俗的成绩。

（三）《习近平总书记系列重要讲话读本》

2014年6月，由中共中央宣传部组织编写的《习近平总书记系列重要讲话读本》由学习出版社与人民出版社联合出版。该书分12个专题，全面阐述了习近平总书记系列重要讲话的重大意义、科学内涵、精神实质和实践要求，阐述了讲话提出的一系列重大战略思想和重大理论观点，为学习领会讲话精神提供了重要指导。该书出版十余天，发行超过200万册；出版近一个月，发行突破500万册；出版不到两个月，发行即突破1000万册。截至2014年12月18日，该书总发行量达到1 511.4万册（含少数民族文字版9.5万册），创改革开放以来同类图书发行的新纪录。2016年4月，《习近平总书记系列重要讲话读本(2016年版)》出版。

（四）《习近平谈治国理政》

《习近平谈治国理政》一书由国务院新闻办公室会同中央文献研究室、中国外文局编辑，2014年9月由外文出版社以中、英、法、俄、阿、西、葡、德、日等多语种出版，面向全球发行，收录了习近平总书记从2012年11月15日到2014年6月13日的讲话、谈话、演讲、答问、批示、贺信等79篇，还收入了习近平总书记各个时期的照片45幅。该书自2014年9月出版发行至2017年6月的1000天，已出版了22个语种（包括泰、柬、土耳其、匈牙利、乌尔都、哈萨克、乌兹别克等小语种，在外方主动提议下，另有13个语种合作翻译正在进行中，预计2018年出版发行语种将达到35个)、25个版本，发行到全球160多个国家和地区，发行量突破625万册，在海外受欢迎程度是"40年来没有出现过的盛况"。

这样一本走向世界的"超级"主题图书，是法兰克福、伦敦、纽约书展上的明星图书。它走进尼泊尔总统府、美国高端智库、塞尔维亚国家图书馆；被秘鲁总统库琴斯基放在办公室书柜，也被脸书首席执行官扎克伯格摆在案头；柬埔寨以国家名义为它举办研讨会，泰国总理向内阁成员倾情推荐，好莱坞导演因为它萌生与中国同行合作之愿。

世界范围的不同读者，对此书也有着非常别样和特色的理解。其中包括有趣迷人的"故事汇"、严谨求实的"大部头"之说，也有蕴藏当代中国的发展之道，更深含解决世界难题的"中国方案"之说。总之，这是涉及中国的关于梦想、关于道路、关于变革最前沿的图书，是世界聆听到的最生动的中国故事、最响亮的中国声音。

（五）《理论热点面对面》

由中共中央宣传部理论局编，学习出版社、人民出版社出版的《理论热点面对面》，是自2003年以来连续出版的政治理论读物。该书每年一个专题，紧密联系经济社会发展形势，对群众普遍关心的热点、难点、焦点问题给予针对性且有说服力的回答。为迎接十八大召开，以及贯彻落实十八大召开后几次全会的重点议题，该书围绕理论界和人民群众关心的社会热点进行了重点解读。其中的内容包括：《辩证看务实办——理论热点面对面2012》《理性看齐心办——理论热点面对面2013》《改革热点面对面——理论热点面对面2014》《法治热点面对面——理论热点面对面2015》《全面小康热点面对面——理论热点面对面2016》《全面从严治党面对面——理论热点面对面2017》。梳理该书几年来的议题和重点，就是十八大以来党和国家历史上重要的理论观点和政治、社会热点。

六、主题出版管理机制成型，内容生产创新基础奠定

总结十八大以来的主题出版，之所以准备充分、落实到位、效果突出，是与从管理机关到出版单位从上到下的管理机制和一些创新的管理方式有着

密切的关系。

2013年的全国新闻出版工作会议提出："坚持正确出版方向和舆论导向，做好重大主题出版，扎实推进新闻出版精品战略。"这标志着主题出版从"顶层设计"到"基层探索"的思路、机制、体制结合渐成雏形。自2013年以来，主题出版的规划、管理及运作都逐渐积累经验，趋于成熟，与十八大以来主题出版的任务、内容、特点、方向更加适应，呈现出以出版业自下而上报批选题的"基层探索"为主，逐渐强化为以国家管理层自上而下总体策划的"顶层设计"为核心。另外，主题出版的方式上，也从"主题出版年"的专项化，变成年度组织的常规化；从部分出版社的"被动行为"，变成全行业的"自发组织"。主题出版所带来的顶层设计思路，不仅影响和改变了党建读物、时政读物和大众通俗理论读物的出版方式，对大众、少儿等出版类型和类型出版也会有一定影响，甚至会影响到整个出版格局。从主题出版的宗旨和效果变化来看，也不仅仅限于"上情下达""简单说教"，而是更多用普通民众能够接受的大众化方式，来体现执政党的新思想。这就是执政党"理论"的大众化、通俗化和时代化。

七、少儿类图书原创历久弥新

少儿类图书是拉动图书市场发展的重要板块，展现了图书出版内容生产创新的原创实力，同时，在图书市场上一直保持了良好的业绩。少儿类图书可以分成少儿文学、少儿科普读物、少儿绘本、低幼启蒙等各类图书。从市场表现来看，细分的少儿科普、少儿动漫、少儿文学、少儿国学、少儿英语和少儿启蒙等类中的原创图书都在整体市场中占有重要份额。

（一）新老作家同场，系列产品争艳

纵观十八大以来几年的少儿类图书出版，专业的少儿著名作家势头不减，频有新作，且被进一步开发，形式出新，一直是该领域的主力。另外，其他著名作家纷纷涉足少儿领域，也成为一种很有意思的现象，值得人们研究和探讨。曹文轩、杨红樱、梅子涵、秦文君、黄蓓佳、汤素兰等著名少儿文学作家持续保持旺盛的势头，不断有新作和新形式的作品问世，优异成绩，更有张炜、王安忆、赵丽宏、肖复兴等著名作家加入儿童文学创作行列，极大丰富了少儿类图书的原创资源。

"系列化产品"一直是少儿类图书创新的重要方式。几年来,少儿文学领域一些著名的品牌依然是市场的主力,一直被孩子们甚至大人喜爱,势头不减。如杨红樱的"淘气包马小跳"系列、"笑猫日记"系列,沈石溪的动物小说系列,伍美珍的"阳光姐姐小书房"系列,《草房子/曹文轩纯美小说系列》,以及"墨多多谜境冒险"系列,"植物大战僵尸武器秘密故事"系列等。

几年来,包括引进版在内的少儿类图书名家经典系列被不断翻新,新作问世亦相当频繁。如明天出版社的"埃里希·凯斯特纳作品典藏"系列,安徽少年儿童出版社的"幻影游船"系列、"淘气包马小跳(漫画升级版)",四川少年儿童出版社的"迪士尼家庭绘本馆",接力出版社的"变形学校"系列、"郑春华小露珠系列",外语教学与研究出版社的"新葫芦娃系列""温妮女巫魔法绘本(精装珍藏版)",由北京禹田文化传媒和中央美术学院绘本创作工作室共同打造,北京联合出版公司出版的"暖房子华人原创绘本·中国民间童话系列"等,都是这些出版单位2017年的重磅原创产品。

(二)艺术熏陶,重在年少

以2016年少儿类图书市场很受瞩目的一套书为例,就是中信出版社的《DADA全球艺术启蒙系列·第一辑(莫奈、沃霍尔、毕加索、梵高、夏加尔)》。这套定价210元的图书自2016年5月上市到2017年年初已销售5万套。这是一套知识和艺术水准较为全面和专业的图书,无疑对少年儿童从小进行艺术熏陶起着很重要的作用。市场上类似的少儿类艺术图书还有不少。

(三)科普尽责,引进抢眼

科学普及从娃娃抓起,从少年儿童着手,是出版业责无旁贷的责任。几年来的少儿类图书,科普读物原创佳作呈现,引进版也继续保持优势。

中国大百科全书出版社2016年出版的原创科普童书《我有一只霸王龙》(1—12册)系列绘本小说第一辑,讲述了一位倔强有个性的11岁红发小女孩关关,与她的宠物霸王龙的故事。关关和霸王龙一起处理各种问题,不断闯关的过程,对小读者有很大的吸引力,也会引起他们很强的参与愿望。这套书上市后仅一个月,销量就超过100万册。

孩子们是最需要世界范围科技知识的普及和滋养的。高质量的引进版科普图书,也是敏锐眼光、精心策划和不断创新的体现。由于国际交流的日益广泛，更多的国外优秀科普图书会第一时间甚至同步在国内出版，引进版份额会不断加大。随着阅读视野的更加开阔，老师、家长也会更加关注全球化的高质量科普图书。

2016年的引进版少儿科普类图书，有两套很有代表性。一是中信出版集团的引进版"科学跑出来系列"。这套特型科普图书融AR技术、知识性、趣味性于一体，突破了以往单纯的静态图片，增加了互动界面和分享体验，曾在2016年年初的年货购买旺期形成抢购热潮，至今已经销售100万套。二是2016年年末，由耕林童书馆出品、江苏凤凰少年儿童出版社出版的《地球通史（墙书系列）》。同样是引进版，该书把知识性、普及性和新颖的形式结合，文图并茂，添加时间轴，将文字和图片以时间图谱形式呈现。该书与众不同的创意还在于形式和阅读方式上，尺寸大，可以挂在墙上、展于桌上、摊在地上，颠覆了传统的科普观念和学习模式，从而引发了购买狂潮，上市一个月内销量突破10万册。

（四）原创少儿类图书输出成亮点

几年来，少儿类图书市场异彩纷呈，闪烁耀眼，一些中国优秀的原创少儿图书也不断输出，走出国门，扩大了中国原创少儿类图书的影响。在此仅举代表。2015年5月，马来西亚国家翻译和书籍局引进了浙江少年儿童出版社出版的"中国原创绘本精品系列"6册。该系列中另外8册的中文版已被马来西亚的红蜻蜓出版社出版。该书在马来西亚面世后，受到了当地孩子们的喜欢，其中的两本还被ASTRO小太阳频道录制成音频在电台播出。

八、文学类图书原创精品纷呈

2015年，受同名电视剧热播影响，路遥的《平凡的世界》掀起热潮，数度登上文学类畅销冠军宝座。2015年8月16日，第九届茅盾文学奖揭晓。借此大好时机，获奖图书，格非的"江南三部曲"、金宇澄的《繁花》、苏童的《黄雀记》、李佩甫的《生命册》也引发了读者对这些图书的关注，带动了销售。据有关专业人士介绍，按照惯例，获得茅盾文学奖的作品，印数会增加5倍。2015年8月，因荣获"雨果奖"，刘慈欣的科幻题材作品《三体》系列的热潮一直持续至今。2016年4月，曹文轩获"国际安徒生奖"更是重启了读者对其作品的热情，从而引爆多部书、多个版本重印和重新出版，引爆市场。这些都是经过时间磨砺的原创文学作品内容生产创新的成果。

人民文学出版社是优秀文学类图书出版的代表。几年来，该社不断推出老人新作、新人新品，起到了反映文学成就、推出文学新人、引领文学走向的作用。

2016年，人民文学出版社出版了王安忆的《匿名》、路内的《慈悲》、贾平凹的《极花》、黄永玉的《无愁河的浪荡汉子·八年》、张炜的《独药师》、张悦然的《茧》等。其中，张悦然很有代表性。她是已经成就斐然，很有影响的年轻作者，一直活跃在文坛。因其作品在年轻读者中的影响，《茧》的销量当年就有10万册。这也对如何评价年轻作家和研究年轻一代的文学喜好、情趣带来了思考。

2016年，人民文学出版社推出了"70后"新晋作家葛亮的《北鸢》。这部作品不仅获得了2016第17届深圳读书月"年度十大好书"、"新浪好书榜·2016年度十大好书"、2016年"亚洲周刊华文十大小说"奖等，2017年4月23日世界读书日当天，在由中共中央宣传部、国家新闻出版广电总局、中央电视台和中国图书评论学会联合举办的"2016年度中国好书颁奖盛典"上，"2016年度中国好书"揭晓，《北鸢》名列文学艺术类7本好书之一。作者成为实力强劲，名副其实的文学后起之秀和代表性作家。

2017年，人民文学出版社推出了毕飞宇的新作《医生》、格非的新作《听音》、严歌苓的新作《芳华》以及曾入围茅盾文学奖的"70后"代表作家徐则臣最新的长篇小说《王城如海》等。一家有着历史和传统的文学专业社，已经成为文学图书和文学界风向标的引领者。

九、图书IP热持续发酵

IP（Intellectual Property，知识产权），是指适合二次或多次改编开发的影视文学、游戏、动漫等的原创素材。2015年被出版业称为IP元年。其表现是一些拥有众多粉丝的国产原创网络小说、游戏、动漫等被改变成影视剧热播，借此机缘，很多图书也同步上市，取得了不错的成绩。从2015年播出的《琅琊榜》《芈月传》《锦绣未央》《花千骨》《何以笙箫默》，到2016年播出的《三生三世十里桃花》，2017年播出的《人民的名义》等，都在出版业掀起了图书IP热。

图书 IP 是多媒体环境下一种新的出版形式。随着人们文化和娱乐形式的多样，不同类型的媒体互动给出版业带来了有别以往的深刻变化。几年来，无论是小说等题材被改编成影视剧重促原著热销，还是由影视、动漫、游戏等衍生出图书，以此来面对更多的读者，占领市场，都给出版业的内容生产原创带来了新的思考和课题，成为出版单位内容生产开发和获取市场份额的新关注点。相信随着一些由网络小说、游戏、动漫等开发，有着众多粉丝的偶像影视剧热播，以及一些经典文学作品被改编成影视剧，图书 IP 发酵还会持续。

十、AR+VR 图书开发渐热

在高新技术快速发展，媒体融合不断推进的背景下，出版业的载体形式也发生着深刻的变革，新生事物不断涌现。AR（增强现实技术）、VR（虚拟现实技术）的概念，近几年一下子成为出版业的超级热点。虽然还处于起步、尝试和摸索阶段，但热潮已不可回避。出版业也围绕此热点进行了内容生产创新。AR+VR 图书在成为出版业热点和关注点的同时，也列入不少出版单位的规划和布局。

例如，2016 年北京图书订货会上，北京出版集团推出首部 VR 图书《大开眼界：恐龙世界大冒险》。2017 年，北京出版集团旗下的北京少年儿童出版社又推出《大开眼界：西游记》（包括《大闹天宫》《三打白骨精》《三借芭蕉扇》共 3 册，内附定制版高级儿童 VR 眼镜）和《大开眼界：宇宙星空大冒险》两套 VR 新作。这两套丛书适合小学 3 至 5 年级的孩子阅读。新的载体形式带来了更多阅读与科技融合的体验。适应新技术快速发展的敏锐眼光和行动，为出版业带来内容生产创新更广泛的天地。

十一、图书内容生产创新的典型案例详述

（一）"大家小书"丛书

由北京出版集团出版的"大家小书"丛书，是进行内容生产创新的典型案例。

自 2002 年出版以来，"大家小书"丛书历时 15 年，至 2016 年已出版 122 种，涵盖文学、艺术、历史、哲学、语言学、社会学等多门学科。其内容，

有的引导文学欣赏，如夏承焘的《唐宋词欣赏》；有的介绍入门路径，如顾颉刚的《中国史学入门》；有的传道授业解惑，如赵朴初的《佛教常识问答》；有的是学科概述，如姜亮夫的《敦煌学概论》；有的是学科历史扫描，如竺可桢的《天道与人文》。这套丛书是北京出版集团重点创意和打造的品牌丛书，是出版单位优中选优，和几代学人一起共同精心打磨的文化结晶。其中的各位作者都是近几十年来学术界耳熟能详、响当当的专家学者。丛书出版以来受到了读者、媒体、出版界和学术界的广泛好评，成为国内人文社科领域极具口碑和影响力的系列丛书，而且近几年来的影响越来越大。

2016年6月27日，北京出版集团与北京大学元培学院共同主办"向大家致敬"人文宣讲活动启动仪式暨"大家小书"百种出版学术研讨会。这一活动，使人们有机会深入探讨出版业的内容生产创新和出版人多年坚守的成果。剖析这套丛书的内容生产创新和产生的影响，对今天出版业如何认识自身的性质、责任和规律，如何适应新的形势有很大启发。一批各领域响当当的大家，将自己的毕生所学和研究，以普及的"小书"形式深入浅出地奉献给读者。"小书"篇幅虽小，但"小中见大"，知识体系、学术内容和人文研究价值一点都不小。这套丛书选题难、组稿难、编辑难。在当今浮躁的社会，很少有人会有这样长远的创意和规划。从内容生产创新出发，北京出版集团沉下心来，认准这些大家和他们研究的价值，坚持多年，为读者呈现了这样一套影响深远的精品力作，其意义是很难估量的。这套书的宗旨是传承大家文化的学术普及精品，让"大家小书"成为高等学府的必读书目，成为学科或跨学科的经典参考读物。著名学者袁行霈先生在丛书总序中写到，"大家小书"是"大家写给大家看的书"。所谓"大家"，一是指书的作者是大家，二是指书是写给大家看的，是大家的读物。而"小书"，一是指其篇幅小，二是指姿态低。但就其分量而言，非但不小，反而相当重。

"大家小书"篇幅虽小，却含有丰富的学术内容和人文价值，使读者可以"小中见大"。金子总会发光，经典总会经受住时间的考验。准确的判断、宁静致远的情怀、不懈的坚持，总归会有收获满满的回报。近年来，随着"大家小书"体系的完善和成熟，北京出版集团还将开辟出新的支系：以当代学者为作者主体的"当代"系列和从西方经典中遴选的"译馆"系列也即将出版。一个有价值的编辑创意，坚守多年，就这样延续，开花结果了。

这套丛书还有更大的价值和意义，就是能够让更多的学者参与撰写"大家小书"，让更多的学者摒弃功利和浮躁，敬畏学术、精心打磨，将更多的高质量"小书"奉献给读者和出版界，改变出版业有些出版物华而不实、拼凑注水的文化生态。这就是创意的力量，也是出版业内容生产创新的要求。

（二）系列童书《故宫里的大怪兽》

2015年恰逢故宫博物院90年院庆。知识出版社推出了国内第一部以故宫为背景的系列童话《故宫里的大怪兽》（2017年3月，中国大百科全书出版社推出第二辑）。该书以一种独特的方式展现和传承了中国传统文化的魅力。获得过2008年冰心儿童文学新作奖童话大奖的年轻作者，北京女孩常怡，给小朋友和大朋友们讲述了一个小学四年级女生和故宫上百种吉兽、神兽机缘巧合结识的故事。其中，作品巧妙地将故宫的历史知识、民俗典故融入其中，让孩子们在不知不觉中深入了解中国传统文化与典故，使之成为发掘传统文化的"宝藏"。

高质量的内容生产创新，是需要细细打磨，下一番苦功夫的。创作中，常怡专门查阅了《史记》《山海经》《搜神记》等古籍，甚至包括日本的《怪奇鸟兽图卷》。正因有这样的努力，这套原创童书不仅吸引了小读者，更引来不少家长的关注，推出不到一年就风行全国。该书不仅受到市场热捧，在当当网预售2天就被抢购断货，曾荣登当当童书新书热卖榜第一名，还成为众多网络平台如"大V店"、博雅小学堂最受欢迎的产品或视听内容。截至到2016年8月，该书发行已超过8万套，24万册，至今已经销售25万余册。

该书还获得过众多图书大奖，获得了中央电视台《读书时间》、北京电视台《北京您早》等知名栏目推荐，中央人民广播电台最知名的小喇叭节目给予连载播出，众多粉丝还在喜马拉雅、荔枝FM等自发播出各种《故宫里的大怪兽》朗读节目。

如今，该书已成为小游客们进故宫的"随身指南"。国内许多旅行社也把去故宫寻找大怪兽作为新的亲子游标配。还有，炫酷的《故宫里的大怪兽》舞台剧也将隆重推出。

一套书的创意、创作、出版、传播、衍生就这样有了漂亮的业绩。出版物的内容生产创新，就应该是这个样子。

十二、有关出版内容生产创新的思考

十八大以来，出版内容生产创新能够取得很好的成绩，可以总结出很多经验。在这里，仅简单归纳。

（一）行业规划制定及调整提供保障

十八大召开至今，是我国国民经济和社会发展"十二五"规划执行时期及"十三五"规划开局的阶段。"十二五"期间，出版业形成了"一个主体（《'十二五'国家重点图书、音像和电子出版物出版规划》）、三个分规划（《国家'十二五'少数民族语言文字出版规划》《2011—2020年国家古籍整理出版规划》《2013—2015年国家辞书编纂出版规划》）相互配合的格局。

2012年8月，新闻出版总署办公厅下发《关于调整"十二五"国家重点图书、音像、电子出版物出版规划的通知》，"十二五"国家重点图书、音像电子出版物出版规划项目由2 030种增至2 578种，新增规划项目共595种，并从中遴选出代表国家一流水平的原创出版项目，形成"哲学社会科学创新成果出版工程""中国科学技术研究领域高端学术成果出版工程""中国文学创作出版精品工程"三个精品工程。这些都使十八大召开后出版业内容生产创新从管理机关到生产单位，从规划到实施都有了保障。

2015年是"十二五"规划的收官之年，也是"十三五"规划的编制之年。在制定"十三五"规划编制思路的过程中，新闻出版广电总局已经向国家发改委上报了全民阅读工程、国家数字出版传播工程、国家版权产业发展推进工程、网络内容监测和管理系统建设工程、新闻出版国际传播能力建设工程等十个工程项目。这些工程从行业的顶层设计，对出版内容生产创新起到了重要作用。

2016年3月，《中华人民共和国国民经济和社会发展第十三个五年规划纲要》正式发布。其中提出了文化发展的四大目标，包括了出版业发展的远景和方向，具体列出了各种内容的出版物。这是新的发展周期出版业内容生产创新的引领及操作指南。

（二）国家出版基金提供有力支持

国家出版基金是由国家设立、国家财政支出，以体现国家意志、传承优秀文化、推动繁荣发展、增强文化软实力为宗旨的出版业资助基金。根据媒体公开报道的数据测算，国家出版基金自2008年实施以来，投资逐年增加，基金规模从2014年的4.5亿元增加到2015年的5.5亿元，累计投入已达24.5亿元。如此数额的资金，对出版业的发展无疑起到了非常重要的作用。同时，更多优秀的出版物能够借国家出版基金的资助，与更多的读者和消费者见面，使出版内容生产创新有了强有力的支持。

（三）大力实施精品工程，力促精品力作问世

十八大以来，出版业继续以实施"五个一"精品工程为抓手（即1本图书、1部电影、1部电视剧、1部纪录片、1部动画片），因地制宜抓谋划、强落实，推动资源要素向创作源头倾斜、向优质原创项目倾斜、向优质团队倾斜，推出了一批叫得响、传得开、留得住，适于多媒体传播的精品力作。

与此同时，新闻出版管理部门确立了九大出版工程，推动出版单位抓好精品出版。这九大出版工程是：重大出版工程、文艺原创精品出版工程、哲学社会科学重大课题和重大科技出版工程、重点古籍和海外散失古籍及近代以来典籍文献整理出版工程、民文出版工程、原创儿童文学和少儿绘本出版工程、有声读物精品出版工程、中华民族音乐传承出版工程、中国经典民间故事动漫出版工程等。集中优势力量，力促精品生产，这是出版内容生产创新的又一项重要举措。

十八大以来新闻出版公共服务综述

近年来，新闻出版公共服务围绕建设社会主义核心价值体系和满足城乡居民精神文化需求，坚持公益性、基本性、均等性、便利性原则，广泛开展全民阅读活动，继续加强农家书屋和城乡阅报栏（屏）建设，推动农村和中小城市出版发行网点建设，支持实体书店发展，推进公益性数字出版产品阅读和使用，大力扶持少数民族文字出版和盲文出版，加强版权服务和文化环境治理，公益性出版物品种数量大幅增加，载体形式逐步丰富，面向群众的公共服务能力和水平显著提高。

一、开展全民阅读活动

在国家新闻出版广电总局推动下,全国已有400多个城市举办了各具特色的读书月、读书节等活动,每年有超过8亿人次参加。其中"书香上海""书香岭南""书香荆楚""北京阅读季""深圳读书月""三湘读书月"等全民阅读活动已经成为知名"书香"品牌。江苏、湖北、辽宁、深圳等省市出台了全民阅读地方性法规和规章。连续开展全国"书香之家"推荐、全民阅读报刊行、"全民阅读宣传月"等宣传推广活动,开展"大众喜爱的50种图书""向青少年推荐百种优秀图书"等优秀图书推荐活动。启动"书香·童年"阅读工程,以中西部贫困地区学龄前儿童为重点,通过组织专家科学研制阅读书包、分年龄段免费发放、开展阅读指导服务、监测评估反馈的科学体系,着力保障学龄前儿童基本阅读权利,目前已在甘肃、青海两省开展试点工作。顺应数字阅读趋势,联合三大电信运营商,开展了"书香中国E阅读"活动,免费为北上广深四大城市一千万进城务工人员提供数字阅读服务。2015年4月23日,云山、奇葆、延东同志亲自参加中华书局读者开放日活动,并就进一步推进全民阅读发表重要讲话,极大地推动了全社会全民阅读热潮的兴起。

二、实施农家书屋工程

农家书屋是由政府主导建设的公共文化惠民工程。农家书屋工程2005年试点,2007年全面推进,截至2012年,中央财政投入80亿元共建成农家书屋60.0449万家,覆盖了全国有基本条件的行政村,依托农家书屋开展了农村少年儿童阅读实践等一系列活动,在保障农民基本文化权益、丰富农民群众文化生活、提高农民科学文化素质和科技致富本领方面发挥了积极作用。2016年,中央财政设立中央补助地方公共文化服务体系建设专项资金,将农家书屋等项目资金统筹使用。为确保农家书屋补充资金落实,总局印发了《关于用好公共文化服务体系建设专项资金保障农家书屋出版物补充更新的通知》,要求各级新闻出版广电部门要主动协调财政部门,落实农家书屋补充资金,确保每个农家书屋补充图书不少于60种。为解决边远地区报刊投送难等问题,总局推动边远地区建设卫星数字农家书屋,已建成2.2万家,服务全国20个省区的数千万农村群众。2015年召开全国农家书屋建设推进会,就加强统筹整合农村公共文化设施资源、对接农民群众实际需求、完善农家书屋管理、推进科技文化融合、加大宣传力度等工作进行了部署。

三、推动城乡阅报栏（屏）建设

截至2013年底，全国各地已建设城乡公共阅报栏（屏）7.2万余个，包括传统阅报栏3万余个，电子阅报屏4.2万余个，各级党报作为阅报栏（屏）建设主体，保障了内容导向正确、信息传输快捷以及后期运维的可持续发展，为完善公共文化设施、提高信息传播能力、提升公共阅读服务水平发挥了积极作用。目前，在城镇主要街道、公共场所、居民小区等人流密集地点设置阅报栏和电子阅报屏已列入国家基本公共文化服务指导标准。

四、提高数字出版服务水平

组织数字出版技术企业，实施数字版权保护技术研发工程、国家数字复合出版系统工程、中华字库工程等新闻出版重大科技工程，为开展数字出版提供技术支撑；扶持新闻出版内容供应企业，配置技术装备，提高数字资源管理能力、数字产品生产能力、数字市场营销能力，互联网阅读平台和应用软件大幅增加，数字内容产品供应水平显著提高。总局加强标准化工作，开展相关模式探索试点工作，推进行业有序发展，2015年5月，由我国主导编制、旨在标识与管理数字内容资源关联关系的《国际标准关联标识符（ISLI）》国际标准由ISO正式发布，我国获得该国际标准国际注册中心的承办权；为实现出版发行数据共享的《中国出版物在线信息交换（CNONIX）》国家标准的产业化应用不断推进；专业领域知识服务模式试点工作全面启动。上述工作为构建新闻出版业大数据体系、提高数字出版服务水平奠定了坚实基础。此外，人民出版社开发建设"中国共产党思想理论资源数据库"，汇集了所有党的经典理论著作，在中国理论网上供人民群众阅览、查询和使用，受到广大读者高度肯定。国家新闻出版广电总局通过实施民族网游出版工程，引导网络游戏出版企业大力开发有利于青少年身心健康的优秀游戏作品。

五、支持出版物发行网点建设

通过加大财政资金投入，出台支持实体书店用地政策、税收优惠政策和奖励政策，极大地促进了发行网点数量的增长。截至2014年底，全国共有出版物发行网点22万家，比2010年增长了40%，特别是农村发行网点建设得到有效改善，从2010年的2.6万家增加到4.7万家。为进一步促进实体书店发展，2016年6月，总局会同中宣部等10部门联合印发了《关于支持实体书店发展的指导意见》，从完善与规划土地政策、加强财税与金融政策、提供创业与培训的服务、简化行政审批、规范文化市场等五个方面，提出了对实体书店发展的全方位的支持。目前基本实现了市市有书城、县县有书店、乡乡有网点、村村有书屋的城乡出版物市场服务体系，较好满足了人民群众购买优秀出版物的文化需求。

六、扶持民文出版事业

通过组织实施少数民族新闻出版东风工程、管好用好民族文字出版专项资金、实施《国家少数民族语言文字出版规划》等工作，改善了民族地区民族文字出版和基层新华书店网点基础设施和技术装备条件，资助出版了一大批少数民族文字优秀出版物，开展面向民族群众免费赠阅活动，民族文字新闻出版生产供给能力和服务水平快速提高。我国2014年出版少数民族文字图书8031种5853万册、报纸103种21443万份、期刊227种1254.5万册，使用少数民族文字的群众人均可消费少数民族文字图书1.95册、报纸7.15份、期刊0.42册，年均品种数量较之前有了大幅增加。

七、提升盲人出版服务水平

2015年出版1540种47万册3380万页印张的盲文书刊，制作有声教材457种4000多小时，完成15部无障碍影视、推广发行8000余盘无障碍音像制品。近年来，盲人数字图书馆共上线电子盲文2687种27717万字，电子书227种6147万字，有声总资源达5327种3万多小时。初步形成盲文读物、大字读物、有声读物、无障碍影视作品、数字出版物、盲用信息化产品等多形态盲人文化产品体系和盲人读物借阅、公益助盲、教育培训、文化科技研究等综合性公共文化服务，为全国盲人提供了便捷的精神食粮，为各级公共图书馆盲文阅览室和盲校提供了有效的资源支持。

八、加强版权服务和文化环境建设

2015年，全国共完成作品著作权登记1316843件，比2014年的992034件增长了32.47%。全国30个省、自治区、直辖市版权登记机构中（西藏未开展），有21个省级登记机构在办理作品著作权登记时实行免收登记费用。2015年1月1日起，中国版权保护中心在计算机软件著作权登记中，对小微企业实行免收登记费用。通过开展"4.26知识产权宣传周"等版权宣传服务活动，实施"净网2015""护苗2015"等"扫黄打非"专项行动，有效地改善了文化环境，引导少年儿童自觉远离和抵制非法出版物和有害信息。

2016年是"十三五"开局之年，总局将紧紧围绕中办、国办《关于加快构建现代公共文化服务体系的意见》要求，落实已制定的实施方案和分工方案，围绕保障人民群众读书看报基本文化权益，统筹协调、全面持续推进公共文化服务有关工作。

十八大以来新闻出版走出去政策、项目综述

走出去战略是21世纪之初我国制定的重大战略之一，是我国对外开放基本国策的重要内容。近年，随着我国"一带一路"倡议的确立，走出去战略得以进一步深化。在此大背景下，新闻出版业作为我国文化产业的核心层，在落实走出去战略，与"一带一路"国家加强交流与合作过程中做出了不少努力。

"政府主导，企业主体"一直是走出去战略的重要原则。政策推动与项目支持也因此成为新闻出版企业走出去的动力之一。笔者尝试梳理"十一五"以来惠及新闻出版行业走出去的政策和国家级项目，以期为走出去主体提供较为全面的信息。

一、制定的相关政策

2000年3月，全国人大九届三次会议期间，时任国家主席江泽民正式提出走出去战略，指出要把引进来和走出去紧密结合起来，更好地利用两种资

源，两个市场。同年召开的党的十五届五中全会最终将走出去战略作为实行对外开放基本国策的一项重要内容，并在"十一五"时期国民经济各领域、各行业全面铺开。2013年，习近平主席先后提出"共建丝绸之路经济带"和"共建21世纪海上丝绸之路"的倡议。2014年12月，中央经济工作会议将"一带一路"倡议从最初的国际经济合作倡议上升为国家经济发展战略，将"打造政治互信、经济融合、文化包容的利益共同体、命运共同体和责任共同体"作为共建"一带一路"的发展目标。

在走出去战略和"一带一路"倡议布局实施进程中，中宣部、新闻出版广电总局、文化部、商务部、教育部等部门在五年规划制定、国家战略确立等节点联合发布或独立发布相关文件，推动企业、人才、产品、服务走出去，加强与欧美发达国家、"一带一路"沿线国家的贸易往来和文化交流。

1. 文化领域相关政策

文化领域与走出去相关的政策可分为以中共中央办公厅或国务院办公厅名义印发、转发的政策和各部委出台的本行政管理领域的相关政策。前者多为各部委联合制定，对包括新闻出版业在内的文化产业走出去工作给予指导和支持，后者为单一部委制定，从资金、税收、金融、内容、人才、平台等方面对新闻出版业走出去产生影响。

自"十一五"以来，以中共中央办公厅或国务院办公厅名义印发、转发的与文化走出去相关的文件包括：2006年11月的《关于鼓励和支持文化产品和服务出口的若干政策》、2007年的《关于鼓励支持和引导非公有制企业对外投资合作的若干意见》和《关于进一步加大对少数民族文字出版事业扶持力度的通知》、2008年10月的《文化体制改革中经营性文化事业单位转制为企业和支持文化企业发展两个规定》、2009年3月的《关于支持文化企业发展若干税收政策问题的通知》、2010年的《中小企业国际市场开拓资金管理办法》和《关于金融支持文化产业振兴和发展繁荣的指导意见》、2012年的《关于加快培育国际合作和竞争新优势的指导意见》和《关于鼓励和引导民营企业积极开展境外投资的实施意见》、2014年3月的《国务院关于加快发展对外文化贸易的意见》、2015年的《国务院关于加快发展服务贸易的若干意见》和《国务院关于新形势下加快知识产权强国建设的若干意见》等。另外，依照文化走出去的不同时期持续调整的政策性文件包括：五年期文化改革发展规划纲要、文化产业发展专项资金管理的相关办法、文化产品和服务出口指导目录、国家出版基金资助项目管理办法等。2014年和2017年先后两次召开的中华文化走出去工作会议，强调要坚持政府主导、企业主体、市场运作、社会参与；要统筹国际国内两种资源，用好文化交流、文化传播、文化贸易三种方式；要凝聚政府、企业、社会组织和个人四方力量，着力构建全方位、多层次、宽领域的文化走出去格局。

"十二五"以来，尤其是"一带一路"倡议确立以来，文化部、教育部、各自出台了与走出去相关的文件，对新闻出版走出去产生一定的促进作用。2011年11月，教育部印发《高等学校哲学社会科学走出去计划》，提出实施"当代中国学术精品译丛""中华文化经典外文汇释汇校"项目；鼓励教育系统出版机构设立海外出版发行基地；重点建设一批国际知名的外文学术期刊；打造若干大型国际性研究数据库和有影响力的外文学术网站；鼓励高等学校教师加强学术成果的国际发表和出版等重点工作。2016年7月，教育部印发《推进共建"一带一路"教育行动》，该文件作为《关于做好新时期教育对外开放工作的若干意见》的配套文件，提出实施"丝绸之路"留学推进计划、合作办学推进计划、师资培训推进计划、人才联合培养推进计划、教育援助计划等，同时开展丝路"金驼金帆"表彰工作。同年12月，文化部发布《文化部"一带一路"文化发展行动计划（2016—2020）》，力图通过开展"一带一路"国际交流机制建设计划、"一带一路"沿线国家中国文化中心建设计划、丝绸之路文化使者计划、"一带一路"文化贸易拓展计划等12个计划，打造文化交流合作知名品牌，初步形成面向"一带一路"国际文化市场的文化产业发展格局。在走出去管理和绩效方面，国务院国有资产监督管理委员会于2012年3月发布《中央企业境外投资监督管理暂行办法》，力图促进中央企业开展国际化经营，引导和规范中央企业境外投资活动。

2. 新闻出版领域的政策

新闻出版业是较早响应国家走出去战略部署的国民经济领域。2003年，全国新闻出版局长会议把新闻出版走出去列为改革发展的五大战略之一，提出"加快对外开放的步伐，支持一切外向型新闻出版单位尤其是实力雄厚的集团去境外发展"。2007年4月，原新闻出版总署出台扶持新闻出版走出去8项政策措施，对走出去企业、项目和优秀内容在资金、出版资源等方面给予倾斜，在信息与平台服务、财税政策等方面给予支持。

"十二五"时期是新闻出版行政管理部门大力推动行业走出去的阶段，新闻出版走出去范畴得以明确，扶持政策不断细化，政策扶持、项目带动、平台支撑的走出去运行机制建立并完善。2011年，原新闻出版总署专门制定了《新闻出版业"十二五"时期走出去发展规划》，第一次将新闻出版业走出去划分为版权贸易、数字出版产品出口、实物产品出口、印刷服务出口、新闻出版企业走出去五个方面，并强调了拓展国际营销网络、构建走出去人才体系和优化走出去格局的重要性。翌年，原新闻出版总署以年度一号文件的形式发布《关于加快我国新闻出版业走出去的若干意见》，计划通过有效利用现有扶持政策、大力实施重点工程、完善会展平台、加强信息服务、加快培育和发展中介机构、完善新闻出版企业内部机制、完善宣传表彰奖励机制等措施，实现"十二五"时期新闻出版业走出去的重点目标。随后，原总署出于规范走出去经营秩序的考虑，有计划地在海外市场布局，以期实现覆盖广泛、重点突出、层次分明的新闻出版业走出去新格局。"十二五"末期，随着"一带一路"重大战略部署的全面展开，新闻出版广电总局将提升我国出版产品在"一带一路"国家的市场份额和影响力，发挥新闻出版在促进与这些国家文化交流、民心相通的独特作用放在走出去工作的重要位置，通过细化布局分工方案、订立主要任务、建设支持项目等方式，增强我国新闻出版企业海外传播能力。

进入"十三五"时期后，新闻出版广电总局制订了一个新的五年内走出去专项规划，在总结新闻出版业走出去工作取得的阶段性成果基础上，更加强调顶层设计，整体谋划；强调政府推动，市场运作；强调改革创新，内外统筹；强调互利共赢、包容共进。以此为原则，新闻出版业在"十三五"时期将要在版权输出、出版物实物产品出口、数字出版产品出口、海外分支机构等重点指标上有所推进，提升重点报刊海外供版能力，培养和吸纳数量更多的跨国经营管理人才、版权贸易人才和翻译人才。2016年，图书走出去座谈会上，中宣部部长刘奇葆强调，图书走出去工作要围绕服务党和国家工作大局、提高国家文化软实力这个总要求，突出讲好中国故事、塑造良好国家形象这个根本任务，处理好整体推进与重点突破、数量规模与质量效益、中国内容与国际表达、政府主导与企业主体的关系。

除上述新闻出版领域出台的专项政策外,"十一五"以来印发的《关于深化出版发行体制改革工作实施方案》《关于进一步推进新闻出版体制改革的指导意见》《关于进一步推动新闻出版产业发展的指导意见》《关于加快出版传媒集团改革发展的指导意见》《网络文学出版服务单位社会效益评估试行办法》等全行业或分领域文件、五年行业发展规划等都将走出去工作作为重要内容加以阐释。

二、开展的国家级项目

据笔者掌握的资料,与新闻出版领域直接或密切相关的国家级走出去项目目前约有17个,涉及图书翻译资助、发行渠道拓展、宣传平台建设等方面,分别由中宣部、新闻出版广电总局、文化部、教育部、商务部等组织实施,国家社科基金、驻外使领馆、中国作家协会、中国新闻出版研究院、中国版本图书馆、中外文化交流中心、北京语言大学等单位参与其中。

1. 图书翻译资助类项目

图书翻译资助类项目是新闻出版走出去项目中开展时间最早、项目数量最多、组织部门最多、投入资金最多,也是最受国内出版机构和民营机构关注,最被国际合作方了解的项目类型。8个图书翻译类项目中,除图书版权输出奖励计划外,其他7个项目均为纸质图书翻译资助项目,资助资金按一定比例先期拨付,待翻译出版完成,经验收合格拨付尾款。图书版权输出奖励计划为后期奖励项目,对国有企业、民营企业和作者在海外已经翻译出版的图书进行奖励。

表6 图书翻译类资助项目情况

序号	项目名称	组织部门	起始年份	支持方向
1	中国图书对外推广计划	中宣部、新闻出版广电总局	2005	图书翻译资助,先期资助
2	中外图书互译计划	新闻出版广电总局	2008	签署政府间互译协议,双方互译重点作品
3	经典中国国际出版工程	新闻出版广电总局	2009	图书翻译资助,先期资助
4	国家社科基金中华学术外译项目	中宣部、国家社科基金	2010	图书翻译资助,先期资助

（续表）

序号	项目名称	组织部门	起始年份	支持方向
5	中国当代作品翻译出版工程	中宣部	2013	图书翻译资助，先期资助
6	图书走出去基础书目库	新闻出版广电总局	2015	重点资助入库图书的多语种翻译
7	丝路书香工程重点翻译资助项目	中宣部、新闻出版广电总局	2014	图书翻译资助，先期资助
8	图书版权输出奖励计划	新闻出版广电总局、中国新闻出版研究院	2014	纸质图书版权输出，后期奖励

从接受申报的时间上看，经典中国国际出版工程、丝路书香工程重点翻译资助项目、中国当代作品翻译出版工程一般截止到3月底，中国图书对外推广计划、国家社科基金中华学术外译项目、图书版权输出奖励计划于下半年申报。

2. 发行渠道拓展和宣传平台建设类项目

打通走出去链条上的各个环节，实现我国内容产品有效推送一直都是新闻出版产品在海外传播并产生实际影响的困难所在。笔者了解到，我国新闻出版走出去主体可借力的发行渠道拓展和宣传平台建设类项目有6个。目前，走出去的图书、报刊可借助海外文化中心、孔子学院进入与中华文化接触频繁的国外人群，可通过国际大型出版发行企业、国际中盘商准确定位国际主流人群和目标读者，可通过中华图书特殊贡献奖获奖的海外友人快速地与海外出版机构、译者建立联系，可通过中国译言网、中国文化网获取、发布资讯。

表7 发行渠道拓展和宣传平台建设类项目情况

序号	项目名称	组织部门	起始年份	支持方向
1	海外文化中心	文化部	1988	借用当地平台展示中国文化
2	孔子学院	教育部	2004	汉语教学、文化交流
3	中华图书特殊贡献奖	新闻出版广电总局	2005	表彰在介绍中国、翻译和出版中国图书、促进中外文化交流等方面作出重大贡献的外国翻译家、作家和出版家

（续表）

序号	项目名称	组织部门	起始年份	支持方向
4	中国出版物国际传播渠道拓展工程	新闻出版广电总局	2011	发行渠道拓展、海外华文书店发展
5	中国译研网	中宣部、文化部	2014	在线翻译协作交流平台
6	中国文化网	文化部	不详	文化交流资讯（资源）网站

3.综合类项目

随着新闻出版业走出去工作的深入开展，越来越多的企业尝试版权贸易、实物贸易之外的海外市场拓展方式，加强人员交流与培训、设立海外机构、建设数字化内容海外推广平台、经营海外作者等成为近期走出去企业尝试较多的方向。据笔者掌握的信息，国家文化出口重点企业和重点项目、丝路书香工程重点项目、国际合作出版工程3个国家级项目可对这些新尝试给予支持。国家文化出口重点企业和重点项目以目录形式每两年公布一次，丝路书香工程重点项目以年度为申报周期。

表7 综合类项目情况

序号	项目名称	组织部门	起始年份
1	国家文化出口重点企业和重点项目	中宣部、财政部、商务部、文化部、新闻出版广电总局	2006
2	丝路书香工程重点项目	中宣部、新闻出版广电总局	2014
3	国际合作出版工程	中宣部	2016

三、对走出去政策和项目的一点认识

提出走出去战略和"一带一路"倡议已经分别有17年和4年的时间。在这个过程中，一方面，体现政府主导作用的政策随着走出去工作的不断深入而细化，部际间联动的工作机制得以建立，另一方面，具有指导和示范作用的走出去项目不断增加，覆盖了走出去涉及的内容、产品、渠道、服务、人员等方方面面。国家级政策和项目的实施大大带动了地方政府向本地区企业提供政策和项目支持的积极性，北京、上海、安徽、浙江、江西、广东、四川、广西、新疆等地出台了走出去扶持政策，并给予配套的资金支持。在各级政府大力推动下，新闻出版企业的热情被充分调动，符合企业发展定位的走出去项目不断涌现,为完善相关政策和项目提供着丰富的案例。政府主导、企业主体、市场化运作有望形成一个良性的闭环。

与此同时,这些正在实施的国家级走出去项目还有很大的整合和释放企业主体性的空间。无论是图书翻译资助类项目、发行渠道拓展和宣传平台建设类项目还是综合类项目,同类型项目在支持方向、支持方式方面都有相似甚至重合之处,这既给项目本身的持续开展造成困扰,使项目效果评估和海外影响力调查面临重复、效率低的不利局面,也使申请和获得资助的企业的管理成本、时间成本、人员成本大幅增加,应对国际市场和开拓新的合作关系的能力不断降低。笔者认为,如何整合国家级走出去项目,使其最大限度地发挥指导和资金效用,是"十三五"时期走出去政策调整的重要方向,也是进一步完善和强化部际间联动工作机制、部省互动工作机制的重要动力。

十八大以来新闻出版人才队伍建设的现状与思考

一、"十八大"以来人才建设方面的主要成绩

人才是出版产业发展的基石,是出版业实现传统出版与新兴出版融合发展、转型升级的重要力量,是实现由新闻出版大国向新闻出版强国跨越的关键因素。"十八大"以来,新闻出版工作以高层次人才、高技能人才为重点,积极部署并实施人才兴业战略,统筹推进各类人才队伍建设,新闻出版人才队伍在总量、结构、素质等方面都有了长足的发展,队伍整体实力得到显著提升,我国新闻出版战线已初步形成一个多专业、多层次的专业人才体系,7年来,为新闻出版事业提供了坚强的人才保证和广泛的智力支持。

(一)行业人才规划体系基本建立,实施人才兴业战略向纵深推进

近年来,新闻出版人才工作认真贯穿落实党的十六大、十七大和全国人才工作会议精神,以及《国家中长期人才发展规划纲要(2010-2020)》,结合行业实际发布了《新闻出版业"十二五"时期人才发展规划》明确了新闻出版人才发展目标、主要任务和保障措施。近日,新闻出版广电总局发布

了《新闻出版（版权）业"十三五"时期人才发展规划》，其中提出了鼓励开展国有控股上市出版传媒公司股权激励试点、国有新闻出版企业职业经理人制度试点，探索建立首席记者、首席编辑制度、支持新闻出版企事业单位探索市场化选聘人才的办法等内容，此次人才规划是国家层面又一推动人事制度改革的权威制度，为我国新闻出版行业未来五年的人事制度改革指明了方向。各地省（区、市）新闻出版局结合本地区实际，积极制定了相应的人才发展规划和人才工作实施意见，上下贯通、衔接配套的行业人才发展规划体系基本形成。例如，江苏省新闻出版广电总局制定的"十二五"时期发展规划中明确提出了"培养造就一批推动新闻出版业科学发展的创新型人才、复合型人才、外向型人才和科技型人才，形成一支门类齐全、结构合理、梯次分明、素质优良的新闻出版工作者队伍"。2016年，浙江省新闻出版广电总局出台了《关于加强现代服务业新闻出版广播影视产业高端人才培养工作的意见》，着力打造现代服务业新引擎，促进现代服务业与先进制造业"双轮驱动"和融合发展；加快培养造就一支高素质的现代服务业人才队伍，推动新闻出版广播影视产业繁荣发展。明确提出用5年时间培养出100名左右能成为具有国际视野、战略眼光、创新思维、熟悉国际前沿技术和经营理念的新闻出版广播影视产业领军人才。

二、积极探索人事制度改革，初步形成了促进新闻出版事业和新闻出版产业发展的人才体制机制

十八大以来，新闻出版行业深化改革，图书出版单位实现转企改制，形成以市场为主体的框架，出版企业以此次改制创新为突破口，建立了有利于人才创新创业的评价、使用、激励措施，充分发挥用人单位在人才培养、吸引和使用中的主体作用。中国出版集团制定了《中长期人才发展规划纲要（2012-2020）》及《推动所属企业人事、分配制度改革30条》，提出了三条人才遴选思路：第一，做好优质人才的引进，在公开招聘和竞聘上岗的基础上，对于精通融合出版的人才，要突破条框化的用人机制限制，以多元化收益分配方式调动人才的创新能力和创造积极性，实现企业效益和个人效益的双赢；第二，对于企业内部的传统出版人才，加强新兴出版技术的教育普及，加强与国内外优秀数字技术企业与数字出版企业的沟通交流，选派人员赴海

外学习先进的出版融合理念与技术，鼓励内部创业，推动传统出版人才向融合出版人才转型；第三，改善自身的用人环境是吸引融合人才的最根本要素，解决转企改制的遗留问题，改革人才工作机制、人才选拔机制和人才评价激励机制。集团因以人力资源开发与管理体系科学、完整、有效以及先进的以人为本的企业文化，在2016年度由中国人力资源开发研究会主办的"2016年人本中国论坛"中荣获"中国人力资源开发与管理优秀企业奖"。

中国建筑工业出版社积极实施"复合型人才"培养机制，充分发挥内部资源，从平台、内容、技术、运营等多方面逐渐拓展和深入，以项目锻炼出版队伍，在业务工作中带动内部人才的成长。并出台鼓励政策，完善考核保障机制，先后研究制定了"数字出版重大项目实施管理办法""数字出版重大项目执行负责人管理办法""数字编辑考核分配办法"等，让传统编辑参与数字化项目实践，逐步实现由传统编辑向复合型编辑的转型；选派传统编辑到下属互联网企业工作，让其逐步适应"互联网+"思维模式和运营机制，鼓励人才脱颖而出。此外，建工社专门针对引入数字出版人才建立"协议工资制"，维护了企业人才的基本权益，促进了建工社民主管理机制的形成。

中国社会科学杂志社在"编制内外一体化"的基础上推行量化考核，全面实现聘用制人员与编制内人员在量化考核、职称评定、职务晋升、工资福利等方面的同等对待。同时，杂志社针对纸媒和新媒体的不同特点，根据业务人员和管理人员的岗位职责，寻求不同媒介和不同岗位的最大公约数，制定科学化和精细化的量化考核标准，实现任务到岗、责任到人、全程监督、奖惩到位，做到部门能增能减、干部能上能下、人员能进能出，充分调动了广大职工的积极性，保证了各项工作的高效运作。

中央人民广播电台制定、修订干部人事管理办法13项。中国国际广播电台调整编内、编外职工基本工资，完善编外员工工资体系，稳定了人才队伍。中央电视台成立全台干部人事制度改革工作领导小组及工作组，与中宣部、中央编办、财政部、人社部、国家新闻出版广电总局等部委对接，建立"即退即补"的人员补充机制，着力推动解决两套用人机制、两种人员身份问题。灵活的用人机制，极大地激发了人才队伍活力。

三、确立人才优先发展战略，为行业培养了一批亟需的应用型、复合型出版人才

近年来，中国经济发展进入新常态，对出版企业的发展也提出新的要求。新闻出版单位深刻认识到在传统出版向数字出版快速转型中，人才队伍建设对行业发展所发挥的重要作用，大型出版集团及上市公司积极开展"以培养新闻出版各类领军人物为目标，统筹抓好领导人才、经营管理人才、专业技术人才的队伍建设"的改革行动。2015年，新闻出版广电总局发布《关于推动传统出版和新兴出版融合发展的指导意见》，意见指出"制定出版融合发展人才培养规划，支持出版单位与高校、研究机构和创新型企业联合开展出版融合发展人才培养，加大新兴出版内容生产人才、技术研发人才、资本运作人才和经营管理人才培养引进力度，进一步优化人才结构。"我国出版企业在国家政策的支持下，积极建立协同创新平台，发挥双方优势为行业培养了一批亟需的应用型、复合型出版人才。根据中国博士后网站统计显示，截止2016年底已有中国出版集团公司、江苏凤凰传媒集团有限公司、湖南出版投资控股集团有限公司、人民教育出版社有限公司、社会科学文献出版社、时代出版传媒股份有限公司、中国社会科学出版社等14家新闻出版单位建立了博士后科研工作站与相关高校联合培养人才。

在单位内部选拔具有较好能力素质和竞争优势的博士后人才进站开展出版企业战略课题研究，以项目为抓手推进转型升级、融合发展进程；对外，通过建立对外合作机制，为企业发展提供智力支持。与各高校、科研院所开展产学研全面合作，充分利用高校、科研院所的技术、人力资源，将科研成果转化为生产力。时代出版传媒公司于2009年取得博士后科研工作站资质，多年来先后和中国人民大学、中国传媒大学、中国科学技术大学、复旦大学、武汉大学签署了博士后联合培养协议，并深入开展合作。

时代出版传媒公司结合当下文化与科技融合的趋势并根据企业自身情况，建立了以文化产业、高科技产业与新媒体为主的三大研究方向，博士后在此范围内先后就传媒科技、内容开发、政策研究、产业战略、移动阅读等内容开展研究工作。截至2016年8月，工作站累计招收博士后23名，其中在站13名，已出站10名。在博士后工作站的智力支撑下，企业近年来取得了以"时代E博"全媒体数字出版运营服务平台、手机出版内容互动平台、无纸化（电

子书包）等为代表的一批高端项目和科研成果。2012年，时代出版企业首次作为全国文化企业以出色的竞争优势、研发实力、基础设施、核心技术、人才队伍等方面的成绩入选国家认定企业技术中心，"人才优先发展战略"的实行，为时代出版集团培养了一批亟需的应用型、复合型出版人才。

据统计，全国46%的高校得到了企业、科研机构的支持，建立了校外出版实践基地或校内出版研究中心。在政府管理部门、行业单位的支持下目前高校每年为出版行业输送各学历高层次的毕业生超过5万人，培养了一批应用型、复合型新闻出版人才。

四、实施重大人才工程，培养造就了一批高层次，高素质人才队伍

国家新闻出版广电总局党组成员、副局长孙寿山曾表态："优秀的管理人才发挥的作用决定了新闻出版业改革发展的方向和质量，决定了行业未来发展的高度、层次，决定了企业经营效益增长速度和可持续性，是新闻出版事业兴衰成败的根本保障。""十八大"以来，培养了一大批新媒体人才、经营管理人才、外向型人才。其中，国家新闻出版广电总局高度重视对作为行业的领军人才的培养，自2007年以来每年拨专款数十万元用以主办"新闻出版领军人才能力建设高级研修班"，通过以宏观经济形势分析、国际出版业数字化发展与展望、"互联网+"时代传媒企业发展战略等方面的课程设置提高领军人才的国际视野，增强高级管理人员适应和驾驭市场的能力。截止2016年底已开展近10期高级研修班，累计培养来自各省和中央在京出版单位的600多位行业领军人才。

由新闻出版总署、团中央、中国光华科技基金会共同举办，清华大学承办的"出版业工商管理高级研修班"，已累计培养100多家单位，300多名人员。"出版业工商管理高级研修班"侧重对出版业高级管理人员的培养，在培训期间，学员在学习营销、管理知识的同时为出版高级管理人员提供一个彼此交流学习的平台，深受学员们的好评。以上人才培训的重点班次的开展，有效地促进了行业人才结构的进一步优化，为行业培养造就了一批高层次，高素质人才队伍。

在新闻出版广电领域，近年来，国家新闻出版广电总局、地方主管部门始终将培训老少边贫地区广电人才作为工作重点。仅以2016年为例，总局针

对西部地区共举办采编播、节目策划、影视译制、工程技术等内容的培训班24期，针对市县级广播电视台专业技术需求举办培训班10期，参与培训人数达2220人次。与此同时，地方主管部门的培训也是紧锣密鼓。2016年，配合农村电影放映工程，北京市新闻出版广电局组织北京农村公益放映平台系统培训，西藏自治区新闻出版广电局对全区农村电影管理人员培训。同一年，围绕"村村通""户户通"长效运维体系建设，甘肃省各级运维机构，举办120多期培训班，受训人员达2500多人次。

目前，全国新闻出版行业拥有新闻出版名家300名，行业领军人才500名，此外，还有10万名适应新闻出版融合发展的高水平数字出版人才和版权服务人才，20万名新闻出版技能人才。

五、进一步完善新闻出版专业技术人员职业资格管理，建立多种形式的人才培训机制

在职业准入和岗位准入方面，由人力资源和社会保障部与国家新闻出版广电总局共同负责每年一度的全国专业技术人员职业资格考试一直以来是行业选拔人才的重要手段。凡通过出版专业技术人员职业资格考试，取得初级资格者，可受聘担任助理编辑（助理技术编辑或二级校对）。凡通过考试取得中级资格的专业技术人员，可受聘担任编辑（技术编辑或一级校对）职务，并在办理注册手续、领取责任编辑证书后，上岗担任出版物的责任编辑（或责任校对、责任技术编辑）。截至2015年底全国共有62036人通过了初级、中级出版专业职业资格考试。出版专业技术人员职业资格考试作为出版专业技术人员职业资格制度中的准入机制，13年来为行业选拔合格的出版人才发挥了重要作用。

出版专业技术人员继续教育制度，是出版专业技术人员在通过准入制度后，进行知识更新、补充、拓展和能力提高的一种高层次的追加教育，多年来，作为出版专业技术人员职业资格制度的有益补充，已经成为提高出版专业技术人员专业技能，促进从业人员职业化建设的重要途径。随着互联网的发展以及学习的信息化，人们学习形式变得多样化。"十八大"以来，为进一步落实《中共中央组织部关于加强和改进基层干部教育培训工作的意见》要求，国家新闻出版广电总局教育培训中心紧跟时代发展，与时俱进开展了线上线下结合的业务培训形式，加大网络培训资源的开发力度，大力开展远程教育，提高教育培训管理的信息化水平，以岗位调训、业务培训、重点专题培训、走出去与请进来培训等各种方式对新闻出版从业人员进行大规模、多层次、全方位的培训，实现PC与手机、平板等移动终端无缝衔接、三屏合一，让学员随时随地实现卓越的"碎片化"学习体验，为新闻出版行业人员提供了基于互联网和面授相结合的个性化"混合式"教学，创新性地实现了行业人才的培养方式。

总局教育培训中心（新闻出版方面）每年开展140个左右各级各类的继续教育培训班，按照中办印发的《2010—2020年干部教育培训改革纲要》要求，注重通过培训增强新闻出版工作者的政治意识和大局意识，提高用社会主义核心价值体系引领社会思潮的能力，提高从业人员舆情分析、舆情应对、舆情引导的能力，从而加强引导新闻出版工作者的社会责任感，使出版高层次人才真正做到自觉传承先进文化、传播科学知识，具有为党的事业奋斗、为人民服务、为时代放歌的信念和良好素质。培训课程包含了学习习近平总书记系列重要讲话精神、新闻出版岗位培训、专业技术人员知识更新、管理业务、基层人才队伍建设和其他培训六部分，年均培训量达到18000人次。继续教育的开展为出版专业技术人员提供了更新知识理念，完善知识结构，拓展和提高能力的平台，提高了出版专业人才队伍的整体素质。

六、积极探索人才培养新路径，建立数字编辑从业资格准入制度

柳斌杰同志在2011年底的全国数字出版工作会上指出："要在数字出版领域引入从业人员职业资格制度。""十八大"以来，随着数字化出版进程的发展，北京市新闻出版广电局就开始积极探索数字传播人才培养的新路径。通过发放问卷、开展走访、组织座谈、举行论证、开展培训服务等形式，广泛听取各方意见，积极研究和探索数字出版人才培养的新模式。数据显示，截至2015年11月，北京地区有传统图书出版单位253家，传统报纸、期刊出版单位3200家，互联网出版单位310家，广播电视节目制作经营机构3688家，网络视听持证机构123家，属地网站约40万个。2015年北京的数字内容产业产值达到600亿元，占全国的1/4。虽然北京市已经形成了数十万数字编辑专业技术人员队伍规模，但数字内容产业缺乏规范的专业技术

资格评定标准，从业人员没有相应的职称晋升渠道，影响了学术技术交流、人才流动和职业发展。2014年，国家新闻出版广电总局和财政部联合下发了《关于推动新闻出版业数字化转型升级的指导意见》，指出要加强数字出版人才队伍建设。同年10月，国家新闻出版广电总局出台《深化新闻出版体制改革实施方案》提出要"将从事新闻转载、聚合、搜索等业务的新闻网站和网络出版单位编排人员纳入出版编辑职业资格管理"。经过五年的调研、论证，2015年底北京市完成了数字编辑初中级职称评审的相关工作，于2016年在全国率先启动数字出版、数字新闻、数字音视频等数字编辑专业领域职称评价工作，数字编辑职称评定更加注重对申报人员的专业技术水平、业务能力、工作业绩和创新成果等考核评价，突出对技术与技能融合创新的考核。北京市数字出版编辑职称制度是我国数字出版人才队伍建设的一个积极探索，对全国数字出版人才职业化、专业化、正规化发展，对国家数字出版行业整体快速发展起到积极的推动作用。

七、加强组织保障，为新闻出版业人才发展创造良好的条件和环境

"十八大"以来，总署及各新闻出版行业组织、各企事业单位组织开展多项活动，为新闻出版业人才发展提供了良好条件和环境。组织全国印刷行业职业技能大赛，针对平版印刷工、平版制版工、网版印刷工三个工种开展比赛，按照《平版印刷工国家职业标准》《平版制版工国家职业标准》《网版印刷工国家职业标准》的知识要求和技能要求，分理论知识和实际操作两部分竞赛，两部分竞赛采用开、闭相结合的考试方法进行，充分发挥了大赛培养高技能人才的作用。

由韬奋基金会委托中国记协主办的长江韬奋奖，是奖励我国新闻编辑、新闻评论员、新闻性节目制片人，通联、校对等新闻工作者的最高荣誉奖，是经中宣部批准常设的全国性新闻奖项。旨在促进新闻界多出精品、多出人才，使新闻工作更好地为我国社会主义现代化建设服务，至今已举办了12届；由韬奋基金会与中国新闻出版研究院、中国新闻出版报社联合主办，与百道网协办的"韬奋出版人才高端论坛"已成功举办6届，每年以出版人才为主题，开展形式多样的征文活动，吸引了全国20多省（区、市）的作者参与，获奖征文涉及传统出版人才研究、数字出版人才研究、出版专业教育等多个

方面，论坛的成功举办为行业提供了一个权威的行业人才交流学习的平台，激发了行业人员提高自身素质，对优化行业人才队伍结构产生了积极的影响。目前，全国古籍整理出版编辑培训班已举办 16 期，邀请著名专家学者举办专题讲座近 200 次，培训学员近 1300 人次，古籍编辑培训班的举办，有效缓解了古籍出版单位对专业人才迫切需求的问题，培养了一批专家型行业人才。

此外，"十八大"以来完成了出版专业职业资格考试教材修订工作，增加了《数字出版基础》教材，与时俱进地反映了出版业的新要求、新成、新理论，对提高出版专业职业资格考试水平，起到积极的作用。

修订"新闻出版职业分类大典"服务新闻出版人才队伍建设。自 1999 年《职业分类大典》颁布以来，初步建立了适应中国国情的职业分类体系，经过十多年的时间，新闻出版行业快速发展，职业岗位的设置也有了很大的变化，在这种新的形势下，第一部《职业分类大典》已经不能客观反映当前职业领域的变化。"十八大"以来，新闻出版行业职业分类修订工作逐步开展，总局（总署）成立了新闻出版行业职业分类大典修订工作领导小组，由 5 个小组牵头组织召开了调研会，通过国家职业大典修订平台发送 2 万多份问卷，全面采集全国出版行业各职业的真实需求，对新闻出版行业职业分类情况进行摸底，全面了解职业分类、岗位设置、职责划分等情况，分析十多年来新闻出版行业职业变迁的情况，设计出适应新闻出版行业发展的新的职业分类体系，对已有职业进行修订和完善，对已经不符合行业需求的职业予以取消，新修订职业体系特别体现了职业结构新的变动，增加了"数字出版编辑""版权服务师"等新职业，对职业定义进行描述、界定其主要工作内容和进入本行业所需教育程度等内容，并最大限度地防止职业的重复交叉、减少职业的遗漏，体现新闻出版职业分类的科学性、真实性和准确性，同时兼顾创新性和对 99 版大典的继承性。此次"新闻出版职业分类大典"的修订工作规范了相关从业人员行业准入标准，提出了职业具体要求，为规范管理相关行业市场提供了依据，为建立科学规范的职业发展机制奠定了基础，客观反映当前新闻出版职业领域的变化，为服务新闻出版人才队伍建设和社会经济发展提供了良好的基础和条件。

八、人才队伍建设存在的重点难点问题

1. 体制、机制限制仍然是人才发展的主要束缚

一是计划经济形成的资源部门和市场条块分割还没有根本改变，严重制约传统媒体自主经营和跨地区、跨部门、跨行业兼并重组。

二是大多数传统媒体现代企业制度还未建立，普遍存在着产权不清，由上级机关代替进行生产经营决策；部门和地方仍借市场经济之名，行地方封锁和部门保护之实。

2. 传统出版企业困于实力下滑，提供人才发展空间有限

传统出版企业实力和市场竞争力不断弱化，特别是在新媒体冲击下，传统出版企业可给予人才发展的空间有限、培养人才的能力不足。对于人才培养的思想认识仍是滞后。此外，研发能力弱，新技术转换及应用能力也低，也极大制约了创新人才的培养。

九、新闻出版人才队伍建设方面存在的不足

出版社转企改制已有几年，但一些传统出版社在人才激励方面的改革却远远落后于体制改革，用人机制僵化、激励机制不健全造成高素质人才的流失。在人才评价标准方面缺乏对人才职业生涯的长远规划与指导，没有适合创新性人才成长的环境，新媒体人才不能适应产业发展的要求。

十、"十三五"时期新闻出版人才队伍建设的工作思路

始终坚持人才是我国新闻出版业发展的第一资源。当前，是我国由新闻出版大国向新闻出版强国迈进的关键时期，也是新闻出版业优化产业结构、转变发展方式、实现科学发展的攻坚期，我们只有始终坚持：服务发展、人才优先、以用为本、创新机制、高端引领、整体开发的人才发展指导方针才能实现由新闻出版大国向新闻出版强国跨越的奋斗目标。

1. 营造人才成长的创新环境，构建人才培养的开发机制

良好的环境是影响人才成长、发展至关重要的因素，构建有利于人才创新的制度环境，形成有利于创新人才"学有所用""人尽其才"的体制机制；营造有利于人才创新的文化环境，树立尊重创新、鼓励创新，有利于创新思维和创新精神发展的观念，在科研院所、高等学校、出版企业建立不同特点

的职业发展途径，完善科研管理制度。在企业加大人事管理制度改革，建立以"服务＋管理"的人力资源管理制度，为创新人才的成长构建宽容失败、包容性强的新闻出版行业文化，培养行业人员的责任感和使命感，树立人人能够成才、人人都能得到发展的人才培养开发机制。

2. 实施人才创新政策，构建人才发展的良性体制、机制

1）进一步加大新闻出版人才发展的资金投入力度，保障人才发展重大项目的实施。继续推进重点人才培养工程，大力培养全媒体记者、全媒体编辑，"四个一批"人才培养工程、新闻出版名家工程、领军人才工程和青年创新人才培养工程以及数字出版千人培养计划，大力培养造就一批新闻出版领域的行家、专家；加大对中西部地区新闻出版行业的财政转移支付力度，实施边远山区、少数民族科研骨干的培养计划。在重大建设和科研项目经费中，确保一定比例的经费用于人才的培训和学习；通过税收、贴息等优惠政策，鼓励和引导用人单位投资行业人才资源开发，从而进一步加强专业人才队伍的建设。

2）实施更加合理的人才流动政策，营造开放、包容的用人环境。进一步完善职业准入和岗位准入制度，把非公有文化机构的人才队伍纳入行业人才建设体系，引进新兴媒体内容生产、研发、资本运作和经营管理等各类人才加入到新闻出版的行列中来。在新闻出版企业继续探索实行职业经理人制度，明确所有者、经营者各自职责。探索建立首席编辑制度，进一步完善新闻出版企业总编（主编）职责管理办法。

3）创新人才选拔、评选的激励机制，进一步拓展行业人才的职业发展空间。统筹推进专业技术职称和职业资格制度改革，改进专业技术人才收入分配等激励办法，建立起一套能上能下的人才选拔培养机制。加强新闻出版领军人才、核心技术研发人才培养和创新团队建设，健全有利于创新创业的评价、使用、激励措施。完善以企业为主体、职业院校为基础，学校教育与企业培养紧密联系、政府推动与社会支持相结合的高技能人才培养培训体系。制定新闻出版行业高技能人才与行业技术人才职业发展贯通的办法，充分发挥高技能人才对行业发展的推动作用。服务行业发展，调整优化人才培训辅导，加大急需研发人才和紧缺技术、管理人才的培养力度，大规模开展重点领域专门人才的知识更新培训，提高培训的实效性和针对性。鼓励科研院所、高校建立博士后工作站，建立多元化的投入渠道，实行"人才＋项目"的培养模式，

依托国家重大人才计划以及重大科研、工程、产业攻关、国际科技合作等项目，重视发挥企业作用，在实践中积聚和培养人才。

（一）优化顶层设计，进一步完善人才结构

"十三五"将是我国由出版大国向出版强国迈进的关键时期，政府管理部门应制定出版人才队伍建设的总体思路，明确新常态下出版人才需求，结合政府、企业、高校、科研机构、行业协会等各方力量，合力推动出版人才体系的建立健全。首先，发挥党和政府的主导作用，继续完善出版人才制度建设。在"新闻出版人才测评体系"的基础上进一步修订和建立"中国出版人才发展指标体系"，建立以出版人才队伍规模、出版人才队伍结构、出版人才队伍素质、出版人才队伍投入、出版人才队伍产出、出版人才队伍发展环境的一级指标体系。建立出版融合发展人才资源库，充分发挥人尽其才、才尽其用的作用。其次，修改《出版专业技术人员职业资格管理规定》，完善出版人才培养、引进、管理、评价、考核、激励、退出等各方面机制。在准入机制方面将数字出版从业人员、民营文化企业从业人员纳入出版专业职业资格管理的范围内，为出版人才队伍的规模建设、业务水平的提高提供前提和保障。

在继续教育方面进一步扩大承办继续教育的主体，在新闻出版行政管理机关直属培训机构、行业协会、学术团体、科研院所外，充分发挥企业在一线实践方面的优势，鼓励有条件和实力的出版集团、出版企业开展教育培训工作。同时增强培训主体的服务意识，从课程设计、授课方式、授课专家、授课时间等方面进行创新改革，建立以"内容＋服务"为核心的教育理念，将出版从业人员的继续教育从之前的短期培训向长期化、终身化培训转变。此外，建立出版从业人员退出机制，强化政府在出版专业技术人员职业资格退出机制方面的监管职责，形成"能进能出、能上能下"健康的出版人才管理制度。

"十三五"时期出版行业更需要多层次、跨领域的人才，当前解决人才问题仍需要通过以下三个途径：一是学校教育，能够从基础性和稳定性方面培养基本功扎实的行业人才；二是企业培养，能够解决人才的实用性和紧迫性问题；三是人才引进，实现交叉性综合性人才的培养。

政府管理部门鼓励出版传媒集团设立人才基金，鼓励出版单位加强领军人才和复合型人才队伍建设，着力发现、培养、集聚战略领军人才、企业经理人才、高技能专业技术人才。完善人才流动机制，推进传统出版单位和新兴出版企业的优势互补，优化人才结构。建立健全绩效考核体系，创新项目用人机制，探索出版融合发展条件下吸引人才、留住人才、用好人才的有效途径。

参考文献

[1] 国家新闻出版广电总局规划发展司. 2012年新闻出版产业分析报告

[2] 中国新闻出版研究院. 2013年新闻出版产业分析报告

[3] 国家新闻出版广电总局. 2014年新闻出版产业分析报告

[4] 国家新闻出版广电总局. 2015年新闻出版产业分析报告

[5] 国家新闻出版广电总局. 2016年新闻出版产业分析报告

[6] 范军主编. 2015-2016中国出版业发展报告[M]. 北京：中国书籍出版社，2016.

[7] 范军主编. 2016-2017中国出版业发展报告[M]. 北京：中国书籍出版社，2017.

[8] 范军主编. 2016-2017中国数字出版产业年度报告[M]. 北京：中国书籍出版社，2017.

[9] 张立主编. "十二五"时期中国数字出版产业年度报告[M]. 北京：中国书籍出版社，2017.

[10] 周慧琳. 努力做好新形势下的主题出版工作[J]. 出版参考，2017(01).

[11] 魏玉山. 十八大以来新闻出版改革发展成就概述[J]. 编辑学刊，2017（03）.

[12] 唐允. 图书制作和出版分开政策的实践与思考[J]. 现代出版，2016（06）.

（课题组组长：魏玉山；副组长：李晓晔；成员：杨驰原、王珺、孙鲁燕、于秀丽、息慧娇、黄逸秋、邃薇、金太鑫；执笔人：李晓晔、孙鲁燕、王原群、王珺、邃薇）

附录

2017年度优秀科研成果名录

学术著作类

一等奖
1. 2016年中国动漫游戏产业年度报告

二等奖
2. "十二五"时期中国出版业发展研究
3. 2015-2016新闻出版标准化蓝皮书

三等奖
4. 国际出版业发展报告（2016版）
5. 2016-2017中国数字出版产业年度报告
6. 广东省版权产业的经济贡献（2014-2015）

科研报告类

一等奖
1. 基于投入产出分析的中国出版业的经济影响与关联产业研究
2. 书香社会指标体系研究

二等奖
3. 我国移动出版发展状况及分类研究
4. 媒体指纹技术在图形商标数字版权保护中的应用研究
5. 2013年度全国国民阅读调查报告

三等奖

6.《期刊编排格式》国际标准跟踪研究

7. VR/AR 在我国图书出版中应用的现状分析

8. 十八大以来党的新闻出版理论创新成果研究

9. 品牌、特色实体书店转型升级模式与效果研究

10. 十八大以来新闻出版业创新成果研究

论文类

一等奖

1. 我国数字农家书屋建设现状及模式探析

二等奖

2. VR+：出版融合发展的新方向

3. 出版行业认证现状、问题分析及建议

三等奖

4. 报业集团"两微一端"协同传播初探

5. 新闻出版行业应该大力提倡"内容+"战略

6. 中国民营图书发行业成长历程

7. 国内外报业转型历程与困境以及转型升级变革演进的路径思考

图书在版编目（CIP）数据

2017中国新闻出版研究院优秀科研成果汇编／
中国新闻出版研究院编．－－北京：中国书籍出版社，2019.10
ISBN 978-7-5068-7478-6

Ⅰ.①2… Ⅱ.①中… Ⅲ.①出版工作—中国—文集 Ⅳ.①G239.2-53

中国版本图书馆CIP数据核字（2019）第227214号

2017中国新闻出版研究院优秀科研成果汇编
中国新闻出版研究院　编

责任编辑	牛　超
责任印制	孙马飞　马　芝
封面设计	东方美迪
出版发行	中国书籍出版社
地　　址	北京市丰台区三路居路97号（邮编：100073）
电　　话	（010）52257143（总编室）　　（010）52257140（发行部）
电子邮箱	eo@chinabp.com.cn
经　　销	全国新华书店
印　　厂	河北省三河市顺兴印务有限公司
开　　本	787毫米×1092毫米　1/16
字　　数	470千字
印　　张	32.25
版　　次	2019年10月第1版　2019年10月第1次印刷
书　　号	ISBN 978-7-5068-7478-6
定　　价	45.00元

版权所有　翻印必究